Karl-Heinz Große Peclum / Markus Krebber / Richard Lips (Hrsg.)

Erfolgreiches Change Management in der Post Merger Integration

Karl-Heinz Große Peclum
Markus Krebber / Richard Lips (Hrsg.)

Erfolgreiches Change Management in der Post Merger Integration

Fallstudie Commerzbank AG

Bibliografische Information der Deutschen Nationalbibliothek
Die Deutsche Nationalbibliothek verzeichnet diese Publikation in der
Deutschen Nationalbibliografie; detaillierte bibliografische Daten sind im Internet über
<http://dnb.d-nb.de> abrufbar.

Lediglich aufgrund der besseren Lesbarkeit wurden in diesem Buch Begriffe wie Kunde, Vorgesetzter, Kollege oder Mitarbeiter stets in der männlichen Form verwendet. Die weibliche Form ist aber jeweils mitgemeint.

1. Auflage 2012

Alle Rechte vorbehalten
© Gabler Verlag | Springer Fachmedien Wiesbaden GmbH 2012

Lektorat: Guido Notthoff

Gabler Verlag ist eine Marke von Springer Fachmedien.
Springer Fachmedien ist Teil der Fachverlagsgruppe Springer Science+Business Media.
www.gabler.de

Das Werk einschließlich aller seiner Teile ist urheberrechtlich geschützt. Jede Verwertung außerhalb der engen Grenzen des Urheberrechtsgesetzes ist ohne Zustimmung des Verlags unzulässig und strafbar. Das gilt insbesondere für Vervielfältigungen, Übersetzungen, Mikroverfilmungen und die Einspeicherung und Verarbeitung in elektronischen Systemen.

Die Wiedergabe von Gebrauchsnamen, Handelsnamen, Warenbezeichnungen usw. in diesem Werk berechtigt auch ohne besondere Kennzeichnung nicht zu der Annahme, dass solche Namen im Sinne der Warenzeichen- und Markenschutz-Gesetzgebung als frei zu betrachten wären und daher von jedermann benutzt werden dürften.

Umschlaggestaltung: KünkelLopka Medienentwicklung, Heidelberg
Druck und buchbinderische Verarbeitung: AZ Druck und Datentechnik, Berlin
Gedruckt auf säurefreiem und chlorfrei gebleichtem Papier
Printed in Germany

ISBN 978-3-8349-3454-3

Geleitwort

1000 Tage Integration, 1000 Tage Veränderung!

Rückblickend könnte man diese Aussage als Leitmotiv unserer Integration bezeichnen. Zwei Wochen vor der Insolvenz der amerikanischen Investmentbank Lehman Brothers im September 2008 haben wir die Übernahme der Dresdner Bank AG bekanntgegeben und standen in der Folge vor der Aufgabe, die größte Bankenintegration der deutschen Nachkriegszeit inmitten einer Finanzkrise ungekannten Ausmaßes zu bewältigen.

Wir haben diese Aufgabe erfolgreich gemeistert und die Ziellinie in Rekordzeit erreicht. In wichtigen Teilen waren wir sogar schneller als geplant. Dies haben wir nur durch professionelles Projektmanagement und harte Arbeit aller Führungskräfte und Mitarbeiter der Bank geschafft. Zu Beginn drängten sich natürlich die sogenannte" „harten" Themen auf. Beispiele dafür sind die Besetzung der Führungspositionen, die Umsetzung einer neuen Organisationsstruktur, die Harmonisierung der Software, der gemeinsame Marktauftritt, die Integration in über 50 Auslandsstandorten sowie nicht zuletzt die Migration der Produkt- und Kundendaten.

Von Anfang an haben wir aber auch die „weichen" Themen im Blick gehabt. Letztlich entscheidet sich der langfristige Erfolg einer Fusion in der Frage, wie gut die kulturelle Integration gelingt. Durch integrierte Change Kommunikation und Change Management konnten wir die Mitarbeiter in diesem Veränderungsprozess begleiten, sie mitnehmen und letztlich für die neue Commerzbank auch emotional gewinnen. Dieses Buch erlaubt einen Blick hinter die Kulissen und ich wünsche allen Lesern, dass sie viele Anregungen für eigene Veränderungsprojekte finden werden.

Martin Blessing, CEO der Commerzbank AG

Vorwort

Integrationen nach Unternehmensübernahmen gehören zu den schwierigsten und komplexesten Managementaufgaben schlechthin. Es ändert sich nicht nur ein Aspekt wie die Strategie, die Organisationsstruktur, Prozesse, Systeme, sondern im Extremfall sind alle wesentlichen Elemente des Unternehmens gleichzeitig betroffen. Wissenschaftliche Studien und die Fachliteratur gehen davon aus, dass zwischen 40 und 70 Prozent der Post Merger Integrationen letztendlich scheitern oder zumindest nicht den angestrebten Zielzustand erreichen. Unabhängig von der Validität dieser Ergebnisse sind sich aber alle in einem Punkt einig: Wenn Übernahmen scheitern, dann in aller Regel an einer misslungenen kulturellen Integration.

In diesem Buch wollen wir daher die Maßnahmen und Aktivitäten darstellen, mit denen wir die kulturelle Integration von Commerzbank und Dresdner Bank erfolgreich gestaltet haben. Das Buch soll kein weiterer Beitrag zur wissenschaftlichen Diskussion über Change Management sein, es ist vielmehr ein Praxishandbuch für Manager, Führungskräfte und Change Berater, die vor weitreichenden Veränderungsprozessen stehen. Wir stellen eine Vielzahl von „Rezepten" vor, die konkret beschreiben, wie wir die Veränderungsprozesse durch geplante und zielorientierte Maßnahmen und Kommunikation gestaltet haben.

Das Buch gliedert sich in fünf Teile. Teil I beleuchtet die strategische Dimension des Mergers von Commerzbank und Dresdner Bank und das übergeordnete ganzheitliche Projekt- und Integrationsmanagement. Im zweiten Teil geht es um Change Management im engeren Sinn. Nach einer grundlegenden Einführung werden die wesentlichen Maßnahmen dargestellt, mit denen das „Zusammen Wachsen" gefördert werden sollte. Jeder Beitrag erläutert die Zielsetzung, das konkrete Vorgehen, die Ergebnisse und vermittelt Tipps oder gibt Einblick in „Lessons learned". Im Teil III wird die Veränderungskommunikation als Schlüsselfaktor erfolgreichen Change Managements dargestellt. Der Bogen wird vom Grundsätzlichen über die verschiedenen Disziplinen und Formate der internen bis hin zur externen Kommunikation und zur Markenführung gespannt. Der vierte Teil stellt die Change Architektur oder ausgewählte Einzelmaßnahmen aus verschiedenen Bereichen der Bank als „Best Practise-Beispiele" vor. Im abschließenden Teil V ziehen wir ein kurzes Fazit. Die „Top 10" der Erfolgsfaktoren einerseits und die wichtigsten Themen, die wir beim nächsten Mal noch besser machen würden, stehen hier im Mittelpunkt.

Wir bedanken uns an dieser Stelle bei allen Kolleginnen und Kollegen, die durch Engagement, Haltung und Aktivitäten das „Zusammen Wachsen", das heißt die kulturelle Integration zur neuen Commerzbank zum Erfolg geführt haben. Insbesondere danken wir allen Autorinnen und Autoren für ihre Mitwirkung an diesem Buch. Besonders bedanken möchten wir uns bei dem Leiter der Internen Konzernkommunikation, Matthias Goldbeck, der maßgeblich am Konzept des Buches mitgewirkt und zu seiner Entstehung beigetragen hat. Zudem bedanken wir uns herzlich bei allen Kolleginnen und Kollegen, die durch ihre organisatorische Unterstützung und ihren Beitrag zur Qualitätssicherung dieses Werk erst ermöglicht haben. Unser Dank dafür gilt Martina Moeller, Juliane Siepmann und Oliver Nyul aus Group Communications, Matthias Woldter aus Group Legal und Cornelia Schipper aus Group Human Resources. Ein großer Dank geht auch an die in- und externen Trainer aus unserem Pool, die die Workshops moderiert haben, die Mitarbeiter von GFK Trustmark, die uns bei der Durchführung und Auswertung der Mitarbeiterbefragungen begleitet haben und insbesondere an Anabel Houben und ihr Team von C4 Consulting, die uns durch den gesamten Change Management Prozess hindurch beraten und tatkräftig unterstützt haben.

Die Herausgeber

Inhalt

Geleitwort 5
Vorwort 6
Inhalt 9

TEIL I
Der Merger der Commerzbank AG

1. Das strategische Rational des Zusammenschlusses 25
   Frank Annuscheit, Ulrich Sieber
2. Professionelles Integrationsmanagement 33
   Markus Krebber, Peter Leukert

TEIL II
Change Management als Erolgsfaktor in der Post Merger Integration

3. Change Management -
   Barrieren, Erfolgsfaktoren, Modelle, methodisches Vorgehen, Architektur
   und „Roadmap" 49
   Karl-Heinz Große Peclum
4. Exkurs: ComWerte —
   die kulturelle Basis der Integration 89
   Matthias Goldbeck, Melanie Loriz
5. Leading Change –
   Rolle und Aufgabe der Führungskräfte als Change Agents 107
   Karl-Heinz Große Peclum, Juliane Siepmann
6. Die menschliche Seite der Integration –
   Besetzung von Führungspositionen und Überführung der Mitarbeiter ... 125
   Albert Reicherzer, Alexander Julino

7. Zielbild in der Integration –
   Prozess der Operationalisierung als Grundlage für
   das kulturelle Zusammenwachsen 145
   Matthias Goldbeck

8. Der Unternehmenskultur auf der Spur –
   Führungskräfte und Mitarbeiter entdecken kulturelle Gemeinsamkeiten
   und Unterschiede 161
   Joachim Baldus, Stephan Gladbach

9. Den Wandel messen:
   Befragungen im Rahmen der Integration 181
   Karin Brünnecke, Brigitte Schmitt, Horst Basse

10. Regionale Sounding-Gruppen und zentrales Sounding-Board –
    ein wirkungsvolles Format für Diagnose, Monitoring und Feedback 207
    Dirk Stölting

11. Kulturelle Integration auf Führungs- und Teamebene —
    „Zusammen Wachsen", um zusammenzuwachsen 229
    Marion Ewert-Braun, Erich Pfarr

12. Enabling – Vorbereitung Mitarbeiter auf
    die integrationsbedingten Veränderungen und Qualifizierung 251
    Karl-Heinz Große Peclum

TEIL III
Der Beitrag von Kommunikation zum Zusammen Wachsen

13. Kommunikation in Change Prozessen – Möglichkeiten und Grenzen 267
    Richard Lips

14. Die Kommunikation zur Übernahme der Dresdner Bank -die richtigen
    Signale am Anfang setzen 287
    Matthias Goldbeck

15. Kommunikation als Querschnittsaufgabe – Ansatz und Prozesse
    zur Realisierung einer integrierten Gesamtkommunikation 307
    Matthias Goldbeck, Juliane Siepmann

16. Führungskräftekommunikation –
    ein Mix aus Information und Dialog 325
    Juliane Siepmann

17. Mitarbeiterkommunikation - die Integration als Fallstudie
    für die Neuausrichtung des internen Medienmixes 347
    Oliver Nyul

18. Externe Kommunikation
    Von Superlativen, Dramen und Comebacks –
    Integrationskommunikation im Ausnahmezustand 373
    Armin Guhl

19. Ein Name. Ein Zeichen. Eine Bank.
    Die neue Marke Commerzbank 389
    Uwe Hellmann

TEIL IV
Change Management - ausgewählte Best Practice Beispiele

20. Privatkundengeschäft –
    Menschen mitnehmen und mobilisieren 409
    Anja Stolz, Utta Wiese

21. Ein neuer Vorgesetzter –
    Personalentscheidungen orchestriert und adäquat kommunizieren 429
    Michael J. Huvers

22. Corporates & Markets – globale und interkulturelle Konzepte
    zur Integration 449
    Carsten Schmitt, Bernd Pompetzki

23. Risikomanagement: Der Change im Change
Die Integration als Momentum für das Umsetzen von „Lessons Learned"
aus der Finanzkrise 463
Dirk Wilhelm Schuh

24. Der Einzug in die neue Bank – räumliche Veränderung als Teil
des Change Managements... 473
Arno Walter, Roland Holschuh

25. Group Banking Operations – industrielle Produktion mit Best-Practice
beim Re-Insourcing von „grünem" Zahlungsverkehr 489
Stephan Müller, Christof Bülskämper

26. Change Management in Group Markets Operations – von der Bewegung
und Begegnung zur Beziehung.. 511
Udo Braun, Manfred Zink

TEIL V
Lessons Learned, Do´s and Don´ts und Fazit

Lessons Learned und Fazit... 525
Die Herausgeber 531
Die Autorinnen und Autoren 533
Literaturverzeichnis.. 541

TEIL I
Der Merger der Commerzbank AG

1.	**Das strategische Rational des Zusammenschlusses**	**25**
1.1	Ausgangslage	25
1.2	Das strategische Rational	26
1.3	Meilensteine und finanzielle Ziele	28
1.4	„Lessons Learned"	30
2.	**Professionelles Integrationsmanagement**	**33**
2.1	Integrationsansatz und Steuerung	33
2.2	Integration im Inland	36
2.3	Integration des Investmentbankings	41
2.4	Integration der internationalen Standorte	43
2.5	Zusammenfassung	46

TEIL II
Change Management als Erolgsfaktor in der Post Merger Integration

3.	**Change Management - Barrieren, Erfolgsfaktoren, Modelle, methodisches Vorgehen, Architektur und „Roadmap"**	**49**
3.1	Einführung – Wandel als Normalität	49
3.2	Organisationsentwicklung und Change Management - Grundlagen	50
3.3	„Technischer" und „kultureller" Merger verlaufen asynchron	54
3.4	Veränderungsprozesse erfolgreich gestalten – Barrieren, typische Fehler und Erfolgsfaktoren	56
3.5	Exkurs: Repräsentative Untersuchung der Technischen Universität München in Zusammenarbeit mit der Unternehmensberatung C4 Consulting über „Erfolg und Misserfolg im Veränderungsmanagement Veränderungen erfolgreich gestalten" (Gastbeitrag von Anabel Houben, Geschäftsführerin C4 Consulting GmbH)	60

3.6	Veränderungen, eine emotionale Berg-und-Tal-Fahrt – Angst, Unsicherheit und Widerstand in Veränderungssituationen..................	66
3.7	Ein Veränderungsprozess verläuft nach bestimmten Mustern – Phasenkonzepte und Modelle	69
3.8	Der rote Faden durch den Veränderungsprozess – die Change-Architektur	75
3.9	Management der Veränderung im Rahmen der Post-Merger-Integration..	78
3.10	Beitrag des Change Managements zum Erfolg von Transformationen	85
4.	**Exkurs: ComWerte — die kulturelle Basis der Integration**..................	**89**
4.1	Wozu Unternehmenswerte?	89
4.2	Unternehmenswerte in der Commerzbank	91
4.3	Erfolgsfaktoren..	94
4.4	Der Werteprozess..	95
4.5	Die Werte-Workshops	96
4.6	Evaluation..	99
4.7	Initialkommunikation: Verständnis und Empathie erzeugen....................	100
4.8	Integration der Mitarbeiter der Dresdner Bank	104
5.	**Leading Change – Rolle und Aufgabe der Führungskräfte als Change Agents**..	**107**
5.1	Auf einen Blick	107
5.2	Change Agents – Verantwortung und Verantwortlichkeit aller Führungskräfte..	107
5.3	Change Agent – und was tun? Rolle und Aufgaben	109
5.4	Auf dem Weg zum Change Agent – Qualifizierung und Unterstützung der Führungsteams	113
5.5	Unterstützung wichtiger Meilensteine (Auswahl) – Change-Agent-Guide, Change-Toolsets...	119
5.6	Lessons Learned	122
6.	**Die menschliche Seite der Integration – Besetzung von Führungspositionen und Überführung der Mitarbeiter**	**125**

6.1	Überblick über die personalwirtschaftlichen Herausforderungen der Integration	126
6.2	Auswahl der Führungskräfte für die erste und zweite Ebene	129
6.3	Transparenz und Fairness sowie Chancengleichheit und partnerschaftlicher Dialog: Besetzung der Führungskräfte FE 3 und 4 sowie Zuordnung der Mitarbeiter	134
6.4	Sozial verträglicher Stellenabbau als Bestandteil der Integration	141
6.5	Fazit	143
7.	**Zielbild in der Integration – Prozess der Operationalisierung als Grundlage für das kulturelle Zusammenwachsen**	**145**
7.1	Einleitung: Identifikation, Orientierung und Motivation – Rolle und Bedeutung von Zielbildern in Veränderungsprozessen	145
7.2	Das Zielbild der Commerzbank – auf dem Weg zu einem gemeinsamen Selbstverständnis	148
7.3	Die Zielbilder der Segmente/Konzernbereiche – Vom Selbstverständnis der Commerzbank zum Selbstverständnis der Segmente/Konzernbereiche	150
7.4	Zusammenfassung	159
8.	**Der Unternehmenskultur auf der Spur – Führungskräfte und Mitarbeiter entdecken kulturelle Gemeinsamkeiten und Unterschiede**	**161**
8.1	Auf einen Blick	161
8.2	Unternehmenskultur – und zum Umgang mit den Unterschieden	161
8.3	Von der Theorie zur Methode – das spezifische Vorgehen bei der Commerzbank	163
8.4	Die ersten Workshop-Ergebnisse	165
8.5	Von den Workshop-Ergebnissen zu konkreten Maßnahmen	166
8.6	Die Methoden in der Praxis	168
8.7	Lessons Learned	178
9.	**Den Wandel messen: Befragungen im Rahmen der Integration**	**181**
9.1	Einleitung	181

9.2	Kleine Integrationsbefragungen: Pulse Check und Integrationsmonitor	183
9.3	Die große Integrationsbefragung: Change Monitor	189
9.4	Von Ergebnissen zu Maßnahmen: der Change-Monitor-Folgeprozess	200
9.5	Fazit/Lessons Learned	204
10.	**Regionale Sounding-Gruppen und zentrales Sounding-Board – ein wirkungsvolles Format für Diagnose, Monitoring und Feedback**	**207**
10.1	Zielsetzung, Grundkonzeption und Ausprägungen	207
10.2	Konzeption, Teilnehmerauswahl, Rollen und Verantwortlichkeiten in den regionalen Sounding-Gruppen	212
10.3	Zweite Welle und Dauerbetrieb	218
10.4	Synchronisierung als Erfolgsfaktor für konkretes und zielgerichtetes Sounding zu einem Zeitpunkt	221
10.5	Ergebnisverwendung und -diskussion in allen wesentlichen Projektgremien als weiterer Erfolgsfaktor etabliert	224
10.6	Motivation und Spannungsbogen der Sounding-Teilnehmer aufrechterhalten und Bekanntheitsgrad der lokalen Sounding-Gruppen erhöhen	225
10.7	Bedeutung von „Management Attention", Anerkennung und Transparenz der Ergebnisse	226
11.	**Kulturelle Integration auf Führungs- und Teamebene — „Zusammen Wachsen", um zusammenzuwachsen**	**229**
11.1	Begleitung von Anfang an	229
11.2	Formate	233
11.3	Organisation der Begleitung	240
11.4	Fazit	249
12.	**Enabling – Vorbereitung Mitarbeiter auf die integrationsbedingten Veränderungen und Qualifizierung**	**251**
12.1	Ereigniskalender und Meilensteine definieren Inhalt, Methode und Timing	253
12.2	Projektphasen des Integrationsteilprojektes Enabling im Überblick	254

12.3	Prüfraster zur Enabling-Planung - Basis für eine qualifizierte Bewertung	257
12.4	Flexible Modifikationen und Anpassungen im Projektverlauf	261
12.5	Monitoring	263
12.6	Lessons Learned	263

TEIL III
Der Beitrag von Kommunikation zum Zusammen Wachsen

13.	**Kommunikation in Change Prozessen – Möglichkeiten und Grenzen**	**267**
13.1	Was soll und kann mit Change Kommunikation erreicht werden?	267
13.2	Wie unterscheidet sich Change Kommunikation von klassischer interner Kommunikation im Unternehmen?	270
13.3	Welche Grundanforderungen muss Change Kommunikation erfüllen?	273
13.4	Wie hängen interne und externe Kommunikation im Change Prozess zusammen?	277
13.5	Welche Formen der Change Kommunikation haben sich als besonders wirkungsvoll erwiesen?	279
13.6	Wo liegen die Grenzen der Change Kommunikation?	283
13.7	Schlussbemerkung	285
14.	**Die Kommunikation zur Übernahme der Dresdner Bank - die richtigen Signale am Anfang setzen**	**287**
14.1	Wie kommuniziert man eine Übernahme?	287
14.2	Vorbereitungen für den Tag X	288
14.3	Zielsetzung der internen Ankündigungskommunikation	290
14.4	Besonderheiten der Mitarbeiterkommunikation im Fall einer Übernahme	292
14.5	Prinzipien und Medien der Führungskräftekommunikation	295
14.6	Von der Transaktions- zur Integrationskommunikation	303

14.7	Bewertung der Kommunikation vor dem Hintergrund des kulturellen Zusammenwachsens	304
15.	**Kommunikation als Querschnittsaufgabe – Ansatz und Prozesse zur Realisierung einer integrierten Gesamtkommunikation**	**307**
15.1	Grundlagen der Veränderungskommunikation	307
15.2	Die Struktur des Gesamtprojekts	309
15.3	Kommunikationssteuerung in den ersten zwölf Monaten der Integration	310
15.4	Kommunikationssteuerung in der Umsetzungsphase der Integration	317
15.5	Beispiel: Die Arbeitsgruppe zur Kunden- und Produktmigration	320
15.6	Bewertung	322
16.	**Führungskräftekommunikation – ein Mix aus Information und Dialog**	**325**
16.1	Einleitung	325
16.2	Die Zielgruppe „Führungskräfte" – wer ist gemeint?	325
16.3	Die Rahmenbedingungen	327
16.4	Der Vorstand als Vorbild für die Führungskräfte	330
16.5	Gesucht: der ideale Mix aus medialer und persönlicher Kommunikation	331
16.6	Erkenntnisse und Erfahrungen	343
17.	**Mitarbeiterkommunikation - die Integration als Fallstudie für die Neuausrichtung des internen Medienmixes**	**347**
17.1	Personelle und organisatorische Rahmenbedingungen	348
17.2	Intranet als führendes Kommunikationsmedium der Integration	349
17.3	„Commerzbanker" – Integration im Mitarbeitermagazin	354
17.4	„Zusammen Wachsen"-News – aktuelle Nachrichten im Unternehmens-TV	359
17.5	Dialogformate	363
17.6	Fazit	369

18.	**Externe Kommunikation**	
	Von Superlativen, Dramen und Comebacks –	
	Integrationskommunikation im Ausnahmezustand............................	**373**
18.1	Einleitung..	373
18.2	Die Ankündigung	375
18.3	Der Systemwechsel	377
18.4	Der Perzeptionswechsel...	378
18.5	Der Eigentümerwechsel...	379
18.6	Organisatorische Maßnahmen..	380
18.7	Wiederherstellung von Vertrauen und Glaubwürdigkeit........................	381
18.8	Klare Positionierung des Managements	382
18.9	Weiterentwicklung des gesellschaftspolitischen Dialogs	383
18.10	Stärkung der regionalen Pressearbeit	383
18.11	Verbesserung der kundenorientierten Kommunikation	385
18.12	Fazit...	386
19.	**Ein Name. Ein Zeichen. Eine Bank.**	
	Die neue Marke Commerzbank	**389**
19.1	Einleitung..	389
19.2	Die Vorbereitung: Marktforschung	390
19.3	Eine neue Wort-Bild-Marke entsteht: Name, Logo und Claim	392
19.4	Dresdner Bank, Dresden, und Bremer Bank, Bremen...............................	401
19.5	Der neue Auftritt...	402

TEIL IV
Change Management - ausgewählte Best Practice Beispiele

20.	**Privatkundengeschäft – Menschen mitnehmen und mobilisieren**............	**409**
20.1	Einleitung: Menschen lassen sich nicht in Projektpläne zwängen..................	409
20.2	Erfolgsfaktoren der Umsetzung: Mobilisierung braucht Herz,	
	Hand und Hirn..	410

20.3	Flexibilität und Pragmatismus: Freiraum für Aktion und Reaktion im Tagesgeschäft	413
20.4	Top-down- und Bottom-up-Kommunikation: Senden allein reicht nicht	414
20.5	Partizipation: vom Konsumenten zum Mit-Arbeiter	414
20.6	Zielgruppendifferenzierung: 20.000 Menschen über einen Kamm?	415
20.7	Push- und Pull-Kommunikation: Was dem einen zu viel ist, reicht dem anderen nicht aus	416
20.8	Wirksame Elemente des Change Managements im Segment Privatkunden	417
20.9	Der Rohbau muss sitzen: Change-Story, Change-Architektur und Initialkommunikation	417
20.10	Der Dreiklang des Change Managements zur Mobilisierung	419
20.11	Fazit	426
21.	**Ein neuer Vorgesetzter – Personalentscheidungen orchestriert und adäquat kommunizieren**	**429**
21.1	Einleitung	429
21.2	Vorbereitung der Kommunikation: Erfolg ist planbar	430
21.3	Regionale Mitarbeiterkommunikation am 28. Oktober 2009	443
21.4	Erfolgsmonitoring: Feedback über verschiedene Kanäle einholen	446
21.5	Zusammenfassung	447
22.	**Corporates & Markets – globale und interkulturelle Konzepte zur Integration**	**449**
22.1	Corporates & Markets – Entwicklung einer globalen Change Architektur und Roadmap	449
22.2	Das „Corporates & Markets Challenge"-Programm – ein interkulturelles und globales Entwicklungsprogramm zur Integration	454
23.	**Risikomanagement: Der Change im Change Die Integration als Momentum für das Umsetzen von „Lessons learned" aus der Finanzkrise**	**463**

23.1	Ausgangslage	463
23.2	Zielsetzung	464
23.3	Gleichzeitige inhaltliche Weiterentwicklung	466
23.4	Neuausrichtung der Aufbauorganisation	467
23.5	Mission Statement und Anspruch	468
23.6	Instrumente und Maßnahmen	468
23.7	Wirkung über die Integration hinaus	472
24.	**Der Einzug in die neue Bank – räumliche Veränderung als Teil des Change Managements**	**473**
24.1	Einführung	473
24.2	Erfolgsfaktoren	478
24.3	Lessons Learned: mehr als ein Umzug	486
25.	**Group Banking Operations – industrielle Produktion mit Best-Practice beim Re-Insourcing von „grünem" Zahlungsverkehr**	**489**
25.1	Status quo nach Farben und unser Weg in die Zukunft	489
25.2	Praxisbeispiele – drei Blickwinkel, geschildert nach Erfahrungen unmittelbar Beteiligter	495
25.3	Der Kommunikationsbaukasten für Linie und Projekt	504
26.	**Change Management in Group Markets Operations – von der Bewegung und Begegnung zur Beziehung**	**511**
26.1	Einleitung	511
26.2	Zusammenwachsen in vier Schritten	513
26.3	Die Resonanzgruppe in Group Markets Operation	519
26.4	Gruppencoaching für die Führungskräfte	520
26.5	Rückblick und Ausblick	520

TEIL V
Lessons Learned, Do´s and Don´ts und Fazit

Lessons Learned und Fazit.. 525
Die Herausgeber 531
Die Autorinnen und Autoren 533
Literaturverzeichnis... 541

TEIL I
Der Merger der Commerzbank AG

1. Das strategische Rational des Zusammenschlusses

FRANK ANNUSCHEIT, ULRICH SIEBER

1.1 Ausgangslage

Am 27. Mai 2011, 1.000 Tage nach Ankündigung der Übernahme der Dresdner Bank durch die Commerzbank, konnte „Zusammen Wachsen", das bis dato größte Integrationsprojekt in der deutschen Bankengeschichte, erfolgreich abgeschlossen werden. In weniger als drei Jahren ist aus dem Zusammenschluss von Deutschlands ehemals zweit- und viertgrößter Bank eine führende Bank für Privatkunden und Firmenkunden in Deutschland mit einer internationalen Präsenz in über 50 Ländern und mit mehr als 50.000 Mitarbeitern entstanden. Nach dem Abschluss der Integration ist die neue Commerzbank insbesondere in ihrem Heimatmarkt Deutschland mit elf Millionen Privatkunden und einem dichten Vertriebsnetz von über 1.200 Filialen vertreten. Im Geschäft mit dem Mittelstand ist die Commerzbank klarer Marktführer – über ein Drittel des deutschen Außenhandels wird über die Commerzbank abgewickelt.

Die Integration der Dresdner Bank musste in einem herausfordernden Marktumfeld bewältigt werden. So meldete nicht einmal zwei Wochen nach Ankündigung der Übernahme die US-Investmentbank Lehman Brothers am 15. September 2008 Insolvenz an. In der Folge erlebte das globale Finanzmarktsystem die größte Krise in der Nachkriegsära. Die Finanzmärkte brachen zeitweise zusammen und die Liquiditätssicherung wurde für alle Finanzinstitute zum größten Problem. Innerhalb nur eines Monats

Abbildung 1-1   Größtes Integrationsprojekt in der deutschen Bankengeschichte

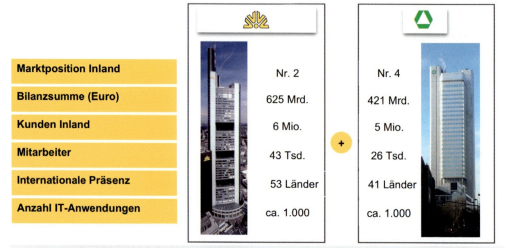

Marktposition Inland	Nr. 2	Nr. 4
Bilanzsumme (Euro)	625 Mrd.	421 Mrd.
Kunden Inland	6 Mio.	5 Mio.
Mitarbeiter	43 Tsd.	26 Tsd.
Internationale Präsenz	53 Länder	41 Länder
Anzahl IT-Anwendungen	ca. 1.000	ca. 1.000

➔ **Hohes Synergiepotenzial, aber auch hohe Umsetzungskomplexität bei Vollintegration von zwei annähernd gleich großen Banken mit ähnlichem Geschäftsmodell**

Stand: 2008

Quelle: Commerzbank AG

wurde in Deutschland die Hypo Real Estate (HRE) mit einem rund 50-Milliarden-Euro-Hilfspaket der Bundesregierung gerettet und zum Jahresbeginn 2009 nahm die Commerzbank Mittel aus dem Sonderfonds Finanzmarktstabilisierung (Soffin) von insgesamt rund 18 Milliarden Euro in Anspruch.

1.2 Das strategische Rational

Trotz der Notwendigkeit einer vorübergehenden finanziellen Unterstützung durch den Staat sowie der kritischen Berichterstattung in den Medien ist das strategische Rational des Mergers weiterhin überzeugend:

Abbildung 1-2   Strategisches Rational des Mergers schlagend – gerade wegen der Krise

Wachstum
- Große Wachstumschancen in attraktivem deutschen Markt
- Deutlich vergrößertes Vertriebsnetz
- Breitere Produktpalette, erhöhtes Cross-Selling-Potenzial
- Vielversprechende Aussichten in Mittel- und Osteuropa

Effizienz
- Signifikante Skaleneffekte und Effizienzgewinne
- Verbesserte Marktpräsenz durch einheitliche Markenstrategie
- Kapitalfreisetzung durch Reduzierung von Risiko und Bilanzsumme

Profitables Geschäftsmodell
- Ausgewogenes Geschäftsportfolio
- Wachstumsorientierte Unternehmenskultur und Strategie
- Reduzierung des Risikoprofils
- Kapitalallokation auf profitables Wachstum ausgerichtet

 Umsetzungsaufwand in Höhe von einmalig rd. 2,5 Mrd. Euro zur Erreichung von jährlich 2,4 Mrd. Euro Kostensynergien

Quelle: Commerzbank AG

- Aus volkswirtschaftlicher Sicht trägt die Etablierung einer zweiten deutschen Großbank zu einer weiteren Stabilisierung der deutschen Finanzwirtschaft und einer ausreichenden Kreditversorgung der deutschen Wirtschaft bei.

- Das Zusammengehen der Commerzbank und der Dresdner Bank bringt auch für die Kunden Vorteile mit sich. Diese liegen insbesondere in der größeren Flächenpräsenz und damit einer wesentlich besseren Erreichbarkeit der Hausbank. Zudem können die Kunden von einem erweiterten Produktangebot profitieren.

- Darüber hinaus ermöglicht der Zusammenschluss für die Commerzbank signifikante Effizienzgewinne, die sich ab 2014 auf jährlich 2,4 Milliarden Euro belaufen sollen. Dieser Faktor wird auch zukünftig zur Profitabilität des Geschäftsmodells der neuen Commerzbank beitragen.

Die Vergleichbarkeit der Marktpositionierung im Privat- und Mittelstandskundensegment, die ähnliche internationale Präsenz sowie die annähernd gleiche Größe von Commerzbank und Dresdner Bank führten zur Entscheidung für eine vollständige Integration beider Banken. Diese umfasste personalwirtschaftliche, IT-technische sowie standortbezogene Komponenten. Zwar wurden durch dieses Vorgehen die Umsetzungskomplexität sowie die Tiefe der Integrationsaktivitäten erhöht, jedoch führte dieses Vorgehen gleichzeitig zu höheren Kostensynergien.

1.3 Meilensteine und finanzielle Ziele

Im Zuge der Integration wurden alle wesentlichen Meilensteine innerhalb des vorgesehenen Zeitrahmens und teilweise sogar früher als ursprünglich geplant erreicht. Zudem konnten durch die reibungslose Umsetzung der personellen und technischen Integration negative Auswirkungen auf die Belegschaft und die Kunden vermieden werden. Dies drückt sich insbesondere in der durchgehend stabilen Kundenbasis der neuen Commerzbank aus. Der Stellenabbau wurde mit den Arbeitnehmergremien sozial verträglich gestaltet und auf betriebsbedingte Beendigungkündigungen bis Ende 2011 verzichtet. Ergänzend wurde auch eine „zeitliche Staffelung" vereinbart: Läuft der Abbau wie geplant, verlängert sich der Kündigungsschutz bis 2012 beziehungsweise 2013. Infolge des planmäßigen und reibungslosen Ablaufs war der Zusammenschluss der Commerzbank mit der Dresdner Bank auch finanziell erfolgreich. So beträgt das Verhältnis der jährlich geplanten Kostensynergien zum einmaligen Umsetzungsaufwand 1 zu 1,04, was im Vergleich zu anderen Mergern ein ambitionierter Wert ist.

Abbildung 1-3 Meilensteine der Integrationsumsetzung planmäßig umgesetzt

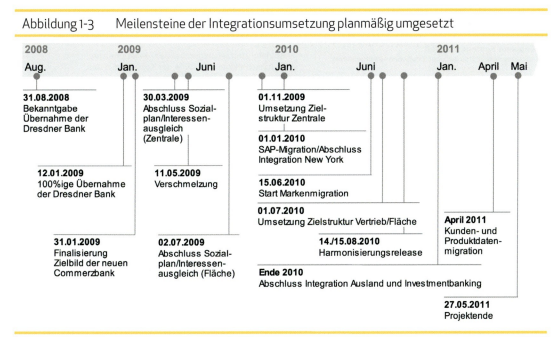

Quelle: Commerzbank AG

Im Ergebnis bewirkte der vollständige Integrationsansatz in Kombination mit der stringenten Projektsteuerung, dass wesentliche Integrationsziele bereits früher als ursprünglich geplant realisiert wurden. So konnte bei einem vollständigen Verzicht auf betriebsbedingte Beendigungskündigungen der vorgesehene Stellenabbau schneller als geplant umgesetzt werden. Darüber hinaus lag die Realisierung der Kostensynergien über Plan, die weiteren Einsparungen aus der Abschaltung der IT-Systeme der Dresdner Bank wurde durch die erfolgreiche Kunden- und Produktdatenmigration gesichert. Der ursprünglich vorgegebene Budgetrahmen für die Integrationsaufwendungen wird eingehalten.

Abbildung 1-4 Synergieziel höher als bei vergleichbaren Übernahmen

Geplante Kostensynergien
(in % der Kostenbasis des übernommenen Unternehmens)

> Kostensynergien liegen bei Bankenfusionen im Durchschnitt bei rund 30 % der Kostenbasis des übernommenen Unternehmens

> Die neue Commerzbank erreicht rund 50 %. Hauptgründe: hohe Übereinstimmung der Geschäftsmodelle und der regionalen Aufstellung, Fokussierung des Geschäftsmodells im Investmentbanking

Verhältnis geplante Kostensynergien zu Integrationskosten[2]
(Mrd. Euro)

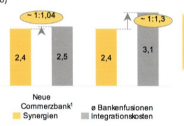

> Verhältnis der geplanten Kostensynergien zu Integrationskosten liegt bei Bankenfusionen durchschnittlich bei rund 1:1,3

> Die neue Commerzbank liegt mit einer Quote von rund 1:1,04 deutlich über dieser Benchmark. Hauptgründe: konsequente Migration auf die IT-Plattform der Commerzbank (keine „Best of breed"-Lösung), schnelle Integration, Fokussierung des Geschäftsmodells im Investmentbanking

[1] Basis: Kosten Dresdner Bank 2008 in Höhe von 4,6 Mrd. Euro.
[2] Quelle: Research Presse, Geschäftsberichte, Bankscope, Thomson Deals SDC, Reuters, Edgar online, BCG-Analyse.

Quelle: Commerzbank AG

1.4 „Lessons Learned"

Das größte Integrationsprojekt in der deutschen Bankengeschichte konnte in 1.000 Tagen planmäßig abgeschlossen werden. Rückblickend lässt sich hierfür eine Anzahl von Kernfaktoren identifizieren, die für den Erfolg der Integration verantwortlich zeichnen:

- Handlungssicherheit durch frühzeitige Benennung des Vorstands und Besetzung der ersten Führungsebene einen Monat und der zweiten Führungseben drei Monate nach Ankündigung, um die Organisation im Anschluss an die Ankündigung der Übernahme zu stabilisieren.

- Rasche Klarheit und Transparenz für die Mitarbeiter durch eine schnelle Definition der Zielstruktur und unmittelbar anschließende Verhandlungen mit den Arbeitnehmergremien, sodass die Auswahl der Führungskräfte und die Festlegung der Zielfunktionen aller Mitarbeiter zügig erfolgen konnte.

- Frühzeitige Erlebbarkeit der neuen Commerzbank für unsere Kunden: Um ein frühzeitiges Kundenerlebnis der neuen Commerzbank für die Kunden zu ermöglichen, wurde die Markenmigration vor der technischen Integration umgesetzt. Das Versprechen des Beibehaltens von Bankleitzahl und Kontonummer für die inländischen Kunden mit direkter Ankündigung gab den Kunden zudem Sicherheit.

- Eindeutige und schnelle Richtungsentscheidungen, vor allem hinsichtlich des zukünftigen Geschäftsmodells, des Markenauftritts sowie der Ziel-IT-Systeme und Ziel-Kernbankprozesse; außerdem entsprechende Kommunikation dieser Entscheidungen zur Sicherstellung einer klaren Projektausrichtung.

- Entkopplung der Integrationsprogramme und zeitliche Entzerrung der Umsetzung: Die drei Integrationsprogramme Inland, Ausland und Investmentbanking wurden soweit wie möglich entkoppelt, die zeitliche Umsetzung vor allem der Inlandsintegration wurde maximal zeitlich entzerrt und in mehreren Schritten vorgenommen.

- Kombination einer zentralen Planung und Steuerung mit dezentraler Umsetzungsverantwortung, um eine planmäßige Umsetzung sowie Steuerung der Ressourcenengpassfaktoren bei enger Begleitung der Integrationsarbeit im gesamten Integrationsverlauf sicherzustellen, aber die spezifischen Besonderheiten der Einheiten berücksichtigen zu können.

- Umfassende Information und ständige Aufnahme von Mitarbeiter-Feedback durch Top-down- und Bottom-up-Kommunikationsansätze und vielfältiger Dialogformate, um den Informationsfluss in beide Richtungen sicherzustellen und den Erfolg der Integrationsarbeit maximal zu unterstützen.

Abbildung 1-5　Größtes Integrationsprojekt der deutschen Bankengeschichte nach 1.000 Tagen erfolgreich abgeschlossen

Erfolgsfaktoren

> Unmittelbare Managementkontrolle
> Zentrale Steuerung – dezentrale Umsetzung
> Entkopplung und Entzerrung
> Frühzeitige Erlebbarkeit der neuen Commerzbank für unsere Kunden
> Schnelle Klarheit und Transparenz für unsere Mitarbeiter
> Informieren und zuhören
> Eindeutige und schnelle Grundsatzentscheidungen

**Erreichung aller Meilensteine –
in Teilen schneller als geplant**

**Reibungslose Integrationsumsetzung –
stabile Kundenbasis**

**Finanzielle Ziele bislang schneller als
geplant erreicht**

Quelle: Commerzbank AG

Das zentrale Change-Management-Programm hat wesentlich zur erfolgreichen Integration beigetragen. Dieses war elementarer Bestandteil der Integrationsumsetzung und wurde bankweit aus dem Integrationsmanagementteam heraus gesteuert. Einblicke in das erfolgreiche Change Management im Rahmen der Integration von Commerzbank und Dresdner Bank gibt das vorliegende Buch.

2. Professionelles Integrationsmanagement

MARKUS KREBBER, PETER LEUKERT

2.1 Integrationsansatz und Steuerung

Aufgrund der vergleichbaren Größe der beiden Banken sowie der bestehenden Kongruenz ihrer Geschäftsmodelle wurde frühzeitig die Entscheidung für eine Vollintegration getroffen, die alle Geschäftsaktivitäten im In- und Ausland umfasste und deshalb durch eine hohe Komplexität gekennzeichnet war. Die Vollintegration eröffnete gleichzeitig die Möglichkeit zur Realisierung signifikanter Kostensynergien.

Durch die Entscheidung für eine Vollintegration wurde die Richtung für strategische Entscheidungen der neuen Commerzbank bereits frühzeitig vorgegeben. Das bestehende Geschäftsmodell der Commerzbank mit seinem ausgeglichenen Fokus auf Privat- und Firmenkunden sowie das Investmentbanking dienten als Zielgeschäftsmodell für die neue Commerzbank. Darüber hinaus entschied man sich für eine Einmarkenstrategie, im Rahmen derer man Elemente der beiden Marken Commerzbank und Dresdner Bank kombinierte. Zusätzlich wurden die bestehenden Prozesse beider Banken angeglichen. Hierbei dienten die Commerzbank-Prozesse als Zielprozesse der neuen Bank. Des Weiteren wurde im Zuge einer Wirtschaftlichkeitsanalyse die Wiedereingliederung der ausgelagerten Zahlungsverkehrs- und Wertpapierabwicklung der Dresdner Bank beschlossen. Hinsichtlich der zukünftigen IT-Plattform entschied man sich für eine Migration auf die Commerzbank-Plattform, da eine Vermischung der beiden bestehenden IT-Landschaften zu einem substanziellen Komplexitätsanstieg sowie zusätzlichen Integrationskosten geführt hätte.

Abbildung 2-1 Strategische Integrationsentscheidungen wurden frühzeitig getroffen

	Ausgangslage	Strategische Entscheidung
Geschäftsmodell	› Commerzbank und Dresdner Bank mit ähnlichem Geschäftsmodell und vergleichbarer Größe	› **Vollintegration** – Geschäftsmodell der Commerzbank als Zielgeschäftsmodell definiert
Marke	› Zwei starke Marken in nahezu identischen Märkten mit ähnlicher Positionierung	› **Einmarkenstrategie** – Commerzbank mit dem Ziel der Vereinigung der Stärken beider Marken inkl. Etablierung einer einheitlichen Corporate Identity
Prozesse	› Unterschiedliche Prozessmodelle › Dresdner Bank mit Outsourcing von Zahlungsverkehr und Wertpapierabwicklung	› **Prozesse** – Commerzbank-Prozesse als Zielbild und Anpassung der Wertschöpfungstiefe auf Basis ökonomischer Kriterien

Quelle: Commerzbank AG

Eine Herausforderung im Projekt war es, die unterschiedlichen Integrationsanforderungen von Investmentbanking, internationalen Standorten sowie der Inlandsbank in geeigneter Form zu adressieren. Während das Investmentbanking vor der Herausforderung stand, rasch eine gemeinsame Risikokontrolle etablieren zu müssen, sah man sich an den internationalen Standorten mit einer Vielzahl von länderspezifischen regulatorischen Anforderungen konfrontiert. Zudem musste im Zuge der Integration im Inland eine immense Datenmenge migriert werden. Um diesen Herausforderungen begegnen zu können, entschied man sich für eine Entkopplung der Integration durch das Aufsetzen von drei weitgehend unabhängig laufenden Integrationsprogrammen. Um die Komplexität des Projekts weiter zu reduzieren, entschied man sich darüber hinaus für einen schrittweisen Integrationsansatz, infolgedessen die Etablierung der neuen Organisationsstruktur sowie die Markenmigration der Integration der IT-Systeme vorgelagert wurden.

Abbildung 2-2   Entkopplung der Integration in drei getrennte Umsetzungspfade

COMMERZBANK

	Investmentbanking	Internationale Standorte	Inland
Herausforderung	> Schnelle Zusammenführung der Handelsbücher und Risikokontrolle > Deutliche Anpassung des Geschäftsmodells sowie schnelle Restrukturierung	> Unterschiedlichste Integrationsaufgaben (z. B. spezifische regulatorische Anforderungen je Land) > Räumliche Distanz der Umsetzungsteams	> Hohes Datenvolumen erfordert technische Migration > Hohe Interdependenz verhindert ein phasenweises Vorgehen
Integrationsansatz	> Unmittelbarer Beginn der **kontinuierlichen Migration** von 300.000 Handelsbuchpositionen	> **Dezentrale individuelle Migration** je Land – zentrale Begleitung und Steuerung	> **„Big Bang"-Migration** der Kunden- und Produktdaten nach umfassenden Tests

Quelle: Commerzbank AG

Zur Sicherstellung einer effektiven Steuerung der Integration wurde eine Projektgovernance mit klaren Rollen und Verantwortlichkeiten etabliert. Der Vorstand agierte als oberstes Entscheidungsgremium für die Integration. Die Projektplanung und -steuerung erfolgte durch ein zentrales Gremium auf der ersten Führungsebene, das sogenannte Integrationsmanagementteam, wobei die Verantwortung für die Umsetzung der beschlossenen Maßnahmen bei den einzelnen Geschäftseinheiten lag. Darüber hinaus diente die Etablierung von Lenkungsausschüssen der Koordination von bankübergreifenden Themen sowie dem Management von Engpassfaktoren. In Summe waren circa 4.500 Projektmitarbeiter bei der Integration tätig.

2.2 Integration im Inland

Die Integration von zwei Schwergewichten im Privat- und Firmenkundengeschäft mit einer flächendeckenden Präsenz von rund 1.600 Standorten führte zu einer signifikanten Stärkung der Marktposition der neuen Commerzbank. So verfügt die neue Commerzbank über das dichteste Filialnetz im Privatkundengeschäft mit rund 1.200 Filialen in der Zielstruktur, wodurch ein Zugang zu über 80 Prozent der deutschen Bevölkerung sichergestellt werden kann. Darüber hinaus baut die neue Commerzbank ihre Marktposition im Wealth Management beziehungsweise Firmenkundengeschäft durch ihre künftig rund 40 beziehungsweise 150 Standorte weiter aus.

Eine Voraussetzung für die Stärkung der Marktposition der neuen Commerzbank war der erfolgreiche Abschluss aller Meilensteine der Inlandsintegration innerhalb des vorgegebenen Zeitrahmens. So wurde im November 2009 beziehungsweise Juli 2010 die Zielorganisation in der Zentrale beziehungsweise in den Filialen umgesetzt, im Zuge derer die Führungskräfte und Mitarbeiter ihre neuen Aufgaben übernahmen. Im Juni 2010 wurde der Startschuss für die knapp dreimonatige Markenmigration gegeben mit dem Ziel eines einheitlichen Markenauftritts der neuen Commerzbank. In Vorbereitung auf die Überführung der Kunden- und Produktdaten der Dresdner Bank in die Systeme der Commerzbank wurden im August 2010 die bestehenden IT-Systeme der Commerzbank im größten Softwarerelease der Firmengeschichte angepasst. Die Anpassungen umfassten die Vorbereitung der Systeme auf das höhere Datenvolumen der integrierten Bank, selektive funktionale Erweiterungen sowie Vorkehrungen, damit ehemalige Dresdner-Bank-Kunden ihre Kontonummer behalten konnten. Den letzten Meilenstein markierte die Kunden- und Produktdatenmigration an Ostern 2011, im Rahmen derer circa eine Milliarde Datensätze der Dresdner Bank beziehungsweise 30 Millionen Datenobjekte in die Systemwelt der Commerzbank überführt wurden.

Die zeitliche Entzerrung der Integration im Inland hatte einen wesentlichen Anteil am Erfolg der reibungslosen Integrationsumsetzung.

Abbildung 2-3 Alle Meilensteine des Projekts innerhalb des vorgesehenen Zeitrahmens erfolgreich abgeschlossen

November 2009	› **Zielstruktur**: neue Organisationsstruktur in der Zentrale umgesetzt – Führungskräfte und Mitarbeiter übernehmen ihre Zielfunktionen ✓
Januar 2010	› **SAP-Migration**: SAP-Systeme für Personal und Finance zusammengeführt ✓
Juni 2010	› **Start Markenmigration**: neue Commerzbank tritt einheitlich unter neuem Markenauftritt auf ✓
Juli 2010	› **Zielstruktur**: neue Organisationsstruktur in den Filialen umgesetzt – Führungskräfte und Mitarbeiter übernehmen ihre Zielfunktionen ✓
August 2010	› **Harmonisierungsrelease**: mehr als 600 Commerzbank-IT-Systeme zur Vorbereitung auf die Kunden- und Produktmigration angepasst ✓
April 2011	› **Kunden- und Produktdatenmigration**: mehr als 1 Mrd. Datensätze der ehemaligen Dresdner Bank in die Systemwelt der Commerzbank überführt ✓

Quelle: Commerzbank AG

2.2.1 Marke

Um für Kunden die Vorteile der neuen Commerzbank frühzeitig erlebbar zu machen, entschied man sich für einen raschen gemeinsamen Marktauftritt an allen Interaktionspunkten vor Abschluss der technischen Integration. In einem ersten Schritt wurde den ehemaligen Kunden der Dresdner Bank bereits zum Zeitpunkt der Übernahme die Beibehaltung ihrer bisherigen Kontonummern und Bankleitzahlen zugesichert. Darüber hinaus wurden im Zuge der nachfolgenden Markenmigration den Kunden Basisdienstleistungen wie zum Beispiel SB-Transaktionen in allen Filialen der neuen

Commerzbank verfügbar gemacht. Dieses Angebot wurde bereits nach kurzer Zeit intensiv genutzt: So führten Kunden monatlich rund 800.000 Banktransaktionen in einer näher gelegenen Filiale der ehemals „anderen" Bank aus. Parallel hierzu erfolgte eine umfassende und regelmäßige Information der Privat- und Firmenkunden über den Integrationsverlauf. Durch diese Maßnahmen konnte die Kundenbasis der neuen Commerzbank im Verlauf der drei Jahre stabil gehalten werden.

Im Rahmen der Markenmigration kam insbesondere der Auswahl der Marke der neuen Commerzbank eine besondere Bedeutung zu. Man entschied sich bei der Wahl des neuen Markenzeichens für eine Verbindung der Stärken der beiden Marken Commerzbank und Dresdner Bank. So wird durch die Beibehaltung der Wortmarke „Commerzbank" ein klares Zeichen für Souveränität und Klarheit sowie Stabilität und Qualität gesetzt. Darüber hinaus steht die Übernahme des ehemaligen „Ponto-Auges" im bekannten Commerzbank-Gelb für Flexibilität und partnerschaftliche Verbundenheit, zugleich aber auch für die Kontinuität der bestehenden Beziehungen. Die neue Marke charakterisiert somit treffend das Selbstverständnis sowie den Anspruch der neuen Commerzbank.

2.2.2 Mitarbeiter

Der Zusammenschluss von Commerzbank und Dresdner Bank war nicht nur für Kunden und Marktumfeld bedeutsam, sondern führte auch zu tief greifenden Veränderungen für die Mitarbeiter beider Institute. Aus personalwirtschaftlicher Sicht lassen sich hier drei Kernherausforderungen für den Erfolg der Integration benennen: Zum einen musste die Stabilität der Dresdner-Bank-Organisation im Anschluss an die Bekanntgabe der Übernahme sichergestellt werden. Zum anderen mussten die Mitarbeiter beider Institute in ihre Zielfunktion innerhalb der neuen Commerzbank überführt werden. Und schließlich galt es außerdem, die beiden Kulturen der ehemaligen Wettbewerber erfolgreich zu integrieren, um ein starkes Team zu formieren.

Im direkten Anschluss an die Ankündigung der Übernahme der Dresdner Bank erfolgten eine rasche Besetzung der ersten und zweiten Führungsebene der neuen Commerzbank sowie die Definition der zukünftigen Zielstellenstruktur. Durch diese Maßnahmen und eine gezielte Kommunikation konnte die Unsicherheit bei den Mitarbeitern bezüglich ihrer zukünftigen Aufgaben und Perspektiven reduziert werden. Parallel zu diesen Stabilisierungsmaßnahmen trat man früh in Verhandlungen mit den Betriebsräten ein, um einen gemeinsamen Interessenausgleich hinsichtlich des Abbaus von 6.500 Vollzeitstellen im Inland und weltweit insgesamt 9.000 Vollzeitstellen zu vereinbaren. Dieser Interessenausgleich bildete die Basis für die Umsetzung der neuen Zielstruktur. Als die Verhandlungen im März 2009 für die Zentrale sowie Anfang Juli 2009 für die Flächeneinheiten erfolgreich abgeschlossen wurden, konnte man im Anschluss mit der personalwirtschaftlichen Umsetzung beginnen. Diese wurde am 1. Juli 2010 mit der Versetzung der Filialmitarbeiter erfolgreich abgeschlossen.

Parallel zur personalwirtschaftlichen Umsetzung wurde ein flächendeckendes Change-Management-Programm initiiert, um das kulturelle Zusammengehen der ehemaligen Konkurrenten sicherzustellen. Das Programm resultierte aus dem Verständnis, dass eine Vielzahl von Unternehmenszusammenschlüssen an kulturellen Barrieren scheitert. So wurden im Verlauf der Integration nahezu 4.000 „Zusammen Wachsen"-Workshops mit den Mitarbeitern beider Institute durchgeführt, um die bestehenden kulturellen Unterschiede zu identifizieren und das gemeinsame Werteverständnis der neuen Commerzbank zu vermitteln. Darüber hinaus wurde der Prozess des kulturellen Zusammengehens zum einen durch den Einsatz aller Führungskräfte als „Change Agents" weiter unterstützt. Zum anderen wurden alle Mitarbeiter regelmäßig über den Projektfortschritt, zum Beispiel im Rahmen der „Zusammen Wachsen"-News, informiert und Feedback systematisch durch Umfragen und Soundings erfasst. Im Ergebnis bewirkten diese Maßnahmen zum Beispiel, dass Umfragen gegen Ende der Integration keine wesentlichen Unterschiede im Antwortverhalten ehemaliger Dresdner-Bank- beziehungsweise Commerzbank-Mitarbeiter feststellen konnten. Darüber hinaus lagen die erfassten Zufriedenheitswerte weit oberhalb der erzielten Werte bei vergleichbaren Zusammenschlüssen.

2.2.3 Operativer Betrieb

Nach dem erfolgreichen Abschluss von Markenmigration und personalwirtschaftlicher Umsetzung stand die technische Zusammenführung von Commerzbank und Dresdner Bank im Mittelpunkt des Integrationsprojekts. Vor Ankündigung der Übernahme verfolgten Commerzbank und Dresdner Bank grundsätzlich verschiedene Ansätze hinsichtlich ihrer Zahlungsverkehrs- und Wertpapierabwicklung. Während die Commerzbank ihre rund 1,7 Milliarden Transaktionen im Zahlungsverkehr sowie ihre Wertpapiergeschäfte intern abwickelte, ließ die Dresdner Bank diese Prozesse durch die externen Anbieter BCB und dwp abwickeln. Wirtschaftlichkeitsanalysen ergaben, dass die neue Commerzbank durch eigenständige Abwicklung der vormals ausgelagerten Zahlungsverkehrs- und Wertpapierabwicklung der Dresdner Bank von niedrigeren Stückkosten würde profitieren können. Im Zuge der Integration entschied man sich für die Wiedereingliederung der Zahlungsverkehrs- und Wertpapierabwicklung der Dresdner Bank. Im Ergebnis wickelt die neue Commerzbank als interner Dienstleister im Jahr rund 2,8 Milliarden Zahlungsverkehrs- sowie über 5,5 Millionen Wertpapiertransaktionen pro Jahr ab.

Für die IT-Integration im Inland mussten mehr als fünf Millionen ehemalige Dresdner-Bank-Kunden auf die Commerzbank-Plattform migriert werden. Das hohe Maß an bestehenden Abhängigkeiten verhinderte ein phasenweises Vorgehen. Somit entschied man sich für eine „Big-Bang"-Migration, im Zuge derer die Kunden- und Produktdaten der Dresdner Bank in einem Schritt auf die Systeme der Commerzbank übertragen wurden. Um den daraus resultierenden Risiken entgegenzuwirken, wurde in Vorbereitung auf die IT-Integration eine Reihe gezielter Maßnahmen ergriffen.

So wurde in einem ersten Schritt die bestehende Commerzbank-Plattform im Rahmen des Harmonisierungsrelease am 14./15. August 2010 entsprechend angepasst, um hierdurch die Beibehaltung von Kontonummern für Dresdner-Bank-Kunden, die Abwicklung des kombinierten Datenvolumens beider Banken sowie die Erweiterung um selektive Funktionen sicherzustellen. Darüber hinaus wurde die Migration der Kundenstammdaten um zwei Wochen vorgezogen, um das zu migrierende Datenvolumen an Ostern 2011 auf die reine Produkt- und Saldenmigration zu beschränken. Der übergreifende Erfolg der Datenmigration wurde insbesondere auch durch die enge Verzahnung der Fach- und IT-Abteilungen sichergestellt. Für die Vorbereitung und während der Durchführung der Datenmigration wurden Fach- und IT-Teams räumlich zusammengelegt. Die operative Steuerung erfolgte in einem gemeinsamen zentralen und diversen dezentralen Leitständen.

Im Ergebnis bewirkten diese Maßnahmen, dass die inländische Datenmigration über Ostern 2011 erfolgreich abgeschlossen werden konnte. Über 2.500 Mitarbeiter arbeiteten im Drei-Schicht-Betrieb an der Durchführung von rund 12.000 Drehbuchaktivitäten, um mehr als eine Milliarde Datensätze der Dresdner Bank in die IT-Systemwelt der Commerzbank zu überführen. Der reibungslose Verlauf der Datenmigration, im Zuge derer nur 20 Prozent des verfügbaren Zeitpuffers aufgebraucht und eine Migrationsquote von 100 Prozent erreicht wurde, ermöglichte eine planmäßige Öffnung der Vertriebskanäle zum frühestmöglichen Zeitpunkt. Dadurch konnten die Einschränkungen für den Kunden auf ein Minimum reduziert werden.

2.3 Integration des Investmentbankings

Im Investmentbanking wurde im Zuge der Integration das kundenorientierte Investmentbanking der Commerzbank mit dem umfassenden Produktangebot und der großen Erfahrung der Dresdner Bank im institutionellen Geschäft und Fixed Income kombiniert. Im Ergebnis ist hierdurch ein Geschäftszweig mit einem erweiterten Kunden- und Produktportfolio bei gleichzeitiger Verbesserung des bestehenden Kundenservice entstanden. Die neue Commerzbank sieht den zukünftigen Schwerpunkt ihrer Geschäftsbeziehungen in Deutschland und Europa insbesondere in den Feldern „Corporate Finance", „Equity Markets and Commodities" sowie „Fixed Income and Currencies".

Angesichts der Verwerfungen im Zuge der globalen Finanzmarktkrise entschied sich die neue Commerzbank für eine Auslagerung ihrer nicht strategischen Kreditportfolios in Höhe von rund 60 Milliarden Euro in die „Portfolio Restructuring Unit". Ausgestattet mit einem klaren Mandat zum wertmaximierenden Abbau konnte die „Portfolio Restructuring Unit" die graduelle Rückführung des Portfolios angehen. Die Rückführung von Risikopositionen beschränkte sich im Verlauf der Integration jedoch nicht ausschließlich auf die nicht strategischen Kreditportfolios, sondern betraf darüber hinaus weitere Assetklassen der neuen Commerzbank. Im Zuge dieser Maßnahmen wurden die Bilanzsumme der neuen Commerzbank sowie der „Value at Risk", bewusst zurückgeführt.

Neben diesen grundlegenden Veränderungen des zukünftigen Geschäftsmodells im Investmentbanking stellte die Integration der Dresdner Bank die Commerzbank vor weitere Herausforderungen. So mussten im Zuge der personalwirtschaftlichen Umsetzung über 2.000 Stellen sowie 60 Führungspositionen innerhalb der Zielstruktur neu besetzt werden. Zudem wurden über 50.000 Kundenverbindungen der Dresdner Bank auf die neue Commerzbank übertragen und rund 5.000 Kunden zwischen den Segmenten Mittelstandsbank und Investmentbanking transferiert. Neben der Zusammenführung und Vereinheitlichung der internationalen Standorte wurden 300.000 mittel- und langfristige Handelspositionen migriert sowie die dahinterstehenden Plattformstrategien harmonisiert.

Im Gegensatz zum zuvor skizzierten „Big-Bang"-Ansatz bei der Datenmigration im Inland bedingten die spezifischen Anforderungen im Investmentbanking eine phasenweise Kunden- und Positionsmigration. Die Notwendigkeit für ein solches phasenweises Vorgehen ergab sich aus der hohen Komplexität der existierenden Systemlandschaften sowie dem hohen Anteil nicht-standardisierter Produkte und manueller Tätigkeiten. Zudem erforderte die angestrebte Konsolidierung der Risikopositionen die unmittelbare Schaffung von Transparenz. Infolgedessen entschied man sich für einen Migrationsansatz nach Assetklassen, im Rahmen dessen das Migrationsvorgehen für jede der 80 Positionsmigrationen individuell definiert und geplant wurde. Im Ergebnis ermöglichte dieses Vorgehen, dass die Positionsmigrationen im Zeitraum von Mitte 2009 bis Ende 2010 erfolgreich abgeschlossen werden konnten.

2.4 Integration der internationalen Standorte

Zum Zeitpunkt der Übernahme waren Commerzbank und Dresdner Bank im Ausland gemeinsam mit rund 17.000 Mitarbeitern in 60 Ländern vertreten. Für die Integration der internationalen Standorte waren zwei wesentliche Herausforderungen zu bewältigen: die Erfüllung unterschiedlicher regulatorischer Anforderungen in den einzelnen Ländern sowie die Notwendigkeit zur Migration bestehender Kunden- und Produktdaten aus einer Vielzahl heterogener IT-Systemwelten auf eine harmonisierte Plattform.

Darüber hinaus musste ein Integrationsansatz etabliert werden, der den erhöhten Anforderungen im Ausland gerecht wurde. Ziele des Ansatzes waren insbesondere die Stärkung der lokalen Verantwortung in den jeweiligen Ländern, der klare Fokus auf das lokale Geschäft sowie die Ausweitung der Kommunikation. In diesem Zusammenhang wurde die Rolle eines lokalen Integrationsmanagers eingeführt, der die Verantwortung für den Integrationserfolg vor Ort erhielt. Da zum Teil mehrere Geschäftseinheiten und Funktionen wie zum Beispiel IT und HR an den Standorten vertreten sind, wurde der Integrationsmanager aus dem wichtigsten vertretenen Marktsegment ausgewählt. Seine Rolle umfasste dabei auch die Koordination der Integration in den Funktionen. Die übergreifende Steuerung und Koordination der Aktivitäten erfolgte über einen spezifischen Lenkungsausschuss, der dem Gesamtintegrationsteam berichtete.

Die Planung der Integration in den internationalen Standorten erfolgte parallel mit dem Inland. Sie musste jedoch vor der Migration der Kunden- und Produktdaten abgeschlossen werden, um doppelte Ressourcenbelastungen zu vermeiden und Auswirkungen auf die Integrationsaktivitäten im Inland zu beschränken. Aufgrund des engen Zeitplans musste eine geeignete Priorisierung gewählt werden. So wurden die Länder nach der unterschiedlich hohen Komplexität der Integrationsumsetzung klassifiziert. Während in den wichtigsten internationalen finanziellen Zentren Großbritannien, USA, Westeuropa und Asien ein enges Nachhalten sowie eine fokussierte Koordination der Aktivitäten aus der Zentrale erfolgte, wurden der Berichtszyklus und Umfang der anderen Länder auf die bedeutendsten Meilensteine reduziert. Zu jedem Zeitpunkt wurde eine ausreichende und gleichzeitig effiziente Ressourcenausstattung sichergestellt.

Neben der personalwirtschaftlichen Umsetzung, der Umzugsaktivitäten an die Zielstandorte und der Markenmigration standen im Wesentlichen drei weitere Aufgaben im Fokus der internationalen Integrationsaktivitäten. Dazu gehörten die Harmonisierung der IT-Systeme, die Migration der Kunden- und Produktdaten sowie die Kreditmigration. In diesem Zusammenhang wurde ein einheitliches Kern-IT-System in allen Ländern eingeführt. Dabei mussten die funktionalen Lücken zur Dresdner Bank geschlossen werden, um die vollständige Migration aller Dresdner-Bank-Kunden, -Konten und -Produkte sicherzustellen. Das war die Voraussetzung für die Abschaltung der alten Systeme in allen internationalen Standorten und die Realisierung der IT-Synergien im Ausland.

Die Harmonisierung der IT-Systeme wurde zeitlich in zwei Blöcke gespalten. Im ersten Schritt wurden das zukünftige Kern-IT-System bis zum Ende des ersten Quartals 2010 an allen Standorten zur Verfügung gestellt sowie die zentralen funktionalen Lücken geschlossen. Im zweiten Schritt, der sich bis Ende Oktober 2010 anschloss, wurden die standortspezifischen Lücken geschlossen. Auf diese Weise konnte auch die Ressourcensituation für die manuellen Migrationsaktivitäten der Kunden- und Produktdaten zeitlich entzerrt werden. Diese dauerten bis Ende 2010 und konnten damit rechtzeitig vor der Migration der Kunden- und Produktdaten im Inland abgeschlossen werden.

Trotz der skizzierten Herausforderungen konnte die Integration der internationalen Standorte Ende 2010 nach weniger als zwei Jahren erfolgreich abgeschlossen werden. Darüber hinaus konnte der Abbau der Vollzeitstellen wie geplant durchgeführt werden, wodurch die internationalen Standorte ihren Beitrag zur Erfüllung der ehrgeizigen Synergieziele der neuen Commerzbank leisteten. Abschließend erfolgte an den internationalen Standorten eine Umstellung auf den neuen Marktauftritt parallel zur Markenmigration im Inland. Durch die Integration hat die neue Commerzbank mit rund 50 internationalen Standorten eine sehr starke internationale Präsenz.

Abbildung 2-4 Zahlen und Fakten des größten Integrationsprojekts der deutschen Bankengeschichte

- Auswahl von ca. 3.800 Führungskräften
- Versetzung von ca. 45.000 Mitarbeitern in neue Organisationsstruktur
- Schulung von ca. 30.000 Mitarbeitern und Durchführung von rd. 3.400 Change-Workshops
- Durchführung von rd. 90.000 Umzügen

- Rebranding von insgesamt ca. 1.600 Standorten
- Neue Broschüren der Commerzbank für alle Filialen

- Integrationsaktivitäten in ca. 50 Ländern
- Migration von ca. 300.000 mittel- und langfristigen Handelspositionen im Investmentbanking

- Anpassung von ca. 600 IT-Anwendungen
- Abschaltung von rund 1.000 Dresdner-Bank-IT-Systemen
- 107.000 durchgeführte Testfälle von 1.000 Testern

- 12.000 Drehbuchaktivitäten am Migrationswochenende
- Migration von über 1 Mrd. Datensätzen
- 29 Stunden Migrationslaufzeit

Quelle: Commerzbank AG

2.5 Zusammenfassung

Die Integration der Dresdner Bank stellt das bislang größte Integrationsprojekt der deutschen Finanzdienstleistungsgeschichte dar. Die beiden Banken wurden entlang aller wesentlichen Dimensionen zusammengeführt. Dazu gehören die personalwirtschaftliche Umsetzung mit der Auswahl aller Führungskräfte und der Versetzung aller Mitarbeiter im In- und Ausland, die Umstellung auf die neue Marke und die Anpassung der IT-Landschaft und Migration der Kunden- und Produktdaten. Die Integrationsaktivitäten umfassten das Inland sowie die rund 50 Auslandsstandorte und das Investmentbanking. Trotz des hohen Integrationsumfangs konnte das Integrationsprojekt in 1.000 Tagen erfolgreich abgeschlossen werden.

TEIL II
Change Management als Erolgsfaktor in der Post Merger Integration

3. Change Management - Barrieren, Erfolgsfaktoren, Modelle, methodisches Vorgehen, Architektur und „Roadmap"

KARL-HEINZ GROSSE PECLUM

„Panta rhei – alles fließt"
(Heraklit, vorsokratischer Philosoph, 520 v. Chr. bis 460 v. Chr.)

„It is not the strongest of the species that survive,
nor the most intelligent.
It is the one most adaptable to change."
(Charles Darwin, britischer Naturforscher 1809 bis 1882)

3.1 Einführung – Wandel als Normalität

Das Zitat von Heraklit zeigt, dass der Wandel bereits vor über zweieinhalbtausend Jahren das Beständige und Normale war. Charles Darwin, der britische Naturforscher, weist auf eine andere Komponente hin: Wenn Lebewesen nicht die Fähigkeit entwickeln, sich den Veränderungen der Umwelt anzupassen, können sie am Ende nicht überleben. In diesem Kapitel wird es also darum gehen, wie man generell mit Wandel umgehen und vor allem, wie man geplanten Wandel aktiv gestalten kann. Change Management zur Gestaltung des geplanten Wandels ist das Thema!

Beständiger Wandel als Normalität kann sicher von jedem im täglichen Erleben nachempfunden werden. Der Wandel wird aber immer schneller, unberechenbarer, komplexer und vollzieht sich vor allem auch in unterschiedlichen Dimensionen gleichzeitig. Die Komplexität der Umwelt wird beispielsweise durch die seit Langem ständig zuneh-

Wandel als Normalität

mende Globalisierung, die Entwicklung der Informationstechnologie, der Biotechnologie oder auch der Demografie geprägt.

Wenn wir einen Blick auf das letzte Jahrzehnt zurückwerfen, so ist dieses insbesondere für die Finanzbranche von herausragenden und gravierenden Ereignissen geprägt. Nach dem Aufstieg der Internetunternehmen kam das Platzen der New-Economy-Blase. Der Terroranschlag auf die Twin Towers in New York hat die Welt erschüttert (Nine Eleven). Die anschließende Wirtschaftsrezession wurde durch eine expansive Geldpolitik zur Belebung der Konjunktur bekämpft. Im Endeffekt hat aber auch dieser Prozess zu Turbulenzen geführt. Die Pleite der Lehman-Bank hat eine fundamentale Finanz- und Wirtschaftskrise ausgelöst. Aktuell schüttelt die Krise der Staatsfinanzen Europa und die ganze Welt und es wird intensiv über das Euro-System nachgedacht.

Die Unternehmen müssen sich also gezwungenermaßen an Veränderungen der Umweltbedingungen anpassen. Diese Anpassungen können aber sehr gravierend und auch schmerzhaft für die Menschen sein. Eine Folge davon ist in aller Regel eine Beeinträchtigung der Performance und der Produktivität der gesamten Organisation. Aus wirtschaftlicher Sicht stellen sich also zwei entscheidende Fragen (vgl. Oltmanns/Nemeyer 2010, S. 32 f.): „Wie schlägt sich die Veränderung auf die Leistung des Akteurs nieder, wie lange machen sich diese Auswirkungen positiv oder negativ bemerkbar? Wirtschaftliches Ziel des Change Managements ist die Verkürzung der Zeitdauer von der Feststellung des Veränderungsbedarfs bis zur Akzeptanz der neuen Vorgaben."

3.2 Organisationsentwicklung und Change Management - Grundlagen

Ökonomische Ziele erreichen und den Wandel human gestalten

Die Organisationsentwicklung (OE) entstammt dem englischen Organisation Development (OD = geplanter organisatorischer Wandel), sie bietet die konzeptionellen Grundlagen, die Philosophie, die Methodik und das Interventionsinstrumentarium zur Gestaltung des Wandels. Die OE schlägt die Brücke zwischen der Erreichung ökonomischer Ziele bei gleichzeitiger Berücksichtigung der Anforderungen an eine humane Gestaltung des Wandels.

Der eigentliche Initiator der OE ist Kurt Lewin, der in den 1940er-Jahren mit seinen verhaltenswissenschaftlichen Forschungsarbeiten zur Gruppendynamik und zum sozialen Wandel die wesentlichen Grundlagen gelegt hat. Douglas McGregor, Robert Blake und Jane Mouton gehörten zu den ersten Sozialwissenschaftlern, die Mitte der 1950er-Jahre in den USA die sozialwissenschaftlichen Erkenntnisse der OE zur Organisationsveränderung in Unternehmen einsetzten (vgl. French/Bell 1982, S. 37 ff.). Inhaltlich sehen French/Bell die Gruppendynamik und die „Survey-Feedback-Methode" als die beiden entscheidenden historischen Quellen der OE.

„Survey-Feedback" ist in OE-Prozessen eine der wichtigsten Interventionsmethoden. In einem zyklischen Prozess werden kontinuierlich Daten durch Interviews und Mitarbeiterbefragungen erhoben (im Sinne einer Organisationsdiagnose). Diese werden analysiert, gewichtet, bewertet und an die Mitglieder der untersuchten Organisation zurückgekoppelt (Feedback). Anschließend werden die Ergebnisse mit den Betroffenen diskutiert, analysiert und konkrete Maßnahmen abgeleitet. Ziel ist, die Organisation und die Qualität der Zusammenarbeit durch geeignete Maßnahmen zu verbessern. Dieser Ansatz spielte in der Integration der Commerzbank eine maßgebende Rolle. Drei unterschiedliche Formen der Mitarbeiterbefragung mit unterschiedlicher Zielsetzung, Breite und Tiefe wurden während des gesamten Transformationsprozesses angewendet.

Gruppendynamik und „Survey-Feedback-Methode" die beiden entscheidenden historischen Quellen der OE

In allen wissenschaftlichen Quellen werden bestimmte charakteristische Merkmale der OE genannt. In Anlehnung an Becker/Langosch sind folgende sieben Kriterien zu nennen (vgl. Langosch/Becker 1984, S. 24 ff.):

Sieben Charakteristische Merkmale der OE

- Gemeinsames Problembewusstsein: Die Unzufriedenheit mit der Situation oder der von außen ausgelöste Veränderungsdruck schaffen die Basis für Veränderungsbereitschaft („Climate for Change").

- Mitwirkung eines Beraters: Der neutrale Blick von außen erleichtert den Zugang zu den relevanten Themen. Die Mitglieder der Organisation sind selbst Teil des Systems und deshalb nicht gänzlich frei in ihren Handlungen.

Credo der OE: Beteiligung der Betroffenen

- Beteiligung der Betroffenen: Dies ist sozusagen das grundlegende Credo der OE! Durch Partizipation wird das vorhandene Wissen und Problemlösungspotenzial der Organisation optimal genutzt und die Identifikation mit den erarbeiteten Lösungen gefördert.

- Sach- und Beziehungsebene: Es geht bei der OE um die Lösung von Sachproblemen, aber auch um die Verbesserung der Kooperation und Zusammenarbeit zwischen Individuen, Gruppen und Bereichen.

- Erfahrungsorientiertes Lernen: Offene Information und aktive Beteiligung bei der Lösung konkreter betrieblicher Probleme (nah) am Arbeitsplatz.

- Prozessorientiertes Vorgehen: Die Veränderung wird in einem dynamischen Entwicklungsprozess erarbeitet und auf der Basis von Surveys iterativ adjustiert.

- Systemumfassendes Denken: Die Interdependenzen einzelner Elemente oder Subsysteme müssen ganzheitlich betrachtet werden (vgl. auch Kongruenzmodell nach Nadler in Abschnitt 3.7).

Definition der OE

Die Gesellschaft für Organisationsentwicklung e. V. (GOE) definiert OE in ihrem Leitbild „als einen längerfristig angelegten, organisationsumfassenden Entwicklungs- und Veränderungsprozess von Organisationen und der in ihr tätigen Menschen. Der Prozess beruht auf Lernen aller Betroffenen durch direkte Mitwirkung und praktische Erfahrung. Sein Ziel besteht in einer gleichzeitigen Verbesserung der Leistungsfähigkeit der Organisation (Effektivität) und der Qualität des Arbeitslebens (Humanität)."

Klaus Doppler und Christoph Lauterburg sind zwei der profiliertesten und bekanntesten Vertreter der Change-Management-Lehre und der OE im deutschsprachigen Raum. In ihrem Standardwerk „Change Management" machen sie deutlich, dass sich bei einer Bestätigung der Grundhaltung der OE deutliche Akzentverschiebungen ergeben haben (vgl. Doppler/Lauterburg 2008, S. 93). Sie nennen folgende fünf Aspekte, die heute bei großflächigen Veränderungsprozessen (Transformationen) für eine erfolgreiche Veränderung berücksichtigt werden müssen:

Akzentverschiebungen der OE

1. Die von der Grundhaltung oft entwicklungsoffen angelegten Prozesse der OE stärker ziel- und ergebnisorientiert anlegen und im Rahmen eines professionellen Projektmanagements strukturieren und steuern.

2. Klare Ausrichtung auf konkret definierte Ziele und Ergebnisse, die auch messbar sind. Nur Prozessorientierung allein reicht nicht mehr.

3. Die Außenwelt und deren Einflüsse stärker berücksichtigen.

4. Klarheit und Ehrlichkeit gegenüber den Betroffenen, dass Entwicklungsprozesse auch mit Schmerzen, Unsicherheiten und Angst verbunden sein können.

5. Neben dem OE-Prinzip „Hilfe zur Selbsthilfe" stärker den Aspekt der eigenen „Verantwortung" betonen.

Doppler/Lauterburg fassen diese neue Ausrichtung der bisherigen Organisationsentwicklung wie folgt zusammen: „Es kommt nicht von ungefähr, dass der Begriff Change Management die Bezeichnung Organisationsentwicklung weitgehend verdrängt hat. Zum einen wird darin Veränderung im Vergleich zur Entwicklung stärker betont, was übrigens nicht bedeutet, dass keine kontinuierliche Entwicklung stattfinden kann. Zum anderen wird in dieser Formulierung der Anspruch erhoben, den Wandel aktiv voranzutreiben. Zum dritten ist der Begriff offen für unterschiedliche Bezüge, zum Beispiel Ziele, Strategien, Geschäftsprozesse, Menschen, Mentalitäten. Er ist nicht auf Organisation fokussiert. Als definierte Managementaufgabe impliziert Change Management auch Ergebnisorientierung, Umsetzungscontrolling und damit Nachhaltigkeit" (Doppler/Lauterburg 2008, S. 96).

Erfolgsgeheimnis: die Verzahnung der Querschnittsprojekte „Kommunikation" und „Change" und Einbettung in das Gesamtprojekt

Hier liegt bereits eines der Erfolgsgeheimnisse des Integrationsprojekts der Commerzbank. Die Querschnittsprojekte „Kommunikation" und „Change und Enabling" haben die kulturelle Veränderung in einem integrierten Ansatz eng verzahnt vorangetrieben. Beide Projekte waren in der Governance des Gesamtprojekts Integration als Lenkungsausschüsse eingebettet und hatten damit einen direkten Zugang zu den obersten Entscheidungsgremien im Integrationsprozess und auch die entsprechende Durchschlagskraft (vgl. auch Abschnitt 3.7).

Dieser Exkurs sollte einen Überblick über das grundlegende und nach Doppler/Lauterburg modifizierte Verständnis der OE als Basis für die Gestaltung des Integrationsprozesses der Commerzbank geben.

3.3 „Technischer" und „kultureller" Merger verlaufen asynchron

Die Herausforderungen des „technischen" Mergers überstrahlen oft die „kulturelle" Integration. Beide verlaufen nicht sychron.

Bei fundamentalen Transformationsprozessen wie einem Merger gibt es einen spezifischen Aspekt, den es in einer typischen Post-Merger-Integration (PMI) zu bedenken gilt. Oft liegen der Fokus und die Aufmerksamkeit des Managements zuerst (und manchmal nur) auf den Herausforderungen des „technischen" Mergers. Strukturen müssen integriert und vereinheitlicht werden und die Geschäftsmodelle müssen für die neue Organisation eindeutig definiert werden (mit den erforderlichen Harmonisierungen der Kundengruppen und des Produktportfolios). Durch das Zusammenlegen der redundanten Organisationseinheiten steigt das Synergiepotenzial. Vor allem aber muss eines geschehen: Die IT-Systeme müssen zu einem System integriert werden. Alle diese Themen werden mit hoher Energie und unter großem Zeitdruck vorangetrieben. Erfolg und Misserfolg werden sofort evident und auch von außen wahrnehmbar. Der Zeitbedarf für den „technischen" Merger liegt erfahrungsgemäß bei zweieinhalb bis drei Jahren. Die Commerzbank hat all diese Herausforderungen in 1.000 Tagen geschafft.

Viel schwieriger, weil weniger greifbar, ist jedoch der „kulturelle" Merger. Die Integration oder besser die Angleichung der Kulturen bis hin zu einer ganz neuen Kultur des Unternehmens dauert deutlich länger. Hier spielen Traditionen und spezifische Werte (vgl. Kapitel II/4) und vor allem Emotionen und Befindlichkeiten eine große Rolle. Bis in den täglichen Kollegengesprächen die alte Zugehörigkeit (intern auch manchmal „Farbenlehre" genannt) kein Thema mehr ist, dauert es mindestens fünf bis sieben Jahre. Einen wichtigen Anteil zur Überwindung der kulturellen Differenzen spielen auch die Neueintritte von Azubis, Trainees oder Mitarbeitern aus anderen Unternehmen in das neue Unternehmen. Bei einer natürlichen und üblichen Fluktuationsquote in der Größenordnung von drei Prozent pro Jahr wird die Belegschaft sukzessive von innen erneuert – mit Mitarbeitern, die sich bewusst für das neue Unternehmen entschieden haben.

Abbildung 3-1 Der „technische" und der „kulturelle" Merger verlaufen nicht synchron

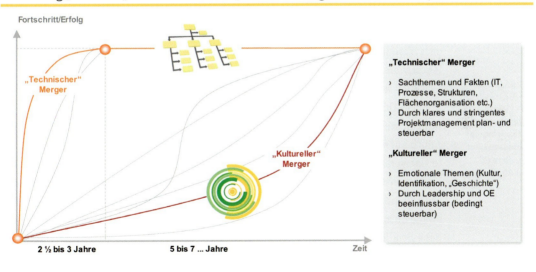

Quelle: Commerzbank AG

Erfolgsgeheimnis: Höchste Aufmerksamkeit des Top-Managements für die kulturelle Integration

Hier liegt ein zweites Erfolgsgeheimnis der Integration: Der „kulturelle" Merger hatte von Beginn an die gleiche Aufmerksamkeit des Topmanagements und wurde mit der gleichen Energie vorangebracht wie die technischen Themen. Die Bereitschaft, das erforderliche Budget und die Mitarbeiterkapazitäten zur Verfügung zu stellen sowie die Verankerung in der Governance des Gesamtprojekts dokumentieren dies. Der Vorstand verstand sich an vorderster Front als Change-Leader und hat das Thema Change Management zur eigenen Sache gemacht!

3.4 Veränderungsprozesse erfolgreich gestalten – Barrieren, typische Fehler und Erfolgsfaktoren

Betrachtet man unser heutiges Wirtschaftsumfeld, so steht fest: Veränderungs- und Entwicklungs-fähigkeit sind heute elementare Bestandteile jedes Unternehmens. Mittlerweile steht jedes Unternehmen vor der Herausforderung, sich immer wieder den Wettbewerbsanforderungen anpassen zu müssen. Kurzum: Veränderungen sind heute der Normalfall. Entsprechend dieser Entwicklung müsste man davon ausgehen, dass Veränderungsfähigkeit bei Unternehmen zur Kernkompetenz gehört; doch die Realität sieht anders aus.

Das Misserfolgsrisiko bei Veränderungsprozessen liegt zwischen 60 und 80 Prozent.

Die Liste der Fallbeispiele gescheiterter Veränderungsprozesse in den Medien ist lang. So berichtete diesbezüglich beispielsweise die Internetplattform faz.net (vgl. Lindner/Knorp auf www.faz.net, 21. November 2009) im November 2009 über die gescheiterte Übernahme von AOL durch Time Warner mit geschätzten 300 Milliarden US-Dollar Verlust. Weitere Beispiele sind die erfolglose Übernahme von CBS durch Viacom oder aber die gescheiterte Integration von Chrysler in den Daimler-Benz-Konzern, um nur einige Beispiele zu nennen. Parallel zu diesen Ergebnissen warnen auch wissenschaftliche Studien vor dem Misserfolgsrisiko bei Veränderungsprozessen. Die Quote von Veränderungsprozessen, die ihre Ziele nicht beziehungsweise nicht voll erreichen, wird hier zwischen 60 und 80 Prozent angesetzt (vgl. C4 Consulting/Technische Universität München 2007, S.22 f.; McKinsey 2006, S.4; Greif et al. 2004, S. 20).

Warum aber scheitern so viele Veränderungsprozesse? Betrachtet man einzelne Fallbeispiele genauer, so wird deutlich, dass der Misserfolg oftmals nur bedingt mit der Innovation selbst beziehungsweise dem angestrebten Zielzustand in Zusammenhang gebracht werden kann. Vielmehr stellt er sich oftmals als ein Problem der misslungenen Umsetzung dar. Viele der auftretenden Barrieren und Schwierigkeiten hätten sich dabei mit einem professionellen Management des Veränderungsprozesses vermeiden oder zumindest minimieren lassen. Dafür ist es von zentraler Bedeutung, wesentliche Fehler beziehungsweise Erfolgsfaktoren zu kennen und im Management des Veränderungsprozesses zu berücksichtigen. Aus empirischen Befunden und theoretischen Modellen lassen sich fünf wesentliche Erfolgsfaktoren herleiten:

Fünf Erfolgsfaktoren

Erfolgsfaktor Vision und Ziele

Neben dem weitläufig bekannten Modell von Kotter (vgl. Abschnitt 3.4) zeigen auch aktuelle Studien und Erfolgsmodelle, wie wichtig zu Beginn einer Veränderung eine klare Definition von Vision und Zielen ist (vgl. Kotter 1995, S. 59 ff.; McKinsey 2006, S. 6; Gerkhardt et al. 2008, S. 19). Ist dies nicht gegeben, so fehlt es den Beteiligten an Orientierung und an einem grundlegenden Verständnis für die Sinnhaftigkeit und die Notwendigkeit der Veränderung. Sowohl die Ausrichtung und Prämissen der Veränderung als auch die dahinterstehenden Gründe beziehungsweise den angestrebten Nutzen gilt es, dementsprechend zu definieren und auf breiter Basis zu kommunizieren. Ziel muss es sein, ein breites Bewusstsein für die hinter der Veränderung stehenden Probleme zu schaffen und den Betroffenen Orientierung zu geben.

Vision und Ziele

Erfolgsfaktor Kommunikation

Wie bereits in Abschnitt 3.1 beschrieben, erfordern Veränderungsprozesse ein hohes Maß an Information beziehungsweise Kommunikation. Es wundert daher nicht, dass dieser Bereich oftmals besonders fehleranfällig ist. Unklare, verspätete oder lückenhafte Informationen innerhalb eines Veränderungsprozesses haben nicht selten Missverständnisse bezüglich Ziel und Nutzen der Veränderung auf Seiten der Mitarbeiter

Kommunikation

zur Folge. Gerüchte und aufkommende Ängste lassen zudem schnell Stress entstehen. Dementsprechend wichtig ist es, im Verlauf der Veränderung kontinuierlich eine offene, lebendige und vertrauensvolle Kommunikation aufrechtzuerhalten (vgl. Doppler/Lauterburg 2002, S. 160 ff.). Zudem ist es unabdingbar, Kommunikation nicht als ein einseitiges Informieren zu verstehen, sondern einen wechselseitigen persönlichen Austausch zwischen Mitarbeitern und Führungskräften beziehungsweise Multiplikatoren und Schlüsselpersonen zu ermöglichen und zu fördern.

Erfolgsfaktor Führung

Führung

Ein weiterer Erfolgsfaktor in Veränderungsprozessen steht in Zusammenhang mit den verantwortlichen beziehungsweise betroffenen Führungskräften. Beklagt werden hier häufig mangelndes Commitment und unzureichendes Engagement beziehungsweise fehlende Unterstützung im Linienmanagement sowie Uneinigkeit auf oberster Führungsebene (vgl. C4 Consulting/Technische Universität München 2007, S. 8 f.; vgl. dazu auch Abschnitt 3.4). Führungskräfte müssen daher nicht nur einheitlich hinter dem Veränderungsprozess stehen, sondern zudem in der Lage sein, professionell mit der Verunsicherung betroffener Mitarbeiter umzugehen, diese zu beteiligen und für die anstehende Veränderung zu gewinnen. Das Problem, das sich häufig ergibt, ist, dass man ad hoc von der Führungsmannschaft erwartet, wie professionelle Change-Manager zu agieren, ohne diese jedoch im Vorfeld durch entsprechende Qualifikationen befähigt und unterstützt zu haben. Dass sich Führungskräfte mit dieser Anforderung überfordert fühlen und den Erwartungen nicht gerecht werden können, ist dann nur verständlich.

Erfolgsfaktor Partizipation und Projektorganisation

Partizipation und Projektorganisation

Die Liste weiterer erfolgskritischer Faktoren ist lang, unter anderem werden hier immer wieder eine professionelle Projektorganisation sowie die Notwendigkeit der Einbindung und Befähigung der Mitarbeiter genannt (vgl. Steyrer/Heupl 2011, S. 77 ff.; IBM 2008, S. 15 f.; Greif et al. 2004, S. 175 ff.). Eine Projektorganisation sollte demnach neben der fachlichen Ausrichtung auch die wesentlichen weichen beziehungsweise psychologischen Faktoren berücksichtigen. Es gilt, qualifizierte Mitarbeiter aufzubauen und in die Umsetzung des Prozesses kontinuierlich einzubinden sowie entsprechende Ressourcen einzuplanen. Von entscheidender Bedeutung ist es, Führungskräfte wie Mitarbeiter möglichst frühzeitig und partizipativ an der Ausgestaltung der Veränderung zu beteiligen. Die Wege, dies zu tun, sind vielfältig; eine Möglichkeit besteht beispielsweise in der Einbindung einzelner Vertreter in die Projektorganisation. Dadurch können im Laufe des Prozesses unterschiedliche Perspektiven integriert und somit letztendlich die Akzeptanz für die anstehenden Veränderungen erhöht werden.

Erfolgsfaktor flexible Planung und Monitoring

Als weitere, nicht weniger relevante Erfolgsfaktoren werden häufig eine flexible Planung sowie ein regelmäßiges Monitoring des Prozesses und eine tief greifende Verankerung der Veränderung angeführt (vgl. Gerkhardt/Frey 2006, S. 52 ff.; Vahs/Leiser 2003, S. 37 ff.). Dementsprechend gilt es, in der Planung des Prozesses zu berücksichtigen, dass umfassende Veränderungen häufig Jahre in Anspruch nehmen und daher in ihrer Konzeption flexibel genug sein müssen, um an veränderte Anforderungen und Gegebenheiten angepasst werden zu können. Unabhängig davon muss der Verlauf des Prozesses sowohl bezogen auf dessen Fortschritte als auch auf dessen Wahrnehmung und Einschätzung durch die unterschiedlichen Beteiligten regelmäßig mittels geeigneter Monitoringmaßnahmen überprüft werden. Ziel muss es sein, die gewünschten Veränderungen letztendlich tief greifend in der neuen Organisation zu verankern.

Flexible Planung und Monitoring

Um die genaueren Zusammenhänge in Veränderungsprozessen zu illustrieren, soll dieses Thema im nachfolgenden Abschnitt anhand einer komplexen, praxisbezogenen Studie erörtert werden. Gegenstand ist hier die erste umfassende und statistisch repräsentative Untersuchung über tief greifende Veränderungsprozesse in deutschen Großunternehmen, die von der Unternehmensberatung C4 Consulting in Kooperation mit der Technischen Universität München vorgelegt wurde.

3.5 Exkurs: Repräsentative Untersuchung der Technischen Universität München in Zusammenarbeit mit der Unternehmensberatung C4 Consulting über „Erfolg und Misserfolg im Veränderungsmanagement – Veränderungen erfolgreich gestalten"

(Gastbeitrag von Anabel Houben, Geschäftsführerin C4 Consulting GmbH)

Der Schlüssel zu erfolgreich umgesetzten Veränderungen: Motivation – Orientierung – Kongruenz

Die erste Vollerhebung bei deutschen Großunternehmen zum Thema Change Management hat den Forschungsbeweis geliefert: Der Schlüssel zu erfolgreich umgesetzten Veränderungen liegt in den drei Handlungsfeldern: Motivation – Orientierung – Kongruenz. Gleichzeitig konnten die zehn häufigsten Gründe für das Scheitern von Veränderungsprozessen isoliert und zentrale Irrtümer gängiger Change-Management-Vorstellungen aufgedeckt werden.

Erste repräsentative Untersuchung deutscher Großunternehmen

Die Studienergebnisse basieren auf einer Befragung aller deutschen Großbetriebe mit mehr als 1.000 Beschäftigten. Über 50 Prozent der Antworten stammen dabei vom Topmanagement. Untersucht wurden Veränderungsvorhaben im Zusammenhang mit grundlegenden Restrukturierungen, strategischer Neuausrichtung, Post-Merger-Integrationen und Kulturwandel. Als Forschungsmethoden kamen im Wesentlichen Korrelations-, Regressions- und Faktoranalysen zum Einsatz. Die Untersuchung wurde in den Jahren 2006/2007 in Forschungskooperation zwischen der Change-Management-Beratung C4 Consulting Düsseldorf und der Technischen Universität München durchgeführt.

Treiber des Veränderungserfolgs

Als zentrale Determinanten für den Erfolg von Veränderungsprozessen konnte die Studie statistisch signifikant die drei Felder Motivation, Orientierung und Kongruenz nachweisen (vgl. Abbildung 3-2).

Abbildung 3-2   Kerntreiber des Veränderungserfolgs

Quelle: Studie C4 Consulting GmbH/Technische Universität München, 2007.

Motivation – der missachtete Faktor

Der Veränderungserfolg ist dann am größten, wenn die Motivation der Mitarbeiter und damit ihr aktives Engagement beim Treiben der Veränderung am größten sind. Dies ist keine Neuigkeit, wird aber immer noch nicht ausreichend bei der Entwicklung von Veränderungsarchitekturen berücksichtigt. Denn die Studie weist nach: Fast die Hälfte der Mitarbeiter in deutschen Großunternehmen hat sich von Veränderungsanforderungen zurückgezogen und wird tendenziell zu Bremsern. Diese Gruppe ist doppelt so groß wie der Kreis derer, die den Veränderungsprozess aktiv vorantreiben. Die statistischen Auswertungen belegen den engen Zusammenhang zwischen Erfolgsquote und Motivationsgrad. Er ist hoch signifikant ($\alpha = 0{,}1$) und besitzt die überaus bemerkenswerte Stärke von 0,474 (Korrelationskoeffizient). Dennoch wird die Kernfrage „Wie schaffe ich eigentlich Motivation beziehungsweise aktives Engagement bei möglichst vielen Betroffenen?" häufig nicht gezielt im Rahmen der Change-Architektur aufgegriffen.

Motivation und Engagement sind signifikante Erfolgsfaktoren.

Orientierung – der unterschätzte Faktor

Je klarer Ziel und Plan, umso höher ist die Erfolgsquote.

Je klarer und widerspruchsfreier Ziel und Plan von Veränderungsvorhaben für alle Betroffenen in Erscheinung treten, desto höher ist die Erfolgsquote der Veränderung im Unternehmen. Es reicht also nicht aus, wenn das Management die neuen Ziele und den Weg zu ihrer Erreichung internalisiert hat, sondern dies gilt in gleichem Maße auch für die betroffenen Mitarbeiter. Der „Orientierungs"-Komplex, als zweitstärkster Einflussfaktor auf die Erfolgsquote, umfasst Faktoren, die einen Veränderungsprozess als sinnvoll und rational nachvollziehbar erscheinen lassen (Widerspruchsfreiheit der Veränderungsziele, Beschränkung der Planungsperspektive auf zu wenige relevante Faktoren, klare Planung des Veränderungsprozesses selbst, Klarheit des angestrebten Zielbildes). Damit rückt die kognitive Dimension von Veränderungsvorhaben in den Vordergrund und verweist auf die Anforderung, Veränderungsanliegen rational verstehbar zu machen, die Handlungssicherheit für die Betroffenen im Prozess zu erhöhen und die Gestaltungsfähigkeit der Betroffenen entlang des Veränderungsprozesses zu fördern.

Kongruenz – der unbekannte Faktor

Der Schlüssel zum Erfolg liegt in der Berücksichtigung harter und weicher Faktoren.

Der Schlüssel zum Erfolg liegt in der Berücksichtigung harter (Organisation und Systeme) und weicher (Kultur, Kommunikation, Personen) Faktoren. Die Kongruenz, also die Passung harter und weicher Faktoren, konnte in unserer Studie erstmals als zentraler Einflussfaktor auf den Erfolg identifiziert werden (vgl. Abbildung 3-3).

Je umfassender Veränderungsprozesse angelegt sind, desto häufiger führen sie zum Erfolg (Korrelationskoeffizient 0.379, $\alpha = 0{,}01$). Bei der Mehrzahl der befragten Unternehmen ist jedoch eine klare Fokussierung auf die harten Faktoren zu erkennen, typischerweise sind dies die Anpassung von Strukturen und Prozessen (bei 90 Prozent der Veränderungsvorhaben) sowie die Anpassung von Finanz- und Controllingsystemen (an 82 Prozent aller Fälle). Hingegen werden weiche Faktoren, wie etwa die Anpassung von Werten und Verhaltensregeln (42 Prozent), die Unternehmenskultur (36 Prozent) oder auch das Anreizsystem (25 Prozent) eher seltener berücksichtigt. Ohne die Abstimmung der weichen Faktoren bleiben die harten Faktoren jedoch hinter den in sie gesetzten Erwartungen zurück.

Abbildung 3-3   Kongruenzmodell harter und weicher Faktoren

Quelle: Studie C4 Consulting GmbH/Technische Universität München, 2007, S. 46.

Misserfolgsfaktoren – typische Fehler werden häufig wiederholt

Bei der Mehrheit der deutschen Großunternehmen ist der volle Erfolg von Veränderungsprozessen die Ausnahme (Wahrscheinlichkeit unter 21 Prozent). Mehr als jeder dritte Veränderungsprozess wird als gescheitert oder wenig erfolgreich beurteilt. Maßgebliche Faktoren, die den Misserfolg begründen, konnten wir in unserer Studie isolieren (vgl. Abbildung 3-4).

Mehr als jeder dritte Veränderungsprozess wird als gescheitert oder wenig erfolgreich beurteilt.

Abbildung 3-4 Die zehn häufigsten Misserfolgsfaktoren von Veränderungsprozessen

Quelle: Studie C4 Consulting GmbH/Technische Universität München, 2007, S. 31.

Die wichtigsten Faktoren sind dabei das mangelnde Engagement der oberen Führungsebenen (58 Prozent), gefolgt von unklaren Zielbildern und Visionen der Veränderungsprozesse (57 Prozent) sowie fehlende Erfahrung der Führungskräfte im Umgang mit der Verunsicherung der betroffenen Mitarbeiter (55 Prozent). Damit wird Führung zum zentralen Steuerelement! Die weiteren Determinanten wie Uneinigkeit der obersten Führung (55 Prozent), mangelnde Unterstützung aus dem Linienmanagement (52 Prozent), unzureichende Möglichkeiten der Bewältigung von Ängsten und Widerständen (46 Prozent), sowie auch die grundsätzliche Vernachlässigung psychologischer Faktoren in der Projektplanung (43 Prozent) machen deutlich, dass gerade auch psychologische Faktoren in Veränderungsprozessen erfolgskritisch sind.

Zentraler Irrtum gängiger Managementauffassungen – Kommunikation als Allheilmittel

Vielfach gilt Change-Kommunikation als probates Mittel, um Motivation und Einbindung bei den Betroffenen zu erzeugen. Die C4-Studie weist jedoch eindeutig nach, dass Kommunikation allein keine ausreichende Wirkung entfalten kann. Vielmehr muss sie als Transportmittel für die drei zuvor genannten Erfolgsdeterminanten eingesetzt werden und gezielt an jenen Misserfolgsfaktoren (s. Abbildung 3-4) ansetzen, die unmittelbar mit Kommunikationsdefiziten in Verbindung stehen.

Fazit

Als Kernerkenntnis aus dieser Studie kann abgeleitet werden: Monolithische Ansätze im Change Management, die sich nur auf einzelne Hebel oder Aspekte konzentrieren (zum Beispiel nur über Kommunikation die Motivation steigern wollen), führen nicht zum gewünschten Erfolg. Vielmehr heißt das Paradigma für Change-Erfolg: Entwickeln Sie eine breit angelegte Change-Architektur auf Basis der drei Säulen Motivation – Orientierung – Kongruenz und verbinden Sie diese mit dem Vermeiden der gängigsten Misserfolgsfaktoren.

Entwickeln Sie eine breit angelegte Change-Architektur auf Basis der drei Säulen Motivation – Orientierung – Kongruenz.

Konkret bedeutet dies:

- **Mitarbeiter für die Umsetzung gewinnen:** Motivieren Sie Ihre Mitarbeiter, die Umsetzung Ihres Vorhabens engagiert zu unterstützen, statt als passive Bremser den Zeit- und Kostenaufwand zur Zielerreichung nach oben zu treiben.

- **Klare Orientierung schaffen**: Entwickeln Sie frühzeitig Ihren „Case for Change" und stellen Sie sicher, dass dieser von allen Führungsebenen in gleicher Weise kommuniziert wird.

- **Kongruenz im Projektansatz:** Fördern Sie ein Umdenken: Nicht allein die harten Faktoren, sondern auch die weichen Faktoren müssen als integraler Bestandteil des Projektansatzes betrachtet werden.

Und schließlich: Sichern Sie am Ende eines erfolgreichen Veränderungsprojekts die vielen Erkenntnisse und Erfahrungen für die nächste Generation von „Change Managern" – denn die nächste Veränderung kommt bestimmt.

3.6 Veränderungen, eine emotionale Berg-und-Tal-Fahrt – Angst, Unsicherheit und Widerstand in Veränderungssituationen

Unsicherheit und Widerstand: größte Herausforderungen für Führungskräfte

Jede Führungskraft, die sich bereits mit der Umsetzung eines tief greifenden Veränderungsprozesses konfrontiert sah, wird eines bestätigen können: Veränderungen werden in der Regel nicht unmittelbar beziehungsweise von allen Beteiligten positiv wahrgenommen. Vielmehr sind gerade zu Beginn eines Change-Prozesses Unsicherheit und Widerstand häufig an der Tagesordnung – und für die verantwortlichen Führungskräfte die größten Herausforderungen. Dabei gilt es zunächst, einen Blick für die unterschiedlichsten Formen von Widerstand zu entwickeln, denn die Art des Widerstands kann sehr vielfältig sein. Offensive, aktive Formen und passive, defensive Formen stehen sich hier gegenüber. Zu den aktiven Formen des Widerstands zählen beispielsweise häufig offen wahrnehmbare Vorwürfe, Drohungen und Gegenargumente sowie Unruhen, Intrigen oder das aktive Verbreiten von Gerüchten. Weniger offensichtlich hingegen sind oftmals die passiven Formen des Widerstands, die sich beispielsweise in Schweigen, Bagatellisieren, Ignoranz, Fernbleiben beziehungsweise Krankheit und innerer Emigration äußern können (vgl. Doppler/Lauterburg 2002, S. 326). Um den Umgang mit Widerständen erfolgreich zu meistern, ist es in jedem Fall entscheidend, sich mit den dahinterstehenden Gründen und Ursachen zu beschäftigen. Wie im vorausgegangenen Abschnitt bereits beschrieben, zeigt sich, dass Emotionen in Veränderungsprozessen eine entscheidende Rolle spielen und deren Erkennen und Bewältigen oftmals entscheidend sind. Die größte Bedeutung in tief greifenden Veränderungsprozessen wird zumeist der Angst beigemessen. Betrachtet man diese genauer, so zeigt sich, dass Ängste in Veränderungsprozessen verschiedene Hintergründe haben können: Häufig entstehen sie aus der Befürchtung heraus, den neuen Anforderungen beziehungsweise Innovationen nicht gewachsen zu sein, an Status oder Macht zu verlieren oder gar den eigenen Arbeitsplatz zu verlieren.

Veränderungen – eine emotionale Berg-und-Tal-Fahrt für jeden Mitarbeiter

Eine Veränderung muss jedoch nicht zwangsläufig zu Ängsten oder Stress bei den Betroffenen führen. Betrachtet man wissenschaftliche Erkenntnisse der Angstentstehung, so zeigt sich, dass Menschen nur dort Ängste entwickeln, wo sie Bedrohungen vermuten, denen sie nicht gewachsen sind (vgl. Frey et al. 2009, S. 561). Gelingt es hingegen, bei den Betroffenen die Sicherheit entstehen zu lassen, mit den Veränderungen erfolgreich umgehen zu können, so wird diese Gefahr ausgeräumt. Doch wie schafft man dies? Entscheidend ist es offensichtlich, neben der Vermittlung von Sinn und Notwendigkeit sowie Zielklarheit und Nutzen der Veränderung, das Gefühl von Transparenz, Fairness sowie von Beeinflussbarkeit und Kontrolle entstehen zu lassen (vgl. Hron et al. 2005, S. 120 ff.).

Abbildung 3-5   Die siebenstufige Veränderungskurve

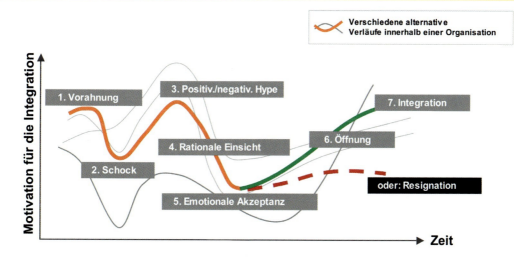

Quelle: eigene Darstellung in Anlehnung an Roth, 2000, und Hager, 2003.

Um innerhalb von Veränderungsprozessen erfolgreich mit Widerständen, Ängsten und Unsicherheiten umzugehen, muss man sich allerdings darüber im Klaren sein, dass diese nicht von heute auf morgen zu beseitigen sind und häufig einem wiederkehrenden Muster folgen. Eine differenzierte Darstellung der einzelnen Phasen und emotionalen Stufen liefert die sogenannte Veränderungskurve in Abbildung 3-5 (vgl. Hager 2003, S. 3 ff.; Roth 2000, S. 14 ff.).

Ursprünglich entstand die dargestellte siebenstufige Veränderungskurve aus den Arbeiten der schweizerisch-US-amerikanischen Psychiaterin Elisabeth Kübler-Ross, die in ihrer Arbeit mit Sterbenden beziehungsweise deren Angehörigen die wesentlichen fünf Phasen des Sterbens beziehungsweise der Trauer definierte (vgl. Kübler-Ross 2009, S. 66 ff.). Der Umgang mit der schwerwiegenden Veränderung des Todes erfolgt gemäß Kübler-Ross in einem emotionalen Prozess über die Stufen des „Nicht-wahrhaben-Wollens" beziehungsweise der „Isolierung", des „Zorns", des „Verhandelns" und der „Depression" bis hin zur „Akzeptanz". Da umfassende Veränderungen im Unternehmen von betroffenen Mitarbeitern nicht selten ebenfalls als massive Bedrohung beziehungsweise erheblicher Verlust erlebt werden und in ihrer Art vergleichbare Emotionen entstehen wie innerhalb eines Trauerprozesses, hat sich die Übertragung dieses Modells in den vergangenen Jahren auf die Phasen eines Veränderungsprozesses bewährt und unter anderem in der oben dargestellten Veränderungskurve manifestiert. Unterschieden werden dort sieben Phasen, die es innerhalb einer Veränderung aufeinanderfolgend zu durchlaufen gilt. Ziel ist es, die finale Phase der Integration möglichst schnell und mit möglichst geringen Reibungsverlusten zu erreichen. In der Unternehmenspraxis zeigt sich, dass im ungünstigsten Fall Mitarbeitern ein erfolgreiches Bewältigen der neuen Situation nicht gelingt und sie in Resignation verharren. Manche Mitarbeiter verlassen das Unternehmen sogar ganz. Zudem passiert es häufig, dass betroffene Führungsebenen durch einen Informationsvorteil und ein größeres Ausmaß an Partizipation ihren Mitarbeitern auf der Veränderungskurve um eine bis mehrere Stufen voraus sind. Entsprechend wichtig ist es, sich die aktuelle Situation der eigenen Belegschaft zu verdeutlichen und sie auf dem Weg zur emotionalen Akzeptanz der Veränderung zu begleiten und zu unterstützen. Dabei zeigt sich, dass für den Erfolg schwieriger Veränderungsprozesse insbesondere die soziale und emotionale Intelligenz des mittleren Managements von entscheidender Bedeutung ist (vgl. Huy 2002, S. 31 ff.). Während die oberen Führungsebenen oftmals als Initiatoren einer Veränderung wirken, hängt der Erfolg der Umsetzung häufig an dem zielgerichteten Umgang mit den auftretenden Emotionen durch die mittlere Führungsebene.

3.7 Ein Veränderungsprozess verläuft nach bestimmten Mustern – Phasenkonzepte und Modelle

Wenngleich jede tief greifende Veränderung in ihrer Komplexität in gewisser Weise immer einzigartig ist, so stellt man aufgrund der Erfahrung mit verschiedenen Veränderungsprozessen beziehungsweise im Austausch mit Experten und Kollegen fest, dass Change-Prozesse wiederkehrenden Mustern beziehungsweise verschiedenen Grundprinzipien folgen. Dementsprechend werden nachfolgend drei verschiedene Modelle beschrieben, die sich in unterschiedlichen Herangehensweisen mit der Frage nach den Phasen beziehungsweise dem Ablauf und den entscheidenden Determinanten eines Change-Prozesses auseinandersetzen.

Das mitunter bekannteste und älteste Modell stammt diesbezüglich von Kurt Lewin, der die Phasen eines Veränderungsprozesses in die drei Bestandteile „Auftauen (Unfreeze)", „Bewegen (Change)" und „Einfrieren (Refreeze)" unterteilte (vgl. Lewin 1958, S. 210 f.; Abbildung 3-6). Ursprünglich gehen die Arbeiten von Lewin auf seine Studien zu kulturellen Veränderungsprozessen bei Individuen und Nationen zurück, die er nach Kriegsende in Deutschland durchführte. Veränderungen erfolgen gemäß seinen Annahmen schrittweise und unter Einbezug der einzelnen Betroffenen; die drei wesentlichen Phasen können dabei wie folgt beschrieben werden:

Das Dreiphasenmodell nach Lewin: Auftauen, Bewegen und Einfrieren

1. Auftauen (Unfreeze): Hier geht es darum, die bestehende, stabile Situation aufzuweichen und auf die anstehende Veränderung vorzubereiten. In dieser Anfangsphase wird der Wunsch zur Veränderung kommuniziert und die Betroffenen bereits in die Auseinandersetzung mit der anstehenden Neuerung eingebunden.

2. **Bewegen (Change):** In dieser Phase findet die eigentliche Veränderung statt. In Organisationen ist dies vergleichbar mit der Umsetzungsphase, in der alle Neuerungen eingeführt und aktiv durch begleitende Maßnahmen unterstützt werden. Dies kann mitunter lange dauern, da hier nachhaltig alles in die Richtung des angestrebten Zielzustands bewegt werden muss.

3. **Einfrieren (Refreeze):** Abschließend müssen in der dritten Phase die neuen Prozesse und Veränderungen letztlich soweit stabilisiert und gefestigt werden, dass sie gänzlich eingepasst sind und sichergestellt wird, dass sie auch über die Einführung hinaus funktionieren beziehungsweise aufrechterhalten werden.

Abbildung 3-6   Das Dreiphasenmodell von Lewin

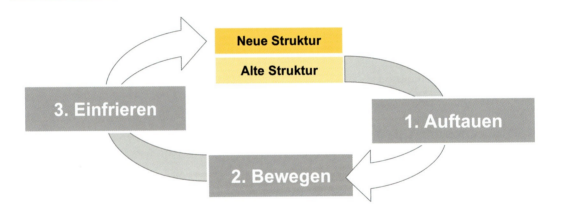

Quelle: nach Lewin, 1958.

Achtstufen-modell nach Kotter als „Handlungs-plan"

Ein weiteres verbreitetes und bekanntes Modell zur Beschreibung des Ablaufs von Change-Prozessen ist das Modell nach J. P. Kotter (vgl. Kotter 1995, S. 59 ff.; Abbildung 7). Aufbauend auf den Arbeiten von Lewin entwickelte Kotter einen mehrstufigen Plan der Veränderung, in dem er die wesentlichen Schritte für eine erfolgreiche Umsetzung einer Veränderung zusammenfasste und diesen als Stufenprozess definierte. Kotter setzte sich in seinen Arbeiten intensiv mit den unterschiedlichsten Fehlern auseinander, die Unternehmen im Laufe von Veränderungsprozessen häufig machen, und entwickelte so folgende Phasen als eine Art Handlungsplan: 1. Erzeuge ein Gefühl der Dringlichkeit, 2. Baue eine Führungskoalition auf, 3. Entwickele eine Vision/Strategie, 4. Kommuniziere die Vision, 5. Schaffe Empowerment auf breiter Basis, 6. Setze kurzfristige Ziele und feiere sie, 7. Konsolidiere Erfolge und leite weitere Veränderungen ab, 8. Verankere die neuen Ansätze.

Abbildung 3-7   Das Achtstufenmodell zum Veränderungserfolg nach Kotter

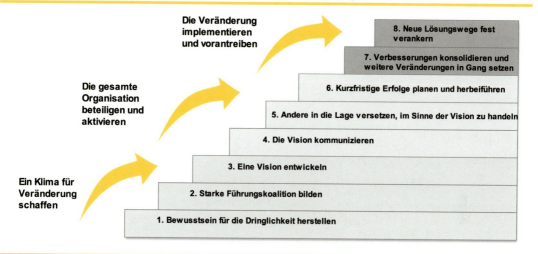

Quelle: Das Achtstufenmodell zum Veränderungserfolg nach Kotter

Entscheidend ist es bei diesem Modell, folgende Schlüsselprinzipien(vgl. Cohen 2005, S. 5). zu berücksichtigen:

- „Every step is necessary": Jeder der acht Schritte ist notwendig und Basis für eine erfolgreiche weitere Entwicklung. Wird ein Schritt ausgelassen, so werden die weiteren Bemühungen und Veränderungen nur wenig erfolgreich voranschreiten.

- „The process is dynamic": Eine Veränderung ist in der Regel kein linearer Prozess, sondern dynamisch. Dementsprechend kann es notwendig und sinnvoll sein, einzelne der zuvor dargestellten Schritte vorab beziehungsweise parallel zu gehen. Die acht Schritte müssen dementsprechend nicht zwingend unmittelbar in dieser Reihenfolge ablaufen, sondern orientieren sich an der Dynamik des jeweiligen Prozesses.

- „Several of the steps can happen simultaneously and continuously": Die einzelnen Schritte können nicht nur parallel erfolgen, sondern sind teilweise auch kontinuierlich über den gesamten Prozess zu berücksichtigen und umzusetzen.

- „Change is an iterative process": Um einen Veränderungsprozess erfolgreich nach vorn zu bringen, ist mitunter die Wiederholung beziehungsweise Rückverfolgung einzelner Schritte erforderlich.

Die acht Stufen nach Kotter haben wir insbesondere als Leitfaden bei der Entwicklung des Change-Monitors verwendet (s. Kapitel II/9). Darüber hinaus sind folgende drei Stufen explizit in die Change-Architektur (vgl. Abschnitt 3.6) als tragende Elemente eingeflossen:

- Stufe 2 – „Baue eine Führungskoalition" wurde im Rahmen der besonderen Betonung der Change-Agents (vgl. Kapitel II/5) umgesetzt.

- Stufe 3 und Stufe 4 – „Entwickele eine Vision/Strategie" und „Kommuniziere die Vision" wurden im Rahmen des Bausteins Zielvision der Change-Architektur (vgl. Kapitel II/7) umgesetzt.

Das Kongruenzmodell baut auf den Erkenntnissen der Systemtheorie auf.

Ein weiterer interessanter Ansatz zur Beschreibung der wesentlichen Parameter und Abläufe innerhalb eines Change-Prozesses ist David A. Nadlers Kongruenzmodell (vgl. Nadler 1997, S. 28 ff.; Abbildung 3-8). Aufbauend auf den Arbeiten früher Systemtheoretiker entwickelten und erforschten Nadler und Michael Tushman von der Universität Columbia einen einfachen, pragmatischen Ansatz, der sich mit dem Kräftespiel in Organisationen befasste. Diese Arbeiten führten zu der Ausgestaltung der ersten systemtheoretischen Ansätze und der Entwicklung des Kongruenzmodells. Im Rahmen einer mehr als zwanzigjährigen Arbeit mit Praktikern wurde dieses Modell zur Beschreibung der wesentlichen Kräfte innerhalb eines Veränderungsprozesses erforscht und verfeinert. Das Modell geht dabei grundlegend davon aus, dass eine Organisation ein System ist, in dem jede Veränderung einer Komponente Einfluss auf die anderen Komponenten des Systems hat. Dementsprechend ist in einem System die Interaktion der einzelnen Komponenten wichtiger als die Komponenten im Einzelnen. Ziel ist es daher, eine möglichst große Kongruenz zwischen den einzelnen Parametern herzustellen. Je höher diese Passung ist, desto erfolgreicher ist somit die Organisation; oder anders betrachtet: Je geringer die Kongruenz, desto größer die inneren Reibungsverluste einer Organisation und desto weniger erfolgreich wird das System agieren können.

Im Rahmen eines Veränderungsprozesses ist es demnach entscheidend, alle wesentlichen Parameter einer Organisation einzubeziehen und gemeinsam auf den angestrebten Zielzustand auszurichten. Ausgehend von der Unternehmensvision beziehungsweise Strategie müssen demnach die Faktoren Organisation (hier im Sinne von Prozessen und Strukturen), Systeme, Kommunikation, Personen und eben auch die Kultur in einen Einklang gemäß des angestrebten Zielzustands gebracht werden.

Entscheidend ist, alle Parameter einer Organisation ganzheitlich einzubeziehen.

Es ist also nicht nur die „Hardware" einer Organisation zu betrachten, sondern genauso systematisch die „Software", also Kommunikation, Personen und Kultur. Mit der Betrachtung der soziokulturellen Dimension einer Organisation in Verbindung mit der klaren Orientierung an der Kongruenz aller Komponenten des angestrebten Zielzustands hebt sich Nadlers Modell von den rein prozessorientierten Modellen wie etwa jenen von Lewin und Kotter ab und ergänzt diese um zentrale Erfolgskomponenten.

Nicht nur die Hardware, sondern auch die Software einer Organisation betrachten.

Abbildung 3-8   Das Kongruenzmodell nach Nadler

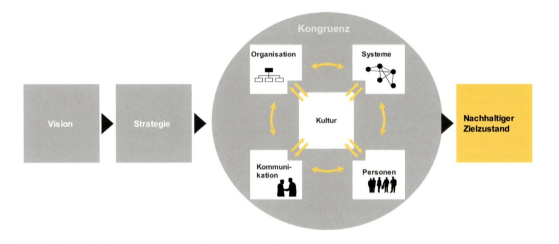

Quelle: in Anlehnung an Nadler/Tushmann, 1997.

Im Rahmen unseres Mergers bauten wir stark auf diesen Kongruenzansatz und sahen es als grundlegendes Ziel unseres Prozesses, die vorab beschriebene Kongruenz sicherzustellen. Eine systematische und kontinuierliche Betrachtung und Abstimmung der einzelnen Komponenten erfolgte im Rahmen der umfassenden Change-Management-Begleitung unseres Prozesses. Nicht zuletzt wurde der Kongruenzgedanke dadurch sichergestellt, dass in den wesentlichen Teilprojekten ein „Abgesandter" aus dem Bereich Change/Kommunikation als „embedded" Projektmitglied saß. Seine Aufgabe war es, die Kongruenz zwischen der Hardware – über die in den Teilprojekten entschieden wurde – und der Software, die im Projekt Change und Kommunikation gesteuert wurde, sicherzustellen. Damit wurde ein lateraler Blick auf die soziokulturelle Dimension systematisch in der Projektorganisation verankert. Die weiteren Bausteine und Hintergründe unseres Change-Management-Ansatzes werden im folgenden Abschnitt erörtert.

3.8 Der rote Faden durch den Veränderungsprozess – die Change-Architektur

Wie die vorausgehenden Abschnitte beschreiben, gibt es innerhalb von Veränderungsprozessen eine Reihe von Barrieren und Erfolgsfaktoren, die den Prozess maßgeblich beeinflussen können (vgl. Abschnitt 3.4). Darüber hinaus zeigen die einzelnen Phasenmodelle, wie wichtig es ist, den Prozess einer Veränderung als gezielte stufenweise Wandlung zu begreifen, in der die betroffenen Mitarbeiter einzubinden sind und entscheidende Faktoren auf Organisationsebene berücksichtigt werden müssen (vgl. Abschnitt 3.7). Zusammenfassend lässt sich festhalten, dass für eine erfolgreiche tief greifende Veränderung ein komplexer Change-Management-Plan beziehungsweise eine Change-Management-Architektur notwendig ist, um sicherzustellen, dass alle wesentlichen Erfolgsfaktoren im Laufe des Prozesses ausreichend und kontinuierlich berücksichtigt werden. Die im Rahmen der Integration von der Dresdner Bank in die Commerzbank genutzte Change-Architektur basierte auf den vorab dargestellten Erkenntnissen und diente als Grundkonzept des Change Managements auf dem Weg zu einer erfolgreichen Integration. Basierend auf den Kernelementen erfolgreichen Change Managements wurde die Change-Management-Architektur auf den drei Kernelementen Motivation, Orientierung und Kongruenz aufgebaut (vgl. C4 Consulting/ Technische Universität München 2007, S. 36 ff.; Abschnitt 3.5). Um diese Kernelemente in der Integration umzusetzen, wurde die Change-Management-Architektur auf insgesamt fünf Säulen aufgebaut: Zielvision, Change-Kommunikation, Change-Agents, kulturelle Integration und Erfolgsmonitoring (vgl. Abbildung 3-9).

Eine Change-Managemnt-Architektur sichert, dass alle Erfolgsfaktorenberücksichtigt werden.

Zielvision

Die erste Säule bildet die Zielvision (vgl. Kapitel II/7), die den Mitarbeitern ein konkretes Bild über den gewünschten Zielzustand geben soll. Wie bereits in den Abschnitten 3.4 und 3.5 beschrieben, ist die Relevanz einer klaren Vision und Ausrichtung der Veränderung ein unumstrittener Erfolgsfaktor (vgl. McKinsey 2006, S. 6; Gerkhardt/Frey 2006, S. 52 ff.). Fehlt es innerhalb einer Veränderung an einer nachvollziehbaren und klaren Zielbeschreibung, so fehlt es den Betroffenen an Orientierung und Sicherheit.

Abbildung 3-9 Das Modell der Change-Management-Architektur zur Integration der Dresdner Bank in die Commerzbank

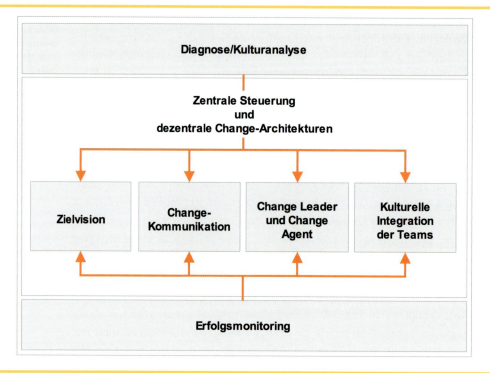

Quelle: Commerzbank AG

Change-Kommunikation

Wie vorab ebenfalls dargestellt, zeigt sich in vielfältigen wissenschaftlichen Studien, wie maßgeblich der Erfolgsfaktor Kommunikation ist (vgl. Frey et al. 2009, S. 561 ff.; Doppler/Lauterburg 2002, S. 160 ff.). Er stellt die zweite Säule der Change-Architektur dar (vgl. Teil III). Neben dem Zielbild und den Hintergründen der Veränderung wird in verschiedenen wissenschaftlichen Studien postuliert, dass ein offener, frühzeitiger und kontinuierlicher Austausch zwischen den betroffenen Mitarbeitern und den Führungskräften beziehungsweise Multiplikatoren erfolgsentscheidend ist. Dabei ist es wesentlich, auf verschiedene Kommunikationsmedien zurückzugreifen und sich auf die Sprache der einzelnen Zielgruppe einzustellen. Wie dies im Einzelnen erfolgte, wird nachfolgend in der detaillierten Darstellung der einzelnen Komponenten beschrieben.

Change Agents

Die dritte wesentliche Säule der Change-Management-Architektur betrifft die verschiedenen Führungsebenen (vgl. Kapitel II/5). Wie vorab beschrieben, ist das Engagement beziehungsweise Commitment der betroffenen Führungskräfte ebenfalls ein entscheidender Faktor auf dem Weg zur erfolgreichen Veränderung (vgl. C4 Consulting/Technische Universität München 2007, S. 8 ff.). Eine hohe Glaubwürdigkeit und vorbildliches, verlässliches Handeln sind dabei ebenso ausschlaggebend wie eine professionelle Unterstützung der Belegschaft. Dementsprechend war es im Rahmen unseres Change-Prozesses ein wesentliches Ziel, alle Führungskräfte zu gewinnen und für ihre Rolle als Change Agents zu befähigen.

Kulturelle Integration

Die vierte Säule der Change-Architektur ist die kulturelle Integration (vgl. Kapitel II/10). Hierbei steht im Fokus, kulturelle Gemeinsamkeiten und Unterschiede zwischen den beiden bestehenden Unternehmenskulturen herauszukristallisieren und diese im Sinne einer erfolgreichen gemeinsamen Neuausrichtung in eine möglichst hohe Kongruenz zu überführen (vgl. Nadler 1997, 28 ff.).

Erfolgsmonitoring

Die fünfte Säule der Change-Management-Architektur bildet das Erfolgsmonitoring (vgl. Kapitel II/9). Wie wichtig ein regelmäßiges und umfassendes Monitoring der Veränderungserfolge ist (vgl. Gerkhardt/Frey 2006, S. 52 ff.; Vahs/Leiser 2003, S. 37 ff.), wurde ebenfalls schon beschrieben. Beim Integrationsmonitoring war es das Ziel, kontinuierlich eine Rückmeldung über Status und Verlauf des Prozesses zu bekommen und den betroffenen Mitarbeitern gleichzeitig eine Möglichkeit zu geben, offen ihre Meinung zu äußern. Innerhalb der Integrationsphase wurden verschiedene Monitoringtools mehrfach eingesetzt und erwiesen sich ebenfalls als ein maßgeblicher und unverzichtbarer Erfolgsfaktor.

Auf die konkrete Ausgestaltung und Umsetzung aller fünf Säulen der Change-Architektur wird nachfolgend im Detail eingegangen werden.

3.9 Management der Veränderung im Rahmen der Post-Merger-Integration

Change Management von Anfang an!

Change Management von Anfang an! Bereits am 8. September 2009, eine Woche nach dem Tag der Bekanntgabe der Übernahme der Dresdner Bank durch die Commerzbank, wurde die interdisziplinäre „Taskforce KKI" (KKI – Kommunikation und kulturelle Integration; vgl. Kapitel III/15) mit der ersten von 132 Sitzungen gegründet. Unter Federführung der Internen Kommunikation des Hauses kamen hier Vertreter aus der Kommunikation, dem Bereich Human Resources, der Steuerung des Gesamtprojekts und allen großen Business-Segmenten und Modulen (Service- und Corporate-Center-Funktionen) zusammen. In dieser Taskforce wurden in wöchentlichen Meetings die Ereignisse der Integration diskutiert, die durch kommunikative Begleitmaßnahmen oder Change-Management-Interventionen sinnvollerweise begleitet werden sollten. Abhängig vom Thema wurden dann sogenannte Arbeitspakete an die entsprechenden Linieneinheiten zur Konzeption delegiert. Hier entstand eine Vielzahl von Tools und Hilfsmitteln für die Führungskräfte der Bank zur Unterstützung ihrer Aufgaben als Veränderungsmanager.

3.9.1 Projekt-Set-up für die Umsetzungsphase

Nachdem die ersten beiden Phasen der Post-Merger-Integration mit Definition und Beschreibung des Geschäftsmodells und der Zielstruktur für die Bank abgeschlossen und auch der Abschluss der Gremienverhandlungen mit Interessenausgleich und Sozialplan vorlag, startete die konkrete Umsetzung Mitte 2009. Um den Change-Maßnahmen mehr Durchschlagskraft zu geben und auch in der operativen Verankerung mehr Nachhaltigkeit zu erreichen, wurde ein eigenständiges Querschnittsprojekt „Change und Enabling" gestartet und mit einem eigenen Lenkungsausschuss in der Gesamtarchitektur des Projektmanagements verankert. Dies galt auch für die gesamte Change-Kommunikation. Damit waren zwei Schlüsselelemente für die Gestaltung organisationalen Wandels strukturell etabliert. Die beiden Projekte haben den gesamten Prozess in enger Verzahnung und mit integrierten Aktivitäten bis zum Abschluss der Integration begleitet. Drei grundlegende Prinzipien prägten das Projekt (vgl. Abbildung 3-10):

Abbildung 3-10   Change Management in der Gesamtprojektorganisation verankert

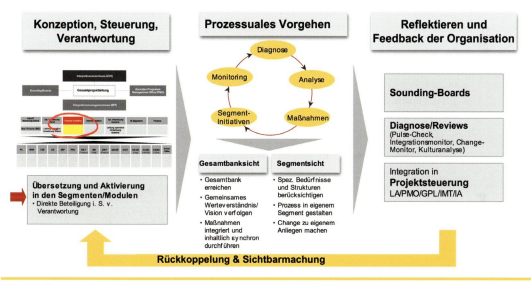

Quelle: Commerzbank AG

1. „Change und Enabling" wurde als Querschnittsprojekt mit einem Lenkungsausschuss in der Gesamtprojektarchitektur neben dem Projekt „Kommunikation" ein-

gebettet und verankert. Damit entstand eine enorme Durchschlagskraft und eine extrem enge Verzahnung. Eine Berichts- und Reportingline zu den entscheidenden Gremien der Integration unterstützte die Zielorientierung maßgeblich.

2. Mit dem Prinzip der zentralen Steuerung und der dezentralen Verantwortung wurde klar adressiert, dass aus dem Projekt Enabling heraus gesamtbankweite Maßnahmen und bereichsübergreifende Interventionen gestaltet und operativ umgesetzt werden sollten. Daneben war aber der Kernauftrag die Orchestrierung und Synchronisierung der segmentspezifischen Change-Initiativen. Konsistenz und Ausrichtung an einer gemeinsamen Philosophie mussten sichergestellt werden. Die Segmente wurden in ihren eigenständigen Maßnahmen durch Beratung aktiv begleitet und bei Bedarf auch konzeptionell unterstützt. Über diese Plattform war auch ein Best-Practice-Austausch zwischen den Segmenten gewährleistet. In dezentraler Verantwortung wurden aber auf die spezifischen Bedürfnisse und Strukturen abgestellte Maßnahmen konzipiert, entwickelt und umgesetzt. Change lag in der primären Verantwortung der Segmente beziehungsweise der jeweiligen Führungskräfte.

3. Feedback-Schleifen auf Gesamtbankebene waren von Beginn an eine wichtige Grundphilosophie. Es gab vier verschiedene Sounding-Formate, regelmäßige Mitarbeiterbefragungen und letztendlich regelmäßige Präsentationen von Konzepten zur Entscheidung in den obersten Gremien der Projektorganisation.

Die Vorgehensweise orientierte sich an den prozessualen Grundprinzipien der Organisationsentwicklung (s. Survey-Feedback-Methode) und spannte den Bogen von der Entwicklung geeigneter Maßnahmen für bankübergreifende Change-Management-Interventionen und deren operativer Umsetzung über die Beratung, Koordinierung und Unterstützung der segmentspezifischen Change-Aktivitäten bis hin zur Steuerung des Gesamtprozesses und des Change-Monitorings.

Interventionen und adäquate Wirkungstiefe

Da bereits vom ersten Tag der Integration an in allen Bereichen der Bank die unterschiedlichsten Maßnahmen in dezentraler Verantwortung angestoßen worden waren, musste zunächst eine Evidenz und Transparenz über alle Aktivitäten geschaffen werden. Die Maßnahmen wurden einem Qualitätscheck unterzogen, auf Abdeckung aller Handlungsdimensionen und Konsistenz fachlich geprüft. Inhaltlich und konzeptionell wurden vom Gesamtprojekt „Change und Enabling" vier Stoßrichtungen zur Absicherung von Mindeststandards verfolgt.

Vier Stoßrichtungen zur Absicherung von Mindeststandards

Abbildung 3-11 Analyse aller Change-Maßnahmen hinsichtlich Inhalt und Wirkungstiefe

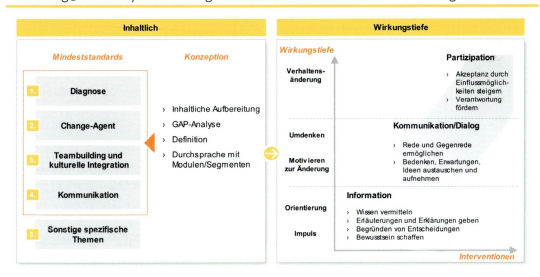

Quelle: Commerzbank AG

Diagnose und Erfolgsmonitoring – Fortschritte konsequent messen und überwachen (vgl. Kapitel II/9)

Um die spezifischen Treiber der Integration bei Führungskräften und Mitarbeitern während der dreijährigen Integrationsphase beobachten und die Change-Maßnahmen konsequent daraufhin anpassen zu können, wurden verschiedene Monitoring- beziehungsweise Diagnoseinstrumente eingesetzt. Neben den bereits im Jahr 2008 gestarteten kleinen Integrationsbefragungen zur Messung des Change-Klimas wurde ein drittes Befragungsinstrument, der Change-Monitor, entwickelt. Die Struktur der ca. 100 Fragen orientierte sich an den acht Phasen von Kotter und war die Basis für die konkrete Ableitung sehr spezifischer weiterer Interventionen.

Change-Leadership – Führungsteams befähigen und unterstützen (vgl. Kapitel II/5)

Da in unserem Grundverständnis alle Führungskräfte als Change-Leader und -Agents die tragende Rolle des Veränderungsprozesses haben, hatte der Vorstand als obligatorische Pflichtmaßnahme verabschiedet, alle Führungskräfte für diesen Prozess vorzubereiten und zu qualifizieren.

Die Maßnahmen zum Enabling und Empowerment der Führungskräfte waren modular gestaltet, um auch in zeitschonenden Formaten und integriert in Regelmeetings umgesetzt werden zu können. In der kontinuierlich laufenden Führungskräftequalifikation war eine Change-Management-Qualifizierung bereits etabliert. Für die Integration wurden aber spezifische ComWerte-basierte Formate (die fünf Commerzbankwerte: Marktorientierung, Leistung, Teamgeist, Respekt/Partnerschaftlichkeit und Integrität; vgl. Kapitel II/4) gestaltet, in denen die Führungskräfte für ihre Rolle im Veränderungsprozess sensibilisiert und qualifiziert wurden. Flankiert wurden die Programme durch einen Change-Agent-Guide, der die wichtigsten Prinzipien und Tipps zur Rolle als Change-Leader und auch konkrete Handlungsempfehlungen enthielt.

Teambildung – kulturelle Integration in den neuen Teams anstoßen (vgl. Kapitel II/11)

Eine weitere obligatorische Maßnahme zielte darauf ab, die neu zusammengeführten Teams in einer möglichst frühen Phase zusammenzubringen. In verschiedenen Bausteinformaten, die alle auf den ComWerten basierten, wurden unterschiedliche Formate entwickelt. Die Organisation wurde zentral durchgeführt und damit konnte auch sichergestellt werden, dass jedes Team der Bank eine solche Veranstaltung durchlaufen hat.

Sounding – ein machtvolles Instrument zur Diagnose, Feedback und Monitoring (vgl. Kapitel II/10)

In vier Formaten wurde eine Plattform geschaffen, um die Stimmungen und Bedarfslagen der Mitarbeiter zur Integration unmittelbar im Dialog zu erfahren. Die spezifische Form des Soundings gewährleistet, dass die Meinungen und Stimmungen der Mitarbeiter in ungefilterter und strukturierter Form an das Topmanagement der Bank zurückgespielt wurden. Die Ergebnisse hatten hohe Relevanz für kontinuierliche Adjustierungen der Change-Maßnahmen, aber auch der technischen Integrationsmaßnahmen!

Der Maßstab für die Auswahl obligatorischer Maßnahmen oder Auslöser für die Gestaltung von Interventionen war die Frage, ob auch die erforderliche Wirkungstiefe sichergestellt war (s. Abbildung 3-11). Dabei haben wir uns von dem Dreiklang Information – Kommunikation und Dialog – sowie Partizipation leiten lassen. Im ersten Schritt geht es zunächst immer um die Information, die systematisch und konsequent durch das Projekt Kommunikation gesteuert wurde. In der unmittelbaren Kommunikation und im Dialog entsteht dabei die Chance zu Rede und Gegenrede. Es wird ermöglicht, Bedenken, Erwartungen und Fragen unmittelbar zu adressieren und auch unmittelbar eine Antwort darauf zu bekommen. Das Erklären und Erläutern von Gründen schafft erst die Basis für Verstehen und auch bis zu einem gewissen Grad Akzeptieren. Den größten Einfluss hat aber die Partizipation, die Beteiligung der Betroffenen. Dieses

Partizipation schafft die Voraussetzungen für Akzeptanz, Identifikation und Verhaltensänderung.

Credo der Organisationsentwicklung schafft die Voraussetzungen für Verhaltensänderung, Akzeptanz und Identifikation.

3.9.2 Change-Architektur und „Roadmap"

Eine spezifische Change-Architektur und Roadmap in jedem Bereich der Bank

Die Prinzipien zur Gestaltung des Change-Programms für die Gesamtbank galten natürlich auch für die einzelnen Segmente. Um hier eine Bewertung und Beurteilung zu ermöglichen, hat jeder Bereich der Bank seine spezifische Change-Architektur und „Roadmap" dokumentieren müssen. Diese Dokumentation enthielt sechs Kernelemente:

1. Transparenz über die Verantwortlichkeiten im jeweiligen Bereich,
2. Übersicht über die eingesetzten Diagnoseinstrumente,
3. strukturierter Überblick über die spezifischen Change-Auslöser (Ereignisse) und Handlungsfelder im Bereich,
4. Kurzdokumentation der spezifischen Maßnahmen in den Bereichen,
5. die „Roadmap" im Sinne einer konkreten Zeitplanung, die Auslöser und korrespondierende Change-Intervention darstellte, sowie
6. Governance, Steuerung und Erfolgsmonitoring im Bereich.

In einer standardisierten Zusammenfassung (vgl. Abbildung 3-12) wurde die Change-Architektur an das zentrale Projekt zurückgemeldet.

Diese Dokumentation war im Anschluss Basis für die Durchsprache mit den Bereichen. In diesen Besprechungen wurden die Architekturen auf den Prüfstand gestellt und entweder bestätigt oder es wurden auf der Basis der gemeinsamen Analyse entsprechende Anpassungen und Modifikationen vorgenommen. In Einzelfällen wurde auch aus dem Projekt heraus unterstützend die Change-Architektur gemeinsam mit den Führungskräften in diesen Bereichen konzipiert und entwickelt.

Abbildung 3-12   Die Change-Architektur umfasst im Zielbild sechs Kernelemente

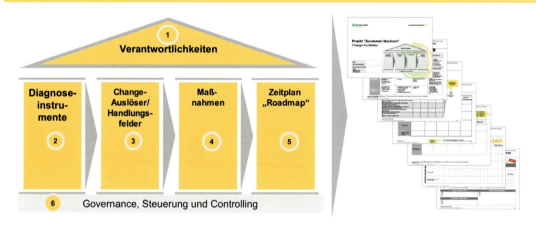

Quelle: Commerzbank AG

3.10   Beitrag des Change Managements zum Erfolg von Transformationen

In der Einführung zu diesem Beitrag wurde bereits ausgeführt, dass proaktives Change Management unter wirtschaftlichen Gesichtspunkten das Ziel verfolgt, die Beeinträchtigung der Produktivität durch tief greifende Veränderungen beziehungsweise die dadurch ausgelösten Ängste und Verunsicherungen abzufedern. Je schneller die Mitarbeiter sich mit der neuen Situation arrangieren, diese akzeptieren oder sich sogar damit identifizieren, desto besser ist der Veränderungsprozess. Fundamentale

Veränderungen ohne Friktionen sind nicht möglich (vgl. dazu auch die „Achterbahn" unter 3.6).

„Closing the Gap" ist das Ziel!

Dan Cohen (Co-Autor von Kotter: „Heart of Change") hat in der Neujahrsauftaktveranstaltung der Commerzbank im Januar 2009 einen Vortrag gehalten. Darin hat er auch dieses Phänomen thematisiert: „Closing the Gap" ist das Ziel! Eine Beeinträchtigung der Produktivität ist unumgänglich, durch professionelles Change Management kann diese aber schneller wiederhergestellt werden und der Leistungsabfall verringert werden.

Die Change- und Kommunikationsmaßnahmen helfen, das „Tal der Tränen" schneller zu durchschreiten und wieder mit Engagement und Identifikation den persönlichen Beitrag zu den Unternehmenszielen zu leisten.

Abbildung 3-13 Sorgfältiges Change Management schafft die Grundlagen für einen erfolgreichen Merger

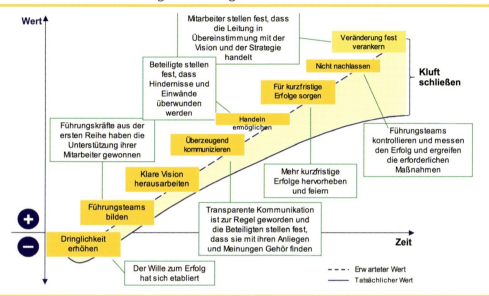

Quelle: Dan Cohen, Vortrag "Leadership Challenges When Confronting Change – Commerzbank", 25.1.2010, Frankfurt

4. Exkurs: ComWerte — die kulturelle Basis der Integration

MATTHIAS GOLDBECK, MELANIE LORIZ

> „There is growing concern that companies cannot live by numbers alone."
> Fortune Magazine, Corporate Reputations Survey 1995 / Zitiert nach Wilkoszewski 2001, S. 1

4.1 Wozu Unternehmenswerte?

Heutzutage ist es unbestritten, dass die Unternehmenskultur einen Einfluss auf die Geschäftstätigkeit hat. Welche Rolle spielen dabei Unternehmenswerte und kann man ihnen einen Einfluss auf den Unternehmenserfolg zuschreiben?

Unternehmenskultur und Unternehmenswerte werden subjektiv erfahren und sind deshalb schwer zu fassen. Sie können rational betrachtet werden, wirken aber emotional. Werte sind in einem Unternehmen implizit immer vorhanden, sie sind ein wesentlicher Teil der Unternehmenskultur. Die Unternehmenskultur wiederum vergleicht Edgar H. Schein mit der Persönlichkeit oder dem Charakter eines Menschen. Wir können das Verhalten eines Unternehmens sehen, aber oft nicht die dahinterliegenden Ursachen (vgl. Schein 2004, S. 14).

Ein guter Zugang zu Unternehmenswerten bietet sich über ihre Wirkung auf Mitarbeiter und Beziehungen eines Unternehmens. Verbindende und für alle Mitarbeiter verbindliche Werte stiften Identität. Sie bieten Orientierung und Verlässlichkeit im Unternehmen. Damit wirken sie motivierend und können ungenutzte Potenziale aktivieren. Auch Kunden oder Partner können ein Unternehmen und sein Handeln besser einschätzen, wenn es sich an spezifischen Werten orientiert. Damit wird das Unternehmen als verlässlich wahrgenommen und die Beziehung kann sich stabil und vertrauensvoll entwickeln. Werte „signalisieren […] potenziellen Partnern von vornherein eine Erwartungssicherheit bezüglich des zukünftigen Handelns des Unternehmens" (vgl. Wieland 2004, S .23, zitiert nach Ringeis 2007, S. 16).

Die Arbeitswelt wird immer komplexer und schneller, sodass es zunehmend schwerfällt, Arbeitsprozesse über konkrete Arbeitsanweisungen zu steuern. Mitarbeiter müssen weitgehend selbstständig arbeiten und entscheiden. Um ihnen über verschiedene Unternehmensbereiche hinweg eine Orientierung zu geben, eignen sich Unternehmenswerte sehr gut. Sie bieten, im Gegensatz zu Leitbildern, eine „übergreifende Handlungsorientierung […], ohne eine konkrete Verhaltensanweisung zu geben" (vgl. Hecker 2009, S. 28). Damit fördern sie die Eigenverantwortung und das Unternehmertum der Mitarbeiter und sind auch in Unternehmen mit vielfältigen Aufgabenstellungen einsetzbar.

Wenn sich ein Unternehmen entschließt, einen Werteprozess anzustrengen, kann man zwischen zwei unterschiedlichen Zielsetzungen unterscheiden. Die Werteentfaltung macht lediglich die vorhandenen Werte explizit (vgl. Hecker 2009, S. 17). Um den Weg in die Zukunft zu gestalten, sollten die vorhandenen Werte im Rahmen einer Kulturentwicklung hinterfragt und, wo nötig, angepasst werden. Eine Kulturentwicklung kann selbst in einem heute erfolgreichen und an Werten orientierten Unternehmen überlebenswichtig sein: „Eine starke Kultur wird zum Problem, wenn sie eines Tages nicht mehr zeitgemäß ist und sich nur langsam entwickelt." (vgl. Herbst 2009, S. 48).

Gelebte Unternehmenswerte sind ein sehr wertvolles Gut und können ein Alleinstellungsmerkmal sein. Im Vergleich etwa zu Strategien sind sie vom Wettbewerb gar nicht oder nur mit Abschlägen zu imitieren.

In der Literatur wird regelmäßig davon ausgegangen, dass Unternehmenswerte den Erfolg eines Unternehmens beeinflussen. Eher selten sind Versuche, den Einfluss auf das Ergebnis in Zahlen auszudrücken. Eine Studie der Unternehmensberatung DeepWhite in Zusammenarbeit mit der Universität St. Gallen erklärt ein Viertel des Geschäftserfolgs eines Unternehmens mit der gelebten Wertekultur (vgl. Schönborn/Peetz/Herrmann 2004).

Es gibt jedoch auch Untersuchungen, die zu einem anderen Ergebnis gelangen. Die Professoren Scholz und Eisenbeis sehen zwar einen Zusammenhang zwischen Unternehmenskultur und Unternehmenserfolg, jedoch in einer anderen Richtung als vermutet: „Im Gegensatz zur Kultur, die den Unternehmenserfolg nur geringfügig zu beeinflussen in der Lage ist, hat der Unternehmenserfolg einen erheblichen Einfluss auf die Ausgestaltung der Unternehmenskultur in Unternehmen." (Scholz/Eisenbeis 2009, S. 25). Das würde bedeuten, dass erfolgreiche Unternehmen zwar auf Werte setzen, sie aber nicht zwangsläufig durch diese Werte erfolgreich wurden. Einigkeit herrscht allerdings darüber, dass es ausgesprochen schwer ist, den Erfolgsbeitrag von Werten messbar zu machen. Fest steht auch, dass erfolgreiche Unternehmen häufig eine starke Wertekultur besitzen.

Den unterschiedlichen Untersuchungsergebnissen stehen die Erfahrungen aus der Praxis gegenüber. Change-Experten sind sich einig, dass Unternehmenswerte einen positiven Einfluss auf den Unternehmenserfolg haben.

4.2 Unternehmenswerte in der Commerzbank

Die Commerzbank begann 2006 der Frage nachzugehen, für welche Werte das Unternehmen steht. Mit damals über 36.000 Mitarbeitern und teils sehr unterschiedlichen Unternehmensbereichen hatten sich in der Commerzbank-Gruppe unterschiedliche Kulturen herausgebildet. 2006 startete der Vorstand der Bank mit „ComWerte" eine Kulturentwicklung hin zu einer stärkeren Werteorientierung.

Der Vorstand war und ist nach wie vor davon überzeugt, dass eine aktiv gepflegte Unternehmenskultur und gemeinsame Wertevorstellungen entscheidenden Einfluss auf den langfristigen wirtschaftlichen Erfolg haben. Ziel war es, Wachstum durch „innere Stärke" zu entwickeln. Eine eigenständige, lebendige und motivierende Unternehmenskultur sollte sich auf den tradierten Werten der Bank gründen. Silo-Denken sollte durch ein an den Zielen des Unternehmens ausgerichtetes Agieren auf Basis der gemeinsamen Werte ersetzt werden.

Die Commerzbank blickt mit Stolz auf ihre Gründung als hanseatische Bank zurück, die dem Ideal des ehrbaren hanseatischen Kaufmanns verpflichtet ist. In der heutigen Zeit spielen im Unternehmensalltag neben traditionellen Werten wie Leistung oder Integrität aber auch Werte wie Teamgeist eine große Rolle.

Der Vorstand hat auf Basis der Banktradition und vor dem Hintergrund heutiger Anforderungen der Stakeholder fünf Werte für die Commerzbank identifiziert. Diese Werte wurden durch 34 Interviews mit allen Vorständen und mehreren Bereichsvorständen erarbeitet. Ein Resonanzforum, das aus Mitarbeitern aller Hierarchieebenen bestand, bestätigte aus Mitarbeiterperspektive die fünf ComWerte.

Die ComWerte beschreiben Geschichte und Gegenwart der Bank, formulieren aber auch einen Anspruch an die Zukunft. Die Werte sind Integrität, Marktorientierung, Leistung, Teamgeist und der Doppelwert Respekt/Partnerschaftlichkeit. Alle fünf Werte stehen ohne eine Rangfolge gleichberechtigt nebeneinander.

Abbildung 4-1 Die Werte werden von allen Mitarbeitern inhaltlich gefüllt

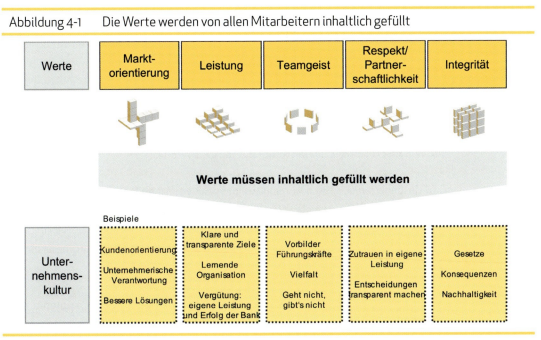

Quelle: Commerzbank AG

Die Werte sind inhaltlich nicht weiter definiert, sondern werden durch alle Mitarbeiter ihrem Arbeitsumfeld entsprechend für den Arbeitsalltag übersetzt und so inhaltlich mit Leben gefüllt. Dahinter steht die Überzeugung, dass nicht einzelne „Wertehülsen" entscheidend sind. Es zählt, was die Mitarbeiter unter den Werten verstehen, was im Arbeitsalltag erlebbar ist und wofür sich der einzelne Mitarbeiter engagiert. Abbildung 4-1 zeigt, wie ein beispielhafter Bereich die fünf Werte für sich auslegen und dokumentieren könnte.

4.3 Erfolgsfaktoren

Welche Weichen müssen gestellt werden, damit Werte nicht nur auf dem Papier bestehen, sondern tatsächlich gelebt werden? Dazu wurden Gespräche mit Experten geführt, Erfahrungen der Projektmitglieder aus früheren Werteprozessen herangezogen sowie die Rahmenbedingungen in der Commerzbank-Gruppe untersucht. Für ComWerte wurden in der Planungsphase fünf zentrale Erfolgsfaktoren identifiziert, die sich im Prozessverlauf bestätigten.

1. Besonders wichtig ist die Prämisse eines offenen und stark partizipativ ausgerichteten Prozesses. Die ComWerte sollten von Mitarbeitern gemeinsam ausgestaltet und umgesetzt werden. Dadurch wird zum einen eine starke Identifikation der Mitarbeiter mit „ihren" Werten erreicht, zum anderen wird sichergestellt, dass verschiedene Bereiche die Werte ihren Alltagsanforderungen entsprechend umsetzen können.

2. Mit der Festlegung der Werte ist die Arbeit des Vorstands am Werteprozess nicht abgeschlossen. Seine sichtbare Teilnahme ist Voraussetzung für die Glaubwürdigkeit des Prozesses. Das Handeln des Vorstands muss sich jederzeit mit den Unternehmenswerten decken.

3. Neben dem Vorstand tragen alle Führungskräfte des Unternehmens eine besondere Verantwortung für den Prozess. Sie sind Vorreiter und Vorbilder. Kein Mitarbeiter kann in der Praxis langfristig und erfolgreich werteorientiert handeln, wenn ihn seine Führungskraft nicht dabei unterstützt.

4. Für Mitarbeiter ist es wichtig, dass Werte kein kurzfristiges Thema oder gar eine Schönwetterbeschäftigung sind. Um eine werteorientierte Kultur auf- und auszubauen, muss sie nachhaltig im Alltag erlebt und gelebt werden. Gerade in schwierigen Zeiten kann dann auf eine Wertebasis zurückgegriffen werden – es muss aber auch konsequent weiter an ihr gearbeitet werden.

5. Eine breite Beteiligung und ein hohes Engagement aller Mitarbeiter muss angestrebt werden. Deshalb hat die Commerzbank den Schwerpunkt des Werteprozesses auf die persönliche Mitwirkung jedes einzelnen Mitarbeiters gelegt. In über 2.000 Workshops und über ein „Wiki" im Intranet hatten alle Mitarbeiter der Commerzbank AG Inland die Möglichkeit, sich einzubringen. Auch im Ausland und in Tochterunternehmen fanden Werte-Workshops statt. Dadurch konnte ein sehr hoher Prozentsatz der Mitarbeiter aktiv in den Prozess eingebunden werden.

4.4 Der Werteprozess

Unternehmenswerte dürfen generisch sein und müssen sich nicht in allen Punkten von den Werten anderer Unternehmen unterscheiden. Entscheidend für das Leben der ComWerte war vielmehr, dass alle Mitarbeiter einbezogen wurden, als es darum ging, zu definieren, welche konkrete Bedeutung die Werte im Einzelnen hatten. Nur so konnten sie praktische Relevanz erhalten und damit an Akzeptanz gewinnen.

Eine Kulturentwicklung darf sich nicht als Projekt oder Kampagne verstehen. Das würde ein definiertes Ende suggerieren, das es bei Werten nicht geben kann. Oft wird eine Kulturentwicklung als erledigt empfunden, sobald die Inhalte stehen und in die Organisation kommuniziert wurden (vgl. Ganz/Graf 2009, S. 188). Es muss also von einem Prozess gesprochen werden, um zu zeigen, dass der Weg das Ziel ist.

Wie der ComWerte-Prozess beispielhaft zeigt, müssen Unternehmenskommunikation und HR-Management Hand in Hand arbeiten, wenn eine Wertekultur nachhaltig verankert werden soll. Von Anfang an war klar, dass die Entwicklung und spätere Verankerung der ComWerte ein stark partizipativ ausgeprägter Prozess würde sein müssen. Um Werte mit Leben zu füllen, genügt es nicht, diese abzudrucken oder durch interne Kampagnen bekannt zu machen. Deshalb wurde das größte Teilprojekt mit Mitarbeitern der Personalabteilung besetzt. Deren Aufgabe war es, die Einbindung aller Mitarbeiter in den Werteprozess sicherzustellen. Gemeinsam mit dem Teilprojekt Kommunikation wurden Change-Aspekte berücksichtigt sowie die begleitende Kommunikation abgestimmt. Der Fokus in der Kommunikation lag auf der internen Kommunikation. Zunächst sollten Ergebnisse erreicht werden, bevor extern über den Werteprozess kommuniziert würde. Ein drittes Teilprojekt arbeitete an der organisatorischen Planung und Umsetzung des Workshop-Prozesses und fungierte als Projektbüro.

Im Vorstand wurde ein Mitglied als Sponsor des ComWerte-Prozesses bestimmt. Diese Aufgabe wird idealtypisch durch den Arbeitsdirektor wahrgenommen. Auf der nächsten Führungsebene wurden gleichberechtigt drei Projektleiter ernannt, die aufgrund der inhaltlichen Anforderungen des Werteprozesses (Leiter Personal und Leiter Kommunikation) oder aufgrund ihrer langjährigen Kenntnis des Unternehmens (Leiter Recht) ausgewählt wurden.

4.5 Die Werte-Workshops

4.5.1 Kaskade

Der ComWerte-Prozess wurde vom Vorstand ausgehend top-down in das Unternehmen getragen. Die Führungskräfte sollen im Prozess jederzeit eine Vorbildrolle ausfüllen und den Mitarbeitern durch die gelebten ComWerte Identität und Sinn vermitteln. Deshalb war die Teilnahme der Führungskräfte an den ComWerte-Workshops verpflichtend, für Mitarbeiter aber freiwillig. In Deutschland nahmen circa 25.000 Mitarbeiter an rund 2.300 Workshops teil, das entspricht einer Beteiligungsquote von über 90 Prozent.

Durch den Top-down-Ansatz beschäftigte sich jede Führungskraft zeitlich vor ihren Mitarbeitern mit den ComWerten. Eine Führungskraft nahm also zunächst am Workshop mit dem eigenen Vorgesetzten und den Kollegen im Führungsteam teil und erst danach an einem Workshop zusammen mit den direkten Mitarbeitern. Anders als stellenweise in der Literatur gefordert, übernahmen die Führungskräfte aber nicht die Rolle eines „Übersetzers", der seinen Mitarbeitern erklärt, was die Werte für die tägliche Arbeit bedeuten (vgl. Ganz/Graf 2009, S. 184). Diese Übersetzungsarbeit leisteten alle Mitarbeiter eines Teams gemeinsam in ihren Workshops.

Abbildung 4-2   Der ComWerte-Prozess wurde kasdkadenförmig in die Bank getragen

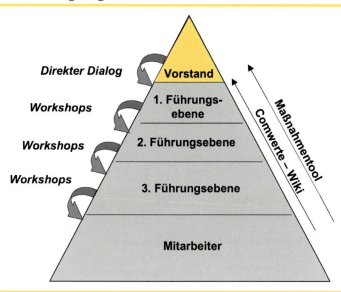

Quelle: Commerzbank AG

4.5.2 Organisation

Jeder Workshop wurde von einem speziell geschulten Moderator begleitet. So wurde die einheitlich hohe Qualität der Workshops gewährleistet und die Führungskräfte kamen nicht in die Verlegenheit, gleichzeitig Moderator und Workshopteilnehmer zu sein. Über eine interne Anlaufstelle wurden die Moderatorenanfragen seitens der Führungskräfte und die freien Moderationstage koordiniert. Rund 80 professionelle Moderatoren ermöglichten es, das Gros der Workshops innerhalb eines Jahres durchzuführen.

4.5.3 Inhalte

Jedes Team definierte in einem etwa fünfstündigen ComWerte-Workshop, was die fünf ComWerte für jeden persönlich und für das Team bedeuten. Es wurde diskutiert, inwiefern die einzelnen Werte bereits gelebt werden und welche Maßnahmen das Team selbst oder aber die gesamte Bank würde anstrengen müssen, um einzelne Werte besser zu leben. Teilnehmer berichteten, dass dieses Workshop-Format häufig genutzt wurde, um Themen anzusprechen, die im Arbeitsalltag keinen Platz fanden. Denn jedes Problem lässt sich anhand einer dieser fünf Werte diskutieren. Die Workshops fungierten damit auch als Ventil oder Katalysator für Gruppenprozesse.

Abbildung 4-3 Workshops reflektieren die Werte und enden mit Vereinbarungen

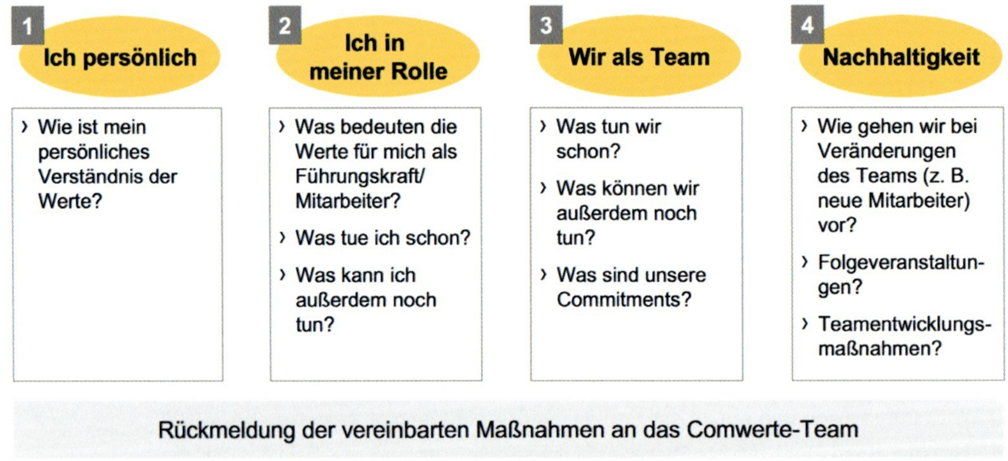

1. Ich persönlich	2. Ich in meiner Rolle	3. Wir als Team	4. Nachhaltigkeit
› Wie ist mein persönliches Verständnis der Werte?	› Was bedeuten die Werte für mich als Führungskraft/Mitarbeiter? › Was tue ich schon? › Was kann ich außerdem noch tun?	› Was tun wir schon? › Was können wir außerdem noch tun? › Was sind unsere Commitments?	› Wie gehen wir bei Veränderungen des Teams (z. B. neue Mitarbeiter) vor? › Folgeveranstaltungen? › Teamentwicklungsmaßnahmen?

Rückmeldung der vereinbarten Maßnahmen an das Comwerte-Team

Quelle: Commerzbank AG

Rückkopplung

Im Anschluss an den Workshop verfügte der Prozess auch über zwei Bottom-up-Komponenten (vgl. Abbildung 4-2).

Jede Führungskraft sandte nach dem Workshop die im Team erarbeiteten Maßnahmen an das Projektbüro. Die Maßnahmen wurden aufbereitet und dem Vorstand vorgestellt. Einige dieser Ideen konnten das Leben der Werte über einzelne Teams hinaus im gesamten Unternehmen voranbringen. Andere Rückmeldungen bezogen sich auf Umstände, die von einzelnen Teams nicht beeinflusst werden konnten, aber die die Teams daran hinderten, einzelne Werte voll zur Entfaltung zu bringen. So entstanden mehr als 6.000 Ideen. Sie reichen von pragmatischen Teambildungsmaßnahmen über konkrete Verbesserungen in Arbeitsabläufen bis hin zu neuen Personalinstrumenten.

Ein zweiter Bottom-up-Kanal war das ComWerte-Wiki. Nach über 800 Workshops setzte sich dort die Diskussion über die Werte fort. In dem Wiki hatten alle Commerzbank-Mitarbeiter nicht nur die Möglichkeit, die Werte der Bank zu definieren, sondern auch darüber zu diskutieren. Anders als im ComWerte-Workshop konnten die Mitarbeiter so über die Filiale oder die eigene Abteilung hinaus mit anderen Kollegen an den Werten arbeiten.

4.6 Evaluation

Dem ComWerte-Prozess liegt die Hypothese zugrunde, dass Unternehmen mit einer von allen Mitarbeitern geteilten Unternehmenskultur erfolgreicher sind als andere. Es war aber immer klar, dass Unternehmenskultur ein Erfolgsfaktor von mehreren ist – und wahrscheinlich derjenige, der am schwersten zu erheben ist.

Um den Erfolg des Werteprozesses zu überprüfen, wurden vor allem operative Befragungen eingesetzt. Durch regelmäßige Erhebungen zur Akzeptanz und zur Wirkung des Werteprozesses konnten wertvolle Impulse für die weitere Prozessgestaltung gewonnen werden. So wurde zum Beispiel jeder der über 2.000 ComWerte-Workshops von den Teilnehmern nach drei Kriterien beurteilt: der Erreichung der Workshop-Ziele, der Struktur und Methodik des Workshops sowie dem Klima der Zusammenarbeit im Workshop. Auf Basis der ersten kritischen Rückmeldungen konnte gleich zu Beginn des Prozesses das Workshop-Design verbessert werden. Die darauf folgenden Workshop-Bewertungen stabilisierten sich auf einem hohen Niveau.

Die Commerzbank befragt ihre Mitarbeiter regelmäßig zur Kommunikations- und Unternehmenskultur. Dabei ist die Wahrnehmung des Kommunikationsverhaltens von Führungskräften, aber auch die Kommunikation über interne Medien Gegenstand der Befragungen. Im September 2008 wurde auch explizit nach der Akzeptanz und Wirkung der prozessbegleitenden Kommunikation gefragt. Bis dahin hatte der ComWerte-Prozess die meisten Mitarbeiter erreicht und auch kommunikativ abgeholt. 84 % der Mitarbeiter, die bereits an einem ComWerte-Workshop teilgenommen hatten, fühlten sich laut einer Mitarbeiterbefragung von TNS Infratest „gut" oder „sehr gut" über den ComWerte-Prozess informiert.

4.7   Initialkommunikation: Verständnis und Empathie erzeugen

Die Kommunikation hat sich während des Werteprozesses als kulturprägendes Element erwiesen. Sie lieferte zu Beginn des ComWerte-Prozesses in kurzen Abständen neue Impulse, machte aber auch den Gesamtprozess sichtbar. Dies ist insbesondere durch den ComWerte-Film (siehe Kapitel 4.8) gelungen, der unter Beteiligung von Mitarbeitern gedreht wurde.

Ziel der Mitarbeiterkommunikation war es, zunächst Verständnis und Empathie für den Werteprozess aufzubauen. Die Kommunikation verlief dazu in drei Schritten.

1. Bevor das Gros der Mitarbeiter einen ComWerte-Workshop durchlief, wurde die Relevanz des Prozesses betont.

2. Während der Zeit, in der die meisten Mitarbeiter an Workshops teilnahmen, stand die individuelle Auseinandersetzung jedes Einzelnen mit ComWerte im Vordergrund. Bereits hier wurde das Thema emotionalisiert.

3. In einem dritten Schritt wurde die emotionale Komponente durch das gemeinsame Erleben des Werteprozesses noch verstärkt.

4.7.1 Relevanz deutlich machen

Der Einstieg in die Kommunikation verlief informierend und rational. Die Zielgruppe war zu diesem Zeitpunkt sehr homogen, da der Großteil der Mitarbeiter noch keinen Werte-Workshop besucht hatte. Es ging zunächst darum, zu vermitteln, weshalb Werte für ein Unternehmen wichtig sind und dass der Vorstand den Werteprozess ausdrücklich unterstützt. Dazu eignete sich eine persönliche Videoansprache durch den damaligen Vorstandssprecher. Zur Vermittlung und Sammlung aller Informationen und Aktivitäten um den Werteprozess wurde eine eigene Rubrik im Intranet angelegt, die direkt von der Startseite aus zu erreichen ist.

4.7.2 Individuellen Bezug herstellen

Im nächsten Schritt war es wichtig, dass jeder Mitarbeiter einen persönlichen Bezug zu ComWerte herstellt. Recherchiert man die Werte verschiedener Unternehmen, fällt schnell auf, dass diese sehr ähnlich sind. „Teamgeist" ist ein solcher Wert, den viele Unternehmen in ihren Wertekanon aufgenommen haben. Dies kann dazu führen, dass Werte beliebig und austauschbar wirken.

Während die ersten Workshops stattfanden, haben Plakate in Filialen und Zentralgebäuden deshalb dafür geworben, sich persönlich mit dem Thema Werte auseinanderzusetzen. Ein Plakat fragte zum Beispiel vor einer Konferenzraumszene: „Wann wird aus Reden Handeln?" Die Plakatkampagne bestand aus drei Motiven und hatte das Ziel, jeden Mitarbeiter abzuholen und zur Auseinandersetzung mit Frage, Bild und Werteprozess zu motivieren.

Besonders in weichen und schwer fassbaren Prozessen wie Kulturentwicklungen, ist es wichtig, auf Erreichtes hinzuweisen und darauf aufzubauen. Eine Sonderausgabe der Mitarbeiterzeitschrift zeigte Ende 2007 erste Erfolge von ComWerte. Es wurden Best-Practice-Beispiele und Initiativen in Tochterunternehmen vorgestellt. Kontrovers diskutierten drei Mitarbeiter mit dem Sprecher des Vorstands über bereits Erreichtes und stellten heikle Fragen, etwa „Wie verträgt sich Wertschätzung mit Outsourcing?". Die Akzeptanz von Werteprozessen steht und fällt mit der Fähigkeit, auch auf schwierige Fragen Antworten zu geben. Werte schließen nicht aus, wirtschaftlich notwendige Entscheidungen zu treffen, auch wenn sie wie beim Beispiel Outsourcing für den Einzelnen unangenehme Folgen haben können. Gemeinsame Werte können allerdings eine große Hilfe sein, wenn es darum geht, wie mit solchen schwierigen Situationen umgegangen wird. Ein offener und ehrlicher, respektvoller und partnerschaftlicher Umgang macht diese Situation für alle Beteiligten einfacher.

4.7.3 Gemeinsamkeit erlebbar machen

Nach der persönlichen Auseinandersetzung mit den Werten sollte spürbar werden, dass der Werteprozess auch viele andere Menschen in der Bank bewegt. Im Sommer 2008 wurden deshalb für eine zweite Plakatkampagne fünf Mitarbeiter der Bank fotografiert, die jeweils ein Statement zu einem der fünf Werte gaben. „Ich vertrete meine Meinung. Aber mit Respekt." Oder „Erfolg kommt nur durch Arbeit. Zusammenarbeit."

Diese zweite Plakatkampagne hat viele Mitarbeiter emotional angesprochen. Vor allem Filialmitarbeiter spürten, dass es nicht nur den ComWerte-Workshop in der eigenen Filiale gab, sondern dass sich alle Kollegen mit den Unternehmenswerten beschäftigten. Ein Filialleiter sagte zum Beispiel: „Es hilft uns, zu wissen, dass wir mit den ComWerten jetzt etwas haben, auf das wir uns im Konzern beziehen können." Die Bedeutung von ComWerte als Referenzsystem ist vor allem zum Ende der Workshop-Kaskade an vielen Stellen in der Bank spürbar geworden. Wenn in Diskussionen unterschiedliche Meinungen vertreten waren, wurden ComWerte zur Argumentation herangezogen.

4.7.4 Filmische Dokumentation als kommunikativer Meilenstein

Um Werte zu leben, braucht es sicherlich keinen Film. „Wofür wir stehen. ComWerte – der Film" sollte vielmehr zeigen, mit wie viel Engagement und Kreativität sich Kollegen deutschlandweit dieses Themas angenommen haben. Der Film dokumentiert, was in der Commerzbank bereits alles erreicht wurde. Er sollte aber auch neue Impulse für den eigenen Bereich geben und motivieren, ComWerte auch in Zukunft weiter umzusetzen.

4.7.5 Filmentstehung

Von Sommer 2007 bis Herbst 2008 wurden mehrere Teams bei ihrem ComWerte-Workshop von Dokumentarfilmern begleitet. Die Teams nahmen sich im Anschluss einen Tag Zeit und erstellten selbst einen kleinen Film zu einem der fünf Werte. Die Idee und das Drehbuch wurden spontan gemeinsam mit einem professionellen Filmemacher entwickelt. Anschließend spielten, filmten, schnitten und vertonten die Commerzbanker ihren etwa vier Minuten langen Filmclip. Besonders lebendig waren die Diskussionen, während die Ideen in ein Drehbuch umgesetzt wurden. Auch dieser Teil wurde von Kameras festgehalten. Damit setzte sich der ComWerte-Film aus drei Inhalten zusammen: den gefilmten ComWerte-Workshops, den Making-ofs der Filmclips sowie den Filmclips selbst.

Der Film spiegelt die Realität des ComWerte-Prozesses wider. In manchen Teams wurden die ComWerte sehr harmonisch diskutiert, in anderen gab es Konflikte. An manchen Stellen wurde das bisherige Handeln der Teams durch die Workshops bestätigt, in anderen Fällen traten neue Aspekte hervor und machten den Änderungsbedarf sichtbar.

4.7.6 Filmpremiere

Als Ergebnis aus mehreren Tausend Minuten Filmmaterial entstand ein 90-minütiger Kinofilm, der den Mitarbeitern am 4. Februar 2009 in einer Premierenvorstellung in Kinos an 26 Standorten deutschlandweit gezeigt wurde. „Wofür wir stehen. ComWerte – der Film" ist eine mutige und sehr authentische Produktion, die zur Diskussion anregen will. Von 1.200 befragten Kinogästen hat der Film 94 Prozent gut oder sogar sehr gut gefallen. Der Film entstand in einer Zeit, als die Übernahme der Dresdner Bank noch nicht absehbar war. Bei der Filmaufführung waren bereits Mitarbeiter der Dresdner Bank anwesend. Dass der Film vielen Dresdner-Bankern einen wertvollen Einblick in die Kultur der Commerzbank gegeben hat, zeigen Kommentare wie: „Dem Miteinander der Kollegen so viel Raum einzuräumen, macht mir als Dresdner-Banker Mut und weckt Neugier."

Der Film markierte keinen Endpunkt im ComWerte-Prozess, sondern einen Meilenstein. Mit dem Rückblick auf die Startphase des ComWerte-Prozesses bildete er den Auftakt für die kommende Phase – das gemeinsame Leben der Werte in der gesamten Bank, über Team- und Standortgrenzen hinweg.

4.8   Integration der Mitarbeiter der Dresdner Bank

Durch die Ankündigung der Übernahme der Dresdner Bank am 31. August 2008 hatte sich im ComWerte-Prozess eine neue Situation ergeben. Es war klar, dass der Prozess angepasst werden musste, um auch die neuen Kollegen aus der Dresdner Bank abzuholen und ihrer kulturellen Identität gerecht zu werden.

In der Dresdner Bank lag die letzte intensive Beschäftigung mit den eigenen Werten bereits ein Jahrzehnt zurück. Aus einer Mitarbeiterbefragung im Jahr 1998 leitete sich eine intensive Kulturdiskussion ab. Als im Jahr 2000 das Zusammengehen mit der Deutschen Bank scheiterte und daraufhin die Führungsspitze wechselte, kam dieser Prozess zum Erliegen. Deshalb gab es in der Dresdner Bank bei den meisten Mitarbeitern eine große Offenheit für einen Werteprozess.

Die Commerzbank profitierte beim Change-Prozess im Zuge der Integration in zweierlei Hinsicht von ihrem Kulturprozess ComWerte. Einerseits hatte sie damit bereits umfassende Erfahrungen im Umgang mit Veränderungen gesammelt. Andererseits verfügte sie mit ComWerte über ein starkes kulturelles Fundament. Auf dieser Basis gelang das Aufarbeiten der kulturellen Unterschiede beider Unternehmen. Dabei war jederzeit klar, dass die neuen Kollegen die Unternehmenskultur verändern würden, dass dies aber in einem zielgerichteten Prozess geschehen sollte.

Der kulturelle Integrationsprozess vermittelte den Kollegen aus der Dresdner Bank unter anderem, wofür ComWerte steht und was in diesem Werteprozess bereits erarbeitet wurde. Gleichzeitig war ComWerte zentraler inhaltlicher Bestandteil sämtlicher Change-Maßnahmen, die in der Bank ausgerollt wurden. Da die ComWerte allgemeingültig angelegt sind, ergab sich nicht der Vorwurf, dass die übernehmende Bank ihre Werte der übernommenen Bank überstülpen wolle. Es ergab sich vielmehr die Chance, eine neue Interpretation in den neu zusammengestellten Teams zu finden.

5. Leading Change – Rolle und Aufgabe der Führungskräfte als Change Agents

KARL-HEINZ GROSSE PECLUM, JULIANE SIEPMANN

5.1 Auf einen Blick

Alle rund 4.000 Führungskräfte in der Commerzbank verstanden sich in der Integration als Change Agents und übernahmen damit die Verantwortung für Gestaltung und Umsetzung der Integration in ihren Bereichen. Zur Vorbereitung auf die Rolle wurde ein Baukastensystem aus verschiedenen Change- und Kommunikationsmaßnahmen entwickelt. Kern der Qualifizierung bildeten dabei Change-Agent-Workshops, die alle Führungskräfte der Ebenen 1 bis 4 besuchten. Zudem konnten sie auf verschiedene Unterstützungsangebote während der gesamten Dauer der Integration zurückgreifen.

5.2 Change Agents – Verantwortung und Verantwortlichkeit aller Führungskräfte

Führung und Verantwortungsübernahme durch die Führungskräfte gelten als ein wesentlicher Erfolgsfaktor für das Gelingen von Veränderungsprozessen (siehe auch Kapitel II/3). Es sind die Führungskräfte in ihren jeweiligen Verantwortungsbereichen, die die Garanten für Motivation, Orientierung und Kongruenz vor Ort sind. Sie gestalten die Integration strategisch und operativ, stehen ihren Mitarbeitern Rede und Antwort, gehen auf deren Ängste und Befürchtungen ein und nehmen die Mitarbeiter mit.

Führungskräfte: ein wesentlicher Erfolgsfaktor für das Gelingen von Veränderungsprozessen

Bereits bei der ersten Zusammkunft der neu benannten Führungskräfte der ersten und zweiten Ebene formulierte der Vorstand das Rollenbild und die Erwartungen daran.

In der besonderen Situation des Commerzbank-Mergers mussten alle Führungskräfte diese Herausforderungen meistern. So besetzten sie bankweit von Anfang an die wichtige Rolle der sogenannten „Change Agents", die ihre klassische Vorgesetztenrolle erweiterte. Bereits bei der ersten Zusammenkunft der neu benannten Führungskräfte der ersten und zweiten Ebene, der Jahresauftaktveranstaltung 2009 mit rund 500 Personen, formulierte der Vorstand das Rollenbild des Change Agents und die Erwartungen daran. Im Verlauf des Mergers wurde diese Rolle immer wieder angesprochen und thematisiert.

Die Rolle des Change Agents galt sowohl für alle Führungskräfte als auch für alle Projektleiter. In der Konsequenz bedeutete dies, dass jede einzelne Führungskraft die originäre Verantwortung für das Gelingen der Integration im eigenen Einflussbereich übernahm. Es gab keine Möglichkeit, diese Verantwortung an andere, beispielsweise eine spezielle Change-Agent-Personengruppe, zu delegieren.

So war es für die Commerzbank zunächst sehr wichtig, den Führungskräften die Rolle als Change Agent zu vergegenwärtigen und zu vermitteln, aber auch dafür zu werben und sie letztendlich dafür zu gewinnen. In einem nächsten Schritt sollten die Führungskräfte dafür qualifiziert und darauf vorbereitet werden und schlussendlich auch die Rahmenbedingungen dafür geschaffen werden, dass sie verinnerlicht und gelebt werden würde.

Doch was waren die Inhalte der Rolle und welche Erwartungen an die Führungskräfte waren damit verknüpft?

Abbildung 5-1 Alle Führungskräfte und Projektleiter sind Change Agents

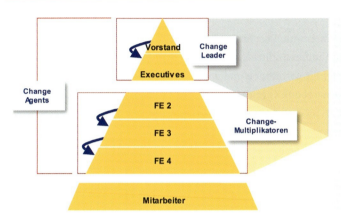

Quelle: Commerzbank AG

5.3 Change Agent – und was tun? Rolle und Aufgaben

Die Bezeichnung Agent hat ihre Wurzeln im lateinischen Verb „agere" und bedeutet „bewegen, führen, antreiben, vollbringen, handeln". Vor dem Hintergrund des Zusammenschlusses sollten die Führungskräfte

1. anführen, das heißt sich selbst – gemeinsam mit allen anderen Führungskräften – als Anführer der Integration begreifen;

2. gestalten und sich damit im eigenen Gestaltungs- und Einflussbereich für das Ergebnis persönlich verantwortlich fühlen;

3. motivieren – den Mitarbeitern Rückhalt und Orientierung während der Integration geben, sie beteiligen und für die anstehende Veränderung gewinnen sowie

4. vorleben – sich im Sinne der künftigen Kultur des Miteinanders vorbildlich verhalten.

Rolle primär eine Beschreibung von Haltung

Die Rolle war damit primär eine Beschreibung von Haltungen, die Führungskräfte im Integrationsprozess einnehmen sollten, um – aus der Wahrnehmung der Mitarbeiter – mit hoher Glaubwürdigkeit vorbildlich und verlässlich zu handeln und als Vorbild die Kultur der neuen Commerzbank vorzuleben.

Die Rollenanforderung war für alle Führungskräfte einheitlich, die damit verbundenen konkreten Aufgaben jedoch unterschiedlich.

Die Rollenanforderung war für alle Führungskräfte einheitlich, die damit verbundenen konkreten Aufgaben jedoch unterschiedlich – je nach Ebene, auf der sich die Führungskraft befand. Bei der nach Führungsebenen differenzierten Aufgabenbeschreibung wurden drei Gruppen unterschieden: die obersten Führungsebenen (bei der Commerzbank Vorstand und Executives (erste Führungsebene, FE 1)), die nachfolgende Führungsebene 2 sowie das mittlere und untere Management (FE 3 und 4, zum Beispiel Abteilungsleiter und Regionalfilialleiter beziehungsweise Gruppenleiter und Filialleiter).

Während die oberste Führungsebene (Change-Leader – siehe Abbildung 5-1) als politische Entscheidungs- und Wissensträger richtungsweisende Aussagen machte, Initiativen aufsetzte und strategische Entscheidungen fällte, an denen sich die weiteren Ebenen zuverlässig orientieren konnten, agierten die nachgelagerten Führungsebenen als Change-Multiplikatoren mit abnehmenden Gestaltungs- und zunehmenden Umsetzungsanteilen. Das untere Management übernahm vor allem die Funktion des „emotionalen Bandes" zu den Mitarbeitern ein. Es war damit der emotionale Change-Stabilisator der Mitarbeiter vor Ort, Motivationsgeber für die Arbeitszufriedenheit und fing auf und federte ab.

> Aktuelle Untersuchungen heben zunehmend die wichtige Rolle des mittleren Managements hervor – im Unterschied zu der Annahme, dass in erster Linie die obersten Führungskräfte (Change-Leader) wichtig für das Gelingen eines Veränderungsprozesses sind (vgl. Philippeit 2009, S. 21 f.). Dies trifft speziell für Unternehmen der DACH-Region (D: Deutschland, A: Austria, CH: Schweiz) zu (vgl. Stolla et al. 2007), die über ein breites sehr gut qualifiziertes mittleres Management verfügen, das vielfältige Aufgaben wahrnimmt und zunehmend mit höheren und anspruchsvollen Anforderungen konfrontiert wird.
>
> Im Rahmen eines Veränderungsprozesses ist dies in zweierlei Hinsicht von besonderer Bedeutung
>
> 1. Das mittlere Management befindet sich in einer Sandwichposition zwischen den Anforderungen des Topmanagements einerseits und der Skepsis und dem kritischen Hinterfragen der Mitarbeiter andererseits. Es muss dieses Spannungsverhältnis „aushalten" und ausbalancieren
>
> 2. Die Mittelmanagementebene gerät umso stärker in den Fokus, je weiter die Veränderungen beziehungsweise die Wahrnehmung des Mergers „nach unten rutscht" und sich die Konsequenzen bei den Mitarbeitern niederschlagen. Dies wird auch häufig als „Mobilisierungsphase" (vgl. Philippeit 2009, S. 23) bezeichnet, in der der direkte Vorgesetzte unmittelbar mit Widerstand konfrontiert wird und auf (Umsetzungs)Zweifel der Mitarbeiter glaubwürdig reagieren muss.

Die Change-Maßnahmen der Commerzbank zielten darauf ab, alle Führungsebenen entsprechend zu berücksichtigen. So wurden alle Führungskräfte auf den Dreiklang Information, Dialog und Partizipation verpflichtet. Dies bedeutete, dass zum Beispiel die Executives ihre zweite Führungsebene unmittelbar mit an der Change-Architektur beteiligte und in die Gestaltung verantwortlich mit einband. Weiterhin informierte man das Mittelmanagement (direkte Führungskraft) durch

Alle Führungskräfte auf den Dreiklang Information, Dialog und Partizipation verpflichtet

dialogorientierte Formate (zum Beispiel Telefonkonferenzen mit dem Vorstand) direkt. So konnte man dem Informationsverlust in der Kaskade ein Stück entgegenwirken und die direkten Vorgesetzten sprechfähig gegenüber ihren Mitarbeitern halten. Auch hielt man alle Führungskräfte generell an, die jeweils nachgelagerte Ebene mit an Planungen und Diskussionen zu beteiligen, damit diese ihre Aufgabe als „„Transmissionsriemen" gut wahrnehmen konnten. Dies war besonders wichtig bei den Führungskräften, die nicht in der Projektorganisation involviert und damit eher ein Stück vom aktuellen Informationsstand entfernt waren. Der Erfolg der Maßnahmen wurde mit dem Change-Monitor, einer speziell für die Integration konzipierten Onlinebefragung, überprüft (Details siehe Kapitel II/9). Dazu wurden Fragen zu Information, Einbindung und Feedbackmöglichkeiten im Integrationsprozess gestellt – getrennt nach Führungsebenen.

Fünf Grundsätze für Change Agents

Unabhängig von der Führungsebene galten für alle Führungskräfte die folgenden fünf Grundsätze für Change Agents:

1. Kommunizieren Sie, kommunizieren Sie, kommunizieren Sie …

2. Seien Sie erreichbar und zugänglich

3. Motivieren Sie Ihre Mitarbeiter über den Zeitraum der Integration hinweg

4. Unterstützen Sie den Weg Ihrer Mitarbeiter in eine neue Unternehmenskultur

5. Akzeptieren Sie ein Kernelement von Change: Management unter Unsicherheit

5.4 Auf dem Weg zum Change Agent – Qualifizierung und Unterstützung der Führungsteams

5.4.1 Die Ausgangssituation – Erwartungen und Anforderungen

Häufig sehen sich Führungskräfte mit der Problematik konfrontiert, dass man von ihnen professionelles Change Management erwartet, ohne sie jedoch im Vorfeld durch entsprechende Qualifikationen befähigt und unterstützt zu haben.

Bei der Commerzbank bestand eine der Hauptaufgaben darin, die knapp 4.000 Führungskräfte rechtzeitig und effektiv auf ihre Rolle als Change Agents vorzubereiten. Dabei ging man von unterschiedlichen Wissens- und Erfahrungsständen bei derartigen Prozessen aus – vor allem im Umgang mit allgemeiner Verunsicherung, Widerstand und Angst. Zudem sollte sichergestellt werden, dass jede Führungskraft die Rolle als Change Agent auch leben würde. Dies hatte die Entscheidung für eine breite zeit- und ressourcenaufwendige Qualifizierung zur Folge.

Eine der Hauptaufgaben: die knapp 4.000 Führungskräfte rechtzeitig und effektiv auf ihre Rolle als Agents vorzubereiten

5.4.2 Das Bausteinkonzept – Prinzipien und Eckpunkte

FMan entschied sich, eine Art Baukastensystem (siehe Abbildung 5-2) zu entwickeln, das ein Bündel von Maßnahmen und unterstützende Tools enthielt. So setzte man beispielsweise bei der Verdeutlichung der Change-Agent-Rollen und -Aufgaben an und entwickelte Formate und Übungen für vertiefende Auseinandersetzungen. Möglichkeiten für den laufenden Best-Practice-Austausch zwischen Führungskräften ergänzten dies. Im Integrationsprozess wurden die Führungskräfte durch sogenannte Change-Beauftragte der Segmente begleitet und unterstützt, aber es gab auch Materialien und konkrete Handlungsempfehlungen zu wichtigen Meilensteinen der Integration.

Baukastensystem, das ein Bündel von Maßnahmen und unterstützenden Tools enthielt.

Abbildung 5-2 Zwei Säulen der Change-Agent-Führungskräfteunterstützung

Quelle: Commerzbank AG

Prinzipien für die Nutzung des Baukastens

Für die Nutzung der Bausteine und zur Orientierung, welche Führungskraft welche Qualifizierung mit welchem Nutzen zu welchem Zeitpunkt durchlaufen sollte, galten folgende Prinzipien

1. Obligatorisch für alle Führungskräfte war, dass diese sich inhaltlich mit den bankweit einheitlich festgelegten Anforderungen an die Rolle und Aufgabe der Führungskraft als Change Agent auseinandersetzten. Zudem bestand die Verpflichtung für alle Executives, gemeinsam mit ihren Führungskräften eine Change-„Roadmap" (Standardformat) für den eigenen Bereich zu erstellen.

2. Damit waren zunächst die Mindestanforderungen an die inhaltlichen Ziele definiert. Die Wahl des genauen Weges dorthin und der (richtige) Zeitpunkt lag in der

Verantwortung der oberen Führungsebenen. Damit gestalteten die Führungskräfte ihre Integration selbst: Sie konnten auf spezifische Bedarfe und auf das individuelle Integrationstempo im eigenen Bereich eingehen. Letzteres war vor dem Hintergrund stark divergierender Geschwindigkeiten in den acht Segmenten besonders wichtig – so war zum Beispiel die Integration der Investmentbank und im Ausland bereits Ende 2010 abgeschlossen, während die Filialzusammenlegungen im Privatkundengeschäft in Deutschland noch bis Ende 2012 vollzogen werden. Auch wurde so den unterschiedlichen Ausgangssituationen und Betroffenheit der Segmente Rechnung getragen. Es wurde lediglich ein Endtermin angegeben, zu dem die Qualifizierungen abgeschlossen sein sollten.

3. Da es sich von der Intention her um obligatorische Maßnahmen handelte und auch ein Anreiz für die intensive Nutzung geschaffen werden sollte, wurden die Kosten für Moderation zentral übernommen.

4. Sowohl die Planungen (insbesondere der Workshops) als auch die Durchführung der einzelnen Bereiche wurden „getrackt", monatlich gemeldet und zentral erfasst.

5. Inhaltlich sahen alle Angebote jeweils die Bearbeitung sowohl von Sach- als auch Beziehungsthemen („Logik der Gefühle") vor. Dies galt für den gesamten Zeitraum der Integration.

6. Im Change-Monitor gab es einen eigenen Fragenkomplex zur Change-Agent-Rolle der Führungskräfte. Dort meldeten diese zurück, inwieweit sie ein klares Verständnis der Rolle haben, ausreichende Gestaltungsmöglichkeiten bestehen und sie sich umfassend in den Integrationsprozess eingebunden fühlen.

5.4.3 Zielgruppenspezifische Workshops – Change-Agent-Empowerment und Change-Agent-Sensibilisierung

Herzstück der Change-Agent-Qualifizierung: die beiden Workshop-Formate „Empowerment" und „Sensibilisierung"

Herzstück der Change-Agent-Qualifizierung waren die beiden Workshop-Formate „Change-Agent-Empowerment" und „Change-Agent-Sensibilisierung", für die rund eine Million Euro budgetiert wurde. In über 400 Workshops wurden knapp 4.000 Führungskräfte der Ebenen 1 bis 4 der Commerzbank qualifiziert.

Beide Workshop-Formate dienten der Vertiefung und Reflexion der Rolle und Aufgabe als Change Agent und boten Austausch über Gestaltungsmöglichkeiten der Integration im eigenen Einflussbereich. Berücksichtigt wurden dabei die spezifischen Aufgaben und unterschiedlichen Anforderungen der Führungsebenen; so war der „Empowerment-Workshop" primär für die Führungsebenen 1 und 2 gedacht, der „Sensibilisierungs-Workshop" für die Ebenen 3 und 4. In beiden Workshops wurde mit einem bankenweit einheitlichen gedanklichen Rahmen und Instrumentarium gearbeitet, aber auf eine unterschiedliche Bearbeitungsintensität und verschiedene Ergebnisse (Erstellung eigener „Roadmap" (eigener Case) versus Bearbeitung einer Fallstudie (abstrakter Case)) abgestellt.

Workshop Change-Agent-Empowerment

Alle nominierten Führungskräfte der Ebenen 1 und 2 durchliefen diese eintägigen Workshops – üblicherweise eingebettet in ein mehrtägiges Offsite. Bereits für die Vorbereitung setzten sich die geschulten Trainer mit dem verantwortlichen Executive zusammen, um mit diesem die spezifische Situation des Bereichs zu besprechen, das Setting durchzugehen und seine Rolle festzulegen. Die Moderation und die professionelle Gestaltung des Ablaufs oblagen dem Trainer, die Executives sollten aber als Change Agent im Workshop agieren und sichtbar die Verantwortung für die anstehende Veränderung übernehmen.

Fest auf der Agenda standen die Diskussion des Executives mit seiner nächsten Führungsebene über die größte Herausforderung der Integration des nächsten Jahres

(Beispiele dafür waren Teamführung (bis Umzug), Umstrukturierung/Zusammenlegung von Organisationseinheiten, Umgang mit Personalüberhang, Umgang mit Kunden in der Übergangsphase, neue Schnittstellen, virtuelle Teams usw.) inklusive der Identifikation von Ansatzpunkten für erste Maßnahmen. Weiterhin verorteten die Führungskräfte sich und ihre Mitarbeiter auf der Stimmungskurve und entwickelten eine Change-„Roadmap" für den Organisationsbereich. Gemeinsam wurde die Rolle „Führungskraft als Change Agent" vor dem Kontext der konkreten Segmentherausforderungen erarbeitet, das Führungsverhalten reflektiert sowie Erwartungen an Führungskräfte und Mitarbeiter ausgetauscht. Eine Einschätzung dessen, was bereits umgesetzt wurde, wo die Organisation bereits auf gute Ergebnisse aufsetzen konnte sowie welche besonderen Schwierigkeiten erwartet werden würden, bildeten den Abschluss.

Alle Ergebnisse wurden in einem persönlichen DIN-A4-Ordner (Loseblattsammlung), der auch Hintergrundmaterialen aus Theorie und Praxis enthielt (siehe Abbildung 5-3), von den Teilnehmern notiert. Diese Unterlage war auch zur Mitnahme der Teilnehmer für weitere Kaskaden-Workshops beziehungsweise zur Information der nächsten Führungsebene über die erarbeiteten Inhalte gedacht – beispielsweise im Gebietsfilialbereich.

Die im Konzept vorgesehene Beteiligung der Ebenen 1 und 2 wurde teilweise durch das Hinzuziehen der nachfolgenden Führungsebene(n) erweitertWorkshop Change-Agent-Sensibilisierung.

Der knapp dreistündige Workshop richtete sich primär an die Führungsebenen 3 und 4 (zum Beispiel Filialleiter, Teamleiter), sofern diese nicht bereits am Empowerment-Workshop teilgenommen hatten. Der Workshop wurde besonders für gemischte Gruppen (beispielsweise abteilungsübergreifend) empfohlen und hatte die Bearbeitung einer Fallstudie zum Ziel. Dabei wählte die Gruppe aus einem Set von vier unterschiedlichen typischen Fallstudien (Restrukturierung, Integration allgemein, Integration mit Kundenfokus, Integration und Mitarbeiterumzüge) eine aus.

Abbildung 5-3 Change-Agent-Guide

Maßnahme	Wirkungstiefe		
	Information	Kommunikation/Dialog	Partizipation
	› Infoveranstaltung › (Vorstands-, Executive-)E-Mail › Präsentation/Unterlage › (FK-)Newsletter › TV/Intranet › Hotline	› Business Breakfast/Business Lunch/Kamingespräch › Einzelgespräche, Sprechstunde › Teamsitzung, Teamecho › Telefonkonferenz › Onlineblog › Infomarkt › Townhall (Q+A), Roadshow, (Standort-)Besuche › Gemeinsame Freizeitaktivitäten (z. B. Grillen, Weihnachtsessen, Wandern etc.)	› Workshop* › Offsite-Meeting › Interaktive Großveranstaltungen* (Zukunftskonferenz, Voting, …) › Netzwerkbildung › Projektmitarbeit und -leitung › Planung und Implementierung „Roadmap" › Teambildung › Gestaltung des eigenen Arbeitsbereichs („Sitzordnung", Flexibilisierung Raum und Zeit, …)

Quelle: Commerzbank AG

Anhand dieses theoretischen Falls befassten sich die Führungskräfte mit allen Facetten des Change Managements, den Anforderungen an die Rolle und Aufgabe der Change Agents, der Stimmungskurve und der typischen Change- und Kommunikationsmaßnahmen. Insgesamt wurden sie für die Komplexität und psychologische Logik bei Veränderungsprozessen sensibilisiert.

Arbeitsblätter, Unterlagen und Ergebnisblätter sicherten den Transfer in die Praxis.

5.4.4 Begleitung im Prozess (Auswahl) – Change-Beauftragte der Segmente

Als Bereichsverantwortliche hatten die Executives während der Integration einen übervollen Terminplan: Sie waren nicht nur für die strategische Neuplanung ihrer Bereiche zuständig (und damit intensiv in die Projektorganisation eingebunden), sondern sollten in der bisherigen Organisation auch alle Volumen- und Ertragsziele erreichen. Zusätzlich waren sie als die obersten Change Agents tätig. Um diese insbesondere bei ihrer Change-Management-Aufgabe zu unterstützen, hatte jedes Segment einen Change-Berater nominiert. Dieser stellte dem Bereich sein professionelles Wissen (unter anderem über Organisationsentwicklung) und seine Erfahrung in Sachen Veränderung zur Verfügung, fungierte als Diskussions- und Sparringspartner des Executives, analysierte den spezifischen Stand der Entwicklung und plante nächste Schritte. Entlang der definierten Bereichsziele wurden geeignete Botschaften und passende Formate wie Workshops, Offsites oder Townhall-Treffen festgelegt. Gleichzeitig koordinierten und verzahnten die Change-Beauftragten die zentralen Maßnahmen mit den jeweiligen segmentspezifischen dezentralen Aktivitäten und förderten damit die Synchronisierung des Integrationsprozesses für die Gesamtbank. So wurde gleichzeitig sichergestellt, dass alle modularen Produkte des Werkzeugkoffers strukturiert und gut verzahnt abliefen.

Der Einsatz dieser Change-Beauftragten gewährleistete nicht nur die optimale Unterstützung der einzelnen Executives, sondern sicherte sowohl die Qualität des Prozesses als auch die der eingesetzten Methoden und Instrumente. Der Austausch der Change-Beauftragten untereinander über ihre Projekterfahrungen (im Sinne von Best-Pratice-Sharing) war für die Gesamtorganisation von hohem Nutzen.

5.5 Unterstützung wichtiger Meilensteine (Auswahl) – Change-Agent-Guide, Change-Toolsets

Change-Agent-Guide

Für alle Führungskräfte in ihrer Rolle als Change Agent wurde als Nachschlagewerk und „persönlicher Wegbegleiter" der Change-Agent-Guide – als Moleskin-Taschenbuch im schmalen DIN-A5-Format (Abbildung 5-4) – in Deutsch und Englisch entwickelt und gedruckt. Dieser sollte sie durch alle wichtigen Phasen und Herausforderungen begleiten und Denkanstöße und Anregungen bieten. Themen wie kulturelles Zusammen-

„Persönlicher Wegbegleiter": der Change-Agent-Guide

wachsen, Orientierung und Halt für Mitarbeiter oder das Zielbild der Commerzbank wurden dort aufgegriffen. Alle Exemplare des Buches waren 2009 schnell vergriffen; im Jahr 2011 wurde eine aktualisierte Fassung aufgelegt.

Abbildung 5-4   Change-Agent-Guide

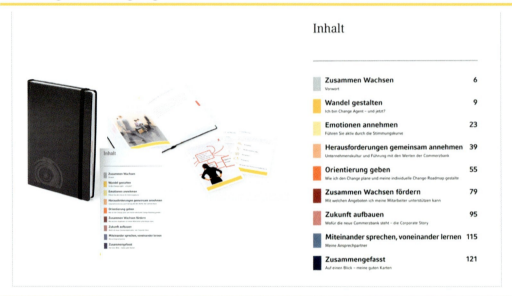

Quelle: Commerzbank AG

Change-Toolsets

Spezielle Toolsets für die Führungskräfte

Die Mitglieder der Task Force KKI (Kommunikation und Kulturelle Integration) aus der Führungskräftekommunikation und aus Human Ressources setzen sich vor wichtigen Meilensteinen zusammen, um spezielle Toolsets für die Führungskräfte zu erstellen. Diese Toolsets umfassten 10 bis 20 Seiten und wurden per E-Mail zu den anstehenden Ereignissen an die erste und zweite Führungsebene im In- und Ausland verschickt. Jede Ausgabe war individuell für die jeweilige Ebene zugeschnitten und erläuterte die konkreten Auswirkungen der Meilensteine auf die jeweilige Zielgruppe aus Sicht des Change Managements.

Mithilfe der Unterlagen sollte die Handlungs- und Verhaltenssicherheit der Führungskräfte, die sich in neuen, häufig noch ungeklärten Veränderungssituation wiederfanden, erhöht werden. Zusätzlich sollten sie immer wieder an ihre Funktion als Change Agents „erinnert" werden. Dazu wurden Dos & Don'ts aufgeführt, aber auch typische Fragen (von Mitarbeitern) und Antworten aufgeworfen sowie Hinweise zur persönlichen Kommunikation und zum Umgang mit der jeweils „anderen Bank" gegeben. Personalwirtschaftliche Fragestellungen, Hintergrundinformationen zu Change Management und praktische Tipps rundeten die Informationen ab.

Abbildung 5-5   Toolset-Auszug: Konkretisierung von Führungsverhalten

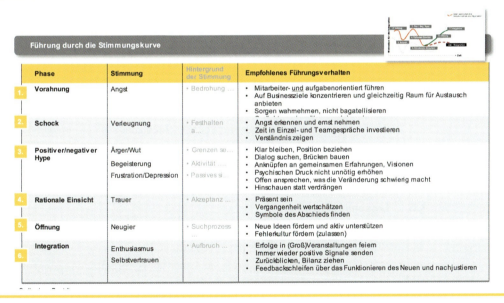

Quelle: Commerzbank AG

Typische Anlässe für den Versand der Toolsets im Laufe des Mergers waren unter anderem

1. Die Zeitspanne zwischen Verkündung der Übernahme der Dresdner Bank bis Closing
   a   Kommunikation der Führungskräfte (mit der „anderen Bank")
   b   Zulässige Kommunikationsformate
   c   Beispiele und Empfehlungen für eine adäquate Kontaktaufnahme
   d   Hinweise zu (den noch bestehenden) Informationsgrenzen (Inhalte)

2. Die Benennung der zweiten Führungsebene Mitte November 2009 (noch vor Closing)
   a   Wertschätzender Umgang von nominierten mit nicht nominierten Führungskräften (und vice versa)
   b   Umgang mit „geteilter" Führungsverantwortung
   c   Start in der neuen Funktion und Möglichkeiten der „Haus-zu-Haus-Kontakte"
   d   Dos & Don'ts

3. Zum Zeitpunkt Closing
   a   Führungsherausforderungen bis zur Verschmelzung
   b   Workshop-Angebot „Zusammen wachsen"

5.6 Lessons Learned

Zusammenfassend kann zum Ende der Integration Mitte 2011 – nicht zuletzt auch aus den Rückmeldungen der Führungskräfte und auch der Mitarbeiter der Integrationsbefragung Change Monitor – ein positives Fazit aus den „Leistungen" der Führungskräfte als Change Agents gezogen werden. Der finanzielle und zeitliche Aufwand der breiten

Qualifizierung aller Führungskräfte hat sich aus der Beurteilung der für Change Verantwortlichen „gelohnt". Dabei waren die Erfahrungen im Einzelnen:

+ Einheitliches Angebot mit dezentralen Anpassungen – verbindlich mit individuellen Auswahlmöglichkeiten

+ Zentralseitige Kostenübernahme und ausreichende Budgetbereitstellung

+ Interdisziplinäre Zusammenarbeit zwischen Human Resources und Interner Kommunikation

+ Arbeit mit den konkreten Herausforderungen (Empowerment-Workshop, wenig Nutzung der abstrakten Fallbeispiele)

− Steuerung Informationsmenge (Overload)

− Informationsverlust in der Kaskade (neben dem natürlichen Informationsverlust in der Führungskaskade kam erschwerend hinzu, dass die FE 3 und 4 erst zeitversetzt besetzt werden konnten)

6. Die menschliche Seite der Integration – Besetzung von Führungspositionen und Überführung der Mitarbeiter

ALBERT REICHERZER, ALEXANDER JULINO

Das Gelingen von Integrationsprozessen hängt von den Menschen in den beteiligten Unternehmen ab. Jede Integration hat daher eine personalwirtschaftliche Voraussetzung: Bevor die Zielorganisation unter einer neuen Marke, in neuen Räumen und mit neuer IT arbeiten kann, müssen Führungskräfte und Mitarbeiter in die neuen Strukturen integriert und in die neue Zeit mitgenommen werden. Im Fall der Integration der Dresdner Bank in die Commerzbank war diese personalwirtschaftliche Umsetzung ein voller Erfolg. Es gelang innerhalb von 24 Monaten, zwei der größten Unternehmen der deutschen Bankenlandschaft personell zur neuen Commerzbank zu verschmelzen.

Group Human Resources stand dabei im Wesentlichen vor drei Herausforderungen: Erstens galt es, schnell Klarheit über die neuen Strukturen und die künftigen Führungskräfte zu schaffen. Zweitens mussten die Mitarbeiter rasch ihren neuen Funktionen zugeordnet werden. In Integrationsprozessen ist dieses Wissen über die eigenen Perspektiven entscheidend für die Frage, ob Führungskräfte und Mitarbeiter auch in der neuen Organisation mitziehen werden. Drittens gehörte auch der sozial verträgliche Stellenabbau zu den vorrangigen personalwirtschaftlichen Herausforderungen der Integration.

Drei Herausforderungen

Auf den folgenden Seiten berichten wir darüber, wie Group Human Resources (im Weiteren: HR) diese Aufgabe bewältigt hat und welche Erkenntnisse aus dieser Arbeit sich für andere Integrationsprozesse in großen Unternehmen gewinnen lassen.

6.1 Überblick über die personalwirtschaftlichen Herausforderungen der Integration

Wie entsteht aus zwei Organisationen eine? Drei Themen bestimmten den Prozess der personalwirtschaftlichen Integration:

Schnelligkeit

1. **Schnelligkeit**: HR stellte frühzeitig sicher, dass die Entscheider feststehen, die die Strukturen und Kultur der neuen Organisation gestalten. Verantwortlich als Hauptträger der Integration waren alle Führungskräfte (vgl. Kapitel II/5). Daher mussten die insgesamt 3.800 Führungspositionen der neuen Bank möglichst schnell von oben nach unten besetzt werden.

Transparenz und Fairness

2. **Transparenz und Fairness sowie Chancengleichheit und partnerschaftlicher Dialog** als Grundprinzipien der personalwirtschaftlichen Integration: Sie kommen bei der Auswahl und Besetzung der Führungskräfte der dritten und vierten Ebene sowie bei der Zuordnung aller 45.000 Mitarbeiter zu ihren Zielfunktionen besonders zum Tragen. Alle Mitarbeiter nehmen die personalwirtschaftliche Integration nicht als fernes Unternehmensgeschehen wahr, sondern als persönliche Angelegenheit mit unmittelbarer Auswirkung auf ihre Zukunft. Die Gestaltung des Prozesses bestimmt wesentlich die Meinung zur Integration und das Engagement der Mitarbeiter insgesamt. Damit hat die Personalfunktion einen großen Einfluss auf den Verlauf der Übernahme und das künftige Unternehmensklima.

Sozial verträglicher Stellenabbau

3. **Sozial verträglicher Stellenabbau als wichtiger Bestandteil der Integration:** Schon mit Ankündigung der Integration ließ die Commerzbank keinen Zweifel daran, dass in der neuen Bank weniger Mitarbeiter beschäftigt sein würden als vorher in Commerzbank und Dresdner Bank zusammen. Zugleich bekannte sich die Bank zur sozial verträglichen Umsetzung dieses Stellenabbaus. HR schafft dafür grundlegende Voraussetzungen durch eine klare und umfassende Kommunikation an die Mitarbeiter und eine systematische Vorbereitung der Führungskräfte auf ihren Auftrag, den Stellenabbau zu managen.

Die Auswahl von Führungskräften und die Besetzung von Führungspositionen, die Überführung der Mitarbeiter in ihre neuen Zielfunktionen sowie der sozial verträgliche Stellenabbau bilden den Kern, um den sich eine Fülle von handwerklich und juristisch notwendigen Arbeitspaketen gruppieren (s. Abbildung 6-1). Zum besseren Verständnis der Kernaufgaben sollen hier zwei dieser flankierenden Maßnahmen kursorisch zur Sprache kommen.

Aus rechtlicher Perspektive sind zügige, erfolgreiche Verhandlungen mit den Arbeitnehmergremien die notwendige Bedingung einer gelingenden Integration. Aus kultureller Sicht bestimmen Klima und Ausgang dieser Verhandlungen maßgeblich die Akzeptanz der Integration bei den Mitarbeitern. Im Hinblick auf die Gremienverhandlungen haben wir Maßstäbe gesetzt und diese ebenso schnell wie erfolgreich geführt. Das lag auch daran, dass sich die Arbeitnehmerseite zu einer konstruktiven Zusammenarbeit und zügigen Verhandlungen bereit zeigte. Es galt, die Informations-, Beratungs- und Mitbestimmungsrechte der Arbeitnehmergremien sicherzustellen. Schon vor der Verschmelzung der beiden Banken kam es zu ersten Informations- und Beratungsgesprächen mit den zuständigen Arbeitnehmervertretungen. Nach dem Erwerb aller Geschäftsanteile an der Dresdner Bank stand uns seit Februar 2009 ein einheitlicher Verhandlungspartner in Form des Konzernbetriebsrats der neuen Commerzbank AG zur Verfügung. Es gelang, für die Zentrale schon Ende März 2009 einen Interessenausgleich und Sozialplan abzuschließen, für die Fläche im Juli des Jahres. Wie erklärt sich dieser Erfolg? Wir haben zusammen mit den Arbeitnehmergremien von Beginn an versucht, eine effiziente Verhandlungsstruktur durch auf Arbeitgeber- wie Betriebsratsseite parallel arbeitende Verhandlungsgremien zu gestalten. Die einzelnen Themen haben wir nicht linear abgearbeitet, vielmehr wurden Teil-Interessenausgleiche und weitere Regelungen parallel verhandelt und zeitgleich geschlossen. Für den Fall von Konflikten gab es einen geregelten Eskalationsmechanismus. Schließlich bewährte sich auf diesem wichtigen Gebiet zudem die stringente Steuerung und Begleitung durch in der Gremienarbeit erfahrene Mitarbeiter aus HR.

Verhandlungen mit den Arbeitnehmergremien

**Betriebs-
übergang**

Beim Thema Betriebsübergang ging es darum, die Verschmelzung der Dresdner Bank AG auf die Commerzbank AG zum 11. Mai 2009 auch arbeitsrechtlich umzusetzen. Zunächst wurde der Abschnitt Personal im Verschmelzungsvertrag formuliert. Die Arbeitverhältnisse wurden nach Maßgabe des § 613a BGB überführt, Handlungsvollmachten und Prokuren von Mitarbeitern der Dresdner Bank auf die Commerzbank übertragen. HR formulierte zudem Übergangsvereinbarungen zu Betriebsvereinbarungen der Dresdner Bank. Der Prozess wurde kommunikativ intensiv mithilfe von Informationsschreiben, Mitarbeiterversammlungen sowie Veröffentlichungen im Intranet begleitet. Diese Kommunikationsmaßnahmen haben die zu Anfang des Mergers bestehende Verunsicherung der Mitarbeiter der ehemaligen Dresdner Bank deutlich reduziert. Hier hat sich die enge Zusammenarbeit mit der internen Unternehmenskommunikation bewährt, durch die eine professionelle Umsetzung sichergestellt wurde.

Abbildung 6-1   Hauptthemen der personalwirtschaftlichen Umsetzung

Quelle: Commerzbank AG

6.2 Auswahl der Führungskräfte für die erste und zweite Ebene

6.2.1 Einführung

Nachdem die Übernahme der Dresdner Bank durch die Commerzbank am 31. August 2008 offiziell bekannt gemacht wurde, hatte ein Thema Priorität: die Besetzung von rund 60 Positionen der ersten und 400 der zweiten Führungsebene in der neuen Commerzbank. Hier entschied sich das Management der Bank zusammen mit HR frühzeitig dazu, die zugeordneten Prozesse vor allem am Prinzip der Schnelligkeit auszurichten: Die Benennung der ersten Führungsebene war noch im September des Jahres, die der zweiten im November abgeschlossen.

Prinzip Schnelligkeit

Warum war gerade bei diesem Thema Schnelligkeit geboten? Als Change Leader nahmen die Topführungskräfte eine ganz wesentliche Rolle im Integrationsprozess ein: Sie würden das Geschäftsmodell der neuen Commerzbank weiter detaillieren und den Integrationsprozess vorantreiben. Ganz praktisch war die schnelle Entscheidung und Transparenz über das Team notwendig, um in einer möglichst frühen Phase des Mergers Dynamik zu entwickeln. Denn die Besetzungen und Zuordnungen in den nachgeordneten Hierarchieebenen (Führungskräfte und Mitarbeiter) setzten entsprechende Entscheidungen für die Topführungspositionen voraus: Bevor die dritte und vierte Führungsebene besetzt und die Mitarbeiter den neuen Zielfunktionen zugeordnet werden konnten, mussten zunächst die ersten beiden Ebenen feststehen.

In kommunikativer Hinsicht war die rasche Besetzung der Toppositionen ein wichtiges Signal an die gesamte Mannschaft der neuen Bank: „Die Bank stellt sich neu auf – und sie stellt sich sehr rasch neu auf." Besetzungsfragen sind in der Anfangszeit eines Mergers die drängendsten Fragen – für Führungskräfte wie Mitarbeiter. In einer Situation, in der alles infrage steht, stellen Besetzungsnachrichten ein wichtiges Orientierungs- und Stabilisierungswissen für die gesamte Organisation dar.

Warum konnten die ersten beiden Führungsebenen relativ schnell besetzt werden? Erstens haben sich die Personalabteilungen beider Banken schon im Vorfeld der Bekanntgabe des Mergers auf ein einheitliches Design des potenziellen Besetzungsprozesses geeinigt. Zweitens handelte es sich bei den Beteiligten um eine zahlenmäßig überschaubare Gruppe. Drittens waren die Führungskräfte in der Zeit unmittelbar nach Bekanntgabe der Übernahme durchweg verfügbar und konnten schnell auf die Bewerbungsaufforderung reagieren.

Besetzung nach Eignung und nicht nach Herkunft

„Haben auch die Topführungskräfte der Dresdner Bank eine faire Chance auf eine führende Rolle in der neuen Commerzbank?" – Das war in der ersten Phase der Integration eine der politisch brisantesten Fragen. Der Vorstand der Bank legte daher von Anfang an sehr viel Wert auf eine objektive Auswahl. Sie sollte ausschließlich den Kriterien der persönlichen und fachlichen Eignung folgen und nicht der betrieblichen Herkunft der Führungskräfte. Es gab ein einheitliches Bewerbungsverfahren, das alle Kandidaten durchlaufen mussten, standardisierte Lebensläufe und strukturierte Interviewbögen. Alle Auswahlentscheidungen schlossen mit Besetzungskonferenzen. Auf der ersten Führungsebene wurden rund 70 Prozent der Positionen mit Commerzbankern und 30 Prozent mit Führungskräften aus der Dresdner Bank besetzt. Das lag unter anderem daran, dass die Dresdner Bank in bestimmten Geschäftsfeldern schwach oder gar nicht vertreten war. Der „Überhang" in der ersten Führungsebene schlug jedoch nicht in gleichem Maß auf die unteren Hierarchieebenen durch: Schon in der zweiten Ebene der neuen Bank stammten 60 Prozent der Besetzungen aus der „gelben" und 40 Prozent aus der „grünen" Bank.

6.2.2 Erste Führungsebene

Auswahl und Benennung

Schon einige Zeit vor der offiziellen Übernahme bereitete HR in beiden Häusern einheitlich strukturierte Bewerberprofile von möglichen Kandidaten für Executive-Positionen vor. Dieser Kandidatenpool bestand aus der jeweils ersten Führungsebene der alten Commerzbank sowie der Dresdner Bank. Die Auswahlprozesse fanden bis zur endgültigen Verschmelzung der beiden Häuser noch in zwei rechtlich eigenständigen Unternehmen statt, die entsprechenden Datenschutzbedingungen waren einzuhalten.

Unmittelbar nach Ankündigung der Übernahme am 31. August 2008 erhielten die Vorstände der neuen Bank sämtliche Kandidatenprofile für ihren künftigen Verantwortungsbereich zur Prüfung. Anfang September führten sie innerhalb einer Arbeitswoche dann Auswahlgespräche mit den insgesamt 150 Kandidaten. Die Struktur dieser Gespräche gab HR durch einheitliche Interviewbögen vor, ebenso machte die Personalfunktion einen Vorschlag für die jeweilige Vergütungsgestaltung. Die Vorstände entschieden sich ausschließlich auf der Grundlage der Werdegänge und der durchgeführten Interviews. Die Besetzungsentscheidungen wurden anschließend am 16. September 2008 im Gesamtvorstand der neuen Commerzbank verabschiedet. Die potenziellen Kandidaten wurden unmittelbar nach dieser Verabschiedung über die positive oder negative Besetzungsentscheidung unterrichtet. Am 18. September informierten die Kommunikationsabteilungen von Dresdner Bank und Commerzbank alle Mitarbeiter im Intranet über die Besetzung der ersten Führungsebene. Lebensläufe und Fotos der Executives wurden dort veröffentlicht.

Die erste Führungsebene erhielt vollständig neue Verträge. Um keine unterschiedlichen Vergütungstraditionen auf die neue Commerzbank zu übertragen und auch in den obersten Führungsebenen das „Eine Bank"-Prinzip durchzusetzen, entwickelte HR ein neues einheitliches Vergütungsmodell mit langfristig orientierter Bonusregelung sowie eine Alterssicherung mit einheitlicher Systematik. Generell stärkte die neue Bank die Bedeutung langfristiger Anreizsysteme. Hintergrund war zum einen die Finanzkrise, die generell die Bedeutung langfristiger Incentives vergrößerte. Zum anderen war die vergütungspolitische Neuorientierung auch der Absicht geschuldet, die Führungseliten möglichst lang an die neue Commerzbank zu binden und so den nachhaltigen Erfolg der Integration personell abzusichern. Schnelligkeit bei der Besetzung der ersten Führungsebene wurde auch dadurch erreicht, dass es im Hinblick auf die Verträge für Mitarbeiter dieser Ebene zur zwingend notwendigen Harmonisierung keinen Verhandlungsspielraum bei der Ausgestaltung des Arbeitsvertrags gab. Die Kandidaten konnten den Vertrag zu den vorgeschlagenen Bedingungen nur annehmen oder ablehnen.

Arbeitsverträge

Funktionsübernahme und Rolle im Integrationsprozess

Die neu besetzten Executives übernahmen mit dem Closing (Mehrheitserwerb durch die Commerzbank AG) im Januar 2009 die formale Verantwortung im jeweiligen Geschäftsbereich. Schon mit Annahme des neuen Arbeitsvertrags wurden sie Mitglied im Integrationsvorbereitungsteam und waren dort für das Gelingen der Integration in ihrem künftigen Geschäftsfeld verantwortlich. Sie erhielten den Auftrag, Geschäftsmodell und Zielorganisation ihres Bereichs zu erarbeiten und die Auswahl und Besetzung für die zweite Führungsebene vorzubereiten.

6.2.3 Zweite Führungsebene

Die Besetzung der zweiten Führungsebene kam nach sieben Wochen Mitte November 2008 zum Abschluss. Mit rund 800 Kandidaten und rund 400 Zielpositionen waren hier schon deutlich umfangreichere Besetzungsprozesse zu bewältigen. Der Kandidatenkreis setzte sich aus ehemaligen Mitarbeiter der zweiten Führungsebene beider Banken sowie nicht berücksichtigten Kandidaten für die erste Führungsebene der neuen Bank zusammen.

Strukturierte Interviews und moderierte Besetzungskonferenzen

Anders als bei der ersten Ebene füllten die Kandidaten hier selbst ihre Lebensläufe nach den festen Vorgaben und Begrenzungen eines einheitlichen Formulars aus. Die erste Führungsebene führte anschließend anhand strukturierter Interviews die Auswahlgespräche durch. HR gab Ablauf und Inhalte der Interviews sowie die Art der Dokumentation vor. Um Objektivität zu garantieren, begleitete HR die Interviews. In den anschließenden von HR vorbereiteten und moderierten Besetzungskonferenzen stellten die Executives die Interviewergebnisse der einzelnen für eine Zielposition infrage kommenden Kandidaten vor und begründeten ihre Besetzungsentscheidung. Der zuständige Vorstand nahm an der Konferenz teil und bestätigte schließlich die Entscheidung.

Auch auf der zweiten Führungsebene sorgte die Bank analog zum Vorgehen auf der ersten Ebene für eine einheitliche Vergütung und Alterssicherung. Mit Annahme ihrer neuen Arbeitsverträge waren die Führungskräfte der zweiten Ebene zeitgleich als Mitglieder des Integrationsvorbereitungsteams für alle Integrationsfragen in ihrem künftigen Bereich verantwortlich. Sie arbeiteten zusammen mit der ersten Führungsebene die Zielorganisation, die notwendigen Migrationsprozesse sowie den Zeitplan für die Umsetzung weiter aus und bereiteten die Verhandlung mit den Gremien vor.

Lessons Learned – Besetzung der ersten und zweiten Führungsebene

» Schnelligkeit in der Besetzung: Eine möglichst rasche Besetzung der Topführungspositionen ist die wichtigste Grundlage für die nachfolgenden personalwirtschaftlichen Integrationsprozesse. Verzögerungen bremsen hier die Gesamtdynamik.

» Einheitliche Führung mit einheitlichen Verträgen: Eine einheitliche Führungsmannschaft mit einheitlichen Verträgen verhindert die Tradierung von Strukturen aus der Altorganisation und gewährleistete das Prinzip der Herkunftsneutralität in den Auswahlprozessen.

» Rasche und professionelle Kommunikation: Wichtig war es, nicht nur die richtigen Leute in die Funktion zu bringen, sondern auch die Klarheit und Orientierung, die mit dieser Entscheidung verbunden waren, an den gesamten Apparat zu kommunizieren. Die Kommunikation sollte professionell von den Spezialisten der Unternehmenskommunikation umgesetzt werden.

» Geregelte Prozesse unter Federführung von HR: Für ein einheitliches Vorgehen bei der Besetzung hat sich die detaillierte Prozesssteuerung durch HR bewährt. Die Personalfunktion sorgt für einheitliche Spielregeln und Prozesssicherheit durch die Bereitstellung einheitlicher Vorlagen (Lebensläufe, Interviewleitfäden) und Sprachregelungen (detaillierter Sprechzettel für die eingesetzten Führungskräfte). Ein einheitliches Vorgehen sorgt dafür, dass die unmittelbar Beteiligten wie die gesamte Organisation den Integrationsprozess akzeptieren.

6.3 Transparenz und Fairness sowie Chancengleichheit und partnerschaftlicher Dialog: Besetzung der Führungskräfte FE 3 und 4 sowie Zuordnung der Mitarbeiter

Bei der Besetzung der ersten beiden Führungsebenen der neuen Commerzbank war Schnelligkeit das vorrangige Prinzip. Mit der dritten Führungsebene traten Transparenz und Fairness sowie Chancengleichheit und partnerschaftlicher Dialog als Prinzipien in den Vordergrund. Die Akzeptanz der gesamten Integration hing stark davon ab, inwieweit die Mitarbeiter die Besetzung von Führungspositionen und ihre eigene Zuordnung zu einer neuen Aufgabe als kalkulierbar und fair erlebten. Wie mit dem eigenen Vorgesetztenn sowie den Kollegen und den Mitarbeitern selbst verfahren wurde, prägte persönlich und nachhaltig das Erleben der Integration sowie den Blick auf die neue Bank.

6.3.1 Besetzung der Führungskräftepositionen der dritten und vierten Ebene

Größtmögliche Schnelligkeit durch Entkopplung der Prozesse

Die Besetzungen der Führungsebenen 3 und 4 unterschieden sich in technischer Hinsicht maßgeblich von den Prozessen der ersten und zweiten Ebene. Während die Kandidaten für die Toppositionen einen Lebenslauf einreichen und dann ausgewählt wurden, ließ die Bank nun einen offeneren Bewerbungsprozess zu. Alle Positionen wurden in einem Bewerberportal im Intranet ausgeschrieben, die Kandidaten konnten sich auf diese Stellen bewerben. Dennoch blieb der Anspruch bestehen, die personalwirtschaftliche Integration mit größtmöglicher Schnelligkeit voranzutreiben. Daher wurden die Besetzungsprozesse in Zentrale und Fläche getrennt und zuerst in der Zentrale umgesetzt. In einem zweiten Schritt wurden die bundesweit mehr als 2.500 Führungspositionen der Filialen der dezentralen Bearbeitungscenter und der Serviceeinheiten besetzt.

Die Stabseinheiten in der Zentrale waren diejenigen Einheiten in der Organisation, die die Integration in diesem Stadium besonders vorantreiben mussten. Für die Zentrale startete der Prozess im März 2009 und war im Juni des Jahres nach nur 16 Wochen abgeschlossen.

Abbildung 6-2   Schematische Darstellung Stellenbesetzungsprozess Besetzung 3./4. Führungsebene (FE) Zentrale

Quelle: Commerzbank AG

Da in der ersten Runde nicht alle Vakanzen besetzt wurden, fand in enger Abstimmung mit den Arbeitnehmergremien eine zweite Bewerbungsrunde statt, die im September 2009 endete. Ausgeschrieben waren rund 1.200 Positionen, auf die sich etwa 1.400 Kandidaten bewarben. Aufgrund der räumlichen Nähe zu den Kandidaten und der geringeren Führungsspannen wählten in der Zentrale die Führungskräfte der zweiten Ebene in parallel laufenden Verfahren sowohl die Kandidaten der dritten als auch der vierten Ebene aus. Im Unterschied zur Zentrale lief die Besetzung der dritten und vierten Ebene in der Fläche wegen der größeren Führungsspannen und bundesweiter Verantwortlichkeiten dagegen in einer Kaskade. Zunächst wurden vom Juli bis zum

Oktober 2009 die 570 Positionen der dritten Ebene besetzt, die neu bestimmten Führungskräfte besetzten dann ihrerseits von Oktober 2009 bis Juli 2010 die rund 2.000 Führungspositionen der vierten Ebene.

Auswahl und Benennung

Gemeinsam mit den Arbeitnehmergremien definierte die Bank in den Interessenausgleichen einen Kandidatenkreis: Führungskräfte der dritten und vierten Ebene aus beiden Häusern, Potenzialträger für Führungspositionen dieser Ebene, die die entsprechenden internen Auswahlverfahren bestanden hatten, sowie Führungskräfte höherer Ebenen, die bislang im Besetzungsprozess nicht berücksichtigt werden konnten. Auch für die dritte und vierte Ebene galt das Gebot der betrieblichen Herkunftsneutralität. Alle zu besetzenden Positionen wurden über eine elektronische Plattform ausgeschrieben, alle Kandidaten konnten sich auf alle Positionen bewerben, mussten sich aus Fairnessgründen aber auf zwei Bewerbungen insgesamt beschränken.

Für die Besetzungen wurde jeweils ein strukturiertes Interview geführt. Der Gesprächsverlauf richtete sich nach einem von HR speziell auf die Anforderungen für die jeweilige Ebene und die Zentrale oder Fläche zugeschnittenen Interview-Leitfaden.

Kommunikation

Um eine maximale Fairness im Besetzungsprozess sicherzustellen, führten die verantwortlichen Führungskräfte persönliche Rückmelde- sowie Perspektivgespräche mit den Kandidaten. Bei den Rückmeldegesprächen teilten sie den Kandidaten das Ergebnis der Besetzungsentscheidung persönlich mit. Die Perspektivgespräche wurden mit denjenigen Kandidaten geführt, die im Besetzungsprozess keine Berücksichtigung fanden. Ziel war es, den Kandidaten auf eine wertschätzende Art Möglichkeiten aufzuzeigen, auch jenseits der gewohnten Führungsrolle ihren Platz in der neuen Bank zu finden. Diese Gespräche waren verpflichtend, die Führungskräfte mussten die Ergebnisse dokumentieren und an HR zurückmelden. Dadurch gelang es der Bank, gute Mitarbeiter ohne Aussicht auf Beschäftigung in ihrem bisherigen Führungslevel im Unternehmen zu halten – zum Beispiel als Spezialisten, Projektleiter oder Führungskräfte für untergeordnete Ebenen.

Die Kommunikation an alle Mitarbeiter über das Intranet des Unternehmens begleitete alle Auswahlprozesse. Nach den erfolgreichen Besetzungen und abgeschlossenen Verhandlungen mit dem Betriebsrat kommunizierte die Bank die Personalien über die Führungskräfte direkt an die Mitarbeiter (vgl. Kapitel IV/21).

6.3.2 Überführung der Mitarbeiter in Zielfunktionen

Was die Anzahl der direkt beteiligten Personen angeht, stellte die Mitarbeiterzuordnung die größte Aufgabe innerhalb der personalwirtschaftlichen Integration dar. 45.000 Mitarbeiter musste die Commerzbank AG in Deutschland einer neuen Zielfunktion zuordnen. Tochter- und Auslandsgesellschaften hatten jeweils eigene Prozesse. Neben Transparenz und Fairness trat bei der Mitarbeiterzuordnung der partnerschaftliche Dialog in den Vordergrund. Prämissen und Prozesse wurden im Rahmen des Interessenausgleichs für die Zentrale und Fläche mit dem Verhandlungsteam des Konzernbetriebsrats besprochen und vereinbart. Beide Seiten erhielten so eine hohe Sicherheit über den Prozess. Gleichzeitig sorgte die ausführliche Beschreibung und Regelung des Prozesses im – für alle Mitarbeiter veröffentlichten – Interessenausgleich für Transparenz. Die Zuordnung konnte so relativ schnell abgeschlossen werden, nach dem Start Mitte Mai 2009 endete der Prozess für die Zentrale im November 2009, für die Fläche dauerte der Prozess von Oktober 2009 bis Juli 2010.

Zum fairen Ablauf des Prozesses trug auch die Tatsache bei, dass die Verantwortlichen in HR den Stellenabbau nicht als Bestandteil der Zuordnung aufsetzten. Gemeinsam mit dem Betriebsrat wurde im Interessenausgleich deshalb das Ziel formuliert, zunächst alle Mitarbeiter von Dresdner Bank und Commerzbank einer Zielfunktion in der neuen Bank zuzuordnen. Der Stellenabbau sollte erst in der neuen Struktur zum Thema werden. Das verhinderte das frühzeitige Entstehen einer „Zweiklassengesellschaft" und eröffnete die Möglichkeit, nach der Integration grundsätzlich mit allen Mitarbeitern über die Möglichkeit einer Trennung zu sprechen, was aufgrund des Freiwilligkeitsprinzips im Abbau wichtig war.

Entkoppelung von Mitarbeiterzuordnung und Stellenabbau

Transparentes Verfahren der Zuordnung

Am Anfang standen der Abschluss eines Interessenausgleichs zur Einführung der Zielstruktur der neuen Commerzbank in Zentrale und Fläche sowie ein begleitender Sozialplan mit dem Betriebsrat. Erst auf dieser Grundlage konnte HR Soll-Stellenpläne definieren und ein IT-gestütztes Tool bereitstellen, mit dem die Geschäftsbereiche ihre Mitarbeiter diesen Soll-Stellengerüsten zuordnen konnten.

Da der Interessenausgleich inklusive der Organigramme und Zielgrößen im Intranet veröffentlicht wurde, waren alle Mitarbeiter im Bild, bevor der Zuordnungsprozess begann. Im Unterschied zu den Besetzungen der Führungspositionen der dritten und vierten Ebene wurden alle Mitarbeiter ohne Stellenausschreibungen der Zielorganisation zugeordnet. Das war eine Aufgabe der neuen Führungskräfte, die sich dabei an der bisherigen Aufgabe der Mitarbeiter orientierten. Alle Mitarbeiter hatten das Recht, mit ihren neuen Führungskräften ein Gespräch über ihren neuen Arbeitsplatz in der Zielstruktur zu führen. Wenn die Gesprächspartner im Hinblick auf die Zuordnung kein Einverständnis erzielten, stand den Mitarbeitern die Möglichkeit offen, ein sogenanntes Revers auszufüllen und an den örtlichen Betriebsrat weiterzuleiten, um so Einspruch zu erheben. Nach dem Gespräch mit der Führungskraft wurde eine Wanderungsbilanz erstellt, die den Übergang von der alten in die neue Funktion dokumentierte. Dieses Dokument erhielt der Betriebsrat zur Zustimmung. Strittige Fälle wurden zwischen der Führungskraft und dem Betriebsrat neu verhandelt und einvernehmlich gelöst.

Mitarbeitergespräche zur Zuordnung.

Die neuen Führungskräfte erläuterten jedem einzelnen Mitarbeiter seine Zuordnung in der neuen Organisation. Gemäß der grundsätzlichen Entscheidung, Zuordnung und Stellenabbau als Prozesse voneinander zu trennen, legte HR sehr großen Wert darauf, dass diese Gespräche nicht mit Inhalten und Absichten vermischt wurden, die dem Ziel der Zuordnung fremd waren. Die Tendenz war durchaus gegeben: In der Phase der Zuordnungsgespräche standen zugleich Zielerreichungs- und Leistungsbeurteilungsgespräche an. Eine klare Trennung war deshalb notwendig. Die Führungskräfte sollten sich im Zuordnungsgespräch darauf beschränken, die organisatorische Einordnung der neuen Position sowie die Stellenbeschreibung zu erläutern, auf neue Vergütungsstrukturen und Titel einzugehen sowie das Revers auszuhändigen und über das weitere Verfahren zu informieren. Um in dieser Hinsicht einen möglichst hohen Qualitätsstandard in den Zuordnungsgesprächen sicherzustellen und die Führungskräfte „auf Linie" zu bringen, erarbeitete HR eine entsprechende Checkliste für Führungskräfte und hat diese aktiv begleitet.

Lessons Learned – Besetzung Führungskräftepositionen (FE 3 und 4) und Mitarbeiterzuordnung

» Grundwerte Transparenz und Fairness sowie Chancengleichheit und partnerschaftlicher Dialog: Die Grundwerte wurden im Prozess konsequent umgesetzt. Dieses werteorientierte Vorgehen ist kulturprägend. Bei den Führungskräften wirkt sich insbesondere der Umgang mit nicht berücksichtigten Kandidaten auf Identifikation, Motivation und Stimmung im Unternehmen aus. Diese Grundprinzipien sollten im Interessenausgleich festgelegt werden.

» Führungskräftekommunikation als kritischer Faktor: Das Verhalten von Führungskräften entscheidet über den Erfolg der personalwirtschaftlichen Integration. Bei der Besetzung der dritten und vierten Ebene waren mehrere Hundert Führungskräfte an der Auswahl beteiligt, ein paar Tausend mussten aktiv werden und sich bewerben. Führungskräfte müssen gezielt und kontinuierlich über die Prozesse informiert und motiviert werden. Das gilt auch für den Prozess der Mitarbeiterzuordnung. HR kann hier Konzepte entwickeln und detaillierte Prozessvorgaben machen – zum Beispiel zum Ablauf des Zuordnungsgesprächs. Aber die Führungskräfte sind dafür verantwortlich, dass aus den Konzepten Praxis wird.

» Trennung von Abbau und Zuordnung: Für Fairness sorgen ausdrückliche Vorgaben: Alle Mitarbeiter wurden zunächst auf produktive Zielfunktionen zugeordnet. Es gab keine Sackgassen, in die unliebsame Mitarbeiter verschoben wurden. Alle Führungskräfte wurden angewiesen, reine Zuordnungsgespräche zu führen. Klar geregelte Einspruchsmöglichkeiten für diejenigen Mitarbeiter, die mit der Zuordnung nicht einverstanden waren, sorgten für zusätzliche Akzeptanz des Verfahrens.

» Kontinuierliche prozessbegleitende Kommunikation: Alle Mitarbeiter müssen bei Besetzungsentscheidungen und Mitarbeiterzuordnung über den Stand der Dinge auf dem Laufenden gehalten werden. In der Commerzbank lief das über regelmäßige Kommunikationsmaßnahmen in verschiedenen Medien (Führungskräfte-Newsletter, Unternehmens-TV, Intranet) und in verschiedenen Formaten (Berichte mit Grafiken, Interviews, FAQs). Auf diese Weise bot die Bank ein großes Maß an Transparenz und Orientierung über den Prozess (vgl. Kapitel III/16 und III/17).

Abbildung 6-3 Führungskräfte und Mitarbeiter wurden schrittweise in die neue Organisation überführt

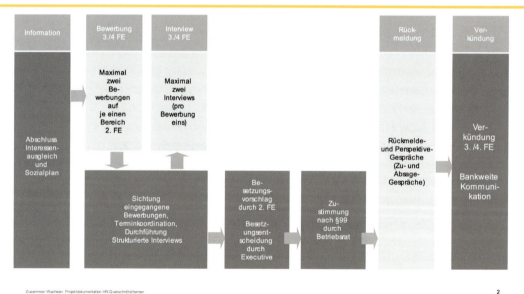

Quelle: Commerzbank AG

6.4 Sozial verträglicher Stellenabbau als Bestandteil der Integration

Zum Zeitpunkt der Verschmelzung beider Banken waren in beiden Häusern im In- und Ausland sowie in den Tochtergesellschaften rund 67.000 Mitarbeiter beschäftigt. 9.000 Vollzeitstellen mussten abgebaut werden, davon 6.500 im Inland. Schon am Tag der Verkündigung des Mergers machte der Commerzbank-Vorstand in einer personalpolitischen Grundsatzerklärung deutlich, dass der Abbau möglichst sozial verträglich gestaltet würde. Gleichzeitig hat die Bank auf die Möglichkeit betriebsbedingter Beendigungskündigungen als Ultima Ratio nie ganz verzichtet. Der Verzicht auf diese Möglichkeit war daran geknüpft, dass sie die Abbauziele auf dem Weg sozial verträglicher Maßnahmen und in Abstimmung mit den Arbeitnehmergremien erreichen würde. Da dieser Weg bislang zum Erfolg führte, konnte die Bank auf dieses letzte Mittel vorerst verzichten.

Einstellungsrestriktionen, interner Stellenmarkt, Clearingstellen

Um den Abbau sozial verträglich zu gestalten, untersagte der Vorstand zum 1. Oktober 2008 zunächst bankweit externe Neueinstellungen, ausgenommen davon waren Nachwuchsprogramme. Diese Restriktionen wurden erst im Januar 2010 gelockert – und nur für solche Unternehmenseinheiten, die ihre Abbauziele schon erfüllt hatten. Zudem öffneten Commerzbank und Dresdner Bank wechselseitig ihre Stellenmärkte für die Mitarbeiter des anderen Hauses, um Bewerbungen unternehmensübergreifend zu ermöglichen. Sämtliche Vakanzen mussten bankintern ausgeschrieben werden. Um den konzernweiten internen Stellenmarkt besser zu nutzen und die interne Vermittlung zu fördern, richtete die Bank Clearingstellen ein. In diesen regional organisierten Einheiten waren HR-Spezialisten aus der Region und den Tochtergesellschaften vertreten. Sie nutzten ihr Wissen über Vakanzen im Konzern, vermittelten Mitarbeiter aber auch zum Teil an externe Unternehmen.

Die Instrumente zur „Förderung des freiwilligen Ausscheidens" sowie deren Konditionen wurden ausführlich im Sozialplan geregelt und im Intranet veröffentlicht. Die Angebote zur Abfindung richteten sich unter anderem nach den Jahren der Betriebszugehörigkeit und dem Monatsgehalt. Mitarbeiter, die das Angebot zur Abfindung in-

Freiwilliger Stellenabbau

nerhalb von zwei Monaten annahmen, erhielten zusätzlich eine „Sprinterprämie". Die Abfindungsregelungen konnten die Mitarbeiter im Intranet einsehen und sich zudem mithilfe eines Rechners ihre „persönliche" Abfindung errechnen lassen. Zudem bot die Bank Alterslösungen wie Vorruhestandsverträge oder Altersteilzeit. Darüber hinaus sollten Regelungen zur Mobilitätsförderung die Bereitschaft der Mitarbeiter zu internen Versetzungen erhöhen. Durch das Angebot einer externen Newplacement-Beratung, die auch die intensive Unterstützung bei der Jobsuche umfasste, half die Bank daran interessierten Mitarbeiter dabei, sich auf dem externen Arbeitsmarkt zu orientieren. Transparenz gab es nicht nur im Hinblick auf die Stellenabbauinstrumente und deren Anwendung. Auch die detaillierten Organigramme der neuen Organisation – inklusive Zielkapazitäten – veröffentlichte die Bank und machte damit auch die Abbaunotwendigkeit der einzelnen Unternehmenseinheiten für alle Mitarbeiter transparent.

Schulung der Führungskräfte Für die anstehenden Trennungsgespräche mit den Mitarbeitern durchliefen Führungskräfte im Vorfeld des beginnenden Stellenabbaus den zweitägigen Workshop „Veränderungsgespräche führen und begleiten". Insgesamt fanden über 70 dieser Workshops statt. Sie boten Gelegenheit, noch einmal grundlegende arbeitsrechtliche Fragestellungen zu erörtern, die mit den Trennungen in Zusammenhang standen. Die Veranstaltungen vermittelten Wissen zur Gestaltung von schwierigen Mitarbeitergesprächen und boten Hilfe bei der Reflexion der Rolle von Führungskräften in diesen Gesprächen. Ziel dieser Workshops war es nicht nur, die beteiligten Führungskräfte verschiedener Hierarchieebenen auf die anstehenden Gespräche bestmöglich vorzubereiten. Vielmehr wurde ein einheitliches Verständnis für einen fairen und wertschätzenden Umgang mit den Mitarbeitern in dieser Situation erarbeitet. Mit diesem Instrument prägte HR die Kultur, in der sich der Abbau vollzog.

Lessons Learned – sozial verträglicher Stellenabbau

» Offene Kommunikation und Transparenz: Die offene Kommunikation der Abbauziele und die gleichzeitige glaubwürdige Zusicherung, dass der Prozess sozial verträglich ablaufen werde, sorgt für ein hohes Maß an Akzeptanz in einer von Unsicherheit geprägten Situation.

» Vielfalt der Angebote: Die Kombination aus verschiedenen sozial verträglichen Maßnahmen von der internen Stellenbesetzung über freiwillige Auflösungsverträge bis zum Newplacement stellt sicher, dass der Stellenabbau auch trotz des Prinzips der Freiwilligkeit vorankommt.

» Vorbereitung der Führungskräfte: Die direkten Vorgesetzten sind für die Umsetzung des Stellenabbaus verantwortlich und führen die entsprechenden Mitarbeitergespräche. Um ein einheitliches Vorgehen sicherzustellen und für ein wertschätzendes Klima zu sorgen, reichen schriftliche Kommunikationsmaßnahmen nicht aus. Das Instrument der Workshops zu den Veränderungsgesprächen hat sich als hilfreich erwiesen.

6.5 Fazit

Der Erfolg von Unternehmenszusammenschlüssen steht und fällt mit den Menschen. Die in der Integration entstehende Kultur und Grundstimmung sind erfolgskritisch für das erfolgreiche Zusammenwachsen einer neuen Organisation. Die hohe Geschwindigkeit bei der personalwirtschaftlichen Integration der Dresdner Bank war daher nützlich für den gesamten Integrationsprozess: Schnelle Klarheit und Orientierung in den Besetzungen und Prozessen trugen zur hohen Akzeptanz bei den Mitarbeitern bei. Für den Erfolg der gesamten personalwirtschaftlichen Integration waren die durchgehende Ausrichtung der einzelnen Verfahren und Maßnahmen an Werten gleichermaßen entscheidend dafür, dass sich der Gesamtprozess in einem Klima vollzog, das

das Zusammenwachsen auch auf der menschlichen Ebene ermöglichte. Hierfür setzte HR Leitplanken und trug Sorge dafür, dass sich die Führungskräfte und Mitarbeiter an diesen orientierten.

7. Zielbild in der Integration – Prozess der Operationalisierung als Grundlage für das kulturelle Zusammenwachsen

MATTHIAS GOLDBECK

7.1 Einleitung: Identifikation, Orientierung und Motivation – Rolle und Bedeutung von Zielbildern in Veränderungsprozessen

„Wer kein Ziel hat, kann auch keines erreichen." Diese alte chinesische Weisheit gilt ganz besonders für Veränderungsprozesse. Daher ist eine nachvollziehbare Vision, die das angestrebte Ziel beschreibt, eine Grundvoraussetzung für den Erfolg (vgl. Kotter 1996; Houben et al. 2007, S. 31). In Post-Merger-Integrationsprozessen ist der angestrebte Zielzustand zumeist die Vollintegration zweier Unternehmen. Eine der erfolgskritischsten Herausforderungen ist dabei die Zusammenführung der Unternehmenskulturen, verbunden damit, dass sich Führungskräfte und Mitarbeiter mit dem „neuen" Unternehmen identifizieren müssen (vgl. Deloitte 2008; Ernst&Young 2006). Dafür müssen das Wir-Gefühl und ein gemeinsames Selbstverständnis gezielt gefördert werden. Ein wesentliches Instrument dazu ist, eine attraktive Vision für das neue Unternehmen zu entwickeln, die beschreibt, wie sich das Unternehmen selbst sieht, wie es gesehen werden und wohin es sich entwickeln möchte. Diese Vision muss durch drei Elemente untermauert werden, die ihr erst die notwendige Klarheit und Glaubwürdigkeit verleihen! Erstens: Die Vision sollte auf einer klaren Mission aufbauen, die den eigenen Anspruch und Auftrag des Unternehmens zur Erreichung der Vision beschreibt. Zweitens sollte sie durch klare und nachvollziehbare Aussagen zur Strategie unterstützt werden, wie die Vision erreicht werden soll. Das dritte wichtige Fun-

Zielbilder in Post-Merger-Integrationsprozessen stärken die Identifikation mit dem neuen Unternehmen, geben Orientierung und fördern die Motivation.

dament bilden gemeinsame Werte, die verdeutlichen, welche Verhaltensweisen das Handeln zur Realisierung der Vision anleiten sollen.

Diese breite Beschreibung eines angestrebten Zielzustands und des Weges zu seiner Realisierung wurde im Merger von Commerzbank und Dresdner Bank im „Zielbild der Commerzbank" zusammengefasst.

Abbildung 7-1   Dimensionen und Wirkung des Zielbilds der Commerzbank

Quelle: Commerzbank AG

Als ganzheitliche Klammer für die neue Bank beschreibt dieses auch das Geschäftsmodell und unterstützt als kompakte Story zur neuen Commerzbank/zum Merger die Wirkung zentraler Erfolgstreiber in Change Prozessen – nämlich die Faktoren „Motivation" und „Orientierung" (vgl. Houben et al. 2007, S. 39ff):

- Das Zielbild fördert(e) die Motivation von Führungskräften und Mitarbeitern, sich im Sinne seiner Erreichung zu engagieren, indem es ihnen einen tieferen Sinn für ihre Anstrengungen vermittelt(e). Eine wichtige Voraussetzung dafür war, dass Führungskräfte und Mitarbeiter das Zielbild als grundsätzlich im Einklang mit ihren langfristigen Interessen wahrnehmen.

- Das Zielbild gab und gibt Führungskräften und Mitarbeitern Orientierung, wie die neue Bank sein soll, ermöglicht(e) ihnen damit eine gemeinsame Ausrichtung und Fokussierung ihres Handelns und legt(e) somit eine wichtige Grundlage für die Entwicklung eines gemeinsamen Selbstverständnisses der neuen Commerzbank.

Das Zielbild der Commerzbank war auf dieser Basis eine wichtige Grundlage für die Stärkung der Identifikation von Führungskräften und Mitarbeitern mit der neuen Bank und damit für die Förderung des kulturellen Zusammenwachsens beider Banken. Seine Verinnerlichung und seine Verankerung im täglichen Handeln zu fördern, war eine zentrale Aufgabe im Rahmen der Change-Kommunikation.

Die von Zielbildern ausgehende Orientierungs- und Motivationskraft wird maßgeblich durch die Kongruenz von Zielbild und erlebtem Veränderungsprozess beeinflusst. In Veränderungsprozessen überprüfen Mitarbeiter bewusst und unbewusst anhand des Zielbilds, ob die laufenden Anstrengungen die richtigen sind, die Organisation auf dem richtigen Weg ist und ob es sich lohnt, die Mühen einer Veränderung - in unserem Fall das Zusammenwachsen beider Banken - (weiter) auf sich zu nehmen. Kognitive Dissonanzen hinsichtlich Zielbild und Veränderungsprozess reduzieren dabei die von einem Zielbild ausgehende Orientierungs- und Motivationskraft – nicht zuletzt, weil durch die wahrgenommene Inkongruenz die Glaubwürdigkeit des Zielbilds infrage gestellt wird. Im Rahmen der Change-Kommunikation im Merger von Commerzbank und Dresdner Bank wurde hierauf gezielt geachtet, um eventuellen Dissonanzen frühzeitig und aktiv gegenzusteuern.

Für die identifikations-, orientierungs- und motivationsstiftende Wirkung eines Zielbildes ist es wichtig, dass es als im Einklang stehend mit den Veränderungsprozessen/ -initiativen erlebt wird.

7.2 Das Zielbild der Commerzbank – auf dem Weg zu einem gemeinsamen Selbstverständnis

Die Entwicklung des Zielbildes der neuen Commerzbank als gemeinsamer identifikations-, orientierungs- und motivationsstiftender Rahmen für alle Führungskräfte und Mitarbeiter war Aufgabe des Vorstandes und der Konzernkommunikation. Basierend auf Interviews mit dem Vorstand wurde das Zielbild in einem iterativen Abstimmungsprozess entlang der Dimensionen „Unsere Vision, unsere Mission, unsere Strategie, unser Geschäftsmodell, unsere Werte und unsere Marke" ausformuliert. Die Vision, „die beste Bank und die Hausbank für Deutschland zu werden", wurde dabei mit einer klaren Mission, nämlich dem Anspruch der Commerzbank an sich selbst, „eine moderne Bank zu sein, die für Privat- und Firmenkunden in Deutschland erster Ansprechpartner sowie ein dauerhaft verlässlicher und leistungsstarker Partner ist und sich als starker Finanzdienstleister in einer der größten Volkswirtschaften der Welt etabliert", unterlegt. Die Roadmap 2012 bildet dabei die Strategie für die Erreichung der Ziele und den nachhaltigen Erfolg der Commerzbank. Klare Aussagen zur Strategie waren unter den schwierigen Rahmenbedingungen der Finanzmarktkrise und dem SoFFin-Einstieg im Merger von Commerzbank und Dresdner Bank besonders wichtig. Eine Beschreibung des Geschäftsmodells in Form des jeweiligen Beitrags der Segmente/Konzernbereiche zur Realisierung der Vision, die ComWerte als gemeinsame Wertebasis für die kulturelle Integration und das Markenversprechen der Commerzbank, „Partnerschaftlichkeit und Leistungskraft" als wichtiges Positionierungselement im Wettbewerb, runden das Zielbild der Commerzbank inhaltlich ab.

Am 28. Oktober 2009 wurde das Zielbild der Commerzbank im Zuge der Vorstellung der neuen Wort-Bild-Marke erstmals intern gegenüber Führungskräften und Mitarbeitern sowie extern gegenüber Investoren, Kunden und der Öffentlichkeit kommuniziert. Im Rahmen einer Pressekonferenz, die via Web-TV im Intranet der Commerzbank für alle Mitarbeiter übertragen wurde, stellte Martin Blessing unter anderem das Zielbild vor. In Verbindung mit anderen Kommunikationsanlässen an diesem Tag erfolgte zudem vielfach eine persönliche Kommunikation des Zielbildes durch die Führungskräfte.

Warum aber erfolgte die Vorstellung eines Zielbilds erst ein Jahr nach der Bekanntgabe des Mergers, wo doch Zielbilder eine so wichtige identifikations-, orientierungs- und motivationsstiftende Wirkung haben?

Bereits mit der Ankündigung des Mergers war die strategische Ausrichtung der neuen Commerzbank ein wichtiger Aspekt in der internen Kommunikation gegenüber Führungskräften und Mitarbeitern (vgl. Kapitel III/14). Kurz danach traten mit der Finanzmarktkrise und dem SoFFin-Einstieg jedoch Ereignisse ein, die zu Adjustierungen führten.

Neuüberlegungen hinsichtlich der Ausrichtung, Aufstellung und Strategie der Commerzbank, unter anderem aufgrund von Auflagen der Europäischen Union (zum Beispiel der notwendige Verkauf mehrerer Beteiligungen binnen fünf Jahren und der Verzicht auf Akquisitionen in den nächsten drei Jahren), waren erforderlich. In der Roadmap 2012 als der Beschreibung der Strategie der Commerzbank und dem zukünftigen Geschäftsmodell fanden diese Punkte Berücksichtigung. Im Zuge des SoFFin-Einstiegs war es dabei frühzeitig notwendig, das Vertrauen von Investoren, Kunden und Öffentlichkeit in die Leistungsfähigkeit der Commerzbank zu stärken und auch den Mitarbeitern diesbezüglich Orientierung und Zuversicht zu vermitteln. Aus diesem Grund erfolgte eine Kommunikation der Roadmap 2012 bereits kurz nach dem SoFFin-Einstieg im Mai 2009. Mit der Vorstellung des Zielbildes der Commerzbank im Oktober 2009 wurde die Roadmap 2012 dann in den breiteren Zusammenhang von Vision und Mission eingebettet.

Kurz nach der initialen Kommunikation des Zielbildes im November 2009 bot sich im Rahmen der ersten großen Integrationsbefragung von über 20.000 Mitarbeitern, dem Change Monitor, die Möglichkeit, das Verständnis und die Attraktivität des Zielbilds aus Sicht der Mitarbeiter sowie den Grad seiner Verinnerlichung zu überprüfen. Einerseits lieferten die Ergebnisse deutliche Hinweise auf die Erfolgsrelevanz des Zielbilds für den Prozess des Zusammenwachsens beider Banken: Das „Zielbild der Commerzbank" und das „Zielbild des Segments/Konzernbereichs" gehörten zu den Treibern mit

Klare, nachvollziehbare und attraktive Zielbilder waren im Merger von Commerzbank und Dresdner Bank die stärksten Erfolgstreiber für das Integrationsengagement der Mitarbeiter.

dem stärksten Einfluss auf das Integrationsengagement – der Bereitschaft der Mitarbeiter, sich für und im Integrationsprozess sowie für die neue Commerzbank zu engagieren (vgl. Kapitel II/9). Andererseits war die Ausprägung der Ergebniswerte bei beiden Fragekomplexen nur teilweise zufriedenstellend. Fast drei Viertel der Mitarbeiter spiegelten, dass das Zielbild der Commerzbank klar kommuniziert wird und auch verstanden ist. Nur 58 Prozent der Mitarbeiter gaben jedoch an, dass sie das Zielbild in eigenen Worten erklären können. Auf ein knappes Viertel traf dies gar nicht zu. Die Ergebnisse des Change Monitors zeigten darüber hinaus, dass die Unklarheit hinsichtlich der Zielbilder – hier der Zielbilder der Segmente/Konzernbereiche – zunahm, je tiefer man in die Mitarbeiterstruktur ging.

Dabei bestand vielfach vor allem Unklarheit über den Weg zur Erreichung des jeweiligen Zielbilds. Eine wesentliche Ursache hierfür wurde darin gesehen, dass die in den Segmenten/Konzernbereichen bereits existierenden Zielbilder noch nicht ganzheitlich genug, ausreichend konkret und angemessen nachvollziehbar waren.

7.3 Die Zielbilder der Segmente/Konzernbereiche – Vom Selbstverständnis der Commerzbank zum Selbstverständnis der Segmente/Konzernbereiche

Die konsequente Operationalisierung des Zielbilds der Commerzbank auf Ebene der Segmente/Konzernbereiche war für seine Verinnerlichung und Verankerung bei den Führungskräften und Mitarbeitern von entscheidender Bedeutung.

Ein Fazit aus der ersten Welle des Change Monitors war, dass das Zielbild der Commerzbank zwar im Grundsatz kommuniziert, aber noch längst nicht verinnerlicht war! Von einem gemeinsamen Selbstverständnis als neue Commerzbank konnte daher zu diesem Zeitpunkt noch nicht gesprochen werden. Im Zusammenhang mit dem Bestreben, die Verinnerlichung und Verankerung des Zielbilds der Commerzbank zu stärken, zeigte der Change Monitor dabei einen wichtigen, statistisch signifikanten Zusammenhang auf: Je stärker die Verinnerlichung und Verankerung des jeweiligen Zielbilds der Segmente/Konzernbereiche ist, desto stärker ist die Verinnerlichung und Verankerung des Zielbildes der Commerzbank. Für das weitere Vorgehen wurde daraus folgende Schlussfolgerung abgeleitet: Eine Stärkung der Verinnerlichung und Verankerung des Zielbilds der Commerzbank sollte durch seine Operationalisierung auf Ebene der Segmente/Konzernbereiche, in Form der Ableitung eigener Zielbilder, unterstützt werden.

Abbildung 7-2   Zweistufiger Ansatz zur Operationalisierung des Zielbilds der Commerzbank

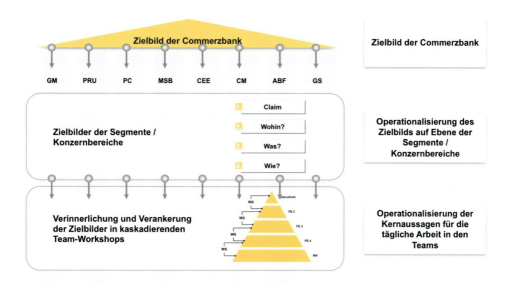

Quelle: Commerzbank AG

Diese Operationalisierung leistete einen dreifach wichtigen Beitrag für das kulturelle Zusammenwachsen:

- Als Grundlage für die Erarbeitung der Zielbilder der Segmente/Konzernbereiche förderte die Operationalisierung des Zielbilds der Commerzbank die weitere vertiefte Auseinandersetzung mit diesem in den Segmenten/Konzernbereichen und unterstützte damit seine Verinnerlichung.

- Mit der Operationalisierung des Zielbilds der Commerzbank wurde der segment-/ konzernbereichsspezifische Beitrag zu dessen Realisierung für alle Mitarbeiter anschaulicher und greifbarer. Damit wurde auch die Klarheit des Zielbildes der Commerzbank hinsichtlich der praktischen Bedeutung im/für den jeweiligen Business-Kontext gestärkt.

- Mit der strukturierten Erarbeitung und Verankerung des Zielbilds im jeweiligen Segment /Konzernbereich wurde das gemeinsame Selbstverständnis gefördert. Eine leitende Hypothese dabei war, dass hierüber (unter Berücksichtigung von Punkt 2) auch die Identifikation mit der neuen Commerzbank und die Motivation für das Erreichen des Zielbildes gestärkt würden.

7.3.1 Operationalisierung I: Erarbeitung der Zielbilder

Ein einheitlicher Prozess bei der Operationalisierung des Zielbildes und Mindeststandards sicherten die Qualität im Vorgehen und bei den Ergebnissen.

Um eine einheitliche Qualität im dezentralen Vorgehen und bei den Ergebnissen sicherzustellen, wurde ein systematischer und zentral gesteuerter Prozess zur Operationalisierung des Zielbilds der Commerzbank aufgesetzt. Die Steuerung des gesamten Prozesses erfolgte durch den Lenkungsausschuss Kommunikation (vgl. Kapitel III/15). Dieser legte inhaltliche Mindeststandards und Leitplanken fest, unterstützte die Segmente mit konkreten Handlungsempfehlungen und Informationsunterlagen bei der Prozessgestaltung und legte einen Zeitrahmen fest, innerhalb dessen die Erarbeitung des Zielbilds abgeschlossen sein sollte. Durch den Lenkungsausschuss Kommunikation erfolgte auch die abschließende inhaltliche Prüfung und Freigabe.

Hinsichtlich inhaltlicher Mindeststandards konnten Erfahrungswerte aus einem „Quasipiloten" im Segment Corporates & Markets genutzt werden. Die Zusammenführung des Investment-Banking-Geschäftes beider Banken ging mit starken Veränderungen in der strategischen Ausrichtung einher. Vor allem drei Fragen standen dabei für die Mitarbeiter im Vordergrund: „Wer sind wir?", „Wohin wollen wir?" „Wie schaffen wir das?" Der Bedarf nach einem klaren, attraktiven und erreichbaren Zielbild wurde im konkreten Fall frühzeitig erkannt und dieses mit Unterstützung der Change Management-Beratung C4 Consulting erarbeitet. Dabei erfolgte ein systematischer Abgleich mit dem Zielbild der Commerzbank und insbesondere den ComWerten.

Der inhaltliche Aufbau des Zielbildes von Corporates & Markets wurde durch den Lenkungsausschuss Kommunikation als Standardformat für die Erarbeitung der Zielbilder für andere Segmente/Konzernbereiche festgelegt. Die Zielbilder sollten entlang der folgenden vier Dimensionen strukturiert sein und nicht mehr als eine A4-Seite umfassen:

- Wohin? – Beschreibung der Ziele/der Positionierung

- Was? – Beschreibung des Mandats/der Strategie

- Wie? – Beschreibung der gewünschten Kultur/der Verhaltensweisen

- Claim – Wohin, was und wie in einem aussagekräftigen, einprägsamen Satz

Auch hinsichtlich der Vorgabe von Leitplanken für ein systematisches Vorgehen bei der Erarbeitung der Zielbilder konnte auf Erfahrungen aus dem Prozess in Corporates & Markets zurückgegriffen werden. Den Ausgangspunkt der Erarbeitung sollten strukturierte Interviews mit dem verantwortlichen Vorstandsmitglied und den Executives des Segments/Konzernbereichs bilden.

Mit dem Zielbild eine kompakte Story zum Segment/Konzernbereich erzählen. Auf einer Seite Antworten auf die Fragen „Wohin?", „Was?", „Wie?" geben und durch einen einprägsamen Claim abrunden.

Abbildung 7-3   Prozess zur Entwicklung der Zielbilder der Segmente / Konzernbereiche

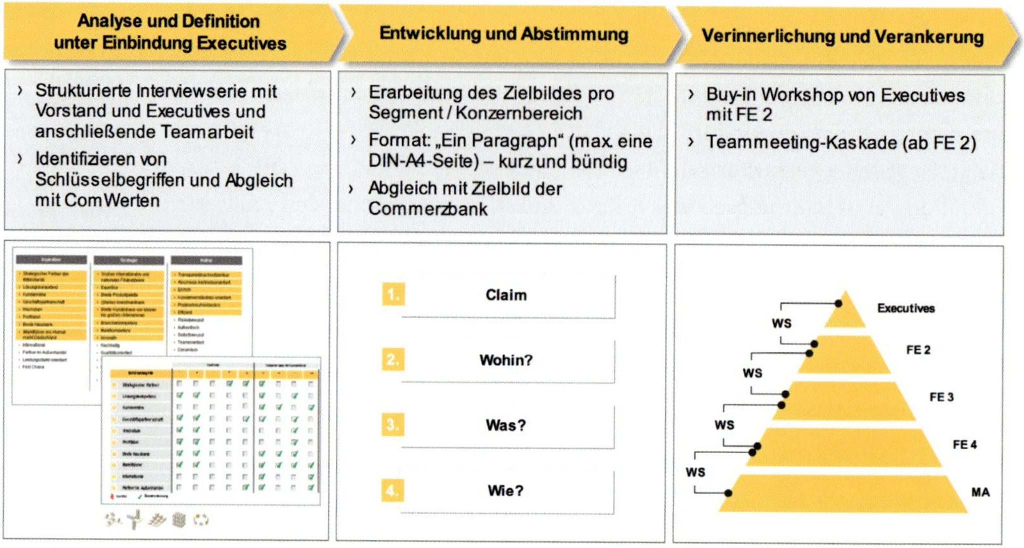

Analyse und Definition unter Einbindung Executives
- Strukturierte Interviewserie mit Vorstand und Executives und anschließende Teamarbeit
- Identifizieren von Schlüsselbegriffen und Abgleich mit ComWerten

Entwicklung und Abstimmung
- Erarbeitung des Zielbildes pro Segment / Konzernbereich
- Format: „Ein Paragraph" (max. eine DIN-A4-Seite) – kurz und bündig
- Abgleich mit Zielbild der Commerzbank

Verinnerlichung und Verankerung
- Buy-in Workshop von Executives mit FE 2
- Teammeeting-Kaskade (ab FE 2)

Quelle: Commerzbank AG

Die Einbindung der Führungskräfte im Erarbeitungsprozess des Zielbildes förderte frühzeitig ihr Engagement für die spätere Umsetzung.

In diesen Interviews sollten Informationen zu den angestrebten Zielen und der angestrebten Positionierung des Segments erhoben und danach gefragt werden, wie diese auf das Zielbild der Commerzbank einzahlen. Darauf aufbauend war vorgesehen, in einem Workshop mit den Executives Antworten auf die Frage nach dem „Was und Wie", der Strategie zur Erreichung der Ziele/Positionierung und der gewünschten Kultur/Verhaltensweisen zu sammeln. Aus den Ergebnissen dieser beiden Schritte galt es anschließend, Schlüsselbegriffe für die Ausformulierung des Zielbilds zu identifizieren und den Einklang mit dem Zielbild der Commerzbank und den ComWerten zu überprüfen.

Auf Basis der Schlüsselbegriffe sollte abschließend die Formulierung des Zielbilds für das jeweilige Segment/den Konzernbereich erfolgen.

Eigenverantwortung und -initiative innerhalb der gesetzten Leitplanken waren zwei wichtige Erfolgsfaktoren im Prozess der Operationalisierung des Zielbildes der Commerzbank, die letztlich auch die Qualität der Ergebnisse bestimmten. Im Segment Mittelstandsbank wurde dieser Prozess besonders erfolgreich gestaltet. Ein Top-down-Vorgehen wurde mit einem Bottom-up-Vorgehen verknüpft und auf diesem Weg die Unterstützung der Führungskräfte in einer frühen Phase sichergestellt. In einem ersten Schritt wurden teilstrukturierte Interviews mit dem gesamten Segmentvorstand (Vorstand und erste Führungsebene) geführt und Informationen zu den relevanten Dimensionen des Zielbilds gesammelt. Anschließend wurde die zweite Führungsebene im Rahmen einer Offsite-Veranstaltung in den Prozess mit einbezogen. In Workshops zur Positionierung und zum Selbstverständnis des Segments wurden analoge und klassische Interventionstechniken wie „Assoziationsübung" und „World Café" eingesetzt, um Schlüsselbegriffe für die Formulierung des Zielbilds zu identifizieren.

Mit einer Assoziationsübung wurden zunächst der Zugang zum Thema „Positionierung und Selbstverständnis" erleichtert und erste Schlüsselbegriffe zu heute bereits ausgeprägten und zukünftig erstrebenswerten Eigenschaften der Mittelstandsbank erarbeitet. Diese flossen später bei der Beschreibung der Zielbilddimensionen „Wohin" und „Wie" ein. In Kleingruppen beschrieben die Führungskräfte dazu die Mittelstandsbank über Bildanalogien aus der Automobilwelt. Jede Kleingruppe erhielt einen gleichen Satz an Karten mit abgebildeten Automodellen. Zunächst sollten mit allen Automodellen Eigenschaften assoziiert werden, um dann auf dieser Basis zu diskutieren, mit welchem Automodell die Mittelstandsbank die größte Eigenschaftsübereinstimmung aufweist.

Mittels des World-Café-Formats wurden anschließend die Arbeit am Zielbild vertieft und weitere Schlüsselbegriffe gesammelt. In sieben Kleingruppen besuchten die Führungskräfte nacheinander sieben „Café-Tische" und diskutierten jeweils mit einem Executive, der die Rolle des Gastgebers übernahm, die langfristigen Ziele, das Mandat und die Strategie sowie erstrebenswerte Kulturmerkmale der Mittelstandsbank. Die Vision, die Mission, die Strategie und die ComWerte waren hierfür eine wichtige Reflexionsfolie. Dabei durften die gesammelten Begriffe/Antworten der jeweiligen Vorgängergruppen nur ergänzt, aber nicht geändert werden.

Die Ergebnisse der Interviews und Workshops wurden verdichtet, eine Übersicht von Schlüsselbegriffen pro Zielbilddimension erstellt und diese durch den Segmentvorstand verabschiedet. Unter enger Einbindung des Segmentvorstands erfolgte auf dieser Grundlage und in einem iterativen Prozess die finale Formulierung des Zielbilds durch den Bereich Marketing/Kommunikation der Mittelstandsbank.

7.3.2 Operationalisierung II: die Zielbilder der Segmente/Konzernbereiche verinnerlichen und in der praktischen Arbeit verankern

Ein Zielbild zu haben und es zu kommunizieren, reicht allein nicht aus. Zielbilder müssen in ihrer Bedeutung für die tägliche Arbeit der Mitarbeiter übersetzt werden.

Die Operationalisierung des Zielbildes der Commerzbank war ein erster Schritt, um die praktische Bedeutung in Bezug auf den jeweiligen Businesskontext zu stärken. Ein nächster Schritt war, die Verinnerlichung und Verankerung des jeweiligen Zielbilds der Segmente/Konzernbereiche bei den Mitarbeitern zu fördern, indem ein Transfer der Aussagen zur täglichen Arbeit erfolgte. Hierzu wurden konkrete Beiträge zur Zielbilderreichung auf Ebene der Teams und des einzelnen Mitarbeiters in Teamworkshops erarbeitet – das Zielbild des Segments/des Konzernbereichs wurde also in einem weiteren Schritt ebenfalls operationalisiert (vgl. Abbildung 7-2). Im Rahmen einer interaktiven Auseinandersetzung mit dem Zielbild entlang der Führungskaskade bis auf Mitarbeiterebene wurden dabei Fragen diskutiert wie: „Was bedeutet das Zielbild für uns/mich? Was ist unser/mein Beitrag zur Erreichung des Zielbilds? An welchen konkreten Ansatzpunkten müssen wir/muss ich dabei arbeiten? Welche Maßnahmen müssen wir/muss ich hierzu ergreifen?"

Eigenverantwortung war wie schon im Erarbeitungsprozess der Zielbilder auch im anschließenden Umsetzungsprozess eine wichtige Erfolgsvoraussetzung. Jedes Segment/jeder Konzernbereich war innerhalb prozessualer Leitplanken und entlang von Mindeststandards, die durch den Lenkungsausschuss Kommunikation festgelegt wurden, für dessen Gestaltung selbst verantwortlich. Eine Mindestanforderung war, dass jeder Mitarbeiter im Rahmen eines kaskadierenden Prozesses mindestens einmal persönlich zum Zielbild erreicht wird und sich interaktiv mit ihm auseinandersetzt. Dies konnte in verschiedenen Formaten und zu verschiedenen Anlässen erfolgen. Eine Einbindung in bestehende Regelmeetings, in geplante „Zusammen-Wachsen-Workshops" (vgl. Kapitel II/11) oder Workshops zur Vorstellung und Diskussion der Change-Monitor-Ergebnisse war hierbei ebenso möglich wie die Planung eines separaten Zielbild-Workshops. Die eigenverantwortliche Umsetzung in den Segmenten/Konzernbereichen unterstützte der Lenkungsausschuss Kommunikation durch die Bereitstellung von Prozess- und Formatvorschlägen sowie von Arbeitsunterlagen für die interaktive Gestaltung der Auseinandersetzung mit dem Zielbild in den Teams.

Über ein qualitatives Prozessmonitoring wurde die Umsetzung in den Segmenten/Konzernbereichen nachgehalten. In regelmäßigen Abfragen überprüfte der Lenkungsausschuss Kommunikation den jeweiligen Prozessstatus: Bis auf welche Hierarchieebene erfolgte bereits eine interaktive Auseinandersetzung mit dem Zielbild? Bis wann sollen die nachgeordneten Hierarchieebenen einbezogen werden? Wann wird der Prozess voraussichtlich abgeschlossen sein?

Mit der Durchführung der zweiten Welle der Change-Monitor-Befragung erfolgte nach Abschluss des Prozesses zur Operationalisierung der Zielbilder auf Team- und Mitarbeiterebene ein Erfolgscontrolling. Eine vertiefte Analyse relevanter Ergebniswerte in den Segmenten zeigte dabei eine Verbesserung in wichtigen Punkten. Insbesondere in den Segmenten/Konzernbereichen, die den Prozess der Operationalisierung aktiv gestaltet und intensiv durchlaufen haben, erhöhte sich die Zustimmung zu den Aussagen „Ich kann das Zielbild mit eigenen Worten erklären" und „Wir wissen genau, was zu tun ist, um das Zielbild zu erreichen". Bei diesen Segmenten/Konzernbereichen konnte also durchaus davon ausgegangen werden, dass das Zielbild erfolgreich verinnerlicht und verankert wurde. Allerdings zeigte sich über alle Segmente/Konzernbereiche hinweg ein leichter Rückgang bei der Zustimmung zu den motivations- und kongruenzbezogenen Aussagen: „Das Zielbild motiviert mich, einen konkreten Beitrag in meinem Arbeitsumfeld zu leisten" und „Ich habe den Eindruck, dass bei wichtigen Entscheidungen in unserem Bereich das Zielbild berücksichtigt wird". Dieser Rückgang lässt

Führungskräfte sind kontinuierlich gefordert, Interpretationsangebote bereitzustellen, die eine Einordnung der Veränderungsinitiativen und Entscheidungen in den Kontext des Zielbilds unterstützen.

sich unter anderem wie folgt erklären: Zum Zeitpunkt der ersten Welle des Change Monitors im November 2009 herrschte noch überwiegend eine stark positive Grundstimmung und Einstellung in Bezug auf das Zielbild. Konkrete Auswirkungen auf den Arbeitsplatz und das direkte Arbeitsumfeld aus der Umsetzung waren noch in sehr unterschiedlichem Maße für die Mitarbeiter spürbar. Ein maßgeblicher Grund hierfür waren die unterschiedlichen Prozessgeschwindigkeiten bei der Integrationsumsetzung in Zentrale und Vertrieb. Zum Zeitpunkt der zweiten Welle des Change Monitors im September 2010 waren dann die Veränderungen für die Mitarbeiter in der Zentrale bereits Realität. Im Vertrieb wurden die Veränderungen und Belastungen durch die Integration für viele Mitarbeiter jetzt zunehmend spürbar. Für beide Mitarbeitergruppen war beziehungsweise wurde das Zielbild damit nun konkret erlebbar. Zudem waren die einzelnen Segmente/Konzernbereiche unterschiedlich von Veränderungen im Zuge der Umsetzung des Zielbildes betroffen. Nicht überall empfanden Mitarbeiter diese Veränderungen und damit das Zielbild als im Einklang mit ihren persönlichen langfristigen Interessen. Dies hatte nachvollziehbare Auswirkungen auf die vom Zielbild ausgehende motivatorische Wirkung.

Darüber hinaus wurden die neue Realität und konkrete Veränderungsmaßnahmen teilweise auch als im Widerspruch zu den Aussagen des Zielbilds stehend erlebt. In der Mittelstandsbank zum Beispiel erlebten Mitarbeiter im Vertrieb die Kundenzuordnung und damit vereinzelte Wechsel in den Betreuer-Kunden-Konstellationen als nicht im Einklang stehend mit dem Anspruch „verlässlicher Partner des Mittelstandes" zu sein. Um solchen kognitiven Dissonanzen gegenzusteuern, waren die Führungskräfte gefordert, Interpretationsangebote bereitzustellen, die eine Einordnung der Veränderungsinitiativen und Entscheidungen in den Kontext des Zielbilds unterstützten. Im konkreten Beispiel erfolgte dies durch das Aufzeigen eines klaren Bezugs der Veränderungsmaßnahme zur Positionierung „Die beste Mittelstandsbank – regional und international Ihr strategischer Partner" und zu einem Kernelement der Strategie „Näher dran durch regionale Nähe". Wechsel in der Betreuer-Kunden-Konstellation waren erforderlich, um Kundennähe durch regionale Portfolios zu leben und hierdurch den Aufbau auch kleinerer Standorte in der Fläche und damit das dichteste Filialnetz aller kommerziellen Banken zu ermöglichen.

7.4 Zusammenfassung

Ein klares, nachvollziehbares und attraktives Zielbild war eine wichtige Grundlage für das erfolgreiche kulturelle Zusammenwachsen im Merger von Commerzbank und Dresdner Bank. Es stärkte die Orientierung und die Motivation im Prozess des Zusammenwachsens und die Identifikation mit der neuen Commerzbank, indem es den Mitarbeitern einen tieferen Sinn für ihre Anstrengungen vermittelte und ein gemeinsames Verständnis von der neuen Commerzbank, ihrer Ziele und des Wegs dorthin sowie der Wertbasis bei den Mitarbeitern förderte. Das Zielbild der Commerzbank fungiert als integrierender Überbau, der die Linie des großen Ganzen vorgibt und an dem sich ihre Teile, die Segmente/Konzernbereiche ausrichten. Um die vom Zielbild der Commerzbank ausgehende positive Wirkung auf das kulturelle Zusammenwachsen zu stärken, wurde das Zielbild in einem zweistufigen Prozess operationalisiert. Zunächst wurden auf Ebene der Segmente/Konzernbereiche eigene Zielbilder abgeleitet. Die Bedeutung und Handlungsrelevanz für den jeweiligen Business-Kontext konnte dadurch gestärkt und das kulturelle Zusammenwachsen auf Ebene der Segmente/Konzernbereiche durch eine gemeinsame Identifikationsbasis gezielt gefördert werden. Ein zentral gesteuerter Prozess, einheitliche Vorgaben für den inhaltlichen Aufbau der Zielbilder sowie eine hohe Eigenverantwortung in der Umsetzung durch die Segmente/Konzernbereiche waren hierbei maßgebliche Erfolgsfaktoren.

Anschließend wurde in einem kaskadierenden Prozess entlang der Hierarchieebenen in den Segmenten/Konzernbereichen der konkrete Bezug des Zielbilds zur täglichen Arbeit hergestellt. Mitarbeiterteams erarbeiteten hierzu in interaktiven Formaten konkrete Ansatzpunkte und Maßnahmen, mit denen sie einen Beitrag zur Realisierung des Zielbilds leisten wollen.

Für die nachhaltige Verankerung eines Zielbilds war und ist jedoch die singuläre Auseinandersetzung in einem Workshop nicht ausreichend. Die wiederholte, anlassbezogene mediale und vor allem persönliche Kommunikation durch den Vorstand auf Gesamtbankebene und durch die Führungskräfte in den Segmenten/Konzernbereichen ist unabdingbar. Der Transfer auf die tägliche Arbeit der Mitarbeiter muss ein kontinuierlicher Prozess sein. In diesem sind die Führungskräfte gefordert, regelmäßig den Bezug des jeweiligen Zielbilds zu einzelnen Veränderungsinitiativen, zu Entscheidungen (in Veränderungsprozessen) und zu Team- und Mitarbeiterzielen zu erläutern. Kognitive Dissonanzen bei Mitarbeitern können durch ein solches aktives Interpretationsmanagement seitens der Führungskräfte reduziert werden.

Eine frühzeitige Einbindung der Führungskräfte in den Operationalisierungsprozess fördert dabei ihr aktives Engagement für die Verinnerlichung und Verankerung des Zielbilds in ihrem Verantwortungsbereich.

8. Der Unternehmenskultur auf der Spur – Führungskräfte und Mitarbeiter entdecken kulturelle Gemeinsamkeiten und Unterschiede

JOACHIM BALDUS, STEPHAN GLADBACH

8.1 Auf einen Blick

Die Verantwortlichen für das Change Management bei der Commerzbank widmeten dem Thema Unternehmenskultur gleich zu Beginn des Mergers ihre Aufmerksamkeit. Für eine erste „Diagnose" wurden die beiden qualitativen Methoden „Big-Picture-Workshop" und „Fishbowl-Workshop" kombiniert und als Self-Assessment-Prozess parallel mit Führungskräften und Mitarbeitern gestartet. Das Ergebnis der Change-Pyramide ergab: Die Kulturen der beiden Banken waren auf den Ebenen „Identität" und „Werte" hinreichend kompatibel, Unterschiede wurden erst auf den darunterliegenden Ebenen deutlich.

Im Weiteren konzentrierten sich die Change-Manager nicht auf die Gemeinsamkeiten und Unterschiede an sich, sondern betrachteten vielmehr den Umgang mit förderlichen und hinderlichen Differenzen. Führungskräfte und Mitarbeiter diskutierten dazu ihre Erwartungen, die Bereitschaft zu eigenen Beiträgen und Verpflichtungen sowie die betreffenden erarbeiteten Regeln.

8.2 Unternehmenskultur – und zum Umgang mit den Unterschieden

Die Unverträglichkeit von Unternehmenskulturen wird häufig angeführt, um Schwierigkeiten, Verzögerungen oder gar das Scheitern von Fusionen/Integrationen zu begründen. Gibt man „Definition Unternehmenskultur" bei Google ein, so werden 220.000 Treffer (bei „Definition Corporate Culture" 2,5 Millionen Treffer) angezeigt (Juli 2011). Betrachtet man die Eintragungen näher, wird schnell deutlich, wie unspezifisch der Begriff verstanden und verwendet wird, wie weit die Vorstellungen dazu auseinandergehen. Und auch die Veröffentlichungen aus Wissenschaft und Lehre zeigen das Ringen der einzelnen Denkschulen um ein einheitliches Verständnis sowie inhaltliche, methodische und sprachliche Abgrenzung.

Forschung und Praxis liefern keine eindeutige Aussage, welchen Einfluss die Unternehmenskultur konkret auf den Erfolg von Mergern hat beziehungsweise was genau hinter „Unverträglichkeit" steht (vgl. Jansen/Körner 2000, Feldmann/Spratt 2000, S. 25 f.). Es ist nicht nur umstritten, sondern es fehlt auch der Nachweis beziehungsweise die überzeugende Argumentation, dass Unterschiede hinderlich sind. Im Gegenteil: Unterschiede in der Kultur können konstruktive Impulse zum Überdenken eingefahrener Muster sein und zu Innovation und erhöhter Produktivität führen. Außerdem führt eine übertriebene Konzentration auf die Unterschiede dazu, dass diese bewusst überbetont werden und die Gemeinsamkeiten aus dem Blickfeld geraten. Dies wird auch als die kulturelle Ausprägung „We versus They" beim Merger-Syndrom angeführt (vgl. Gut-Villa 1996, S. 120 f.).

Es kommt nicht auf das Vorhandensein von Unterschieden per se an, sondern entscheidend ist vielmehr, wie mit Gemeinsamkeiten und Unterschieden umgegangen wird. Eine gemeinsame Metakultur und das Verständnis dafür, dass der andere anders sein darf, sind Grundvoraussetzungen für eine erfolgreiche kulturelle Integration. Dabei gelingt organisationales Lernen umso besser, je größer die Toleranz der übernehmenden Organisation hinsichtlich Anerkennung von „anderem" statt Abwertung ist und je mehr diese Pluralismus und Offenheit fördert, statt auf eigene(n) Realität(en) zu bestehen.

8.3 Von der Theorie zur Methode – das spezifische Vorgehen bei der Commerzbank

Bereits von Beginn an wurde die kulturelle Integration als eine der Kernherausforderungen der Vollintegration begriffen. Alle Aktivitäten und Maßnahmen zielten neben dem Zusammenwachsen der funktionalen Organisation auch auf das Zusammenwachsen von Personen und die Entwicklung von Beziehungen ab. So sollten sich der Übergang der Menschen in neue Bereiche und Teams und die Zusammenarbeit möglichst reibungsarm und produktiv gestalten.

Damit war auch das Thema Unternehmenskultur direkt adressiert. Den Verantwortlichen der interdisziplinären Taskforce KKI (Kommunikation und kulturelle Integration) war bewusst, dass es nur begrenzte Möglichkeiten für eine direkte Managementsteuerung gab. Es kam eher darauf an, geeignete Rahmenbedingungen zu schaffen, in denen sich eine gemeinsame Unternehmenskultur (weiter)entwickeln würde. Eine weitere Herausforderung bestand darin, mit der unterschiedlichen Wahrnehmung und den vielfältigen subjektiven Wirklichkeiten aller Personen umzugehen.

Um das Thema auf eine konkrete Ebene zu bringen und operabel zu machen, entschieden sich die Verantwortlichen, dem Konzept der begleitenden Unternehmensberatung C4 Consulting zu folgen. Diese entwickelte für eine Erstdiagnose eine Art qualitativ-intuitives „Self Assessment" der Organisation und empfahl dazu einen sehr frühen Start im November 2008 – weit vor Closing am 12. Januar 2009. Dabei stand auch der Betriebsrat dem Projekt positiv gegenüber.

Der Prozess wurde von zwei Seiten aufgerollt – mit jeweils unterschiedlicher Methode: Am einen Ende wurden Führungskräfte in Big-Picture-Workshops abgeholt (top-down, s. Abschnitt 8.6.1), am anderen Mitarbeiter in Fishbowl-Workshops einbezogen (bottom-up, s. Abschnitt 8.6.2). In beiden Fällen beobachtete die Organisation die konkreten Ausprägungen der Unternehmenskultur hinsichtlich

a. Kommunikation (interne Kommunikationsprozesse, -kanäle, Kultur),

b. Umgang mit Mitarbeitern/Führungsstil,

c. Entscheidungsprozesse sowie

d. Umgang mit Kunden/Vertriebsphilosophie

vor dem Hintergrund der jeweiligen Historie und der unterschiedlichen Bezugsrahmen. Die Ergebnisse beider Prozesse wurden miteinander abgeglichen und in der „Levels-of-Change" Pyramide (Abbildung 8-1: Kulturelle „Levels-of-Change"-Pyramide) eingeordnet.

Abbildung 8-1   Workshops reflektieren die Werte und enden mit Vereinbarungen

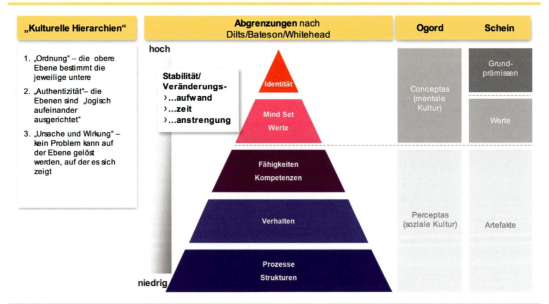

Quelle: Commerzbank AG

Sind Kulturunterschiede im Bereich von Identitäts- und Grundhaltungs-/Wertefragen (in den beiden oberen pyramidalen Schichten) angesiedelt, wird der Prozess für konstruktives Zusammenarbeiten schwer und langwierig bis nahezu unmöglich.

8.4 Die ersten Workshop-Ergebnisse

Insgesamt fanden elf Big-Picture-Workshops (überwiegend im Rahmen von ein- bis zweitägigen Offsites) mit 370 Führungskräften (Vorstand, Führungsebenen 1 und 2) statt. Damit gestalteten alle oberen Führungskräfte den Prozess. Beim Fishbowl waren über 300 Mitarbeiter („bunt gemischt" aus allen Bereichen der Banken) beteiligt; hier wurden 16 Workshops durchgeführt.

Alle Ergebnisse bescheinigten eine hohe grundsätzliche kulturelle Übereinstimmung auf den beiden obersten Ebenen der Pyramide und damit „im Kern" beider Unternehmen. So beschrieben beide Banken ihre Identität als die einer professionellen Großbank mit deutschen Wurzeln. Die Ebene der Werte war besonders bei der Commerzbank gut verankert. Die Mitarbeiter der Dresdner Bank schienen im Vergleich dazu über kein entsprechendes Äquivalent zu verfügen – ein Indiz dafür, dass die Werte des Mutterkonzerns Allianz nie wirklich in der Bank angekommen waren. Auch sie wünschten sich einen Wertekanon und standen den ComWerten offen gegenüber.

> Damit erwies sich der in den Jahren unmittelbar vor der Integration durchgeführte umfassende ComWerte-Prozess der (alten) Commerzbank beziehungsweise die Ergebnisse daraus (Details s. Kapitel II/4) als glückliche Ausgangssituation für die kulturelle Integration. Die fünf ComWerte Teamgeist, Respekt und Partnerschaftlichkeit, Marktorientierung, Leistung und Integrität wurden von den Mitarbeitern der Dresdner Bank gerade deshalb als „attraktiv" eingestuft, weil sie positive, eher generische Begriffe waren, also lediglich einen Rahmen darstellten – und keine ausformulierten Leitsätze. Erst die gemeinsame Diskussion füllte sie mit konkreten Inhalten, Bedeutung und einem gemeinsamen Verständnis. Kulturbildend war damit nicht der Wert als solcher, sondern in erster Linie die Auseinandersetzung damit. Und genau dieser Prozess der Auseinandersetzung stand nun für die Führungskräfte und Mitarbeiter beider Banken an.

Trotz Übereinstimmung im Kern gab es auf den nachgelagerten Ebenen deutliche Unterschiede, die im Laufe des Integrationsmanagements gezielt aufgegriffen werden mussten. So unterschieden sich zum Beispiel sowohl die Anreiz- und Beurteilungssysteme der beiden Banken (quantitative und qualitative Faktoren und Gewichtung) als auch die Ertrags- und Vertriebssteuerung (Einzel(wert)messung versus Teamziele). Auch auf der Verhaltensebene wurden Differenzen deutlich: Umgang mit E-Mail-Verteilern, Risiko- und Absicherungskultur, vertikale Kommunikation über Hierarchieebenen hinweg, wahrgenommene Präsenz des Topmanagements. Erwartungsgemäß wurden auch Unterschiede in den jeweiligen Prozessen und Abläufen der beiden Banken sowie die Verwendung anderer Bezeichnungen und Begrifflichkeiten angemerkt.

8.5 Von den Workshop-Ergebnissen zu konkreten Maßnahmen

Die Ergebnisse der Workshops lieferten deutliche Ansatzpunkte für weitere Interventionen und Maßnahmen. Die beiden wichtigsten waren die Formulierung von Führungsleitlinien und deren Verankerung in der Organisation sowie die Konzeption und Durchführung von „Zusammen Wachsen"-Workshops.

8.5.1 Führungsleitlinien

Der Wunsch nach einem gemeinsamen Werterahmen und einem darauf basierenden Führungsrahmen für die Zeit der Integration ging sowohl aus den Big-Picture-Workshops der Führungskräfte (Stichworte „vorbildlich führen") als auch aus den Fishbowl-Workshops (Botschaften an das Topmanagement und Empfehlungen an direkte Führungskräfte) hervor. Die Mitarbeiter wünschten sich Sicherheit und Verlässlichkeit der Führung – egal von welcher Seite die zukünftigen Führungskräfte stammen würden.

Als konkretes Produkt entwickelten sich daraus Führungsleitlinien (sogenannte „ComWerte-basierte Führung") für die Zeit der kulturellen Integration. Diese beschrieben insgesamt sieben Führungsaspekte, die in den Workshops adressiert wurden; unter anderem Vorleben einer Vision, faire und transparente Kommunikation, Pragmatismus in den Entscheidungen und Förderung von Eigenverantwortung.

Um diese Leitlinien vom Papier in die Organisation zu bringen und dort nachhaltig zu verankern, wurde das 360°-Feedback für Vorstand und Executives, das bei der Commerzbank in der jüngeren Vergangenheit konzernweit eingeführt worden war, inhaltlich ergänzt. Hierzu wurden die Fragebögen (Selbst- und Fremdeinschätzung) für die beiden obersten Managementebenen erweitert. Zusätzlich aufgenommen wurden die Aspekte „Fehlerkultur (Lernchancen)", „offene Gesprächsführung und aktives Zuhören" und „Förderung eigenverantwortliches und selbstständiges Handeln".

Aber auch in der für die Integration konzipierten Befragung „Change-Monitor" (s. Kapitel II/9) wurde die Sicht der Mitarbeiter auf das Führungsverhalten (direkte und indirekte Führungskräfte inklusive Vorstand) mehrfach erhoben.

8.5.2 Entwicklung der „Zusammen Wachsen"-Workshops

Ein wesentlicher Meilenstein war außerdem die Entscheidung, bankweit das kulturelle Zusammenwachsen durch ein speziell entwickeltes Workshop-Angebot zu begleiten. Moderierte Teambildungs-Workshops unterstützten neu zusammengesetzte

Teams in ihrer Findungsphase. Im Zentrum stand dabei die aktive und offene Ansprache kultureller Gemeinsamkeiten, aber eben auch die frühzeitige Auseinandersetzung mit kulturellen Unterschieden – und natürlich die Frage, wie man mit diesen konkret im Arbeitsalltag umgehen wollte. Auch hier wurde auf der gemeinsamen Wertebasis der ComWerte aufgebaut (Details s. Kapitel II/11).

8.6 Die Methoden in der Praxis

8.6.1 Big-Picture-Workshops

Hinter der Arbeit mit Bildern stand die Überlegung, das Topmanagement im Workshop aus gewohnten Routinen herauszulocken und so den Ergebniskorridor zu erweitern. Zielsetzung war es,

- eine Projektionsfläche zu schaffen und den gemeinsamen Blick darauf zu ermöglichen,

- kritische Themen aufzudecken und ansprechbar zu machen,

- die Ressourcen des „Unbewussten" mit einzubeziehen und zu nutzen beziehungsweise die neuronalen Netzwerke im Gehirn (Verknüpfung von kognitiv-rationaler mit emotionaler Informationsverarbeitung) zu aktivieren sowie

- die Wichtigkeit und Wertigkeit des historischen Moments des Mergers zu verdeutlichen („Inszenierung").

Die Big-Picture-Reihe startete Mitte November 2008 mit dem Vorstand und seiner nächsten Führungsebene (rund 65 Executives), die erst rund acht Wochen vorher benannt worden war. Im Rahmen eines anderthalbtägigen Executive-Offsites der (neuen) Commerzbank brachten die Teilnehmer ihre Sicht auf die Kulturen der Banken mit Acrylfarben auf Leinwände.

Zentrale Fragestellungen waren dabei: Welche Gemeinsamkeiten lassen sich zu Stärken ausbauen? Welche Unterschiede haben wir? Wie können wir pragmatische Ansätze/Maßnahmen definieren, diese konstruktiv zu nutzen?

Abbildung 8-2   Big Picture Workshop – Ablauf in sechs Schritten

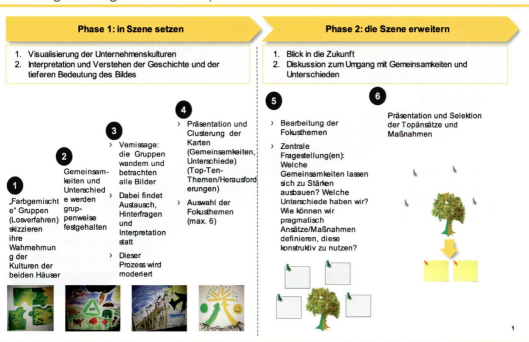

Quelle: Commerzbank AG

In dem weiteren Kaskadierungsprozess durchliefen mehrere Segmente der Bank den Big-Picture-Workshop analog, wobei dort häufig eine etwas weniger aufwendige Version mit Pinwänden, weißen Papierblättern und Markern oder Wachsmalkreiden gewählt wurde.

Idealerweise wurden die Big-Picture-Workshops bereits mit der neu ernannten Führungsmannschaft (die zweite Führungsebene war zum Beispiel schon Mitte November 2008 nominiert worden) in der künftigen Verantwortung durchgeführt. Da noch die bisherigen Stelleninhaber in Verantwortung waren, kamen neue und ergänzende zentrale Fragen auf. So zum Beispiel die Frage nach dem Umgang miteinander in der Übergangszeit und die Form der Zusammenarbeit bis zur Übergabe.

Das Big-Picture-Format – fünf Fragen an einen Managementtrainer ...

1. **Welche typischen Reaktionen von Teilnehmern gab es zu Beginn der Big-Picture-Workshops?**
Nun ja, es war natürlich schon so, dass viele Führungskräfte durch die für sie ungewohnte Methode zunächst irritiert waren – teilweise auch abgeschreckt. Aber dadurch kamen die Teilnehmer in eine andere Art und Form von Kontakt und auch die Gespräche und Diskussionen entwickelten sich anders.

Ebenso war das Schauen auf die anderen spürbar: „Was machen die? Was macht mein künftiger Chef? Wenn die sich alle die Maler-Overalls anziehen, kann ich mich ja schlecht absondern, obwohl ich eigentlich nicht will. Ich kann ja überhaupt nicht malen ..."

Darüber hinaus gab es zu Beginn natürlich Vorbehalte von Teilnehmern, die nicht aus der „Welt" ihrer jeweiligen Führungskraft kamen. Ein Beispiel dazu: Der Fachvorstand kam von der Commerzbank, einige seiner Bereichsleiter aus der Dresdner Bank. Hier war oft die Befürchtung spürbar, dass „doch nur die Themen und die Handlungsfelder von der anderen Seite übergestülpt werden sollten". Diese Teilnehmer waren sehr erleichtert, als sie feststellten, dass über Methode und Moderation Wertschätzung und Respekt für beide Seiten sichergestellt wurden.

2. **Und wie entwickelten sich Atmosphäre und Prozess während der Mal-Phase?**
Die zufällig ausgewählten gemischten Runden mit ca. vier bis sechs Teilnehmern fanden schnell zueinander. Und nachdem die Beteiligten ihre Rollen gefunden hatten („Wer steuert die Diskussionen, wer den kreativen Prozess?" „Wer verfügt über das größte Zeichentalent?" „Wer

trägt eher verbal bei?"), entstand sehr schnell eine positive Energie und konstruktive Dynamik, die die anfängliche Zurückhaltung schnell vergessen ließen.

Der Prozess sah vor, dass die Aussagen und die Gestaltung des Bildes zunächst detailliert innerhalb der Gruppe diskutiert und dort die Realisierung geplant wurde. Erst dann sollte die Umsetzung erfolgen. Einige Gruppen gingen anders vor: Sie malten in kreativen Phasen drauflos und erläuterten sich dann gegenseitig, was entstanden war und welche Bedeutung das Werk, die Farben, die Formen etc. hatten. Die letzte Vorgehensweise erwies sich vor allem dann als hilfreich, wenn die Diskussion ins Stocken gekommen war. Egal, welchen Weg die Gruppe auch gewählt hatte, das entstandene Bild/Werk war immer der Stolz der Gruppe. Zum Schluss wurde dem Ganzen noch der letzte Schliff (Feinheiten und Ausdeutungen) verpasst, bevor die Künstlergruppen ihr Werk im gesamten Führungsteam präsentierten.

3. Und an welchen Themen wurde konkret gearbeitet? Was wurde „gezeichnet"?

Die Unterschiedlichkeiten der beiden Bankenwelten, zum Beispiel in der Führung, in der Steuerung, der Kommunikation oder in den Entscheidungs- und Fehlerkulturen wurden den Teilnehmern der Workshops häufig erst im Verlaufe des Tages deutlich. Dies resultierte vor allem aus der plastischen Erkenntnis, dass die gleichen Worte in zwei Unternehmen nicht automatisch auch die gleiche Bedeutung haben.

Dies forderte von der Führungsmannschaft, sich neue Regeln zu geben und neue Vereinbarungen zu treffen. Der Austausch zu den entstehenden Bildern trug maßgeblich dazu bei, diese Gespräche zu ermöglichen beziehungsweise zu beschleunigen. Einige Beispiele dazu: Wann ist eine Entscheidung „wirklich" getroffen und umzusetzen? Wie lange wird im Vorfeld dazu diskutiert? Welche „Verbindlichkeits- oder Commitmentregeln" können und wollen wir einführen? Welche Eskalationswege, welche Sanktionsmöglichkeiten? Wie wollen wir in der neuen Kultur mit Fehlern umgehen? Wie mit Fehlern, die erstmals passieren, wie mit wiederholten? Welche Rolle und welche Verantwortlichkeiten geben wir uns selbst als Führungskräfte (etwa: Vorbild/Anführer, auch bei unangenehmen Entscheidungen dafür einstehen etc.)?

4. Wie nachhaltig und tragend waren die Bilder und Symbole, die während des Tages auf der Leinwand und in den Gesprächen entstanden sind?

Das, was zunächst als Metapher und (abstrakte) Zeichnung auf den Leinwänden entstanden war, wurde durch die anschließende Diskussion auf eine konkrete Haltungs- und Verhaltensebene gebracht. Dabei dienten die einzelnen Bilder und Symbole als Katalysator für die Kommunikation innerhalb des Führungsteams. Aus den Bildern entwickelten sich Redewendungen, zum Teil auch „Running Gags". Diese tauchten immer wieder in den Abendrunden und auch in der Zeit nach dem Workshop auf und entwickelten eine hohe Symbolkraft für die Gruppe, so zum Beispiel die Schlagworte: „deine gelb-grüne Krone", „diese Umwege durch den grünen/gelben Garten", „unser gemeinsamer Weg mit Schlaglöchern und Steinen", „das gemeinsame Ziel am Horizont".

5. Aus Ihrer persönlichen Beurteilung: Was hat gut funktioniert, was war schwierig?

Gut funktioniert hat vor allem der Anstoß von Diskussionen über wichtige und sensible Themen in der Führungsmannschaft. Hierbei hat die Methode als Katalysator und „Ermöglicher" sehr gute Dienste geleistet. Schwierig wurde es erwartungsgemäß in der Konkretisierung und Ergebnissicherung unter dem Motto: „Jetzt haben wir kulturelle Gemeinsamkeiten sowie Unterschiede und deren Auswirkungen auf unsere Zusammenarbeit herausgearbeitet. ... Was machen wir jetzt damit?" Der Transfer in die tägliche Arbeitspraxis ist dadurch gelungen, dass man sich unter der Maxime „Weniger ist mehr" auf ausgewählte wichtige Aspekte konzentriert hat. Und der Wert des Big-Picture-Workshops lag nicht nur allein bei den erzielten Ergebnissen, sondern zu einem großen Teil im Erleben und Durchleben dieses Tages.

8.6.2 Fishbowl-Workshops

Die Überlegungen, die hinter dem setting standen, waren

- die kulturellen „Selbstverständlichkeiten", die in der Innenperspektive nicht erkennbar sind, durch die Mitarbeiter der jeweils andere Bank entdecken zu lassen,

- nicht die gesamte Organisation mit einem vollflächigen Vorgehen zu belasten, sondern fragmentarisch und beispielhaft vorzugehen in der Annahme, dass die Ergebnisse „im Kleinen" das Gesamtsystem repräsentieren,

- sowohl die Gemeinsamkeiten zu extrahieren, die sich zu (weiteren) Stärken ausbauen lassen, als auch Unterschiede herauszufinden. Entscheidendes Ergebnis sollte die Diskussion von Möglichkeiten für einen konstruktiven Umgang mit den Unterschieden sein. Sinnvolle Unterschiede sollten „zugelassen" und Spielregeln für den Umgang mit hinderlichen Unterschieden (Handlungsfelder) erarbeitet werden.

Die Durchführung der Fishbowl-Workshops startete im November und dauerte bis in den Januar des Folgejahres. In 16 Veranstaltungen (je fünf bis sechs Stunden) in Deutschland und in London diskutierten je zehn Teilnehmer aus Commerzbank und Dresdner Bank. Viele Mitarbeiter freuten sich über die gebotene Möglichkeit, mit den neuen Kollegen der „anderen Bank" in Kontakt treten zu können. In ausgesprochen offener und interessierter Atmosphäre wurden – noch unbelastet vom erst später einsetzenden Tagesgeschäft – Gemeinsamkeiten und Unterschiede aufgedeckt.

Die identifizierten Gemeinsamkeiten und Unterschiede wurden im Workshop geclustert, die Sichtweisen abgeglichen und die Erfahrungen über den Rollentausch (Akteur und Beobachter) geteilt. In der Abschlusssequenz formulierten die Teilnehmer Regeln beziehungsweise Empfehlungen (Haltungen), wie jeder Einzelne („ich"), aber auch das Management (Empfehlungen an das Topmanagement und die direkte Führungskraft) konstruktiv mit den Unterschieden umgehen sollte.

Abbildung 8-3 Fishbowl Workshops reflektieren die Werte und enden mit Empfehlungen

Diskussion von zwei Themenfeldern (Auswahl aus)

› Kommunikation (interne Kommunikationsprozesse, -kanäle, Kultur)
› Umgang mit Mitarbeitern/Führungsstil
› Entscheidungsprozesse
› Umgang mit Kunden/ Vertriebsphilosophie

Session 1

› Die erste Gruppe von 10 Teilnehmern einer Bank (Akteure) sitzt im inneren Kreis und diskutiert die ausgewählten zwei Themenfelder anhand der Fragen:
  – Was ist für uns typisch?
  – Worauf sind wir stolz?
  – Was hat uns erfolgreich gemacht?
  – Was darf man bei uns keineswegs tun?

› Die zweite Gruppe von 10 Teilnehmern der anderen Bank (Beobachter) sitzt außerhalb des Kreises und teilt sich in zwei Beobachterpositionen:
  – 5 Personen achten ausschließlich auf die Gemeinsamkeiten der beiden Häuser und notieren diese auf Metaplankarten
  – 5 Personen achten ausschließlich auf Unterschiede der beiden Häuser und notieren diese

› Danach Wechsel der Akteure und Beobachter und Diskussion des Themas durch die andere Gruppe

Unterschiede | Gemeinsamkeiten

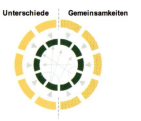
Unterschiede | Gemeinsamkeiten

Quelle: Commerzbank AG

Im Fishbowl – aus der Gedankenwelt eines Teilnehmers ...

... Es ist morgens, 10 Uhr. Der erste Besuch der Dresdners bei Commerzbanks. Ganz im Verborgenen hatte sich etwas angebahnt, dann der große Auftritt: Wir haben uns verlobt, die Heirat ist schon bald. Nun also findet die Begegnung der Familien statt. Fragen gibt es genug. Wie sind die anderen wohl? Wie werden die mit uns umgehen? Wie denken die über uns? Wie ticken die denn? Schließlich hat man schon einiges gehört und gesehen. Man hat sich ein Bild gemacht von den anderen. Das ist ja nicht schwer. Man nehme ein paar Gerüchte, dazu eine klare Meinung, drei bis vier Beobachtungen aus jüngerer Zeit, füge unter ständigem Rühren jeweils zwei

Abbildung 8-4   Im Fishbowl

Quelle: Commerzbank AG

Urteile wohlmeinender und kritischer Kollegen hinzu, würze das Ganze mit ein paar Ängsten, schüttle es kräftig und fülle es in eine hübsche Flasche. Fertig. Dieser Cocktail trifft als Mitbringsel der Eingeladenen in den Räumen der „Gelben" ein.

Glücklicherweise haben sich auch zwei Managementtrainer – jeweils einer aus jeder Sippe – eingefunden. Als Trauzeugen sozusagen. Sie haben sich dazu bereit erklärt, gemeinsam die Gastgeberrolle für den Besuch zu übernehmen. Noch bevor sie sich gegenseitig kannten, wohlgemerkt. Glücklicherweise haben sie sich einige Tage vorher verabredet, skeptisch beäugt und – auf den ersten Blick – für durchaus annehmbar befunden. Trainern sagt man ja nach, dass sie gern unterschiedliche Menschen kennenlernen und sie auch in Kontakt bringen können. Den Trauzeugen fällt diese Rolle also nicht schwer. Sie stehen am Eingang, lächeln jeden Eintreffenden an und schütteln 20 Hände.

Dass es sich bei den Gastgebern nur um Trainer handeln kann, erkennt man übrigens leicht. Wer sonst kommt auf den Gedanken, 20 Gäste in einem großen Kreis Platz nehmen zu lassen? Damit stellt sich die Frage, wo man sitzen möchte. Und neben wem. Wer Glück hat, ist nicht allein gekommen und belegt gleich einmal gemeinsam Plätze. Wer nicht, hält erst Ausschau nach bekannten Gesichtern oder wendet sich an den Gastgeber. Doch es gibt auch Neugierige. Solche, die nach einem Grund suchen, einen Gast der anderen Familie anzusprechen. Um Gesprächseinstiege sind sie nicht verlegen. Die Palette reicht von der vorsichtigen Annäherung über das Wetter bis zum Direkteinstieg: „Sind Sie ein ‚Grüner' oder ein ‚Gelber'?"

Es geht los. Die Gastgeber erklären erst einmal, wozu man sich hier trifft und wie der Tag ablaufen soll. Auch die obligate Vorstellungsrunde findet statt. Glücklicherweise fassen sich die meisten kurz, nur Einzelne fallen aus der Reihe. Schon hier eine erste Überraschung: Das kriegen ‚Gelbe' und ‚Grüne' offenbar gleichermaßen hin.

Was nun folgt, nennen die Trainer Fishbowl. Man sitzt wieder im Kreis (wie sonst?), die „Gelben" zuerst innen, die „Grünen" außen. Die im Innenkreis sind im Aquarium, die anderen davor. Während die „Gelben" sich unterhalten, hören die „Grünen" gespannt zu. Selbst Reden ist noch nicht dran. Doch eine Bemerkung zum Nachbarn ist schon einmal möglich. „Das kenne ich doch!" oder „Wovon redet der grade?" und „Das wär bei uns nicht denkbar!" sind Kommentare, die Sitznachbarn vertraulich zugeflüstert werden, selbst wenn man sie gerade erst kennengelernt hat. Immerhin gehören sie ja zur eigenen Familie. Andere behalten ihre Gedanken lieber für sich und machen Notizen.

Viel zu früh kommt der Moment, selbst ins kalte Wasser der Fishbowl springen zu müssen. Doch der Trainer bringt das Gespräch schnell in Gang, die Diskussion ist mal lebhaft, mal nachdenklich. Nicht ganz überrascht stellt man fest, dass auch die eigene Familienkultur durchaus unterschiedlich funktioniert.

Wieder dem Becken entstiegen, hat sich manches entspannt. Die Aufregung des eigenen Auftritts klingt ab, es war auszuhalten, ja sogar interessant, und die anderen sind gar nicht so anders als man selbst. Mal von diesem und jenem abgesehen.

Dann das Unvermeidliche: Die Gastgeber läuten die zweite Runde ein. Ein Gespräch unter vier Augen. Ein „gelbes" und ein „grünes" Familienmitglied bitte. Ja, Sie dürfen sich jemanden aussuchen. Nein, nur zwei Personen, nicht mehr. Es ist eine Szene, die dem Beginn eines Tanzkurses für Singles gleicht. Zaudernde und Forsche kreuzen die Wege, manche wenden sich einfach dem Nachbarn zu, andere warten, wer übrig bleibt. Wieder die Begrüßungszeremonie, jeder nach seiner Art, vorsichtiges Annähern, dann Einsteigen in den Vergleich der Beobachtungen. „Was haben Sie denn notiert? Ach, das habe ich auch!" „Interessant, ich habe ganz andere Dinge aufgeschrieben!" „Was sollten wir am Ende noch mal machen? Ach ja ..." Neue Eindrücke entstehen, gemeinsame und unterschiedliche Einschätzungen werden getroffen. „Was? Die Zeit ist schon um? Wir haben ja noch nicht alle Karten geschrieben!" Fünf Minuten Zugabe. Gut. Das kriegen wir hin.

Pause. Auch beim Stehbuffet kommt man wieder ins Gespräch. Wieder neue Gesichter.

Es geht weiter! Natürlich. Wenn man sich gerade gut unterhält ... eine neue Konstellation. Diesmal zwei „Gelbe", zwei „Grüne". Andere Personen als beim ersten Mal bitte. Aha. Wie wird das jetzt wohl? Empfehlungen sind zu formulieren. An sich selbst? Na ja, nicht ganz abwegig, sich auf das eine oder andere einzustellen. An die Führungskräfte? Wäre ihnen sehr zu empfehlen. An den Vorstand? Nehmen die davon wirklich Kenntnis? Wäre ja sehr sinnvoll. Die Themen werden verdichtet und weitergeleitet? Es wird eine Rückmeldung geben. An uns? Ach wirklich? Klingt ja ganz gut. Ob das auch kommt, wird sich zeigen.

Die Flipcharts sind voll. Nun noch priorisieren – und fertig. Uff. Eine Menge zusammengekommen. Wirklich! Ganz Verschiedenes. Wer hätte zum Beispiel gedacht, dass Entscheidungen bei den „Gelben" auf andere Weise entstehen als bei den „Grünen"? Und dass die „Gelben" durchaus Bammel vor den „Grünen" haben, weil die in einigen Bereichen fortschrittlichere Systeme haben sollen – welche Überraschung! Dass die „Grünen" sich Sorgen machen, nur nach der „gel-

ben" Pfeife tanzen zu müssen. Na ja, ganz verwunderlich war das auch nicht. Hätte man sich eigentlich denken können. Aber dass die „Grünen" die ComWerte der „Gelben" sehr interessant fanden, ist ja schon mal was. Da waren die durchaus interessiert. Obwohl: Hat nicht genau da der eine oder andere den Kopf geschüttelt? Waren das nicht „Gelbe"?

Wie? Bitte mal zuhören? Ok, es geht schon wieder weiter. Wir beide reden gleich noch mal, ja? Ich wollte Ihnen sowieso noch meine Visitenkarte … gemeinsam Mittagessen? Warum nicht? Wo gehen Sie denn …? Wir müssen jetzt wohl wirklich aufhören – ja, bis gleich …

Schon 17 Uhr? Tatsächlich. Zusammenfassung und Schlussworte? Wie geht es denn weiter?

Wir sollen berichten, was wir erlebt haben? Positives und Kritisches? Jedem, der es hören will? Das klingt ja nicht schlecht.

Und den Cocktail mixen wir nächstes Mal wieder anders.

8.7   Lessons Learned

Führungskräfte und Mitarbeiter beider Banken sind sich im Zuge der Big-Picture- und Fishbowl-Workshops bereits in einem sehr frühen Stadium begegnet – ein enormer Vorteil für das künftige berufliche Miteinander. Die Settings führten zu einem guten Austausch und angeregter Diskussion und das gemeinsame Erleben des Tages aktivierte positive Energie in der Organisation. Die Herausforderung für die Trainer bestand darin, die knappe Zeit intensiv zu nutzen und die Clusterung der Handlungsfelder zielführend zu gestalten. Für das Management war es wichtig, glaubwürdig zu bleiben, das heißt die Ergebnisse respektvoll an- und ernstzunehmen, zu verarbeiten und die richtigen Schlüsse daraus zu ziehen. Auch erwarteten die Teilnehmer dazu eine entsprechende Rückmeldung.

Die konkret erarbeiteten Ergebnisse stellten jedoch kein „Rezeptbuch mit Erfolgsgarantie" dar, sondern waren in hohem Maße davon abhängig, wie Verabredungen und Vereinbarungen eingehalten und später umgesetzt wurden („Walk the Talk"). Im persönlichen Erleben der späteren konkreten Zusammenarbeit und in der Art und Weise, wie Führung gelebt und erlebt wurde, entschied sich, wie authentisch und fair Führungskräfte und Mitarbeiter den Prozess des kulturellen Zusammenwachsens beurteilten.

Die Ergebnisse des Change-Monitors und die Rückmeldungen von HR-Mitarbeitern und Trainern geben Aufschluss darüber, wo das kulturelle Zusammenwachsen bisher nicht in dem von der Bank gewünschten Ausmaß gelang. So geht dieser Prozess über das offizielle Ende der Integration hinaus und ist noch nicht abgeschlossen.

9. Den Wandel messen: Befragungen im Rahmen der Integration

KARIN BRÜNNECKE, BRIGITTE SCHMITT, HORST BASSE

9.1 Einleitung

Der Zusammenschluss von Commerzbank und Dresdner Bank stellte das Management vor die zentrale Frage, wie die kulturelle Integration beider Häuser umgesetzt werden sollte. Um den Erfolg dieser „Kulturintegration" zu messen, wurden bereits unmittelbar nach Ankündigung der Übernahme erste Überlegungen angestellt, welche Instrumente hierfür am geeignetsten seien. Kennzahlen und Ergebnisse aus Mitarbeiterbefragungen wurden dabei als wichtige Indikatoren identifiziert, um regelmäßig verlässliche und valide Informationen über den Stand der Integration aus Sicht der Mitarbeiter zu erhalten.

In Folge lieferten die Ergebnisse speziell für die Bedürfnisse und Anforderungen des Zusammenschlusses entwickelter Integrationsbefragungen entscheidende Hinweise. Zudem stellten diese sicher, dass – ergänzend zu den „Hard Facts" des technischen und organisatorischen Zusammenschlusses – der „kulturelle" Merger auf der Agenda des obersten Managements gehalten wurde. Durch ein modulares System zeitlich und inhaltlich eng aufeinander abgestimmter Befragungen konnten somit die jeweiligen Phasen des Zusammenschlusses gezielt evaluiert und auf dieser Grundlage „passgenaue" Kommunikations- und Organisationsentwicklungsmaßnahmen abgeleitet werden.

Abbildung 9-1   Integrationsbefragungen in der Übersicht

	Pulse Check	Integrationsmonitor	Change Monitor siehe Kapitel 9.3
Durchführung	Sechsmalig von November 2008 bis Februar 2011	Fünfmalig von November 2008 bis Mai 2010	1. Welle November 2009 2. Welle September 2010
Inhalt	Stimmungsbild in der Gesamtbank	Stimmungsbild in den Modulen des Integrationsprojektes	Erfolgsfaktoren für Change Integrationsengagement
Stichprobe	Stichprobe Gesamtbank (800 „grüne"/ 800 „gelbe" Mitarbeiter)	Alle Projektmitarbeiter im Integrationsprojekt	Stichprobe Gesamtbank (In- und Ausland) 1. Welle ca. 16.000 2. Welle ca. 27.000
Kommunikation	Veröffentlichung im Comnet unter „ZusammenWachsen"	Veröffentlichung im Comnet unter „Zusammen-Wachsen" sowie modul-spezifische Kommunikation	Gesamtbank – und segmentspezifische Kommunikation

Quelle: Commerzbank AG

Im Rahmen der ab Herbst 2008 aufgesetzten Integrationsaktivitäten ging es zunächst darum, die Bewertung des Zusammenschlusses durch Mitarbeiter beider Häuser zu erfassen: Zu diesem Zweck wurden zunächst sogenannte „kleine Integrationsbefragungen" entwickelt – Pulse Check und Integrationsmonitor. Mit diesen Pulsmessungen konnten wir erste Indikationen zur allgemeinen Stimmungslage erheben.

Mit Beginn der Umsetzungsphase ab Herbst 2009 sollten aussagekräftigere Rückmeldungen im Rahmen einer „großen Integrationsbefragung" – dem sogenannten Change Monitor – weitergehende Erkenntnisse zum Engagement der Mitarbeiter in den unterschiedlichen Phasen des Integrationsprozesses liefern. Auf Basis von Handlungsportfolios sollten konkrete Themenfelder identifiziert werden, die es den Führungskräften ermöglichen, diejenigen Maßnahmen zu ergreifen, die die Integration in ihren jeweiligen Verantwortungsbereichen am stärksten voranbringen sollten.

In den folgenden Abschnitten werden Methodik, Zielsetzung und -gruppen und zentrale Ergebnisse der genannten Befragungen sowie deren Rolle im Kontext des Integrationsprozesses dargestellt und diskutiert.

9.2 Kleine Integrationsbefragungen: Pulse Check und Integrationsmonitor

Beginnend im Spätherbst 2008 wurden Pulse Check und Integrationsmonitor in mehreren Wellen bis Anfang 2011 durchgeführt. Bei beiden Befragungen handelte es sich um „Pulsmessungen", die in erster Linie darauf ausgerichtet waren, die allgemeine Stimmungslage und die Akzeptanz des Mergers zu erheben. Die jeweiligen Fragebögen umfassten vier beziehungsweise sieben Fragen. Die Ergebnisse beider Messungen dienten als Grundlage für die zielgerichtete Konzeption und das Aufsetzen flankierender kommunikativer Maßnahmen im Rahmen des Mergers.

Integrationsmonitor

Ziel des in fünf Befragungswellen von November 2008 bis Mai 2010 durchgeführten Integrationsmonitors war es, Mitarbeiter, die im Rahmen des Projekts „Zusammen Wachsen" unmittelbar mit Integrationsaufgaben betraut waren, zu ihrer Sichtweise und Bewertung des Zusammenschlusses zu befragen. Der Befragung lag die Überlegung zugrunde, Einschätzungen und Bewertungen der Projektmitarbeiter, die aufgrund ihres unmittelbaren Eingebundenseins in Integrationsaufgaben weitaus früher Kenntnis von anstehenden Veränderungen hatten, als „Frühindikatoren" für die Auswirkungen der umfassenden Veränderungen zu nutzen.

Im Fragebogen wurden folgende Themen adressiert:

- Vertrauen in den Erfolg des Mergers

- Bewertung von Fairness und Transparenz im Zuge der Integration

- Erfahrungen und Einschätzungen zur (Zusammen-)Arbeit in den Integrationsmodulen

- Wechselneigung

Neben geschlossenen Fragen, die mittels einer Vierer-Skalierung erhoben wurden („Trifft voll und ganz zu" bis „Trifft überhaupt nicht zu"), hatten die Befragten ergänzend die Gelegenheit, über zwei nicht geschlossene Fragen – „Was läuft gut im Rahmen der Integration?" und „Was läuft schlecht im Rahmen der Integration?" – Rückmeldungen in Freitextform zu geben.

Pulse Check   Parallel zum Integrationsmonitor wurde ab Herbst 2008 eine weitere Messung durchgeführt. Zielsetzung des Pulse Checks war es, parallel zum Integrationsmonitor eine Stichprobenbefragung derjenigen Mitarbeiter durchzuführen, die nicht unmittelbar mit Integrationsaktivitäten betraut waren. Dieser Überlegung lag die Annahme zugrunde, dass sich die unterschiedlichen Informationsstände signifikant auf die Einschätzung und Bewertung der Gesamtsituation niederschlagen könnten. Für den Pulse Check – durchgeführt in sechs Befragungswellen von Herbst 2008 bis Frühjahr 2011[1] – wurde bei 1.600 zufällig ausgewählten Mitarbeitern beider Häuser[2], die nicht unmittelbar mit Integrationsaufgaben betraut waren, eine Stichprobe gezogen. Im Pulse

---

[1] Auf die Durchführung der sechsten Befragungswelle des Integrationsmonitors wurde verzichtet, da Anfang 2011 die Arbeit in den Integrationsmodulen weitestgehend abgeschlossen war.

[2] Im Zuge der Befragungswellen wurde die zunächst kleine Stichprobe von 200 Mitarbeitern pro Haus auf bis zu 800 Mitarbeiter pro Haus (ab der dritten Welle) erweitert.

Check wurde derselbe Fragenkomplex erhoben wie im Integrationsmonitor (s. oben), jedoch auf Fragen zur Zusammenarbeit in den Integrationsmodulen verzichtet.

Die Ergebnisaufbereitung und -darstellung beider Messungen erfolgte in Form von Häufigkeitsdarstellungen und Zeitreihenvergleichen.

- Für den Integrationsmonitor wurden Reports für bis zu fünfzehn Integrationsmodule erstellt. Dem jeweiligen Leiter eines Integrationsmoduls konnten somit fortlaufend valide Informationen über die allgemeine Stimmungslage der Projektmitarbeiter sowie deren Einschätzungen über den Stand der Zusammenarbeit mit den Kollegen zur Verfügung gestellt werden.

- Für den Pulse Check wurde lediglich ein Report (aggregiert auf Gesamtbankebene) erstellt. Der Fokus lag hier auf der Differenzierung nach verschiedenen Mitarbeitergruppen und deren Gegenüberstellung: Führungskräfte versus Nicht-Führungskräfte, Vertrieb versus zentrale Einheiten (Stäbe und Geschäftsbereiche). Auch wurde nach Unternehmenszugehörigkeit (ehemalige Dresdner Bank- sowie Commerzbank-Mitarbeiter) differenziert.

Die Ergebnisse beider Befragungen stießen auf hohe Akzeptanz seitens des Vorstands, der Integrationsverantwortlichen und nicht zuletzt auch der Mitarbeiter. Letzteres bestätigte sich auch in den durchgängig hohen Teilnahmequoten.

Die nachfolgende Zusammenfassung der Ergebnisse aller Befragungswellen sowie deren grafische Abbildung zeigt, wie gut die beiden Instrumente über fast drei Jahre die Grundstimmung der neuen Organisation erfassten.

Pulse Check: erste bis sechste Welle

Mit Durchführung der letzten Welle des Pulse Checks und nach rund zweieinhalb Jahren Integrationsarbeit zeigte sich, dass die Integration beider Banken auf eine breite

Erfolgsaussichten des Mergers wurden positiv bewertet.

Zustimmung der Mitarbeiter traf: Rund drei Viertel der Befragten beurteilten sowohl die Erfolgsaussichten des Zusammenschlusses als auch die Themen Fairness und Transparenz im Rahmen der Integration nahezu durchgängig positiv.

Abbildung 9-2   Ergebnisse der kleinen Integrationsbefragungen im Zeitverlauf

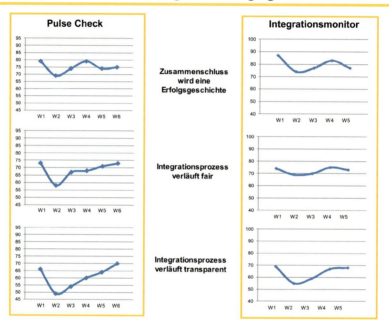

Quelle: Commerzbank AG

Wirft man einen Blick auf die Ergebnisse, zeigt sich ein „Einbruch" zwischen der ersten Befragung im Herbst 2008 und der zweiten Welle im Frühjahr 2009 – einhergehend mit einer leicht gestiegenen Wechselneigung. Der Rückgang der Zustimmungswerte war nicht verwunderlich, wirft man einen Blick auf die interne und externe Situation im Frühjahr 2009: Nach der Anfangseuphorie im Herbst 2008 zogen mittlerweile laufende Verhandlungen zum Interessenausgleich zur Umsetzung des angekündigten Personalabbaus Unsicherheiten bei Führungskräften und Mitarbeitern nach sich, während zugleich externe Entwicklungen (Finanzkrise, Staatshilfen, Bonusdebatte, Bankerschelte etc.) auf die Einschätzungen und Bewertungen des Mergers Einfluss nahmen. Zieht man diese Faktoren in Betracht, lagen die Befragungsergebnisse trotz allem auf akzeptablem Niveau. Sinkende Zustimmungswerte sind zudem in Veränderungsprozessen als durchaus normal anzusehen, insbesondere dann, wenn angekündigte Veränderungen umgesetzt und spürbar werden. Die grundsätzlich hohe Akzeptanz des Mergers manifestierte sich nicht zuletzt einige Monate später auch in den Ergebnissen der dritten Befragungswelle (Sommer 2009) und gipfelte in einem guten Ergebnis für die Abschlussbefragung im Februar 2011.

Abbildung 9-3   Bewertung des Zusammenschlusses

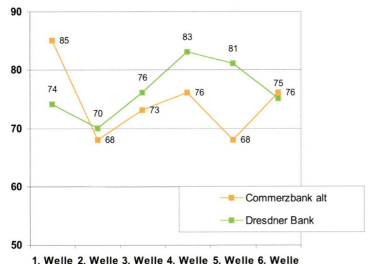

Quelle: Pulse Check

In den Ergebnissen spiegelten sich zudem auch kulturelle Aspekte der Integration wider: Die Wahrnehmung einer „Übernahme" der Dresdner Bank durch die Commerzbank war zunächst ein prägendes Moment aus Sicht der ehemaligen Commerzbank-Mitarbeiter, wohingegen diese Sichtweise im Zeitverlauf der Integration einer differenzierten Wahrnehmung Platz machte – dies zeigte eine Gegenüberstellung der Einschätzungen der Befragten aus beiden Häusern: Während es in der ersten Befragungswelle im Herbst 2008 erhebliche Unterschiede im Antwortverhalten gab – wobei die ehemaligen Commerzbank-Mitarbeiter eine deutlich positivere Einstellung zur Integration zeigten – näherten sich in den Folgebefragungen die Einschätzungen der ehemaligen Dresdner Bank-Mitarbeiter den positiven Ergebnissen der ehemaligen Commerzbank-Kollegen an. In der Abschlussmessung im Frühjahr 2011 zeigten sich in Teilen sogar leicht höhere Zustimmungswerte auf Seiten ehemaliger Dresdner Bank-Mitarbeiter.

Integrationsmonitor: erste bis fünfte Welle

Gemeinsame Projektarbeit treibt Einschätzungen.

Die Ergebnisse der fünften und letzten Welle des Integrationsmonitors im Frühsommer 2010 waren ebenfalls positiv – insbesondere in puncto wahrgenommener Fairness und Transparenz des Integrationsprozesses. Analog zum Pulse Check zeigte sich auch hier ein wellenartiger Verlauf: Während die Gesamtbankstimmung gegenüber der Integration in der ersten Welle zunächst sehr positiv war, folgten die Einschätzungen der Befragten aus den Integrationsteams denen des Pulse Checks – das heißt, auch hier war eine „Ernüchterung" in den Bewertungen erkennbar – wie die Ergebnisse der zweiten Welle im Frühjahr 2009 deutlich zeigten. Die Ergebnisse der dritten und vierten Befragungswelle offenbarten sodann einen Positivtrend, der jedoch in der fünften Welle wieder abflaute – teilweise kam es sogar zu rückläufigen Ergebnissen.

Auch hier zeigt ein Blick auf das Antwortverhalten ehemaliger Commerzbank-Mitarbeiter gegenüber ehemaligen Dresdner Bank-Mitarbeitern vergleichbare Entwicklungen wie im Pulse Check: Während die ehemaligen Commerzbank-Mitarbeiter zunächst eine deutlich positivere Haltung gegenüber der Integration erkennen ließen – sowohl in der ersten als auch zweiten Welle des Integrationsmonitors –, näherten sich beide

Mitarbeitergruppen in der dritten und vierten Welle im Niveau an; in der fünften Welle gaben ehemalige Dresdner Bank-Mitarbeiter teilweise sogar positivere Einschätzungen und Urteile ab.

Aus den Ergebnissen beider Befragungen ließen sich als wichtigste Erkenntnisse ableiten:

Breite Zustimmung zur Integration – Wechselneigung gering.

1. Die Ergebnisse zeigten eine breite Zustimmung zur Integration: Trotz leicht rückgängiger Entwicklungen lagen die Zustimmungsquoten bei der Frage, ob der Zusammenschluss beider Häuser eine Erfolgsgeschichte würde, durchgängig auf hohem bis sehr hohem Niveau.

2. Im Zeitverlauf hatten sich die Bewertungen von Fairness und Transparenz deutlich verbessert. Die Werte lagen zum Schluss nahezu durchgängig wieder auf dem hohen Ausgangsniveau vom Herbst 2008.

3. Die Wechselneigung blieb über den gesamten Befragungszeitraum von mehr als zwei Jahren insgesamt auf recht niedrigem Niveau.

9.3 Die große Integrationsbefragung: Change Monitor

Nachdem sich seit Herbst 2008 die oben diskutierten „kleinen Integrationsbefragungen" etabliert hatten, wurde im Laufe des Jahres 2009 offensichtlich, dass man zur Evaluation der fortschreitenden Integrationsprozesse ein umfassenderes Messinstrument benötigte. Dieses sollte auf Basis weitergehender statistischer Analysen detaillierte Erkenntnisse zum Gesamtkontext der Integration liefern.

Im Unterschied zu den primär auf die Erhebung von Stimmungen ausgerichteten Pulsmessungen handelte es sich hierbei um eine deutlich breiter angelegte repräsentative Mitarbeiterbefragung. Die Ergebnisse sollten Vorstand und den Führungskräften der ersten und zweiten Ebene in ihrer Rolle als „Change Agents" dazu dienen, die Wirksamkeit bereits durchgeführter Change-Maßnahmen zu evaluieren. Ergänzend hierzu

Change Monitor: Handlungsfelder aufzeigen und Risikofaktoren identifizieren

sollten Risikofaktoren identifiziert und zentrale Handlungsfelder aufgezeigt werden, die zukünftig verstärkt fokussiert werden sollten. Mittels eines statistischen Modells, das auf Basis von Treiberanalysen ermittelt wurde, konnten diejenigen Handlungsfelder bestimmt werden, die einen überdurchschnittlich hohen Einfluss auf die relevante „Zielgröße" – das Engagement der Mitarbeiter – hatten und folglich somit auf die Leistungskraft der Bank (s. II/9.3.1, II/9.3.4 und II/9.3.5).

9.3.1 Acht-Stufenmodell der Veränderung von Kotter und Cohen definiert den Fragebogen

Der sogenannte Change-Monitor wurde als Steuerungsinstrument für die Verantwortlichen der Integrationsprozesse in der Bank konzipiert. Als Grundlage diente das Acht-Stufenmodell von John Kotter und Dan Cohen (2002; vgl. Kapitel II/3).[3]

Modell nach Kotter als Ausgangsbasis für die Konzeption des Fragebogens

Ein kurzer Überblick des Kotter'schen Modells illustriert, in welcher Form dieser organisationssoziologische Ansatz für den Change-Monitor adaptiert wurde. Als erfolgskritisch erachten die Autoren insbesondere die „Energielage" in einer Organisation: Nur wenn ein hohes Maß an Motivation seitens der Beschäftigten vorhanden ist, können bestehende Strukturen und tradierte Prozesse aufgebrochen werden. Ein weiterer erfolgskritischer Aspekt, um diesen Prozess in Gang zu setzen und „am Leben zu halten", ist das Vorhandensein von qualitativ hochwertiger Führung (Leadership) – dies umfasst den gesamten Führungskontext in der Organisation (Führungskultur, Führungsverhalten etc.). Kontraproduktiv und verantwortlich für das vielfache Scheitern strategischer Veränderungsprozesse sind nach Kotter und Cohen die sogenannten acht „Kardinalfehler". Um eben diese Fallstricke zu vermeiden, werden acht erfolgskritische Stufen für die Realisierung nachhaltiger Veränderungen unterschieden. Diese lassen sich wiederum in drei Hauptphasen einer Transformation unterteilen:

1. Schaffen eines Klimas der Veränderung („creating the climate for change"); darunter fallen die Stufen:

---

3 Die Studie „Veränderungen erfolgreich gestalten" (C4-Consulting/Technische Universität München, 2007) nennt zentrale Determinanten für den Erfolg von Veränderungsprozessen: Motivation, Orientierung und Kongruenz; vgl. dazu Exkurs in Kapitel II/3.

- Ein Bewusstsein für die Brisanz der Lage schaffen, um das Motivations- und Energielevel innerhalb der Organisation zu erhöhen.

- Eine Koalition von Erneuerern gründen, die für ein tiefes Verständnis in der Organisation sorgen und klar und nachvollziehbar aufzeigen, warum und auf welche Weise der Veränderungsprozess vonstatten geht. Diese Gruppe fungiert folglich als eine Art „Role Model" und ist für das Erreichen gesetzter Ziele verantwortlich.

- Eine Vision schaffen, die ein klares, inspirierendes und erreichbares Bild von der zukünftigen Organisation zeichnet.

2. Mobilisierung und Befähigung der gesamten Organisation („engaging and enabling the whole organization"); darunter werden folgende Stufen subsummiert:

- Offene, präzise und emotionale Kommunikation, die die Organisation für die Veränderungsmaßnahmen gewinnt.

- Abbau von Barrieren innerhalb der Organisation, um den Mitarbeitern zu ermöglichen, neue Prozesse und Produkte entlang der Vision zu implementieren.

- Kurzfristige Erfolge planen, um die Organisation immer wieder durch erreichte Zwischenziele zu mobilisieren und das Bewusstsein für die Brisanz der Lage weiterhin zu erhalten.

3. Nachhaltige Implementierung der Veränderung („implementing and sustaining the change"), hierzu zählen die Stufen:

- Die „Koalition der Erneuerer" sollte nicht darin nachlassen, die Ergebnisse ständig zu überwachen und die Fortschritte zu messen sowie

- die neuen Ansätze zu verankern („leaders must recognize, reward, and model the new behavior in order to embed it in the fabric of the organization and make the change, the way we do business here'"; Kotter/Cohen 2005, S. 5).

Jede der beschriebenen Stufen ist im Rahmen großer Transformationsprozesse zu beschreiten – hingegen nicht zwangsläufig sequenziell, da strategische Veränderungsprozesse nicht linear, sondern dynamisch und iterativ verlaufen.

Auf Basis dieses Modells wurden für die Konzeption des Change-Monitors sieben gestaltbare Erfolgsfaktoren abgeleitet:

1. Überzeugung von der Vorteilhaftigkeit
2. Führungsteams
3. Zielbild
4. Kommunikation
5. Unterstützung/Enabling
6. Meilensteine setzen und verfolgen
7. Erfolge fest verankern

Als entscheidend für den Erfolg der Integration wurden jedoch nicht nur die genannten Faktoren erachtet, sondern das Engagement der Mitarbeiter – s. hierzu Kotter und Cohens Ausgangsüberlegungen, wonach die Motivationslage in der Organisation die entscheidende Voraussetzung für Veränderungen darstellt. Als „Zielgröße" der Befragung wurde daher das „Integrationsengagement" (IE) definiert: Handlungsleitendes Moment und zentrale Fragestellung war die Frage: „Was bewegt Menschen in der Organisation dazu, sich im Rahmen der Integration besonders zu engagieren beziehungsweise was hindert sie daran?"

Abbildung 9-4 Messmodell

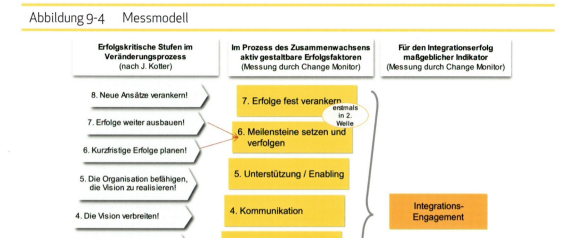

Quelle: Commerzbank AG

Wie wurde die „Zielgröße" Engagement definiert? Für die Befragung hatte man eine in der Literatur weit verbreitete Definition übernommen, wonach unter Engagement das Zusammenwirken von drei Faktoren[4] verstanden wird: 1. kognitive Verbundenheit, 2. emotionale Beziehung und 3. reales Verhalten am Arbeitsplatz. Demnach konnte Engagement als emotionale und intellektuelle Verbundenheit, die Mitarbeiter mit ihrer Organisation, ihrer Tätigkeit und gegenüber ihren Führungskräften haben, betrachtet werden, die sie zu herausragender Anstrengung motiviert. Folglich ist Engagement

Integrationsengagement als Zielgröße

---

4   Vgl. Studie „Creating a High Performance Organisation" von GfK Trustmark, 2008.

eine verhaltensrelevante Einstellung, die in engem Zusammenhang mit der Leistungsbereitschaft gesehen werden kann[5].

Auf Basis dieser Vorüberlegungen wurde der Fragebogen für den Change Monitor entwickelt. Dieser bestand aus zehn Fragen zum Integrationsengagement (erste Welle: 13 Fragen) sowie den oben genannten sieben Erfolgsfaktoren (erste Welle: fünf Erfolgsfaktoren), die wiederum in 18 Dimensionen unterteilt waren (erste Welle: zwölf Dimensionen). Insgesamt umfasste der Fragebogen 97 geschlossene (erste Welle: 87 Fragen) und zwei offene Fragen.

Die Dimensionen umfassten im Einzelnen folgende Themenschwerpunkte: Überzeugung von der Vorteilhaftigkeit des Mergers – Rolle des Vorstands – Rolle des Executives (erste Führungsebene) – Zielbild der neuen Commerzbank – Zielbild des jeweiligen Executive-Bereichs – Operative Teamziele – Informationen im Integrationsprozess – Dialog und Feedback – Unterstützung durch die direkte Führungskraft (allgemein) – Unterstützung durch die direkte Führungskraft (Ziele) – Unterstützung durch die Zentrale (je eine Dimension Rahmenbedingungen/Angebot/Infrastruktur) – Unterstützung durch Befähigung (Qualifizierung) – Befähigung (Rahmenbedingungen) – Meilensteine setzen und verfolgen – Erfolge fest verankern – Rolle Change Agents. Mitarbeiter im Vertrieb wurden zudem um ihre Meinung zur Qualität der Kundenvorbereitung und der Unterstützung durch die Zentrale gebeten.

Die geschlossenen Fragen wurden mittels einer Sechser-Skalierung über „Trifft voll und ganz zu" bis „Trifft überhaupt nicht zu" sowie einer Residualkategorie „Keine Angaben möglich" erhoben.

---

5   Vgl. Studie „Creating a High Performance Organisation" von GfK Trustmark, 2008: Der auf Engagement fokussierte Befragungsansatz gilt seit Längerem als „state of the art". Bis in die Neunziger Jahre widmeten sich Mitarbeiterbefragungen vor allem der Messung von Unternehmensklima oder Mitarbeiterzufriedenheit mit dem Ansatz „Zufriedene Mitarbeiter leisten mehr". Eine Weiterentwicklung stellte der sogenannte „Organisational Commitment Index" (OCI) dar, der als zentrale (Ziel-)Größe von Mitarbeiterbefragungen diente. Im Gegensatz zum Engagement fehlt hierbei der direkte Konnex zur Leistungsbereitschaft.

9.3.2 Stichprobe und Untersuchungszeitraum

Der Change-Monitor wurde in zwei Wellen im September 2009 und Oktober 2010 durchgeführt. Die Befragung war – gemäß der Pulsbefragungen – keine Voll-, sondern eine Stichprobenerhebung – wenngleich mit einer deutlich größeren Anzahl von Befragten: In der ersten Welle wurde eine Bruttostichprobe von rund 16.000 Beschäftigten gezogen; in der zweiten Befragung wurden mit rund 27.000 Mitarbeitern und Führungskräften der Commerzbank AG Inland sowie an ausgewählten ausländischen Standorten in Europa, USA und Asien (zweite Welle) deutlich mehr Beschäftigte angeschrieben. Beide Befragungswellen erhoben die erste (Executive-Ebene, FE 1) und die zweite Führungsebene in den Vertriebseinheiten vollständig. Für die dritte und vierte Führungsebene (FE 3/FE 4) sowie für die Mitarbeiter wurden jeweils repräsentative Stichproben gezogen. Die Auswertungen erfolgten nach vier hierarchischen Auswertungsebenen: Gesamtbank, Segmente, Executive-Bereiche und ausgewählte Gebietsfilialen (zweite Führungsebene im Vertrieb) sowie darüber hinaus nach Unternehmensherkunft (ehemals Commerzbank/ehemals Dresdner Bank).

9.3.3 Vom Fragebogen zum Ausgangsmodell

Bei der Fragebogenentwicklung wurden zunächst geeignete Fragen identifiziert, mit denen die einzelnen Dimensionen des Integrationsprozesses gemessen werden sollten. Diese Fragen bezogen sich grundsätzlich auf den Kontext der Integration, zum Beispiel Engagement des Vorstands im Rahmen der Integration.

Auf Basis der Befragungsergebnisse wurde das Messmodell mithilfe statistischer Verfahren optimiert. Ziel dieser Optimierung war es, ein statistisch valides und zuverlässiges Erklärungsmodell (= „Treibermodell") für das Integrationsengagement zu bekommen. Im Zuge der Optimierung des Messmodells wurden die Fragen und Dimensionen (= Themenfelder des Fragebogens) auf Konsistenz, Eindimensionalität, Trennschärfe, Zuverlässigkeit, Multikollinearität[6] sowie „Fit" der Daten überprüft.

„Passgenaues" Messmodell

---

6 Multikollinearität bezeichnet einen starken Zusammenhang zwischen zwei oder mehreren erklärenden Variablen.

Nach Durchführung aller Optimierungen lag ein finales Treibermodell vor. Das methodisch exakte Vorgehen hatte sich „bezahlt gemacht": Das Modell der ersten als auch zweiten Change-Monitor-Welle war in der Lage, zu rund 70 Prozent das Integrationsengagement zu erklären – ein außergewöhnlich guter Wert, da Varianzaufklärungen bei Befragungen dieser Art normalerweise bei rund 40 bis 50 Prozent liegen.

9.3.4 Vom Ausgangsmodell zum Treibermodell[7]

Mithilfe einer multivariaten Analyse wurde für jede Dimension ermittelt, wie stark sich das Integrationsengagement verändern würde, sollte sich die Bewertung der Dimensionen (hier: Mittelwert) theoretisch um fünf Punkte erhöhen. Somit wurde kein einfacher Zusammenhang zwischen einer Dimension und dem Engagement (Korrelation) ermittelt, sondern die Einflussstärke jeder einzelnen Dimension auf das Engagement (Regression) erhoben.

Diejenigen Dimensionen, die überdurchschnittlich starken Einfluss auf das Integrationsengagement nahmen, wurden folglich als die stärksten Treiber mit größter „Hebelwirkung" identifiziert. Diese stellten ergo die besten Ansatzpunkte zur Erhöhung des Engagements dar.

9.3.5 Vom Treibermodell zum Handlungsportfolio

Eine Treiberanalyse wurde – sofern die dafür notwendige Gruppengröße von mindestens 80 Teilnehmern (netto) erzielt wurde – für jede Auswertungseinheit durchgeführt, um den spezifischen Anforderungen des Integrationsprozesses in den einzelnen Einheiten entsprechend Rechnung zu tragen. Auf Basis dieser Analyse konnte ein Handlungsportfolio erzeugt werden. Jede Dimension des Treibermodells wurde gemäß ihrer Einflussstärke auf das Integrationsengagement (IE) und ihres Bewertungsniveaus entsprechend in das Portfolio übertragen (s. dazu Abbildung 9-5). Die Einteilung

---

[7] Unter den möglichen statistischen Methoden fiel die Wahl auf die PLS-Methodik (Partial Least Squares). Mit ihrer Hilfe lässt sich erkennen, an welchen „Stellschrauben" man drehen muss, um das Engagement der Mitarbeiter zu erhöhen. Ziel ist es, Stärken und Schwächen und folglich Handlungsfelder zu identifizieren.

der Einflusswerte auf das IE in „hohe" und „niedrige" Werte erfolgte anhand eines spezifischen, nur für die jeweilige Auswertungseinheit gültigen Schwellenwertes.

Abbildung 9-5 Treiberanalyse und Handlungsportfolio

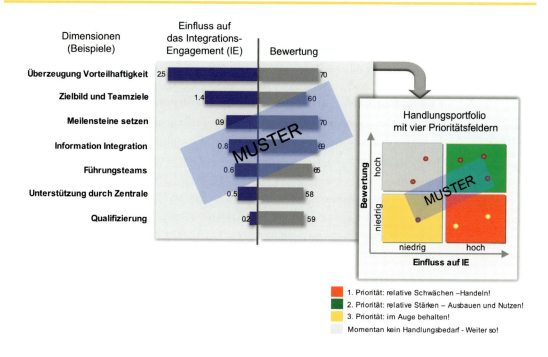

Quelle: Commerzbank AG

Dazu wurde der Mittelwert der Einflusskoeffizienten aller Dimensionen dieser Einheit berechnet. Jeder einzelne Einflusskoeffizient wurde dann mit diesem Mittelwert verglichen. Lag der Einflusswert einer Dimension über diesem Mittelwert, wurde er als relativ „hoch" bezeichnet, lag er darunter, wurde er als relativ „niedrig" bezeichnet. Das Einteilungskriterium war folglich ein relatives und ausschließlich für diese Auswertungseinheit gültig und kein absolutes, bankweit gültiges Kriterium. Diese Systematik wurde ebenfalls für das Bewertungsniveau angewandt, woraus sich das Handlungsportfolio mit den vier Feldern - nach den Dimensionen „Bewertung" und „Einfluss" - aufspannt.

Für die Führungskräfte galt es nun, insbesondere die Dimensionen als Handlungsprioritäten zu fokussieren, die einen relativ starken Einfluss auf das Engagement und darüber hinaus ein relativ niedriges Bewertungsniveau aufzeigten.

9.3.6 Change Monitor – ein Vergleich der ersten und der zweiten Welle

„Zusammen Wachsen" aus Sicht der Mitarbeiter sehr erfolgreich

Die Auswertung der im Herbst 2010 durchgeführten zweiten Change-Monitor-Befragung zeigte für die Gesamtbank ein insgesamt positives Bild und belegte in aller Deutlichkeit den Fortschritt des Projekts „Zusammen Wachsen". Das erfolgreiche Zusammenwachsen beider Häuser spiegelte sich auch darin wider, dass auf Gesamtbankebene keine nennenswerten Unterschiede im Antwortverhalten ehemals „gelber" und „grüner" Befragten erkennbar waren. Ebenfalls erfreulich war, dass die Ergebnisse der internationalen Standorte auf dem Niveau des Inlands, in Teilen sogar darüber, lagen.

Die Akzeptanz des Zusammenschlusses, ausgedrückt im Integrationsengagement-Index – als ein Maß dafür, in welchem Umfang Führungskräfte und Mitarbeiter sich im Zuge der Integration engagieren und bereit sind, diese zu ihrer eigenen Sache zu machen – lag mit 70 gegenüber 71 Indexpunkten[8] in der ersten Change-Monitor-Welle praktisch unverändert auf sehr hohem Niveau. Zudem war die Zuversicht für die eigene berufliche Zukunft gegenüber 2009 gestiegen. Aus Sicht der Mitarbeiter machte der Vorstand bei der Integration einen sehr guten Job: Die Frage, ob der Integrationsprozess konsequent ausgerichtet war, erreichte bei der zweiten Welle im Durchschnitt 70 Indexpunkte, bei der Kommunikation des Zielbildes der Gesamtbank lag der Mittelwert bei 67 Indexpunkten.

---

8 Der Mittelwert wurde auf einer Skala von 0 bis 100 dargestellt, wobei 100 den besten Wert darstellte.

Als wichtigste Einflussgröße (Treiber) auf das Integrationsengagement wirkte – wie bereits in der ersten Befragungswelle – die „Überzeugung von der Vorteilhaftigkeit des Zusammenschlusses", gefolgt vom erstmals erhobenen Faktor „Meilensteine setzen und verfolgen". In Letzterem ging unter anderem ein, wie konsequent Zwischenziele gewürdigt wurden und ob die Integration im eigenen Arbeitsumfeld der Befragten bereits positive Wirkungen zeigte. Drittstärkste Einflussfaktoren waren „Zielbild der Gesamtbank" und „Zielbild des Executive-Bereichs". Betrachtet man diese beiden Dimensionen gemeinsam, hatten diese den stärksten Einfluss auf das Integrationsengagement der Mitarbeiter. Die Ergebnisse zeigten, dass, ungeachtet der starken Belastungen, die die Integration für die Mitarbeiter mit sich brachte, das Engagement auf unverändert hohem Niveau blieb und die Veränderungen mit einem hohen Maß an Akzeptanz mitgetragen wurden.

Überzeugung von der Vorteilhaftigkeit der Integration als stärkster Treiber des Engagements

Neben zahlreichen positiven Ergebnissen zeigte die zweite Change-Monitor-Befragung auch kritische Befunde. Nicht in jedem Fall hing dies jedoch mit den besonderen Umständen des Zusammenschlusses zusammen. Die Ergebnisse offenbarten eine Diskrepanz zwischen bankweiten Botschaften und erlebter Realität am Arbeitsplatz. Das zeigte sich beispielsweise auch darin, dass Mitarbeiter im Vertrieb eine zu geringe Übereinstimmung zwischen dem Anspruch einer kunden- und bedarfsorientierten Beratung einerseits und den Rahmenbedingungen und Erfordernissen ihrer täglichen Beratungspraxis andererseits, konstatierten. Die Antworten belegten auch, dass das Erleben und die Wahrnehmung zwischen der ersten Führungsebene und den nachfolgenden Ebenen teilweise deutlich Unterschiede aufwiesen – insbesondere bei der Bewertung der Unterstützung des Vertriebs durch die Zentrale sowie der Qualität von Dialog und Feedback.

Unterschiedliches „Erleben" auf den verschiedenen Führungs- und Mitarbeiterebenen

Bei allen Betrachtungen ist zu berücksichtigen, dass die Gesamtbankergebnisse einen statistischen Durchschnitt darstellten. Jeder Einzelne erlebte die Realität in seinem Arbeitsumfeld anders. Dies schlug sich in zum Teil abweichenden Ergebnissen einzelner Executive-Bereiche beziehungsweise Gebietsfilialen nieder. So lagen beispielsweise die Indexwerte für die Dimension „Kommunikation" in einer Bandbreite von knapp über 40 bis fast 90 Indexpunkten (zweite Welle). Damit wurde klar, dass jeder Berichtsempfänger seinen eigenen Ergebnisbericht genau analysieren musste, um die für seinen Bereich relevanten Handlungsfelder zu identifizieren und mit wirksamen Maßnahmen bearbeiten zu können.

9.4 Von Ergebnissen zu Maßnahmen: der Change-Monitor-Folgeprozess

Herausforderung: ein integrationsspezifischer Folgeprozess

Kurz nach Veröffentlichung der Change-Monitor-Gesamtbankergebnisse erfolgte in getakteten Zeitabständen der E-Mail-Versand der Einzelreports, zunächst für die Segmente (Management Boards der Fachvorstände), dann die Executive-Bereiche (FE 1) und zuletzt die Gebietsfilialen (FE 2 Vertrieb). Damit startete der vor der Feldzeit konzipierte und organisatorisch vorbereitete Folgeprozess in den Executive-Bereichen. Dieser musste mehrere Anforderungen erfüllen, um den besonderen Rahmenbedingungen und terminlich ambitionierten Masterplänen des Integrationsprojekts gerecht zu werden:

1. Transparenz: Einlösung des Versprechens, das der Vorstand für das gesamte Integrationsprojekt gegeben hatte

2. Geschwindigkeit: schnelle Diagnose und rasches Handeln in dezentraler Eigenverantwortung

3. Pragmatismus und Qualität: situationsgerechte Konzepte mit professioneller Umsetzung, unterstützt durch qualifizierte Berater

4. Wirksamkeit: die „richtigen" Ziele anhand klarer Prioritäten und auf diese Ziele ausgerichtete Maßnahmen auf Basis profunder Ursachenanalyse

9.4.1 Ergebnistransparenz

Obwohl die Integrationsbefragungen primär als Managementinformations- und Steuerungsinstrument angelegt waren, mit dem ein systematisches Monitoring und (Nach-) Steuern der Integrationsaktivitäten im eigenen Verantwortungsbereich ermöglicht werden sollte, hatte die zeitnahe und offene Ergebniskommunikation in jedem Executive-Bereich einen hohen Stellenwert. Allerdings wäre es angesichts der enormen integrationsbedingten Arbeitsbelastungen unrealistisch und auch kontraproduktiv gewesen, die im Gefolge von Befragungen üblichen Workshop-Kaskaden auf allen Führungsebenen loszutreten. Stattdessen wurden im Gesamtvorstand verbindliche Leitplanken für die Gestaltung einer weniger aufwendigen, dennoch systematischen Ergebniskommunikation verabschiedet.

Abbildung 9-6 Ergebniskommunikation in jedem Executive-Bereich

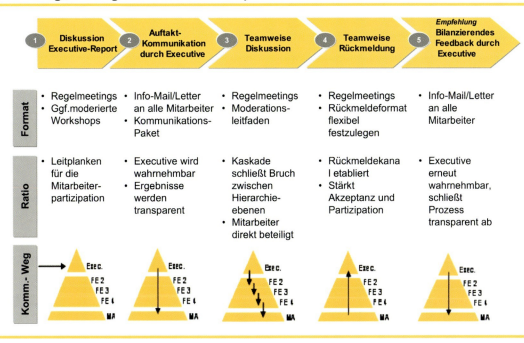

Quelle: Commerzbank AG

9.4.2 Rasche Verfügbarkeit aller Ergebnisberichte

Hohe Managementerwartungen an Geschwindigkeit und handlungsorientierte Auswertung

Nachdem es bereits in der ersten Welle keine zwölf Wochen gedauert hatte, bis alle Führungskräfte der Auswertungseinheiten ihre Ergebnisse in Form persönlicher Reports in der Hand hielten, wurde diese Spanne in der zweiten Welle aufgrund des enormen Interesses nochmals deutlich reduziert. Dies gelang zum einen dadurch, dass die Plausibilitätskontrollen und Ergebnisanalysen teilweise zeitgleich erfolgten, und zum anderen durch Abkürzen der Versandkaskade. Dadurch konnten sämtliche Report-Empfänger schon drei Wochen nach Publikation der Ergebnisse für die Gesamtbank ihre eigenen Resultate analysieren und kommunizieren.

9.4.3 Professionelle und zielgerichtete Identifizierung von Handlungsbedarf und Maßnahmen durch qualifizierte Ergebnisberater

Die Neuartigkeit des Messmodells (Erfolgsfaktoren nach Kotter sowie Zielgröße Integrationsengagement) und der enorme Informationsgehalt der Auswertungen hatten eine ungewohnte Komplexität der Reports zur Folge. Dementsprechend hoch waren die Anforderungen an die Ergebnisinterpretation und Maßnahmenableitung.

Davon ausgehend, dass erst mit einer professionellen Analyse und Interpretation der Ergebnisse der gewollte Nutzen von Befragungen zu erreichen ist, wurde ein Rollenkonzept eingeführt. Kern dieses Konzepts war eine an unterschiedlichen Erwartungen der einzelnen Reportempfänger ausgerichtete Ergebnisberatung. Der Vorstand empfahl diesen ausdrücklich, dieses Angebot zu nutzen. Die Aufgabe der Ergebnisberatung übernahmen eigens dafür ausgebildete Berater des Personalbereichs sowie segmentinterne Change-Beauftragte. Zusammen bildeten sie Beratertandems, die spezifisches Methoden-Know-how und internes Wissen des Kundensystems vereinten. Wichtig dabei war: Das Rollenkonzept ließ jedem einzelnen Reportempfänger seine Primärverantwortung für die Kommunikation und Interpretation der Ergebnisse sowie die Ableitung und Umsetzung als notwendig erkannter Maßnahmen. Die Aufgaben der Ergebnisberatung waren demnach:

- systematische und methodisch versierte Interpretation der Ergebnisse sowie Ableitung eigener Maßnahmenvorschläge auf Basis eines praxiserprobten Best-Practice-Vorgehens (vgl. Abbildung 9-7)

- Durchführung eines strukturierten Beratungsgesprächs auf Basis eines speziell für die Ergebnisberatung entwickelten Ablaufkonzepts

- Beratung beziehungsweise Unterstützung bei der Ergebniskommunikation (vgl. Abbildung 9-7)

Abbildung 9-7 Vom Ergebnis zu Maßnahmen in vier Stufen

1 Change-Bedarf identifizieren	2 Handlungsfelder ableiten	3 Maßnahmen entwickeln	4 Umsetzung planen
WO müssen wir etwas verändern?	**WAS genau müssen wir verändern?**	**WIE können wir das verändern?**	**WIE gehen wir die Veränderung an?**
Schritt 1.1 Ergebnisreport analysieren: Stärken und Schwachstellen identifizieren.	**Schritt 2.1** Problemdefinition für die identifizierten Handlungsprioritäten.	**Schritt 3.1** Maßnahmen zur Realisierung der Veränderungsziele entwickeln.	**Schritt 4.1** Umsetzungsmeilensteine festlegen.
Schritt 1.2 Kontext reflektieren, Handlungsprioritäten auswählen.	**Schritt 2.2** Aus Problemdefinition Handlungsfelder ableiten.	**Schritt 3.2** Verantwortliche für die Maßnahmen festlegen.	**Schritt 4.2** Monitoring der Fortschritte planen.
	Schritt 2.3 Handlungsfelder priorisieren.		**Schritt 4.3** Kommunikation der Maßnahmen und der Fortschritte planen.
	Schritt 2.4 Veränderungsziele formulieren.		*Planung ggf. in Change-Roadmap integrieren*

Quelle: © 2009, vivify consulting services | Dr. Christina Schmickl | www.vivify-consulting.com

9.4.4 Professionalität der Ergebnisberatung durch gezielte Vorbereitung und Schulung der Berater

Eigens qualifizierte Ergebnisberater – Erfolgsfaktor im Folgeprozess

Zur frühzeitigen Vorbereitung der für die Ergebnisberatung eingeplanten Change-Beauftragten und Personalberater wurden in der ersten Welle zunächst Informations- und Vorbereitungsmaterialien in Form von Infosets mit Fachartikeln, Erläuterungen des Messmodells und Terminplänen versendet. In einem eintägigen Qualifizierungsworkshop wurde mit den Teilnehmern kurz vor Report-Versand ein „Crash-Kurs" in statistischen Auswertungsverfahren gemacht. Dieser sollte sie in die Lage versetzen, ihren Kunden verständlich und kompetent zu erklären, wie Zahlenwerte, Treiberanalysen und Handlungsprioritäten ermittelt wurden. Grundlage der Schulung waren ein Leitfaden (animiertes Powerpoint-Dokument mit E-Learning-Ansatz zum Selbststudium), digitale Arbeitstemplates und ein umfassender FAQ-Katalog. Damit waren die Ergebnisberater bestens gerüstet, um ihre besondere Rolle im Folgeprozess souverän ausfüllen zu können. Spätere Rückmeldungen im Zuge einer Prozessevaluation bestätigten, dass die Workshops in Verbindung mit den Arbeitsunterlagen die wichtigsten Erfolgsgaranten für eine qualitativ hochwertige Interpretation der Ergebnisse sowie Identifikation von Handlungsfeldern in den Executive-Bereichen waren.

9.5 Fazit/Lessons Learned

Für alle Beteiligten hatten sich die Integrationsbefragungen uneingeschränkt bewährt. Der Vorstand und weitere Verantwortliche im Integrationsprozess konnten durch die repräsentativen Messungen den Verlauf der Stimmungskurve nachverfolgen und mussten sich nicht auf subjektive Eindrücke verlassen. Darüber hinaus lieferten insbesondere die Change-Monitor-Befragungen dem oberen Management valide und verlässliche Detailinformationen und Entscheidungsgrundlagen für die Steuerung des gesamten Integrationsprozesses: Der Erfolg von Mitarbeiterbefragungen hängt maßgeblich davon ab, ob aus den Ergebnissen die richtigen Schlüsse gezogen, diese entsprechend umgesetzt und wieder in die Organisation rückgespiegelt werden. Angesichts der infolge der Befragung in zahlreichen Executive-Bereichen aufgesetzten Folgeaktivitäten, scheint dies erfreulich gut gelungen zu sein – auch wenn nicht jeder

Mitarbeiter vor Ort den konkreten Zusammenhang von eingeleiteten Maßnahmen und Befragungsergebnissen persönlich erkennen konnte.

Entscheidender Erfolgsfaktor für alle Integrationsmessungen war neben einem stringent projekthaften Vorgehen (hohe Geschwindigkeit und schnelle Entscheidungen aufgrund weitgehenden Verzichts auf Linienabstimmung zugunsten eines direkten Zugangs zu den Integrationsverantwortlichen und Vorstand) eine professionelle und kollegiale Zusammenarbeit interner und externer Experten.

Auf inhaltlich-methodischer Ebene war es die Adaption eines bewährten und wissenschaftlich fundierten organisationssoziologischen Modells mit einem anspruchsvollen, jedoch gut kommunizier- und „lernbaren" Befragungsansatz, einer darauf aufbauenden handlungsorientierten Analyse mit anschließender Ableitung und Umsetzung von Veränderungsmaßnahmen sowie deren Kommunikation.

10. Regionale Sounding-Gruppen und zentrales Sounding-Board – ein wirkungsvolles Format für Diagnose, Monitoring und Feedback

DIRK STÖLTING

Unter „Sounding-Gruppen" verstehen wir eine organisierte Plattform für den offenen Dialog. Hier können positive und kritische Feedbacks sowie Themen artikuliert und diskutiert werden. Im Integrationsprojekt haben wir das Instrument speziell dazu genutzt, Mitarbeiter ihre Erfahrungen und Wahrnehmungen aus der Alltagsrealität ungefiltert an das Topmanagement oder verantwortliche Projektleiter und -mitarbeiter adressieren zu lassen. Der Begriff „Sounding-Board" wurde ursprünglich der Musik entlehnt und heißt auf deutsch Resonanzboden. Dieser fängt die Schwingungen, zum Beispiel der Saiten im Klavier, auf und gibt sie verstärkt wieder.

10.1 Zielsetzung, Grundkonzeption und Ausprägungen

Die Integration der Dresdner Bank in die Commerzbank wurde durch ein zentral gesteuertes „Change Management" vorbereitet und begleitet. Sehr früh haben wir das Thema „Sounding" in der Projektarchitektur und der Projektstruktur verankert. Klar war, dass dieses effektive Mittel zur Reflexion und zum Feedback in diesem Veränderungsprozess einen hohen Stellenwert haben musste, um den Projektmodulen relevante Informationen zur weiteren Planung und Umsetzung zur Verfügung stellen zu können. Die Themen sollten direkt an der Basis identifiziert und durch einen persönlichen Austausch erfasst werden. Was kommt tatsächlich bei den Mitarbeitern an und wie wird die Integration erlebt? Auf Basis der positiven Erfahrungen moduleigener

Themen sollten direkt an der Basis identifiziert und durch einen persönlichen Austausch erfasst werden.

Sounding-Boards in der IT und in Human Resources wurden verschiedene Formen des Soundings implementiert (s. dazu Abbildung 10-1).

Diese haben die Arbeit in den Projektmodulen wesentlich unterstützt und erleichtert. Durch das gemeinsame Grundverständnis über das prozessuale Vorgehen im Gesamtprojekt konnten wir einerseits die Gesamtbank über die Gesamtprojektleitung und die Entscheidungsgremien erreichen, ein gemeinsames Werteverständnis verfolgen und Maßnahmen integriert und inhaltlich synchron durchführen. Andererseits haben wir die spezifischen Bedürfnisse und Strukturen der Projektmodule berücksichtigt und erreicht, dass diese den erforderlichen Change zu ihrem eigenen Anliegen gemacht haben.

Abbildung 10-1 Vier Sounding-Formate für den offenen Dialog

	Sounding-Gruppen (reg.)	Sounding-Board (zentral)	Bereichs-Soundings	Integrations-talks
Ziel	Segmentübergreifende Resonanz zu Integration in der Fläche	Direkter Dialog des Integrationsvorstands mit Mitarbeitern	Resonanz zur Integration innerhalb eines Bereichs	Plattform für alle Mitarbeiter
Format	Offener Dialog in vertraulicher Runde, ohne Führungskräfte	Offener Dialog in vertraulicher Runde, ohne Führungskräfte	*bereichsabhängig*	Offene „Townhall-Meetings"
Teilnehmer	20 Teilnehmer, repräsentativ nach Kriterienraster	20–25 Teilnehmer, jew. 1 Vertreter aus regionalen und Bereichs-Soundings	*bereichsabhängig*	Jeweils 100 Teilnehmer aus allen Bereichen
Häufigkeit	Alle zwei Monate	Alle vier Monate	*bereichsabhängig*	4 Termine p. a.

Sounding als offenes Dialogformat für den direkten Austausch zwischen Topmanagement und Mitarbeitern zum laufenden Integrationsprozess

Quelle: Commerzbank AG

Die in der Folge dargestellten Ansätze der Sounding-Instrumente liefen im Change-Prozess der Commerzbank parallel und miteinander verzahnt ab. Somit konnte die höchstmögliche Effektivität für umfangreiche Feedbacks und Erkenntnisse erzielt werden.

In einem Großunternehmen mit einer komplexen Struktur kommt es auf die richtige Dosierung und Flexibilität der Sounding-Möglichkeiten an.

10.1.1 Regionale Sounding-Gruppen – Implementierung im Rahmen einer Deutschlandtour

Nach etwas mehr als einem halben Jahr seit Beginn der Integration waren wesentliche Meilensteine der Umsetzung sowohl in der Zentrale als auch in den Regionen erreicht worden. Die Zentrale war, wie im Projektfahrplan vorgesehen, vorweggelaufen. Um die wesentlichen Entscheidungen und die nächsten Schritte im Rahmen der Integration zu erläutern, haben der Vorstand für Integration und Personal und der Bereichsvorstand für Personal eine Roadshow, die „Deutschlandtour", geplant.

Im Rahmen dieser Tour wurden in der Zeit von August bis Dezember 2009 mit den 18 Gebietsfilialstandorten Diskussionsrunden durchgeführt. Hierbei wurden den Führungskräften der zweiten und dritten Führungsebene im Rahmen von Präsentationen die aktuellen Projektstände dargestellt und die weiteren strategischen Weichenstellungen erläutert. Anschließend haben die Führungskräfte akute und für die Integration wesentliche Fragestellungen diskutiert. Fragen, auf die nicht sofort eine Antwort gegeben werden konnte, wurden aufgenommen und den verschiedenen Projektmodulen zur weiteren Berücksichtigung zur Verfügung gestellt.

Innerhalb von nur fünf Monaten 18 Gebietsfilialstandorte

Um die Eindrücke, Kenntnisse, Erfahrungen und Meinungen der Mitarbeiter kontinuierlich und dauerhaft zu nutzen, wurden die „lokalen Sounding-Gruppen" ins Leben gerufen. Mit Teilnehmern aus allen 18 Gebietsfilialstandorten wurden insgesamt 15 lokale Sounding-Gruppen gegründet, die sich im „Dauerbetrieb" alle zwei bis drei Monate getroffen haben (vgl. Abschnitt 10.2). Diese hatten im Rahmen der Deutschlandtour als Kick-off mit dem Vorstand für Integration und Personal wichtige Themen und Fragestellungen diskutiert.

„Lokale Sounding-Gruppen" und „zentrales Sounding-Board" wurden feste Institutionen des Change-Prozesses.

Abbildung 10-2   Das zentrale Sounding-Board

| Regionale Sounding-Gruppen | Sounding-Board Gesamtbank | Segment-Sounding-Boards |

Ziel:
- Direkter Dialog des Integrationsvorstands und des Projektmanagements mit Mitarbeitern aus der Fläche

Teilnehmer:
- Je 1 Abgesandter aus jedem regionalen Sounding-Board
- Insgesamt max. 3 Abgesandte aus den Sounding-Boards der Zentralbereiche

Format:
- Moderierte Workshops und anschließend Diskussion mit Integrationsvorstand
- Zwei Stunden je Quartal

Komplementiert durch Integrationstalks in der Zentrale (offene Plattform für alle Mitarbeiter)

Quelle: Commerzbank AG

10.1.2 Zentrales Sounding-Board – Bündelung der Feedbacks

Die Einrichtung des „zentralen Sounding Boards" folgte der Idee einer weiteren und nachhaltigen Möglichkeit der direkten Kommunikation zwischen Integrationsvorstand und Sounding-Gruppen. Die Ergebnisberichte, die regelmäßigen Telefonkonferenzen und schriftlichen Kontakte hatten eine sehr positive Wirkung auf die Teilnehmer und deren Output. Diese Medien konnten allerdings kein Ersatz für eine direkte Kommunikation sein. Zudem wollten wir den Sounding-Gruppen untereinander eine Vernetzung bieten. Wichtig in dem Zusammenhang ist des Weiteren, dass die modul-eigenen Soundings nicht zentral durch den Lenkungsausschuss Change/Enabling gesteuert wurden.

Das zentrale Sounding-Board (s. Abbildung 10-2) wurde erstmals am Ende der Deutschlandtour als Jahresabschlussveranstaltung durchgeführt. Die nominierten Sprecher der lokalen Sounding-Gruppen wurden zu dieser eineinhalbtägigen Veranstaltung eingeladen. Zudem haben wir die Change-Beauftragten aller Projektmodule gebeten, einen Teilnehmer aus den moduleigenen Soundings zu benennen. Ziel war es, die Anzahl der Teilnehmer mit Vertretern der Bereichssoundings auf insgesamt 20 aufzustocken, um so dezentrale und zentrale Themen in einem Format zu integrieren.

10.1.3 Bereichs-Soundings für spezifisches und zielgerichtetes Feedback

Im Verlauf des Projekts wurden in verschiedenen Projektmodulen eigene Sounding-Gruppen mit Mitarbeitern aus dem jeweiligen Bereich eingerichtet. Diese „funktionsorientierte" Form des Soundings generierte schnell und zielgerichtet Feedback, um die Feinsteuerung der Projektthemen im jeweiligen Bereich vornehmen zu können und bei Bedarf auch Richtungsänderungen einzuleiten. Diese Soundings wurden direkt durch die Module gesteuert und verantwortet.

Die Teilnehmer wurden nach eigenen Anforderungen und Kriterien ausgewählt und zusammengestellt. Der Turnus der Meetings wurde individuell und je nach Bedarf der Module festgelegt. Weitere wichtige Kriterien waren zu jeder Zeit die Relevanz und der aktuelle Status im Gesamtplan des Projekts. So wurden vor beziehungsweise nach wichtigen Meilensteinen diese moduleigenen Soundings durchgeführt und konnten wesentliche Erkenntnisse der Basis in der weiteren Projektplanung berücksichtigt werden. Die Mitarbeiter hatten in jeder Veranstaltung Gelegenheit, ihre Themen mit dem zuständigen Bereichsvorstand oder Bereichsleiter zu diskutieren.

10.1.4 „Integrationstalks" zur Nutzung von Großgruppendynamiken

Die Integrationstalks wurden als Sonderformate in der Zentrale in Frankfurt am Main durchgeführt. Diese haben in unterschiedlichen Phasen des Projekts an vier Terminen stattgefunden. Das Besondere an diesen Integrationstalks war, dass neben der Projektleitung, die aus Vorstandsmitgliedern und Bereichsvorständen bestand, auch weitere Führungskräfte der ersten und zweiten Führungsebene teilgenommen haben. Das Format wurde als offenes „Townhall Meeting" aufgelegt und so konnten jeweils bis zu 100 Teilnehmer mit Verantwortlichen aus den unterschiedlichen Bereichen der Bank und über den aktuellen Stand der Integration diskutieren. Die Teilnehmer konnten sich über eine intranetbasierte Anmeldemaske eigenständig anmelden und somit selbst entscheiden, ob sie teilnehmen oder nicht.

Dynamik der Großgruppe und die unterschiedliche Zusammensetzung der Teilnehmerfelder ermöglichen differenzierte Ergebnisse.

Damit war unter anderem gewährleistet, dass wir von Veranstaltung zu Veranstaltung eine andere Teilnehmergruppe erreichten und damit auch differenzierte Beobachtungen, Bedürfnisse und Befürchtungen identifizieren konnten. Die Ergebnisverwendung war sehr direkt und die Verantwortlichen der Projektleitung und der verschiedenen Führungsebenen konnten die Feedbacks und Lösungsideen der Teilnehmer für den weiteren Integrationsprozess nutzen. Zudem wurde im Anschluss an die Veranstaltungen eine Zusammenfassung der wesentlichen Themen und der kritischen Rückmeldungen der Teilnehmer erstellt und den Projektmodulen zur Verfügung gestellt. Im Verlauf des Projekts wurden die Integrationstalks zu „Integrationslunches" umgestellt, damit im Rahmen der dann kleineren Soundings (bis zu 20 Teilnehmer) konkreter und unmittelbarer diskutiert werden konnte.

10.2 Konzeption, Teilnehmerauswahl, Rollen und Verantwortlichkeiten in den regionalen Sounding-Gruppen

In den 15 lokalen Sounding-Gruppen wurden je 20 Mitarbeiterinnen und Mitarbeiter eingesetzt. Diese insgesamt 300 Teilnehmer wurden anhand der folgenden fünf, im Vorhinein festgelegten Kriterien repräsentativ durch die zuständige lokale Personalleitung ausgewählt:

- Mitarbeiter der „alten" Dresdner Bank ebenso wie aus der „alten" Commerzbank

- Berücksichtigung aller vor Ort vorhandenen Segmente analog der Anzahl der Mitarbeiter der Gebietsfiliale

- „Vertrieb" und „Supportfunktionen/Services" (hier haben wir aufgrund der besonderen Bedeutung des Vertriebs in den Gebietsfilialen eine leichte Übergewichtung der Vertriebsmitarbeiter ausdrücklich zugelassen)

- Geschlecht

- berufliche Erfahrungen (Junior/Senior)

Damit haben wir systemseitig alle Vorkehrungen für Diskussionen mit einer angemessenen Breite und Tiefe sowie mit Themen aus allen Segmenten getroffen.

Die Entscheidung, ausdrücklich keine Führungskräfte als Teilnehmer der Sounding-Gruppen zuzulassen, hat die von uns gewünschte, möglichst uneingeschränkte Offenheit und Ehrlichkeit unterstützt. In diesem Format konnten damit die segmentübergreifenden Resonanzen zur Integration in der Fläche aufgenommen werden. Die Rolle der verschiedenen Beteiligten im Sounding-Prozess wurde vorab näher definiert und zur Verfügung gestellt.

Die repräsentativ ausgewählten Teilnehmer haben die Rolle der „Frager und Erzähler" übernommen. Diese wurden auch durch das von uns bewusst angelegte Diskussionsformat ermuntert, offen, klar und auch konstruktiv die Meinungen der weiteren Mitarbeiter zu transportieren und die wichtigsten Fragen zu stellen. Wir haben uns in jeder Phase des Soundings die „Schwarmintelligenz" der Teilnehmer zu Nutze gemacht.

Der Integrationsvorstand hat die Verantwortung für eine erfolgreiche Integration und somit ein großes Interesse, dass die Teilnehmer des Soundings offen und ehrlich sind. Durch das klare Signal, dass die Rückmeldungen ernst genommen werden, hat der Vorstand die Möglichkeit, Vertrauen zu gewinnen und Nahbarkeit zu schaffen. Die Teilnehmer wurden durch diese positive Haltung langfristig motiviert.

Die Moderatoren waren für die zielführende Moderation und Durchführung aller Sounding-Veranstaltungen im Rahmen der Deutschlandtour verantwortlich. Das bedeutete, die Offenheit und auch die Kritikfähigkeit der Teilnehmer durch die richtigen Interventionen zu fördern.

Wie oben beschrieben, haben wir bewusst keine Führungskräfte in den Sounding-Runden zugelassen. Dennoch haben wir die Führungskräfte (vertreten durch die Führungsebene 2) an den Ergebnissen der Veranstaltungen teilhaben lassen. Die Ergebnisse wurden einerseits besprochen und andererseits schriftlich zur Verfügung gestellt. Hierdurch konnten wir erreichen, dass insbesondere die vor Ort änderbaren Aspekte der Rückmeldungen aufgenommen und bezüglich entsprechender Lösungsansätze diskutiert wurden. Die Führungskräfte konnten dadurch in ihrer Rolle als „Change-Agents" aktiv werden, Meinungen aufnehmen und in der Zeit nach den Sounding-Runden Fragen beantworten und Maßnahmen einleiten sowie proaktiv umsetzen.

Die Konzepte wurden für alle Standorte zentral erstellt – damit haben wir eine einheitliche Umsetzung gewährleistet und keine Ressourcen verschwendet.

Die Konzepte wurden zum einen zentral erstellt, die einheitliche Vorbereitung der Logistik zu den Veranstaltungen übernommen und anschließend allen Standorten zur Verfügung gestellt. Zum anderen wurden die übergreifende Zusammenführung der Ergebnisse und die Integration entsprechender Maßnahmen in die Change-Architektur sichergestellt. Lokal wurden HR-Mitarbeiter in die Planungen eingebunden.

10.2.1 Zielsetzung und Vorgehen in den Sounding-Gruppen

Das Ziel und die Aufgaben der lokalen Sounding-Gruppen waren klar beschrieben und wurden in der Startphase der Veranstaltung auch detailliert mit den Teilnehmern besprochen. Sehr wichtig für ein gelungenes und werthaltiges Sounding ist die Offenheit und konstruktive Haltung der Teilnehmer. Die Mitarbeiter sollten dem Integrationsvorstand offen und ehrlich die Mitarbeitermeinung präsentieren und sowohl positiv als auch kritisch wahrgenommene Themen im Rahmen der Integration adressieren. Um das zu erreichen, haben wir den Ablauf so gestaltet, dass die Mitarbeiter in der ersten Phase ohne Führungskräfte zunächst Diskussionspunkte und Ergebnisse erarbeiteten, bevor sie diese in der zweiten Phase mit dem Integrationsvorstand diskutierten.

Die Grundstruktur des Formates:

Grundstruktur des Sounding-Formats

- Begrüßung und Einführung

- Rollen- und Aufgabenklärung

- Prozessbeschreibung (Wie gehen wir heute gemeinsam vor und wie wird mit den Ergebnissen weiter verfahren?)

- Kennenlernen der Teilnehmer und Moderatoren

- Einführung in den Prozess und Methodenbeschreibung

- Teilnehmer erarbeiten anhand folgender Leitfragen zunächst die relevanten Themen: Was läuft gut und ist bewahrenswert? Worauf sind Sie stolz in der Umsetzung? Welche Erfolgsstorys im Rahmen der Integration gibt es? Was läuft weniger gut/nicht gut? Wo gibt es Stolpersteine/wo ist Sand im Getriebe? Welche Ideen und Vorschläge gibt es, um den Prozess der Integration zu professionalisieren, zu verfeinern beziehungsweise zu beschleunigen?

- Arbeit in Kleingruppen, anschließend Berichterstattung in der gesamten Sounding-Gruppe und bei Bedarf Konkretisieren der Ergebnisse beziehungsweise Ergänzungen zu den Themen aufnehmen

Die so erarbeiteten Ergebnisse wurden im zweiten Schritt mit dem Integrationsvorstand diskutiert und von den Sounding-Teilnehmern vorgestellt. Durch die Zweiteilung haben wir gewährleistet, dass die Teilnehmer zunächst anonymisiert diskutieren und sich auf die Diskussion mit dem Integrationsvorstand vorbereiten konnten. Unser Gedanke dabei war, dass die Teilnehmer sich von sozial erwünschten Rückmeldungen sukzessive lösen und auch Themen ansprechen sollten, die gegebenenfalls im direkten Beisein eines Vorstandsmitglieds erst gar nicht geäußert würden.

Anschließend wurden diese Diskussionsergebnisse durch den Integrationsvorstand mit der zweiten Führungsebene der Gebietsfiliale besprochen, Handlungsfelder identifiziert und sofern erforderlich und sinnvoll bereits Maßnahmen vereinbart. Wichtig und durch uns bereits konzeptionell vorgegeben war die Rückkopplung und Kommunikation der Ergebnisse, Erkenntnisse und Maßnahmen aus dieser Diskussion in die Sounding-Gruppe. Damit konnten wir den Kreis schließen und alle Beteiligten waren am Ende des Prozesses über den Verlauf und die Ergebnisse informiert. Zudem wurde seitens des Integrationsvorstands signalisiert, dass dieses Format sehr ernst genommen wird und die Führungskräfte als „Change-Agents" eine wichtige Rolle im Rahmen des Integrationsprozesses spielen.

10.2.2 Informations- und Unterlagenpaket sowie der spezifische Moderationsansatz

Die Konstruktivität der Veranstaltungen wurde durch die Einbindung der Teilnehmer an einer Lösungsfindung deutlich gefördert.

Um die wesentlichen Unterlagen und Leitfäden nur ein Mal entwickeln zu müssen, eine einheitliche Umsetzung gewährleisten zu können und den Aufwand der lokalen Einheiten so gering wie möglich zu halten, haben wir ein komplettes Informations- und Unterlagenpaket geschnürt und zur Verfügung gestellt.

Dieses Unterlagenpaket bestand aus folgenden Komponenten:

- operationalisierte Planung zum Kick-off und Erläuterung der To Dos/Verantwortlichkeiten

- Vorankündigungstext und Einladungs-E-Mails für die Roadshow und Soundings

- Moderationsablauf und Materialanforderungsliste

- Ergebnisbericht

- Dankes-E-Mail

Alle Veranstaltungen im Rahmen der Deutschlandtour wurden mit identischem Ablauf und durch professionelle Moderatoren durchgeführt. Damit konnten alle Veranstaltungen weitgehend kongruent verlaufen.

10.2.3 Ergebnisrückkopplung und -verwendung

Wie bereits beschrieben, wurden die Ergebnisse der Sounding-Gruppen im Rahmen der Diskussionen mit der zweiten Führungsebene transparent gemacht und über Lösungen und Maßnahmen gesprochen.

Darüber hinaus haben wir zentral alle Ergebnisse aufgenommen, aufbereitet und in den regelmäßigen Lenkungsausschusssitzungen mit Change-Beauftragten der Segmente diskutiert. Auch hier wurde sehr lösungs- und zielorientiert an Folgemaßnahmen gearbeitet. Sofern sehr spezifische Lösungen erforderlich waren, wurden die Ergebnisse auch direkt in die Projektmodule gespielt. Dort konnten dann spezifische Lösungen erarbeitet werden. Eine unserer wichtigen Aufgaben war es, den Modulen die Ergebnisse als Chance und nicht als Kritik zu vermitteln.

Über die Ergebnisverwendung durch die Module wurden wir anschließend informiert. Diese Informationen haben wir entsprechend aufgearbeitet und wiederum den Sounding-Gruppen zur Verfügung gestellt (beginnend mit dem ersten zentralen Sounding-Board). Damit konnten wir die Sinnhaftigkeit dieser Soundings belegen und sicher auch die Motivation der Teilnehmer, an diesen Sounding-Runden teilzunehmen, fördern.

Zum Abschluss der Deutschlandtour im Dezember 2009 haben wir eine Jahresabschlussveranstaltung mit nominierten Sprechern aus den lokalen Sounding-Gruppen durchgeführt (vgl. Ausführungen zum „zentralen Sounding-Board").

10.3 Zweite Welle und Dauerbetrieb

Die „Management Attention" und der ernsthafte Umgang mit den Ergebnissen sind die wesentlichsten Erfolgsfaktoren von Soundings.

Bereits beim Start der Deutschlandtour und der Implementierung der Sounding-Gruppen wurde entschieden, dass diese im Dauerbetrieb bis zum Abschluss der Integration fortgeführt werden sollten. Die Erfahrungen aus den ersten Veranstaltungen haben wir genutzt, um die Organisation und das Format weiterzuentwickeln. Insbesondere das zeitliche Auseinanderdriften der Veranstaltungen durch die unterschiedlichen Zeitpunkte der Kick-offs zwischen August und Dezember 2009 haben wir in den Fokus genommen. In der Folge gehen wir insbesondere auf die spezifischen Änderungen und Weiterentwicklungen ein, wobei das Grundkonzept beibehalten und verfeinert wurde.

10.3.1 Konzeption

Die lokalen Sounding-Gruppen sollten in der Folge nun alle zwei Monate zusammenkommen und über die aktuellen Themen und Entwicklungen diskutieren. Die Zielsetzungen waren identisch mit denen der Deutschlandtour, allerdings mussten wir die nun fehlende Diskussion mit dem Integrationsvorstand unter den Gesichtspunkten „Ergebnisverwendung" und „Motivation" ausgleichen.

Noch während der Kick-off-Veranstaltungen haben wir aus dem Kreis der 20 Sounding-Teilnehmer einen Sprecher/eine Sprecherin nominieren lassen. Diese zusätzliche Rolle war notwendig, weil wir die Gruppen weitgehend selbststeuernd und -organisierend laufen lassen wollten. Dadurch konnten zusätzlicher Aufwand und Kosten dieser Veranstaltungen begrenzt werden. Außerdem haben wir uns den Effekt der selbstlernenden Organisation versprochen, der am Ende dieser Veranstaltungen tatsächlich eingetreten ist. Der gewählte Sprecher war für uns erster Ansprechpartner und damit Dreh- und Angelpunkt in der weiteren Durchführung. Er sollte an den „zentralen Sounding Boards" teilnehmen und als positiver Multiplikator in die Sounding-Gruppe hineinwirken. Die hohe Motivation der Teilnehmer sollte dadurch dauerhaft erhalten bleiben.

Im Anschluss an die Sounding-Runden wurden sämtliche Ergebnisse mit den Führungskräften der zweiten Führungsebene besprochen: in Präsenzveranstaltungen oder Telefonkonferenzen. Für die spezifischen Themen der Gebietsfiliale wurden Lösungsmöglichkeiten und Maßnahmen besprochen.

Da wir die Teilnehmer der Sounding-Gruppen auch persönlich weiterentwickeln wollten (s. auch das Stichwort „selbstlernende Organisation"), haben wir keinen externen Moderator mehr zur Verfügung gestellt. Diese und auch weitere Rollen wurden im Informations- und Unterlagenpaket näher beschrieben und durch die Teilnehmer übernommen. So wurden innerhalb der Teams zum Beispiel Moderator, Zeitwächter und Protokollant ausgewählt und eingesetzt.

Da die Organisation der Veranstaltungen eine aufwendige und zeitkonsumierende Aufgabe ist, haben wir den Sprechern weiterhin den HR-Ansprechpartner zur Seite gestellt, der bei Bedarf entsprechend unterstützen konnte. Konnte die Rolle des Moderators nicht aus den eigenen Reihen besetzt werden, wurde dieser gegebenenfalls von HR zur Verfügung gestellt.

10.3.2 Zielsetzung und Vorgehen in den Sounding-Gruppen

Die Zielsetzungen der Sounding-Veranstaltungen im Dauerbetrieb und in dezentraler Verantwortung mit klarem Fokus auf das Thema „Integration" wurden den Teilnehmern im Rahmen des Informations- und Unterlagenpakets wie folgt zur Verfügung gestellt:

- Austausch über bisherige Initiativen und Ereignisse am eigenen Standort/Filiale/Team

- Einordnung des aktuellen Stands im Integrationsprozess

- Reflexion unter den bekannten Blickwinkeln

- Vorbereitung einer „Management Summary" und eines detaillierten Ergebnisberichtes

- konkrete Vereinbarungen zum weiteren Vorgehen

Rollen der Teilnehmer

Die Rollen der Teilnehmer haben wir bildhaft dargestellt:

- Seismograph – heute und morgen (Teilnehmer zeichnen Stimmungsbild der Fläche zur Integration im Allgemeinen sowie zu vorgegebenen Themen)

- Erzähler und Transporteur (Teilnehmer nehmen einerseits eine Trichterfunktion wahr, um Gedanken von anderen Kollegen in die Soundings zu transportieren; andererseits verkörpern sie Multiplikatoren, um andere Kollegen über Feedback aus den Soundings zu informieren)

- Ideengeber (Teilnehmer nennen ihre Bedürfnisse und wie Lösungsvorschläge zu genannten Handlungsfeldern aussehen könnten)

Hierbei ist es besonders wichtig, ein klares Erwartungsmanagement vorzunehmen. Die Teilnehmer mussten wissen, dass Vorschläge, Ideen und Bedürfnisse nicht als Arbeitsaufträge verstanden werden konnten. Somit war allen Beteiligten von Beginn an klar, dass nur die einfache Äußerung von Missständen oder auch Lösungsvorschlägen keine Umsetzungsverpflichtung mit sich brachte.

Die Erfahrungen aus der Deutschlandtour wurden ebenso wie die Rückmeldungen aus dem ersten zentralen Sounding-Board (Jahresabschlussveranstaltung) genutzt, um das Informations- und Unterlagenpaket aus der Kick-off-Veranstaltung nutzerorientiert und zielgerichtet weiterentwickeln und gestalten zu können. Arbeitnehmergremien und Führungskräften wurden sehr umfangreiche Planungs- und Checklisten, Leitfäden, Musterbriefe, Reportingformate, „Sprechzettel" zur Information zur Verfügung gestellt. Die zentrale Steuerung des Sounding-Prozesses stand permanent als „Hotline" zur Verfügung.

10.3.3 Die selbstlernende Organisation als Leitbild

Wie bereits erläutert, haben wir uns dazu entschlossen, die Sounding-Gruppen eigengesteuert fortzuführen. Somit kann sich eine selbstlernende Organisation etablieren. Die 300 Sounding-Teilnehmer haben wir dazu ermutigt, Problemstellungen zu benennen, kreative Lösungsmöglichkeiten zu erarbeiten, diese zu adressieren beziehungsweise selbst umzusetzen (zum Beispiel die Kommunikation der Existenz der Sounding-Gruppen) und auch nachzuhalten.

Das uns im Rahmen der Abschlussveranstaltung Mitte 2011 zur Verfügung gestellte Feedback der Teilnehmer zeigt deutlich, dass diese einen klaren Entwicklungs- und Erfahrungsgewinn für sich verzeichnet haben. Auch durch das Thema „Umgang mit Hierarchien" und die Vorgehensweise bei der Diskussion von kritischen Themen haben die Teilnehmer einen deutlichen Erkenntnisgewinn erzielt. Insofern konnten wir wie geplant neben den sehr guten Ergebnissen aus den Soundings noch weitere wertvolle und für den Mitarbeiter und die Commerzbank positive Nebeneffekte erzielen.

Die Teilnehmer der Sounding-Gruppen verzeichneten einen klaren Entwicklungs- und Erfahrungsgewinn.

10.4 Synchronisierung als Erfolgsfaktor für konkretes und zielgerichtetes Sounding zu einem Zeitpunkt

Die lokalen Sounding-Gruppen hatten den Auftrag, sich alle zwei Monate zu treffen und über die aktuellen Entwicklungen und Themen zu diskutieren. Da die 15 Soundings im Rahmen der Deutschlandtour über fünf Monate verteilt stattfanden, hätte eine daraufhin geplante Fortführung der Soundings immer zu einer zeitlich deutlich verteilten/verzögerten Rückmeldung geführt. Zudem wollten wir wichtige und aktuelle Themen zentral in die Sounding-Gruppen (unter anderem aus Motivationsgründen) einsteuern, um hierzu zielgerichtet Feedback zu erhalten.

Synchroni-sierung der Durchführungs-termine

Daher haben wir die Synchronisierung der Durchführungstermine vorgenommen. Alle 15 lokalen Sounding-Gruppen bekamen den Auftrag, ab März 2010 alle zwei Monate innerhalb von zwei vorgegebenen Kalenderwochen das Sounding durchzuführen. Damit konnten wir die häufiger genannten und relevanteren Themenblöcke identifizieren und den Projektmodulen gebündelt zur Verfügung stellen. Durch diesen sehr effektiven Schritt haben wir den Einfluss der Ergebnisse aus den Soundings auf die Arbeit in den Projektmodulen deutlich verbessert.

Abbildung 10-3 Synchronisierung der Sounding-Gruppen als Voraussetzung für gezielte Themeneinspielung

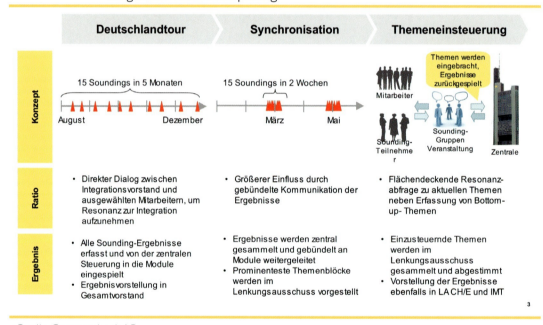

Quelle: Commerzbank AG

Ein weiterer wesentlicher Impuls entstand durch die Möglichkeit, zentral Themen in die lokalen Sounding-Gruppen einzuspielen. Hierdurch konnten wir erreichen, dass zu wichtigen Themen entweder im Vorfeld oder im Nachgang einer Implementierung flächendeckend und zielgerichtet Resonanz der 300 Sounding-Teilnehmer eingeholt werden konnte.

Da das Integrationsprojekt komplex und umfangreich war, haben wir einen klaren „Einreichungs"-Prozess definiert. Die Themeneinspielung erfolgte in drei Schritten:

Abbildung 10-4 Synchronisierung der Sounding-Gruppen als Voraussetzung für gezielte Themeneinspielung

Festlegung Themen	Erarbeitung unterstützender Informationen	Einspielung in und Ergebnisse aus Sounding-Gruppen
Vorschläge werden eingebracht durch • Projektgremien • Change-Beauftragte **Anforderungen an Themenvorschläge** • Beschreibung • Zielsetzung • Ergebnistyp • Erforderliche Hilfsmaterialien **Abstimmung über Vorschläge durch Q-LA Change/Enabling**	**Inhaltliche und didaktische Themenaufbereitung** • Entlang definierter Anforderungen • Ziel: Themenverständnis in Sounding-Gruppen schaffen **Leitfaden für Diskussion** • Leitfragen • Testfragen • Hintergrundinformationen **Ggf. Festlegung Ergebnisformate**	**Zentraler Versand und Briefing Telko[1] mit allen Sprechern** **Beantwortung von Rückfragen zu den eingespielten Themen und begleitenden Unterlagen** **Erste Sounding-Gruppen finden statt** **Ergebnisse zu Themen** • Zwischenbericht • Finaler Bericht
———— LA ————	———— Gesamtprojekt Steuerung ————	———— LA ————

[1] Telko mit Sprechern aller 15 regionalen Sounding-Gruppen und relevanten Projektgremien zu themenbegleitenden Unterlagen und Fragen.

Quelle: Commerzbank AG

1. Festlegung der Themen

2. Erarbeitung unterstützender Informationen (inhaltliche und didaktische Themenaufbereitung)

3. Einspielung in und Ergebnisse aus Sounding-Gruppen

Die Themeneinspielung wurde im Verlauf der folgenden zwölf Monate zwar lediglich zweimal genutzt, jedoch waren die Ergebnisse zu diesen Themen sehr konkret, speziell auf die Ausgangssituation zugeschnitten und damit qualitativ extrem wertvoll.

10.5 Ergebnisverwendung und -diskussion in allen wesentlichen Projektgremien als weiteren Erfolgsfaktor etabliert

Die Ergebnisberichte der 15 Sounding-Gruppen wurden immer direkt nach der synchronisierten Durchführung an die zentrale Steuerung gegeben. Hier wurden die Ergebnisse aggregiert und ohne Veränderung der Originalaussagen zusammengefasst. Interpretationen sollten dadurch vermieden werden. Bei Fragen zu einzelnen Rückmeldungen wurden die Sprecher kontaktiert und so konnten Verluste im Informationsgehalt beziehungsweise Fehlinterpretationen vermieden werden.

Die Ergebnisse wurden zunächst im Lenkungsausschuss Change/Enabling vorgestellt und diskutiert. Hier konnten durch die unterschiedlichen Blickwinkel und Verantwortlichkeiten noch weitere wertvolle Aspekte erarbeitet werden. Anschließend wurden die Ergebnisse im Integrationsmanagementteam (IMT) und auch im Integrationsausschuss (= Gesamtvorstand) präsentiert. Parallel wurden die Ergebnisse den Modulen zur Verfügung gestellt und diese konnten sie in die weitere Projektarbeit einbinden.

10.6 Motivation und Spannungsbogen der Sounding-Teilnehmer aufrechterhalten und Bekanntheitsgrad der lokalen Sounding-Gruppen erhöhen

Die Motivation der Sounding-Teilnehmer über einen langen Zeitraum aufrechtzuerhalten war ein wichtiger Aspekt unserer gemeinsamen Aktivitäten. Wir mussten davon ausgehen, dass es nach einigen Veranstaltungen „Ermüdungserscheinungen" geben würde. Zum einen hätten aufgrund des zweimonatigen Turnus die Themen „ausgehen" können; zum anderen hätten die gleichbleibende Methode und gegebenenfalls unerfüllte Erwartungshaltungen (zum Beispiel bezüglich der Ergebnisverwendung) die Motivation der Teilnehmer einschränken können.

Motivation der Sounding-Teilnehmer über langen Zeitraum aufrechterhalten

Aufgrund dessen haben wir unterschiedliche Maßnahmen ergriffen, die es uns im Nachhinein ermöglichten, die Teilnehmer jedes Mal aufs Neue zu motivieren.

Zunächst haben die Teilnehmer selbst im Rahmen eines zentralen Sounding-Boards an Möglichkeiten gearbeitet, wie der Bekanntheitsgrad der lokalen Sounding-Gruppen in den Gebietsfilialen erhöht werden könnte. Dadurch sollten weitere Mitarbeiter abgeholt und mehr Themen für Diskussionen generiert werden. Daraufhin hat jede Sounding-Gruppe eine lokale E-Mail entwickelt und mit Unterstützung der Führungskräfte der zweiten Führungsebene an alle Mitarbeiter im Zuständigkeitsbereich versandt. Zudem wurden in einigen Gebietsfilialen Betriebsversammlungen genutzt, um die Teilnehmer der Sounding-Gruppen bekannt zu machen.

Aus der zentralen Steuerung heraus haben wir einen ausführlichen Bericht mit Fotos und entsprechenden Informationen in das Mitarbeitermagazin „Commerzbanker" gebracht. Diese Veröffentlichung geht an alle aktiven und passiven Mitarbeiter und hat einen hohen Beliebtheitsgrad. Parallel dazu wurden die Integrationsthemen im Integrations-TV „Zusammen Wachsen-News" platziert. Die Idee war es, ein Kamerateam in eine laufende Sounding-Gruppen-Veranstaltung zu schicken, um hieraus Eindrücke und Statements zu filmen und zu senden. Dieser Film wurde im Commerzbank-Intranet „Comnet" durch eine kleine Präsentation ergänzt, die neben Ziel und Format auch die Teilnehmer-Kontaktdaten beinhaltete.

Durch diese ineinandergreifenden Maßnahmen wurde der Bekanntheitsgrad der Sounding-Gruppen deutlich erhöht und die Teilnehmer in ihrer Arbeit wertgeschätzt.

Die Ergebnisverwendung war für uns ebenfalls ein wesentlicher Aspekt. Klar war, dass die Teilnehmer nur dann nachhaltig „Lust" an einer Arbeit in den Gruppen entwickeln würden, wenn diese merken, dass die Ergebnisse tatsächlich auch genutzt werden und die Diskussionen somit einen Sinn haben. Insofern haben wir die Sprecher der Sounding-Gruppen zu Beginn jedes zentralen Sounding-Boards über die Ergebnisse der vergangenen vier Monate informiert. Zuvor wurden alle Module gebeten, uns die konkrete Verwendung der Feedbacks aufzubereiten. Das war jedes Mal ein Highlight und die Sprecher konnten diese Präsentation für die nächste lokale Sounding-Veranstaltung nutzen.

10.7 Bedeutung von „Management Attention", Anerkennung und Transparenz der Ergebnisse

Das Wichtigste an der Durchführung der Sounding-Veranstaltungen war die Aufmerksamkeit des Managements. Nur aufgrund der direkten Anbindung an die Gesamtprojektleitung, durch die Beteiligung des Integrationsvorstands bei den Veranstaltungen und durch die Präsentation der Ergebnisse in den Projektgremien wie dem Lenkungsausschuss Change/Enabling, dem IMT und dem Integrationsausschuss wurden die Sounding-Gruppen und das zentrale Sounding-Board zu einem sehr erfolgreichen Feedback-, Diagnose- und Monitoringinstrument.

Nutzen von Sounding-Boards für die Mitarbeiter und die Bank

Nutzen für die Mitarbeiter	Vorteile für die Bank
Mitarbeiter können sich aktiv beteiligen und realisieren, dass ihre Themen ernst genommen werden.	Direkter, ungefilterter Austausch mit dem Mitarbeiter
Themen werden offen besprochen und in Form eines Dialogs auf Augenhöhe diskutiert – damit werden Berührungsängste abgebaut und die Gefahr des Verhaltens nach sozialer Erwünschtheit reduziert.	Keine Nivellierung durch Linie oder Führungskräfte; hierarchieübergreifender Ansatz
Durch die Vorstandsbeteiligung wird Wertigkeit und Bedeutung vermittelt.	Themen werden an der Basis identifiziert. Klarheit, was wirklich ankommt.
Die Bank nimmt klar Stellung und erläutert Möglichkeiten und Entscheidungen.	Informationsquelle und Kommunikationsplattform
Ergebnisse werden im Vorstand und weiteren Projektgremien präsentiert und an verantwortliche Bereiche/Module zur weiteren Berücksichtigung weitergeleitet.	Durch die Synchronisierung konnten weitere wichtige Themen schnell, großflächig und praxisnah validiert werden.

Tippbox

» Sounding als Diagnoseinstrument und Feedbackplattform von Beginn an in Change-Architekturen einbauen; verschiedene Sounding-Methoden nutzen, um eine breite Basis an Rückmeldungen zu bekommen

» Sounding-Teilnehmer anhand von klar definierten, diversifizierenden Kriterien auswählen, um einen möglichst repräsentativen Querschnitt des Unternehmens abbilden zu können

» Informations- und Unterlagenpaket zentral erstellen und organisatorische und methodische Aspekte so umfassend wie möglich vorbereiten

» Die Eigenverantwortung der Sounding-Gruppen herausstellen und konsequent einfordern

» Für die Sounding-Gruppen eine möglichst hohe „Management Attention" entwickeln

» Sounding-Ergebnisse in der Unternehmens- und Projekthierarchie transparent und nutzbar machen; den Sounding-Teilnehmern Informationen über die Verwendung dieser Ergebnisse zur Verfügung stellen; die Projektmodule ermutigen, die Ergebnisse als Chance und nicht als Kritik zu verstehen

» Sounding nicht nur als Diagnoseinstrument und Feedbackplattform, sondern auch als kulturprägendes Dialogformat verstehen

11. Kulturelle Integration auf Führungs- und Teamebene — „Zusammen Wachsen", um zusammenzuwachsen

MARION EWERT-BRAUN, ERICH PFARR

Was ist zu tun, wenn man Menschen unterschiedlicher Kulturen zusammenbringen will? Ist überhaupt etwas zu tun? Man könnte sich auf den Standpunkt stellen, dass das Leben schon dafür sorgen wird, dass sich die handelnden Personen aufeinander einstellen. Oder man nimmt an, dass dies nicht von selbst geschieht, sondern Bedingungen geschaffen werden müssen, in denen Annäherung stattfinden kann. Merger-Erfahrene wissen, dass die erste Annahme nur in seltenen Fällen zutrifft, in Großorganisationen wurde sie noch nie bestätigt.

11.1 Begleitung von Anfang an

Der folgende Abschnitt beschreibt konkrete Begleitmaßnahmen für die kulturelle Integration auf Führungs- und Mitarbeiterebene der beiden Banken und welche Überlegungen dabei im Vordergrund standen.

Konkrete Begleitmaßnahmen

Das, was hier isoliert betrachtet wird, ist Teil einer integrierten Gesamtarchitektur Change und Kommunikation (s. Kapitel II/3), der von einem ganzen Strauß kommunikativer Maßnahmen begleitet wurde (s. Kapitel III/16 und III/17).

Während – wie in Kapitel II/4 ComWerte bereits beschrieben – die Commerzbank in den Jahren 2007 und 2008 intensiv in das Thema Unternehmenskultur investiert hatte, stand bei der Dresdner Bank dieses Thema seit 2000 weniger im Fokus.

Die Vorgehensweise aus dem Kulturprozess der Commerzbank (s. Kapitel II/4) hatte sich als guter Weg gezeigt. In einem offenen Kommunikationsprozess wurden persönliche Kultur mit der Unternehmenskultur verbunden und unmittelbar mit jedem Mitarbeiter die fünf ComWerte diskutiert, für das Team interpretiert und zu einem neuen gemeinsamen Verständnis integriert. In der Diskussion über den richtigen Weg für die kulturelle Integration kamen wir zu dem Schluss, die kulturelle Annäherung zwischen beiden Instituten auf der Basis der ComWerte zu gestalten.

Der erste Schritt in diese Richtung ist in Kapitel II/8 beschrieben. Der Abgleich der Ergebnisse aus der Welt der Topführungskräfte und der Mitarbeiter führte zur Ausformulierung der Leitlinien einer ComWerte-basierten Führung für die kulturelle Integration.

ComWerte verankern

Die Aufgabe lautete zu diesem Zeitpunkt, vor dem Hintergrund der bestehenden Unternehmenskultur ComWerte-basierte Formate zu entwickeln. Auftrag war es, Führungskräfte und Mitarbeiter mit vielfältigen Maßnahmen aktiv zu unterstützen, um das „Zusammen Wachsen" zu fördern. Es sollte ein Angebot speziell für den Integrationsprozess entstehen. Ziel war es, gemeinsam an der Unternehmenskultur zu arbeiten, Dum die ComWerte im Alltag zu verankern und um damit neue erfolgreiche Teams zu bilden.

Nutzen konnte man dafür die Experten, die den Unternehmenskulturprozess der Commerzbank konzipiert, koordiniert und gesteuert hatten, im Folgenden ComWerte-Team genannt. Dieser Auftrag war dort ideal angesiedelt, da dort Change-Experten mit ausgeprägter Beratungs- und Trainingserfahrung saßen.

Folgende Handlungsfelder besetzte das in das Projekt Change integrierte ComWerte-Team:

- Entwicklung von ComWerte-basierten Formaten

- Bearbeitung und Begleitung der Angebote und der Führungskräfte

- Aufbau und Begleitung eines Trainer-/Moderatorenpools

- Organisation, Steuerung, Prozedere sowie Abwicklung der Kostenübernahme für die Integrationsbausteine

- Schnittstellenfunktion zur Unternehmenskommunikation

- Steuerung und Organisation der Change-Agent-Bausteine sowie deren spezifische und individuelle Anpassungen

- Erarbeitung der Rahmenbedingungen

- Erstellung einer Budgethochrechnung und Controlling

Aus den Erfahrungen der beschriebenen kulturellen Analyseschritte (vgl. Kapitel II/8 und II/9) ging klar hervor, welche Anforderungen an die kulturellen Begleitmaßnahmen gestellt wurden:

- Abholen der Mitarbeiter und Führungskräfte aus der Dresdner Bank in Bezug auf ComWerte, das heißt auf die Commerzbank-Unternehmenskultur

- Entwickeln einer gemeinsamen Führungskultur im Führungsteam auf Basis der ComWerte-basierten Führungsleitlinien

- Identifizierung und aktives Aufarbeiten kultureller Unterschiede im Team, bezogen auf den Arbeitsalltag. Es geht um die Vereinbarung von Regeln im Umgang mit den Unterschieden

- Teambildung und -entwicklung auf Basis eines gemeinsamen Werteverständnisses mit Schwerpunkt Teamausrichtung und Wir-Gefühl

Klar war, dass – abhängig von der Integrationsgeschwindigkeit der verschiedenen Banksegmente – die zu entwickelnden Formate zu unterschiedlichen Zeitpunkten im Integrationsprozess eingesetzt würden.

Abbildung 11-1   Das Alles-aus-einer-Hand-Prinzip des ComWerte-Teams

Quelle: Commerzbank AG

Schnelle, anpassungsfähige, skalierbare Formate

Benötigt wurden also schnelle und wendige Formate, anpassungsfähig an die jeweilige Situation vor Ort, ohne das Ziel der gemeinsamen Kultur aus dem Auge zu verlieren, und skalierbar auf die unterschiedlichsten Gruppengrößen. So entstanden die „Zusammen Wachsen"-Bausteine mit einem Ziel, jedoch ausgerichtet auf die unterschiedlichen Situationen und Zielgruppen. Sie mussten kombinierbar sein, integrierbar in bestehende Veranstaltungen oder Offsites sowie anpassbar an unterschiedliche Gruppengrößen von 5 bis ca. 700 Teilnehmer (vgl. Abbildung 11-1).

11.2 Formate

Im Folgenden werden die einzelnen Formate steckbriefartig mit den Rahmendaten vorgestellt, mit denen der gesamte Integrationsprozess begleitet wurde. Bei jedem der Formate wurde ein Zuschuss festgelegt, der sich rein auf die Übernahme der externen Trainerkosten bezog.

11.2.1 Format: „Zusammen Wachsen" — ComWerte

Bereits bei den ersten öffentlichen Auftritten zur Übernahme hob der Vorstand die fokussierten Unternehmenswerte, hier insbesondere Respekt und Partnerschaftlichkeit, hervor und postulierte sie als Basis für die weitere Vorgehensweise im Merger.

Darum war es notwendig, eine Brücke anzubieten, die den neu hinzugekommenen Mitarbeitern die Möglichkeit gab, sich zu informieren und sich mit der ihnen neuen Kultur auseinanderzusetzen.

So entwickelte das ComWerte-Team einen Baustein, der vor allem die Mitarbeiter der Dresdner Bank oder interessierte Mitarbeiter ansprach, die bisher mit dem ComWerte-Prozess noch nicht in Berührung gekommen waren. Er stellte die Unternehmenskultur ComWerte, deren Inhalt, Bedeutung und Historie vor und gab Gelegenheit zum Austausch mit Kollegen aus der Commerzbank, die offen über ihre Erfahrungen mit dem Wertekanon und dem Werteprozess sprachen.

Ziele des Bausteins

Die Dresdner Bank-Mitarbeiter für ComWerte gewinnen, indem

- Interesse geweckt,

- vorhandene Motivation und Energie genutzt,

- Informationen vermittelt,

- Zusammenwachsen gefördert und eine

- Brücke zur Migration geschaffen wurde.

Inhalte

Die angebotenen Formate, insbesondere das ComWerte-Info-Café, gaben einen guten Einblick in die Intention der Unternehmenskultur, in die Auswahl der Werte, in den Werteprozess und in den aktuellen Status der Werteentwicklung. Ein Ausblick im Kontext der Integration, Erfahrungen einzelner Kollegen aus der Commerzbank und Beispiele von gelebten Werten rundeten das Bild zur Unternehmenskultur ab.

Danach bestanden immer Diskussions- und Austauschmöglichkeiten mit Commerzbank-Mitarbeitern, um zu erfahren, wie diese Kultur sich bisher zeigte, und um offene Fragen direkt klären zu können.

Die gleiche Absicht verfolgte das Format ComWerte-Meeting. Hier war die Führungskraft gefragt, mit den Mitarbeitern aus beiden Unternehmen am gemeinsamen Werteverständnis zu arbeiten.

Abhängig von der Teilnehmerzahl dauerten die Veranstaltungen zwischen eineinhalb und drei Stunden.

11.2.2 Format: „Zusammen Wachsen" — Kultur

Mit diesem Format sollte die Erstbegegnung von Mitarbeitern aus den beiden Häusern begleitet werden mit dem Ziel, Arbeitsfähigkeit herzustellen. In der täglichen Zusammenarbeit zeigen sich erfahrungsgemäß am schnellsten die Unterschiede in den einzelnen mitgebrachten Verhaltensmustern.

Arbeitsfähigkeit herstellen

Wie sah nun diese Begleitung aus?

In diesem Baustein sollten die Mitarbeiter konkrete Regeln für die Zusammenarbeit entwickeln und vereinbaren. In dem Wissen, dass konkrete Regeln helfen, kulturbedingte Reibungsverluste von Anfang an zu verringern, dass gleichzeitig eine zu starke Fokussierung der Unterschiede den gemeinsamen Ansatz erschwert, entschied man sich für ein kurzes Format von zwei bis drei Stunden Dauer. Die Zielgruppe waren ausschließlich neue „farbgemischte" Teams bestehend aus Mitarbeitern beider Banken.

Früh Reibungsverluste verringern

Kulturbedingte Reibungsverluste vermeiden, indem

Ziele des Bausteins:

- gezielte Identifikation von kulturellen Unterschieden im neu zusammengesetzten Team geschaffen,

- effektive Regeln für die tägliche Zusammenarbeit innerhalb des Teams erarbeitet

- und das Wir-Gefühls gefördert wurde.

Für die Gestaltung der ersten Zusammenarbeit standen drei Themen im Mittelpunkt: Kommunikation, Umgang mit Konflikten und Entscheidungsfindung.

Inhalte

Als Vorbereitung diente ein Fragebogen, in dem der Umgang mit diesen Schwerpunktthemen abgefragt wurde. Mit der Führungskraft wurden die Ergebnisse besprochen, die Antworten als Grundlagen des moderierten gemeinsamen Gesprächs und der abgeleiteten Vereinbarungen genutzt.

Insbesondere in der Startphase der Zusammenarbeit hatte dieser Baustein eine hohe Bedeutung und Projektleiter und Führungskräfte nutzten ihn gern, um ein erstes strukturiertes Kennenlernen zu gestalten. Die aktive Auseinandersetzung mit konkreten Unterschieden in der täglichen Arbeitsgestaltung, der Abgleich unterschiedlicher Geschäftsauffassungen, die Klärung gegenseitiger Erwartungen und die gemeinsame Entwicklung neuer Regeln förderten Transparenz und räumten Ängste und gegenseitige Befürchtungen aus.

11.2.3 Format: „Zusammen Wachsen" — Führung

Werteorientierte Führungsleitlinien als Basis

Das Format steht in engem Zusammenhang mit der Change-Agent-Aufgabe (s. Kapitel II/5) Die Leitlinien ComWerte-basierte Führung für die kulturelle Integration waren die Basis für diesen Baustein (s. Kapitel II/8). Er war grundlegend für die Entwicklung einer gemeinsamen Führungskultur in den neuen Führungsteams. Der Baustein wurde in zwei Varianten angeboten, einer Lang- und einer Kurzvariante.

Ziele des Bausteins:

Eine gemeinsame Führungskultur entwickeln, indem

- ComWerte und Führung in der Integration verbunden,

- Nutzen und Mehrwert der Unternehmenskultur und Führungsleitbildkonformen Verhaltensweisen aufgezeigt,

- die Change-Agent-Aufgabe mit der dazugehörenden Haltung verknüpft,

- ein gemeinsamer Führungsteamgeist entwickelt,

- Führungsstärken und -defizite identifiziert und

- gemeinsame, verbindliche Regeln als Basis der weiteren Führungsarbeit entwickelt wurden.

Abbildung 11-2 ComWerte-basierte Führungsleitlinien in der Integration

ComWerte-basierte Führung für die kulturelle Integration zur neuen Commerzbank

Die Basis der Führung für die kulturelle Integration bilden die ComWerte: Leistung, Marktorientierung, Integrität, Teamgeist, Respekt / Partnerschaftlichkeit. Sie bilden auch für die neue Commerzbank die gemeinsame Wertebasis. Die Führungskräfte füllen eine Vorbildrolle aus und vermitteln den Mitarbeitern mit den gelebten ComWerten Identität und Sinn. Die ComWerte-basierte Führung ergänzt somit die ComWerte. Sie beinhaltet Verhaltensweisen, die sich das Top-Management zum Ziel gesetzt hat. Es sind in erster Linie Verhaltensweisen, die besonders während des Integrationsprozesses wichtig und für dessen Erfolg mit entscheidend sind.

1. Zielbild

   Die Führungskräfte haben eine gemeinsame Vision, ein Zielbild und vermitteln es den Mitarbeitern; sie leben eine positive Aufbruchstimmung, da sie vom gemeinsamen Erfolg überzeugt sind.

2. Kommunikation

   Die Führungskräfte kommunizieren und informieren transparent, klar, verbindlich und regelmäßig. Sie führen mit ihren Mitarbeitern offene Gespräche, um deren Vertrauen aufzubauen, hören ihren Mitarbeitern zu, sind dabei sensibel und wertschätzend.

3. Führung

   Die Führungskräfte werden im besten Sinne führen, um während der Integration Richtung, Orientierung und Halt zu geben: Klare Vorgaben und Ziele setzen, offenes Feedback einfordern, konstruktive Rückmeldung geben, kritikfähig sein und Enttäuschungen zulassen, partnerschaftlichen Umgang mit den Mitarbeitern pflegen, situativ führen, für die Basis präsent sein.

4. Fairness / Wertschätzung

   Die Führungskräfte werden alle Mitarbeiter menschlich und fachlich fair behandeln, Kompetenzen und Erfahrungen wertschätzen, unvoreingenommen sein, objektive Kriterien als Entscheidungsgrundlage nehmen und so die besten Mitarbeiter halten und gewinnen.

5. Eigenverantwortung

   Die Führungskräfte werden eigenverantwortliches, selbständiges, unternehmerisches Handeln fördern und fordern, Verantwortung delegieren, Eigeninitiative ermöglichen und so alle Mitarbeiter in den Integrationsprozess einbinden (Entrepreneurship, Partizipation).

6. Pragmatismus

   Dies ist nur in Verbindung mit einer sinnvollen Fehlertoleranz möglich – Fehler als Chance, mutige Entscheidungen, pragmatisches Vorgehen.

7. Entscheidungsfindung

   Die Führungskräfte werden schnelle, klare, beständige und praxisorientierte Entscheidungen treffen, Entscheidungsspielräume auf allen Ebenen schaffen bei kurzen Entscheidungswegen und Abstimmungsschleifen.

Quelle: Commerzbank AG

Inhalte

Aufgrund der guten Durchmischung der Führungskräfte aus beiden Instituten holte der Baustein zunächst die Führungskräfte ohne ComWerte-Historie ab. Die Arbeit an der Konkretisierung der Führungsleitlinien in der Integration für das jeweilige Führungsteam stand im Mittelpunkt dieses Bausteins. Die in den Leitlinien beschriebenen Handlungsfelder, die gute Führung in einem großen Veränderungsprozess ausmachen (etwa klares Zielbild, Transparenz durch Kommunikation, eindeutige Führung, Fairness/Wertschätzung im Umgang, Eigenverantwortung für das Handeln, Pragmatismus in der Vorgehensweise, schnelle, schnörkellose Entscheidungsfindung) wurden mit der vorhandenen Ausprägung im Führungsteam abgeglichen. Daraus entwickelten die Workshop-Teilnehmer ein einheitliches Führungsverständnis, um gut mit den auftretenden kulturellen Integrationsthemen umzugehen und sich im Sinne einer eindeutigen Führung gemeinsam auszurichten.

Die beiden angebotenen Varianten arbeiteten entweder alle Punkte des Führungsleitbildes (vier Stunden) ab oder beschäftigten sich mit vier ausgewählten Kriterien (zwei Stunden). In der Beratungspraxis hat sich die längere Variante bewährt, da sie die Leitlinien intensiver und mit allen Aspekten bearbeitete.

11.2.4 Format: „Zusammen Wachsen" — Team

Teamentwicklung auf Basis ComWerte

Als wichtige Grundlage für ein kulturelles Zusammenwachsen war es wichtig, dass jedes neue Team, aber auch jedes Team, das blieb, wie es war, jedoch in einem völlig neuen bKontext arbeitete, eine Teamentwicklung zur Unternehmenskultur und zum Umgang miteinander durchführte. Die Dauer dieses Bausteins war zwischen einem halben und einem ganzen Tag frei wählbar. Unter einer gleichen Zielvorstellung entwickelte das ComWerte-Team drei Varianten dieses Formats, um den unterschiedlichen anzutreffenden Konstellationen Rechnung zu tragen: Commerzbanker im neuen Kontext, ehemalige Dresdner-Banker im neuen Kontext und gemischte Teams in der neuen Commerzbank.

Ziele des Bausteins

Eine Teamentwicklung zur Unternehmenskultur und zum Umgang miteinander durchführen, indem

- Integration gefördert,

- ein gemeinsames Werteverständnis entwickelt,

- Transparenz geschaffen,

- der Weg zur Entstehung einer Teamidentität bereitet,

- das Zusammenwachsen und die Entwicklung eines Wir-Gefühls vollzogen und

- eine gemeinsame Teamausrichtung erarbeitet wird.

Als wichtigster Baustein in der Integrationsunterstützung zielten wir in erster Linie auf die Entwicklung einer gemeinsamen Unternehmenskultur: Kennenlernen, Konkretisieren und Reflektieren der ComWerte, Verbindung schaffen zwischen ComWerten und der Umsetzung der Integration, Abholen der Mitarbeiter mit und ohne ComWerte-Historie, Weiterentwicklung der Werte im Team, Identifikation von Handlungsfeldern und Formulierung konkreter Schritte, effektive und werteorientierte Nutzung gemeinsamer Ressourcen, Förderung von Kollegialität sowie Zusammenarbeit und Stärkung der Teamleistung. Wichtig dabei war der immer an der konkreten Situation ausgerichtete Ansatz, spezifisch differenziert nach Teamzusammensetzung. Idealerweise kam der Baustein dann zum Einsatz, wenn das Team bereits einige Wochen miteinander gearbeitet hatte.

Die drei Varianten hatten unterschiedliche Schwerpunkte. Während das „Zusammen Wachsen"-Team „farbgemischt" besonders auf die wahrnehmbaren Unterschiede und eine auf Basis der Entwicklung eines gemeinsamen Werteverständnisses erarbeiteten Teamausrichtung einging, war der Fokus beim „Zusammen Wachsen"-Team Alt-Dresdner-Bank die Implementierung der unternehmenseigenen Wertekultur und der Teambetrachtung vor dem Wertehintergrund. Das „Zusammen Wachsen"-Team Alt-Commerzbank fokussierte die Integrationsthematik und widmete sich der Vertiefung und Weiterentwicklung des gemeinsamen Werteverständnisses.

Abbildung 11-3 Übersicht KKI-Bausteine

- Alle Workshop-Bausteine können **individuell** in den **bereichsspezifischen Change-Prozess eingepasst** oder **untereinander kombiniert** werden.
- **Trainer- bzw. Moderatorenkosten** werden pauschaliert **bezuschusst**. Alle **weiteren Kosten** trägt der **Besteller**.
- Alle Workshops sind in **deutscher** und **englischer Sprache** verfügbar.

Quelle: Commerzbank AG

11.3 Organisation der Begleitung

Nachdem klar war, welche Formate angeboten würden, waren die Rahmenbedingungen zu schaffen, unter denen die Bausteine in die Bank getragen werden sollten. Einfach und unkompliziert mit einem Höchstmaß an gemeinsamer Ausrichtung, das waren die Anforderungen. So gab es drei wesentliche Stoßrichtungen:

1. Vorstandsentscheidung und Führungskräftekommunikation,
2. Organisation eines eingewiesenen Trainerpools,
3. Abwicklungsprozedere für die Führungskräfte.

11.3.1 Vorstandsentscheidung und Führungskräftekommunikation

Der Gesamtvorstand hatte am 8. September 2009 inhaltliche Mindestanforderungen beschlossen und damit jede Führungskraft verpflichtet, folgende Module zu durchlaufen:

Mindestanforderung definiert

Abbildung 11-4 Übersicht über die Unterstützung im Merger

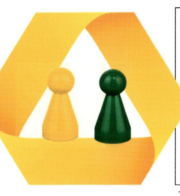

Change-Training für Führungskräfte
- Jede Führungskraft hat sich in der Anfangsphase des Mergers mit der Bedeutung und mit den konkreten Auswirkungen des Change-Prozesses auseinandergesetzt, sowohl was den technischen, als auch was den kulturellen Merger anging.

Begleitung des Change bei jedem Team und jeder Führungskraft
- Bei diesem Veränderungsprozess waren alle Betroffene. Ganz gleich ob sich die Mannschaft oder die Rahmenbedingungen oder die Prozesse veränderten, jedes neue Team hatte die Verpflichtung, die Veränderungen und die Zusammenarbeit vor dem Hintergrund der Unternehmenskultur zu reflektieren und zu justieren.

Enabling   **Cultural Growth**

Quelle: Commerzbank AG

Change-Agent-Bausteine	Wichtig war dabei, das Rollenbild für alle Führungskräfte klar zu kommunizieren: inhaltliche Auseinandersetzung mit den bankweit einheitlich festgelegten Anforderungen an die Rolle und Aufgabe der Führungskraft als Change-Agent. Dazu gehörte die Erstellung einer individuellen Change-„Roadmap" im vorgegebenen „Roadmap"-Format für die Führungsebene 1 und 2, in der Fläche gegebenenfalls auch Führungsebene 3 (s. auch Kapitel II/5).
ComWerte-basierte Teambildung und kulturelle Integration	Nachhaltige Teamentwicklung durch Etablierung von Teamidentität und Teamausrichtung auf Basis der ComWerte (Baustein „Zusammen Wachsen" – Team) oder Identifikation kultureller Unterschiede im Arbeitsprozess und den Umgang mit daraus resultierenden Herausforderungen (Baustein „Zusammen Wachsen" – Kultur).
Obligatorische Bausteine	Somit waren zwei der vier Begleitbausteine zur Entwicklung der gemeinsamen Unternehmenskultur obligatorisch. Der „Zusammen Wachsen"-Baustein ComWerte und der „Zusammen Wachsen"-Baustein Führung konnten von den Führungskräften hinzugebucht werden.

Für die Führungskräfte war die Teilnahme verpflichtend und für die Mitarbeiter erfolgte sie auf freiwilliger Basis. Die Umsetzung der Maßnahmen fand in den jeweils gültigen Regelungen der Arbeitszeit statt. Die Verantwortung trug die jeweils einladende Führungskraft.

Substitutionen waren durch modulspezifische Maßnahmenformate möglich, jedoch musste verpflichtend das Thema Unternehmenskultur/ComWerte integriert werden.

Mit dieser Vorstandsentscheidung wurde deutlich, dass dem kulturellen Change die gleiche Bedeutung beigemessen wurde wie dem technischen. |
| *Führungskräfte-Newsletter* | Über das eingerichtete Format des Führungskräfte-Newsletters – ein Teil der Führungskräftekommunikation – wurden die Vorstandsentscheidung, das gesamte An- |

gebot und das Prozedere bekannt gemacht und ab der personellen Umsetzung in der Zentrale zum 1. November 2009 von den Führungskräften genutzt.

11.3.2 Organisation eines eingewiesenen Trainerpools

Ein Maßnahmenbündel mit dieser Dimension braucht zuverlässige Partner, die in der Lage sind, die Intentionen des Auftraggebers in der gesamten Organisation gleichlautend umzusetzen. Daher hat die Bank großen Wert auf die Passgenauigkeit der Multiplikatoren gelegt.

Am 1. Juli 2009 startete das Trainer-Ausschreibungsverfahren zur Begleitung und Durchführung der kulturellen Integration für das „Zusammen Wachsen"-Workshop-Angebot für die neue Commerzbank. Im Zeitraum von 08/2009 bis 12/2011 waren ca. 4.000 Workshops im In- und Ausland geplant.

Ausschreibung, Vorauswahl und Auswahl

Inhalt der Ausschreibung waren eine Übersicht der geplanten Workshop-Angebote, das Anforderungsprofil für die Trainer/Moderatoren, die Rahmenbedingungen und der Rahmenvertrag verbunden mit der Verschwiegenheitserklärung. Aufgerufen wurde dazu, das Interesse an der Mitwirkung zu bekunden sowie ein aktuelles Trainerprofil beziehungsweise aktuelle Trainerprofile beizulegen. Der Rücklauf musste bereits innerhalb von zehn Tagen erfolgen. Bis Ende Juli 2009 wurde die endgültige Auswahl der Beteiligten getroffen und es ging in die Detailabstimmung.

Es wurde eine Teilnehmervorauswahl getroffen, wobei sowohl Institute als auch freiberufliche Trainer/Moderatoren angeschrieben wurden. Bevorzugt wurde darauf geachtet, wer sich bereits erfolgreich in der Dresdner Bank oder der Commerzbank im Change Management oder Training gezeigt hatte. Entscheidend war auch, welche Trainer bereits Erfahrungen im Prozess „ComWerte" sammeln konnten. Des Weiteren wurden eine Internetrecherche durchgeführt und Empfehlungen seitens der Führungskräfte aufgenommen.

Vorauswahl

Aus den Rückläufen der Ausschreibung wurden elf Institute ausgewählt und eine Vielzahl von Einzeltrainern. Neben diesen geeigneten Trainern/Moderatoren unterstützten uns die langjährig erfahrenen und kompetenten Managementtrainer der „altgrünen" und „altgelben" Welt.

Trainerpool: Umfang, Internationalität und Schwerpunkte

Der gesamte Trainer-/Moderatorenpool umfasste rund 120 Personen. Das ComWerte-Team achtete darauf, dass die Trainer ihren Sitz in unterschiedlichen Regionen hatten. So stellte es eine Abdeckung für das gesamte Bundesgebiet sicher. Schwerpunktregion war zu Beginn das Rhein-Main-Gebiet. Außerdem wurde berücksichtigt, dass alle ausländischen Standorte ebenfalls bedient werden konnten. Rund 25 Trainer/Moderatoren waren mehrsprachig. Die Bausteine konnten in Deutsch, Englisch, Spanisch, Französisch, Italienisch und Russisch angeboten werden. In der Koordination der Trainereinsätze berücksichtigte das Team alle spezifischen Bedürfnisse, wie zum Beispiel Zielgruppen, Führungsebenen, länderkulturelle oder bereichsbezogene Besonderheiten. Anlaufstelle für inhaltliche oder organisatorische Fragen der Trainer war das ComWerte-Team.

Rahmenbedingungen und Vertragsgestaltung

Für den gesamten Trainerpool galten einheitliche Rahmenbedingungen. Diese bezogen sich auf das Honorar, die Stornoregelungen und die Reisekosten sowie die Arbeitsmaterialien. Die Verträge und die Verschwiegenheitserklärung musste zu Beginn von allen Beteiligten unterzeichnet werden. Die Tagessätze schlossen die üblichen Vor- und Nachbereitungszeiten ein. Ebenso enthalten waren die konzeptionellen Anpassungen der Workshop-Angebote zur individuellen bereichsspezifischen Einbindung in den Integrationsprozess sowie die Gestaltung von Workshop-Kombinationen. Gearbeitet wurde mit den aus dem ComWerte-Team konzipierten „Zusammen Wachsen"-Formaten.

Einweisung

Der Trainer-/Moderatorenpool wurde in zwei Tranchen eingewiesen. Eine Tätigkeit ohne Einweisung war bankseitig ausgeschlossen.

Im Vorfeld erhielten die Trainer umfangreiche Vorbereitungsunterlagen, wie zum Beispiel Rahmenkonzept, Trainerleitfäden, Kulturanalyse, Auszüge aus Präsentationen, Newsletter der Führungskräfte.

In den Terminen selbst wurden sie informiert über

- die Daten- und Faktenlage der Integration

- kulturelle Aspekte – ComWerte als Ausgangspunkt und Rahmengeber der Herausforderung Integration

- das Projekt Change: Rollen, deren Aufgaben sowie die ersten Ergebnisse der Arbeit

- die Kommunikation

- das Zielbild und die kulturelle Einbettung der Angebotsbausteine

- die Erwartungen/Anforderungen und den Beitrag der Trainer

- Details der einzelnen Bausteine und deren Formate (inklusive Besprechung offener Fragen)

- Handlungsspielräume

- Organisatorisches, Abrechnungsregularien und Rahmenbedingungen sowie

- die Ansprechpartner (inklusive Vorstellung)

Diese Einweisung stellte sicher, dass die Intention und Zielsetzung der Bank durch die externen Trainer gleichlautend unterstützt werden konnte. Die Einweiser waren hochkarätig und im Integrationsprozess an den Schaltstellen angesiedelt, so dass die

Fragen aus dem Trainerkreis auch verbindlich beantwortet werden konnten und eine Einordnung der Traineraufgabe gut gelang.

Es gab zudem eine klare Vorgabe der Handlungsspielräume zur Sicherstellung der einheitlichen Umsetzung. Bei der Anpassung der Workshops oder deren Durchführung durften die Ziele und Inhalte des Ursprungsformats nicht aus den Augen verloren werden. Beispiele wurden in der Trainereinweisung gegeben und durchgesprochen. In Zweifelsfällen waren diese immer mit dem ComWerte-Team abzustimmen. Die Erfahrungen aus den Qualitätskontrollen zeigen, dass die Handlungsspielräume und Rahmenbedingungen eingehalten wurden, der gemeinsame Duktus über die ganze Bank sichtbar war.

Kommunikation mit den Trainern

Der ständige und regelmäßige Kontakt mit den Trainern/Moderatoren war ein wichtiger Erfolgsfaktor. In Info-E-Mails wurden die Trainer über den Status im In- und Ausland, Besonderheiten, Großprojekte in der Bank, Aktuelles im Integrationsprozess und Erfahrungen sowie über Empfehlungen für die Durchführung der Workshops informiert.

In den Trainertreffen des gesamten Pools sammelte und verdichtete das ComWerte-Team systematisch die Erfahrungen. Es ging darum, den Prozess zu reflektieren und es ging um Ideen und Anregungen zur Fortführung des Unternehmenskulturprozesses. Fragen wie „Sind wir auf dem richtigen Weg?", „Kommen unsere Maßnahmen an?" und „Zeigen sie Wirkung?" waren wichtig.

In allen Zusammenkünften ging es darum, den Trainern erneut zu vermitteln, welche Rolle sie im Integrationsprozess einnehmen. Die Trainer/Moderatoren waren und sind im Prozess die Visitenkarte der Integrationsbegleitung und, neben den Führungskräften, Vermittler von Schlüsselbotschaften.

Qualitätskontrolle

Zur Qualitätssicherung wurden im Verlauf des Prozesses mehrere Kriterien herangezogen. Regelmäßig wurden stichprobenartig Feedbacks der Führungskräfte, der Teilnehmer und der Moderatoren zu den durchgeführten Workshops eingeholt. Anhand dieser konnten Empfehlungen ausgesprochen, Formatanpassungen vorgenommen und der Moderatorenpool informiert werden. Des Weiteren wurden spezifisch angepasste Formate/Abläufe zur Einsicht und Qualitätskontrolle von den Trainern oder Führungskräften eingefordert, die aufgrund von Bausteinkombinationen, Integrationen zum Beispiel in Offsites, abweichenden Zielgruppengrößen oder segmentspezifischen Bedürfnissen vorgenommen wurden.

Das ComWerte-Team konnte somit die Einhaltung der Vorgaben aus den Workshop-Designs und die Erreichung der Workshop-Ziele sichern. Die Zuverlässigkeit und Erreichbarkeit der Trainer/Moderatoren sowie die einwandfrei funktionierende Zusammenarbeit mit dem ComWerte-Team wurde stets im Blick behalten. Zusätzlich wurden Ergebnisse von Mitarbeiterbefragungen (s. Kapitel II/9) herangezogen sowie die Ergebnisse zweier Moderatorenbefragungen.

Durch den Austausch an den Trainertreffen konnten die Erfahrungen reflektiert werden und die „Lessons Learned" abgeleitet werden. Außerdem waren die Trainer aufgefordert, regelmäßig ihre integrationsunterstützenden oder -hemmenden Erlebnisse aus den durchgeführten Workshops rückzumelden. So konnte weiterer Handlungsbedarf für die Integrationszusammenführung frühzeitig erkannt und seitens des ComWerte-Teams in die Gesamtorganisation eingespielt werden.

11.3.3 Abwicklungsprozedere für die Führungskräfte

Einfach, transparent und entlastend sollte sie sein, die Buchung eines der begleitenden Workshops. So entschied sich das Integrationsprojekt zu folgender Vorgehensweise:

Einfache, transparente und entlastende Abwicklung

Die Anforderung jedes Bausteins, damit auch des jeweiligen Zuschusses von jeder Führungskraft, war einmalig möglich.

Der Abruf erfolgte über einen zentralen Briefkasten beim ComWerte-Team unter Angabe des Bausteins, des Namens der Führungskraft, der anfordernden Einheit, der Anzahl der Teilnehmer und eines eventuellen Wunschtrainers. Dieser Abruf war gleichzeitig die Voraussetzung für die Bezuschussung.

Die Vermittlung des Trainers übernahm dann das ComWerte-Team, ebenso die Rechnungsabwicklung.

Bei besonderen Wünschen, zum Beispiel Einbindung des Bausteins in eine größere Veranstaltung, übernahm das ComWerte-Team auch die Beratung der Führungskraft bezüglich der inhaltlichen Gestaltung und einer sinnvollen Strukturierung.

Trainer und Führungskraft erhielten schließlich per E-Mail eine Bestätigung über die Übernahme der Trainerkosten und den Hinweis, dass alle weiteren Kosten von der veranstaltenden Einheit zu tragen seien. Eine Checkliste stand der Führungskraft zur Verfügung.

Wichtige Nebenbedingung war die Durchführung während der Arbeitszeit unter Einbindung des zuständigen Betriebsrats.

Regelmäßiges Reporting

Aus der Abruf-E-Mail wurde erfasst, welche Führungskraft wann und mit welchem Trainer/in welchen Baustein durchgeführt hat. So konnte sichergestellt werden, dass eine Bezuschussung nicht doppelt vergeben wurde. Bei dem gesamten Trainerpool wurden freie Kapazitäten und durchgeführte Bausteine festgehalten. Monatlich wurden die obligatorischen Bausteine an KKI und Integrationsleitung berichtet. Das Reporting hatte zwei Betrachtungsebenen: Gesamtbank und Segment. Durchführung und Planung wurden in Relation zum angemeldeten Bedarf dargestellt.

Des Weiteren wurde ein Gesamtüberblick über alle Change Agent- und Zusammen Wachsen-Bausteine im In- und Ausland gegeben.

11.4 Fazit

Die Begleitung des kulturellen Mergers ist aus mehreren Blickwinkeln ein wichtiges und erfolgsrelevantes Maßnahmenbündel. Es nicht zu tun, hätte sich als fahrlässig erwiesen. Zum einen unterstützten die Maßnahmen die Ausrichtung der Führungskultur auf eine gemeinsam festgelegte Basis. Sie brachten Transparenz in die auf den ersten Blick leicht zu übersehenden kulturellen Unterschiede, die sich aus den unterschiedlichen Entwicklungsgeschichten der beiden Banken ergaben, und entwickelten frühzeitig das Bewusstsein für die Schaffung eines gemeinsamen Kulturverständnisses. Zum anderen brachte die Gestaltung, Begleitung und Abwicklung der Maßnahmen aus einer Hand die Sicherheit für die Organisation, jederzeit den aktuellen Status abfragen und gestalterische Schwerpunkte setzen zu können.

Zu guter Letzt noch ein Blick auf das abgewickelte Workshop-Volumen:

Gesamtüberblick aller durchgeführten Bausteine zum 31. Juli 2011:

Change-Agent-Bausteine	407
„Zusammen Wachsen" – ComWerte	210
„Zusammen Wachsen" – Kultur	511
„Zusammen Wachsen" – Führung	325
„Zusammen Wachsen" – Team	2.345
Ausland	189
Sonstige, zum Beispiel Betriebsrat	14
Summe	**4.001**

Erwartet werden bis zum 31. Dezember 2011 in Summe ca. 4.500 durchgeführte Bausteine (s. Verlaufskurve Abbildung 11-5).

Die gewählte Vorgehensweise hat sich als hervorragend geeignet erwiesen, um ein solches Volumen qualitativ und quantitativ hochwertig und professionell abzuwickeln. Der kulturelle Merger ist damit noch nicht geschafft, aber die Grundsteine für eine nachhaltige, lebendige, verbindende und verbindliche Unternehmenskultur sind gelegt. Darauf kann man aufbauen und - zusammen wachsen!

Abbildung 11-5   Verlaufskurve der „Zusammen Wachsen" - Workshops

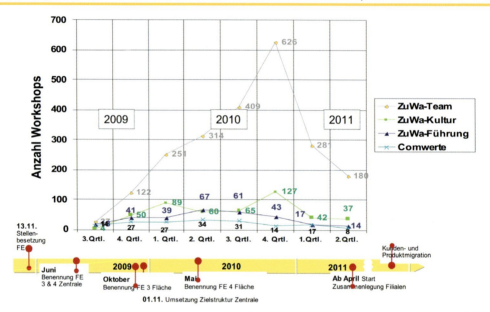

Quelle: Commerzbank AG

12. Enabling – Vorbereitung Mitarbeiter auf die integrationsbedingten Veränderungen und Qualifizierung

KARL-HEINZ GROSSE PECLUM

Wandel und Veränderungen haben unterschiedliche Auslöser, Ursachen und Dimensionen. M-&-A-Projekte stellen unter allen Arten des Wandels einen Sonderfall dar. Im sogenannten Post-Merger-Integrationsprozess (PMI) sind alle Ebenen gleichzeitig betroffen, wie zum Beispiel Produkte, Prozesse, Strukturen, Systeme, Strategie und Kultur. Neben diesen grundlegenden Veränderungen haben aber auch ganz „banale" Themen wie neue Postwege (Logistik), veränderte Abteilungsbezeichnungen und neue Abkürzungen gravierende Auswirkungen auf den Arbeitsalltag. Die Veränderung ist somit nicht inkrementell oder evolutionär, sondern fundamental oder revolutionär. Auf Unternehmensebene geht es um eine langfristig angelegte Transformation – auf der Ebene der Mitarbeiter und Führungskräfte um grundlegend neue Verhaltensweisen und Fähigkeiten! In diesem Beitrag wollen wir uns dem sogenannten Enabling widmen. Darunter verstehen wir persönliches Wachstum und Entwicklung zu ermöglichen oder spezifischer: die Befähigung der Mitarbeiter.

„A common misconception in organizational transformation is that training will be enough to ready employees or their job change. ...When individuals begin training without any understanding of the changes and their specific impacts, they spend much of their time coming to grips with how their job is changing and how they will be affected" (Cohen/Kotter 2005, S. 87).

Cohen und Kotter machen mit dieser Aussage klar, dass Qualifizierungsmaßnahmen und Training erst auf einen fruchtbaren Boden fallen können, wenn die Mitarbeiter verstanden haben, warum die Veränderung notwendig ist, wie diese sich konkret und spezifisch auf sie persönlich und ihre tägliche Arbeit auswirkt und warum es sich lohnt, sich engagiert für das Ziel einzusetzen. Im achtstufigen Phasenmodell der Veränderung von Kotter (vgl. Kotter 2002, S. 7 sowie Kapitel II/3 in diesem Buch) geht es daher zunächst um die vier Phasen „Increase Urgency", „Build Guiding Teams", „Get the Vision right" und „Communication for buy in". Die vorangegangenen Beiträge beschreiben die Maßnahmen der Bank, die auf diese Themen einzahlen. Wenn die Voraussetzungen für grundlegende Verhaltensänderungen gelegt sind, folgt die fünfte Stufe „Enable Action". Grundsätzlich laufen die acht Phasen aber nicht streng sequenziell, sondern auch parallel oder überlappend.

Qualifizierung als komplementäre Ergänzung zu Change

In klassischen Change-Prozessen wurden Qualifizierung und Training häufig geradezu formelhaft mit Change-Management gleichgesetzt. Dies ist zu kurz gedacht und vernachlässigt die oben gemachten Ausführungen. Die komplementäre Ergänzung bleiben jedoch nach wie vor Qualifizierung und Training. Im Ergebnis steht bereits fest, dass die integrationsspezifische Qualifizierung das größte Fort- und Ausbildungsprogramm in der Geschichte der Commerzbank war. Dies betrifft alle Dimensionen, etwa die Anzahl der Teilnehmer, die Zahl der Maßnahmen und natürlich auch die Menge und Breite der zu vermittelnden Inhalte und Fähigkeiten in einem engen Zeitkorridor.

Die Konzeption und Durchführung der Maßnahmen lag in alleiniger Verantwortung der verschiedenen Segmente und Executive-Bereiche. Aus Projektperspektive war es aber für die Gesamtbank außerordentlich bedeutsam, Transparenz sowohl in vertikaler als auch in horizontaler Hinsicht zu gewährleisten. In vertikaler Hinsicht ergab sich in der Addition aller Maßnahmen ein erster Überblick über die erforderliche Kapazitätsbindung auf Gesamtbankebene und auch auf der Zeitachse. In horizontaler Hinsicht sollte sichergestellt werden, dass sich die einzelnen Bereiche untereinander austauschen und ggf. auch im Sinne eines Best-Practice-Verständnisses komplette Module (Executive-Bereiche im Sinne von Corporate-Center- oder Servicefunktionen) aus

Nachbarbereichen übernehmen konnten. Begleitende Beratung, Unterstützung und die Sicherstellung eines übergreifenden Monitorings bilden einen weiteren Kern der Projektarbeit.

12.1 Ereigniskalender und Meilensteine definieren Inhalt, Methode und Timing

Für alle Qualifizierungsthemen war der entscheidende Bezugspunkt der Ereigniskalender. Dieser zeigte umfassend Kernereignisse während des Gesamtbank-Integrationsprozesses, aufgrund derer wesentliche Veränderungen bei den Mitarbeitern zu erwarten waren und dadurch einen Bedarf für Change-/Enabling-Maßnahmen auslösten. In einer Themenlandkarte wurden die großen Meilensteine wie Abschluss Gremienverhandlung (Interessenausgleich und Sozialplan), Markenmigration, Umsetzung der Zielstruktur in der Fläche, Harmonisierungsrelease (Softwareanpassung), Stammdatenrelease sowie Kunden- und Produktmigration (IT-Migration) dargestellt. Für alle Hauptereignisse wurden daraus Meilensteine abgeleitet, die einen besonderen Change-/Enabling-Bedarf auslösen würden, und diese wiederum wurden auf einer Zeitachse zur Bestimmung des Timings der Schulungsmaßnahmen abgetragen. Wie ein Kompass hat der Ereigniskalender dabei geholfen, den richtigen Inhalt zu identifizieren und auch das Timing für den richtigen Zeitpunkt der Schulungsmaßnahmen zu finden.

Enabling - Bedarf aus Meilensteinen abgeleitet

Beispiele

- *Beispiel Harmonisierung der Kundensegmentierung und -überleitung auf Kundenbetreuer aus beiden ehemaligen Banken. Herausforderung: einheitliche Kundenkommunikation sicherstellen, Überleitungsgespräche trainieren und die Anwendung der jeweiligen IT-Systeme schulen.*

- *Beispiel Markenmigration und einheitlicher Marktauftritt (vor IT-Integration!). Herausforderung: Schulung der Mitarbeiter in Zwischenlösungen für grundlegende Serviceleistungen in sogenannten „Work Arounds".*

- *Beispiel HR-SAP-Migration. Herausforderung: Beherrschung neuer Prozesse wie Reisekostenabrechnung, Einkauf, Urlaubsplanung etc. durch ehemalige Mitarbeiter der Dresdner Bank sicherstellen.*

- *Beispiel Harmonisierung und Vereinheitlichung der Personal- und Führungsinstrumente. Herausforderung: Mitarbeiter und Führungskräfte der ehemaligen Dresdner Bank in der Anwendung schulen.*

- *Wechsel von strategischen Produkt- und Kooperationspartnern. Herausforderung: Mitarbeiter auf das jeweils neue Produkt- und Leistungsangebot schulen und in neue Abwicklungsprozesse einweisen.*

- *Beispiel Kunden- und Produktmigration (IT). Herausforderung: Anwendungstraining für die neuen Systeme in der Kundenberatung und Geschäftsabwicklung trainieren.*

12.2 Projektphasen des Integrationsteilprojektes Enabling im Überblick

Durch die extreme Komplexität und die enormen quantitativen Dimensionen war ein systematisches und strukturiertes Vorgehen zwingend notwendig. Im Wesentlichen wurden fünf entscheidende Prozessschritte definiert, die in Abbildung 12-1 dargestellt sind.

Abbildung 12-1 Prüfung der Enabling-Maßnahmen setzt auf priorisiertem Ereigniskalender auf

Bestandsaufnahme	Analyse und Priorisierung	Definition Prüfraster	Rückmeldung durch Module	Modul-Durchsprache
• Bestandsaufnahme anhand diverser Quellen – Meilensteinplanung Gesamtbank – Meilensteinplanung Segmente/Module* – Leitplanken Integrationsumsetzungsplanung – Konkrete Modulrücksprache – Interessenausgleich	• Check der Bestandsaufnahme • Identifikation von Gaps • Priorisierung erfolgskritischer Ereignisse	• Definition inhaltlicher Mindestanforderungen • Klärung von Hypothesen zur modulübergreifenden Betroffenheit • Erstellung Prüfraster für Moduldurchsprache • Vorbereitung durch die Module	• Zuordnung geplanter Enabling-Maßnahmen zu Ereigniskalender • Bei erfolgskritisch definierten Ereignissen Prüfraster als Orientierung für spätere Prüfung in Moduldurchsprache	• Prüfung auf vollständige Rückmeldung • Vorstellung von Maßnahmen zu erfolgskritisch definierten Ereignissen durch Enabling-Verantwortliche der Module
Verantwortlich Q-LA Change/Enabling	PMO	Q-LA Change/Enabling	Module	Q-LA Change/Enabling

Prüfraster:
• Timing
• Trainerkapazität
• Lernzieltaxonomie

*Segmente: Geschäftsfelder der Bank im Sinne der Segmentberichterstattung; Module: Executive Bereiche im Sinne von Corporate Center- oder Service-Funktionen.

Quelle: Commerzbank AG

In einem ersten Schritt wurde eine Bestandserhebung der Ereignisse und Meilensteine im Integrationsprozess der Gesamtbank durchgeführt. Als Quellen dienten hier die Planungsunterlagen der Gesamtprojektsteuerung, verabschiedete Leitplanken für die Integrationsumsetzungsplanung, die Detailmeilensteinplanung in den verschiedenen Modulen und Segmenten sowie - durchaus ganz maßgeblich - bereits im Interessenausgleich festgelegte Themen. Ergänzende Interviews und Gespräche mit den Modulverantwortlichen haben hier weitere Hinweise auf Themen gegeben, die Anpassungsqualifizierungen auslösen könnten.

Im zweiten Schritt wurden die Ereignisse analysiert und priorisiert. Wegen der Vielzahl wäre eine inhaltliche Auseinandersetzung mit allen Meilensteinen nicht leistbar gewesen. Darüber hinaus löst auch nicht jedes Ereignis einen Schulungsbedarf aus. Von strategischer Bedeutung waren aber die antizipierende Vorbereitung auf und die Qualifizierung der Mitarbeiter bezüglich erfolgskritischer Ereignisse. Um die richtigen Ereignisse herauszufiltern, wurden vor allem zwei Betrachtungsperspektiven gewählt. Einerseits wurden die gravierenden Veränderungen im Sinne von Ereignissen am Point of Sale identifiziert. Bei den wichtigsten wurde dann „front-to-end" auf die verschiedenen Wertschöpfungsstufen des Gesamtprozesses geschaut. Es wurde geprüft, welche Veränderungen in den verschiedenen Prozessschritten von der Beratung des Kunden bis zur administrativen Abwicklung der Geschäftsvorfälle bei den Mitarbeitern in den jeweiligen Organisationseinheiten eintraten. In der Folge war sicherzustellen, dass nicht nur die Mitarbeiter mit Kundenkontakt vorbereitet würden, sondern auch die von der Veränderung ebenfalls betroffenen Kollegen in den Service- und Supportbereichen. Analog haben Experten im Sinne einer systemischen Betrachtung die wesentlichen Ereignisse analysiert und in einer Systemkarte abgetragen, welche Interdependenzen bei ein und demselben Ereignis in den unterschiedlichen Bereichen der Bank horizontal und vertikal entstehen könnten. Daraus entstand letztendlich ein spezifischer und gewichteter Ereigniskalender mit den Topprioritäten im Sinne großer Auswirkungen für die Mitarbeiter und dem daraus resultierenden Schulungsbedarf. Dieser Kalender wiederum war ein Schlüsselinstrument für die kommunikative Begleitung der Integration (vgl. Teil III).

Im dritten Schritt erhielten alle Module der Bank diesen spezifischen Ereigniskalender sowie ein Prüfraster mit strukturierten Fragen (s. Abschnitt 12.3). Da die Verantwortung für die konzeptionelle Entwicklung notwendiger Schulungsmaßnahmen in den Modulen lag, war dieser Ereigniskalender ein wertvolles Verifizierungsinstrument, um die eigenen Maßnahmen qualitativ, quantitativ und hinsichtlich der zeitlichen Durchführung zu validieren.

Die Rückmeldung in strukturierter Form durch die Module an das Teilprojekt Change/Enabling bildete den vierten Schritt. Erst hier war es möglich, einen gesamtbankübergreifenden Blick auf die Qualifizierungsthemen zu werfen. Die in gleicher Form aufbereiteten Templates (Formular) waren dann die Basis für die gemeinsame Diskussion, die sogenannte „Modul-Durchsprache".

Die Modul-Durchsprachen wurden im fünften Schritt in Form eines „Runden Tisches" unter der Leitung des Projektverantwortlichen Change/Enabling und unter Beteiligung weiterer Experten für Medien sowie Methodik und Didaktik durchgeführt. Ziel der strukturierten Besprechung war die Überprüfung, ob Mitarbeiter und Führungskräfte vor erfolgskritischen Veränderungen adäquat und rechtzeitig durch geeignete Qualifizierungsmaßnahmen vorbereitet werden.

„Runder Tisch" als Plattform zur Validierung

12.3 Prüfraster zur Enabling-Planung - Basis für eine qualifizierte Bewertung

In beiden Vorgängerbanken war das Fach- und Vertriebstraining in den Geschäftssegmenten angesiedelt. Dies ist grundsätzlich sinnvoll und in der Branche üblich, da durch die Integration im Segment die Nähe zum Geschäft zu einer passgenaueren Qualifizierung führt. Daraus folgt allerdings auch, dass das Know-how für Qualifizierungsfragen und auch die entsprechenden Ressourcen in den Segmenten selbst angesiedelt sind. Bei sehr großen Segmenten, wie dem Privatkundengeschäft, reden wir hier über signifikante Größenordnungen.

Für die Projektleitung Change/Enabling war es also eine große Herausforderung, eine qualifizierte Bewertung der geplanten Curricula und Maßnahmen vornehmen zu können. Eigene Ressourcen für dieses Thema waren nicht vorgesehen. Die Planungen der Module wurden daher auf einer Metaebene mit strukturierten und präzisen Fragen zu Methodik, Didaktik, Medien und organisatorischen Aspekten an die Fachverantwortlichen überprüft. Diese Fragen wurden in einem strukturierten Leitfaden zusammengestellt und den Modulbeauftragten vor der jeweiligen Besprechung zur Verfügung gestellt. Dadurch war eine solide und gründliche Vorbereitung gewährleistet und die Curricula konnten einheitlich und vergleichbar besprochen werden. Die Überschriften der Prüfungskategorien sind in Abbildung 12-2 dargestellt.

Abbildung 12-2 Prüfraster zur Enabling-Planung der Module und Kategorien der Diskussionsrelevanz

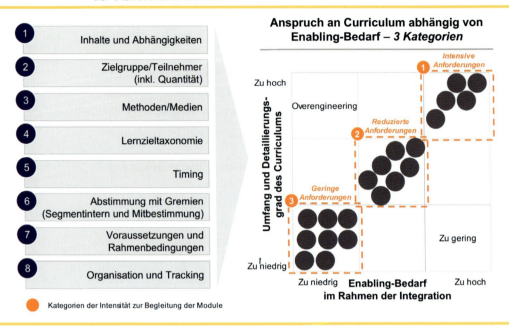

Quelle: Commerzbank AG

Die Abbildung 12-2 zeigt außerdem, dass die Ergebnisse in unterschiedlicher Weise und Intensität diskutiert wurden. So sind Bereiche mit sehr hohem Enabling-Bedarf im Rahmen der Integration und daher auch entsprechend umfangreichen Curricula in der Kategorie Drei „Intensive Anforderung" geclustert. Diese Module wurden insbesondere auch wegen der hohen Relevanz für die Gesamtbank, aufgrund der Betroffenheit von sehr vielen Mitarbeitern und nicht zuletzt auch wegen der Außenwirkung für die Kunden besonders tief analysiert und aktiv begleitet. In der mittleren Kategorie waren Auswirkungen auf den Fahrplan der Gesamtintegration einerseits nur relativ gering und andererseits konnten Abweichungen innerhalb des jeweiligen Moduls abgefangen und gelöst werden. In der dritten Kategorie bestand keine Relevanz und damit auch kein Risiko für die Gesamtbank. Abweichungen und Störungen betrafen ausschließlich den isolierten Integrationspfad des einzelnen Moduls und konnten jeweils ohne große Probleme modifiziert und adjustiert werden.

Detailliertes Prüfraster zur Enabling-Planung der Module – Grundlage für bereits durchgeführte Modul-Durchsprachen

1.	Inhalte und Abhängigkeiten	☑ Was ist der inhaltliche Fokus der Maßnahme? ☑ Gibt es eine leicht verständliche Kurzbeschreibung der Inhalte? ☑ Welche Interdependenzen ergeben sich im realen Workflow zu anderen Einheiten? ☑ Welche Anforderungen an die Lernziele ergeben sich dadurch für diese Teams?
2.	Zielgruppen/ Teilnehmer (inkl. Quantität)	☑ Welche Zielgruppen werden angesprochen (Funktion, Hierarchieebene)? ☑ Wie viele Teilnehmer sind geplant (pro Durchführung, insgesamt)?
3.	Methoden/Medien	☑ Wie werden die Maßnahmen durchgeführt? ☑ Ist beim Einsatz von WBTs (Web-based Trainings) eine DVD-gebundene CBT-(Computer-based Training) Version verfügbar? ☑ Ist die Anpassung der Lernprofile auf den individuellen Qualifizierungsstand möglich? ☑ Wurden IT-gestützte Trainings von der IT bereits als realisierbar genehmigt?
4.	Lernzieltaxonomie	☑ Bezieht sich die Maßnahme hinreichend auf die unterschiedlichen Lernsphären (Kennen/Können, Üben und Praxiseinsatz, Wissen überprüfen, Unterstützen, Absichern)?

5. Timing	☑	Mit welchen auslösenden Ereignissen ist die Maßnahme verknüpft?
	☑	Zu welchen Zeitpunkten erfolgt die Maßnahme?
	☑	Wie lange werden welche Mitarbeiter jeweils gebunden?
	☑	Welche spezifischen Unterstützungsmaßnahmen sind drei Wochen vor/nach Big Bang geplant?
6. Abstimmung mit Gremien (segmentintern und Mitbestimmung)	☑	Ist die Abstimmung und Genehmigung im zuständigen Führungsgremium/Management-Board rechtzeitig erfolgt?
	☑	Ist die Abstimmung mit den Institutionen des GBR (Gesamtbetriebsrat) vor dem Rollout rechtzeitig erfolgt (Ausschuss für Fortbildung)?
7. Voraussetzungen und Rahmenbedingungen	☑	Auf welche Ressourcen wird zugegriffen (Technik, Trainer, Budget)?
	☑	Ist die Bereitstellung der entsprechenden Ressourcen geklärt?
	☑	Besteht eine signifikante Beeinträchtigung anderer Ressourcen?
8. Organisation und Tracking	☑	Welche Risiken gibt es? Welche Konsequenz hätte eine Verschiebung?
	☑	Wie werden die Maßnahmen produziert? Wie erfolgt die Distribution?
	☑	Wie erfolgt die Kommunikation an Führungskräfte und Mitarbeiter?
	☑	Wie wird die Durchführung organisiert (Buchung Referenten/Teilnehmer/Räume …)?
	☑	Welches Tracking von Produktion, Durchführung, Teilnahme und Erfolg ist geplant?

Nach Analyse und Besprechung der jeweiligen Curricula wurden die Ergebnisse protokolliert und ein Gesamtvotum aus Projekt- und Modulsicht getroffen. In diesem Votum waren konkrete Maßnahmen inkludiert, die zur Anpassung oder Modifikation notwendig waren.

12.4 Flexible Modifikationen und Anpassungen im Projektverlauf

Wenn die relevanten Ereignisse und Meilensteine der Integration die Basis für die Enabling-Planung sind, so verändern sich bei einer Veränderung des Integrationsfahrplans logischerweise auch die Planung für Konzeption, Vorbereitung, Produktion von Lernmedien und die konkreten Timeslots zur Durchführung der Qualifikationsmaßnahmen.

So wurde beispielsweise der erste Gesamtfahrplan des Gesamtbankprojektes signifikant modifiziert, um die Integration für die Kunden durch eine deutlich vorgezogene Markenmigration früher sichtbar und erlebbar zu machen. Ebenso wurden auch die finale Zuordnung aller Mitarbeiter und die Besetzung aller Führungspositionen früher als ursprünglich geplant abgeschlossen, sodass auch aus Mitarbeitersicht eine vorzeitige personalwirtschaftliche Integration im Alltagsleben spürbar und sichtbar wurde. Das schaffte für alle Betroffenen Klarheit und Orientierung. Gleichzeitig hat dies eine Entzerrung der großen Meilensteine gebracht. Die Auswirkungen auf die Enabling-Planung waren aber signifikant: Die Produktion von einigen Lernmedien musste beschleunigt werden. Die Trainerkapazitäten mussten auf der Zeitachse neu disponiert und organisiert werden, teilweise mussten neue Lernmedien für Zwischenlösungen konzipiert werden, und nicht zuletzt ergaben sich bezüglich der Kapazitätsbindung dadurch auch gravierende Veränderungen auf der Zeitscheibe. Dies ist insbesondere für die im Vertrieb eingesetzten Kapazitäten von enormer Bedeutung! Nachdem die Gesamtplanung hier bereits gelaufen war, mussten die Zeitplanung und die inhaltliche Anpassung erneut mit allen Enabling-Verantwortlichen feinabgestimmt werden, um eine friktionsfreie Realisierung zu ermöglichen.

Abbildung 12-3 Ressourcenbindung durch Enabling flexibel und systematisch steuern

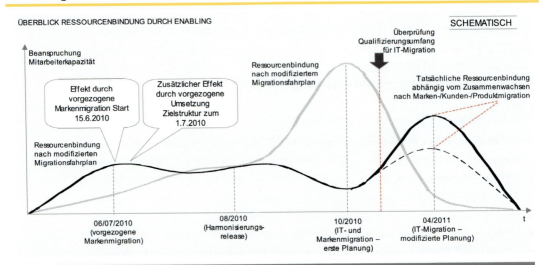

Quelle: Commerzbank AG

Die Grafik Ressourcenbindung während des Integrationsprojektes zeigt sehr deutlich, dass die Beschleunigung der beiden großen Meilensteine Marke und Mitarbeiter-/Führungskräftezuordnung zu einem früheren Anstieg von Trainingsmaßnahmen führte. Gleichzeitig haben sich dadurch die Quantitäten der durchgeführten Trainingsmaßnahmen anders verteilt. Ein bei der ursprünglichen Planung unvermeidlich hoher Peak - bei einer zeitlich synchronen Durchführung der Marken- und IT-Migration - konnte abgefedert und entzerrt werden. Dieses Beispiel zeigt erneut, dass die Ereignisse immer der Ausgangspunkt für die Planung der entsprechenden Qualifizierungsmaßnahmen sind und letztlich auch sein müssen. Dies erfordert deshalb eine extrem gute und enge Vernetzung des Teilprojekts Change/Enabling mit der Gesamtprojektsteuerung.

12.5 Monitoring

Aus dem Projekt heraus haben wir ein quantitatives und qualitatives Monitoring insbesondere bei den gesamtbankweiten Maßnahmen durchgeführt. In regelmäßigen Abständen wurde nachgehalten, wie viele Führungskräfte bzw. Mitarbeiter die obligatorischen Maßnahmen durchlaufen hatten und ob der definierte Zeitkorridor eingehalten wurde.

Veranstaltungen haben die Teilnehmer qualitativ im Sinne einer klassischen Evaluierung bewertet; durch die in Lernprogramme integrierten Lernerfolgskontrollen, aber auch durch teilnehmende Beobachtung bewertet. Die große Menge aller Maßnahmen wurde einerseits in den Segmenten selbst kontrolliert und andererseits von einer zentralen Einheit für die Planung, Organisation und Logistik von Qualifizierungsveranstaltungen überprüft. In Summe war somit zu jedem Zeitpunkt transparent, in welchem Status sich die Bank in der Durchführung des Enablings jeweils befand.

12.6 Lessons Learned

Aus unseren Projekt- und Best-Practice-Erfahrungen lassen sich sieben Erfolgsfaktoren für die Enabling-Planung der Module ableiten:

1. Identifizieren Sie die für Sie relevanten Stakeholder, beispielsweise Verantwortliche für die Veränderung der Strukturen, Systeme und Prozesse, für die Sie qualifizieren, oder für Ressourcen, auf die Sie zugreifen.

2. Setzen Sie frühzeitig regelmäßige Meetings an, in denen Sie sich mit Ihren Stakeholdern abstimmen – erhöhen Sie die Frequenz dieser Besprechungen rund um das Integrationsereignis.

3. Stellen Sie Transparenz über die geplanten und durchgeführten Maßnahmen sicher (beispielsweise im Rahmen eines Planungs-, Produktions- und Durchführungs-Trackings).

4. Planen Sie erforderliche Ressourcen für die Umsetzung der Maßnahmen rechtzeitig ein (beispielsweise Raum- und Trainerkapazitäten) und sorgen Sie für Vertretungsregelungen in den betroffenen Teams.

5. Überkommunizieren Sie nicht, sondern bündeln Sie integrationsbezogene Kommunikation, gestalten Sie sie adressatengerecht und erhöhen Sie damit Akzeptanz und Reichweite. Reduzieren Sie die Informationsflut und -frequenz sowie deren Komplexität.

6. Stellen Sie sicher, dass Qualitätssicherungsmaßnahmen durchgeführt werden, insbesondere in der Fläche - planen Sie entsprechende Reaktionen bei Abweichungen vom geplanten Erfolg ein.

7. Lassen Sie Ihre Mitarbeiter nach der Qualifizierungsmaßnahme nicht allein – sehen Sie einen idealerweise mehrstufigen Support rund um das Integrationsereignis (t0) vor.

TEIL III
Der Beitrag von Kommunikation zum Zusammen Wachsen

13. Kommunikation in Change Prozessen – Möglichkeiten und Grenzen

RICHARD LIPS

13.1 Was soll und kann mit Change Kommunikation erreicht werden?

„Kommunikation ist nicht alles, aber ohne Kommunikation ist alles nichts." Dieser sprichwörtliche Grundsatz gilt auch für die Change Kommunikation. Literatur und Praxis sind sich einig, dass Veränderungskommunikation ein Schlüsselfaktor erfolgreichen Change Managements ist (vgl. Gergs/Trinczek 2005, Lewis et al. 2006). Das gilt insbesondere für Phasen tief greifender Veränderung. Welchen Mehrwert Change Kommunikation leisten kann und wo ihre Grenzen sind, das versucht dieser Beitrag zu beleuchten und herauszuarbeiten.

Die Psychologie der Betroffenen verstehen

Change Kommunikation ist nicht allein die Kommunikation geplanter Maßnahmen und Veränderungen. Es geht um mehr als um die bloße Weitergabe oder das Versenden von Informationen. Es geht um den persönlichen Dialog zwischen Führungskräften und Mitarbeitern, Interaktion und Partizipation in Workshops, also Teilhabe. Mit anderen Worten: Die Betroffenen müssen zu Beteiligten werden. Change Kommunikation, die etwas bewirken soll, braucht ein grundlegendes Verständnis von den psychologischen Prozessen, denen Menschen in tief greifenden Veränderungen ausgesetzt sind. Bei der enormen Vielschichtigkeit psychologischer Befindlichkeitssituationen wird daher schnell deutlich, warum Change Kommunikation eine komplexe und hochsensible

Kommunikations- und Steuerungsfunktion innerhalb eines Changeprozesses darstellt – und warum unsensible Change Kommunikation einem Veränderungsprozess sogar großen Schaden zufügen kann. Nämlich zum einen, wenn die psychologische Situation der Betroffenen verkannt wird und die Kommunikation die falschen Worte und die falsche Tonalität wählt. Zum anderen, wenn fehlende offizielle Kommunikation der Unternehmensleitung und der Führungskräfte durch Gerüchte und andere „inoffizielle" Kommunikation ausgeglichen wird. Im Folgenden werden einige ausgewählte psychologische Herausforderungen aufgezeigt.

Instabilität, Unsicherheit und Stress: Merkmale tief gehender Veränderungsprozesse

Sucht man nach den Besonderheiten, die jede Veränderungssituation mit sich bringt - und zwar unabhängig von der Art und Größe der Organisation oder der Branche - so kristallisieren sich schnell drei zentrale Charakteristika heraus (vgl. im Folgenden Mercer Delta 2000, S. 6 f.).

Instabilität. Noch bevor der Change offiziell verkündet wird, entstehen Vorahnungen und Gerüchte. Die Reaktionen der Mitarbeiter folgen stets einem vergleichbaren Muster. Die Aufmerksamkeit der Mitarbeiter wendet sich ab vom relevanten Umfeld des Unternehmens, von seinen Geschäftspartnern und den Märkten, in denen Nutzen für die Kunden geschaffen wird. Sie richtet sich unmittelbar nach innen und kreist um Fragen wie: „Was genau wird sich verändern?", „Welche Konsequenzen wird das für mich persönlich haben?", „Warum muss oder soll sich überhaupt etwas verändern?", „Und vor Allem: Wann?"

Unsicherheit. Solange belastbare Informationen darüber fehlen, welche Veränderungen angestrebt werden und wie das Modell der Zukunft aussehen soll, werden die Beteiligten eigene Vermutungen anstellen und Annahmen über Ausmaß und Hintergründe der Veränderung treffen. Je länger dieser Zustand anhält, desto größer die Gefahr, dass Extremszenarien heraufbeschworen und dem Management negative Motive unterstellt werden (vgl. Dolphin 2005, S. 174). Wer nicht weiß, auf welche Verfahren und

Strukturen er sich in Zukunft verlassen kann, wird zudem alles unternehmen, um für die Realisierung seiner eigenen Interessen zu kämpfen (vgl. Voß/Röttger 2008, S. 63).

Stress. Das Ergebnis von Instabilität und Unsicherheit ist enormer Stress sowohl für die Führungskräfte als auch die Mitarbeiter. Change Kommunikation kann hier stabilisierend wirken, mit aktivem Erwartungsmanagement Unsicherheit abbauen und mit Dialogangeboten den Stress-Level begrenzen helfen.

Change Kommunikation kann stabilisierend wirken, mit aktivem Erwartungsmanagement Unsicherheit abbauen und mit Dialogangeboten den Stress-Level begrenzen helfen.

Durch Change Kommunikation die Change-Treiber unterstützen

Change Kommunikation soll die wichtigsten Treiber des Change-Erfolgs unterstützen (vgl. C4 Consulting/Technische Universität München 2007, S. 39 ff.). Die wesentlichen Treiber sind:

Motivation: Der Motivationsgrad der Mitarbeiter hat den stärksten Einfluss auf den Erfolg bei großen Veränderungsprozessen. Ist die Motivation für Veränderungsprozesse generell niedrig, so ist die Wahrscheinlichkeit groß, dass die angestrebte Veränderung nur geringen Erfolg zeigt. Je stärker die Motivation für Veränderungen auf Seiten der Mitarbeiter ist, desto höher ist auch die Erfolgsquote im Unternehmen. Denn nur motivierte Mitarbeiter sind bereit, die Veränderungen vor Ort in ihren Arbeitsalltag aufzunehmen.

Orientierung: in Umbruchsituationen brauchen Führungskräfte wie Mitarbeiter eine Perspektive, die ihnen Klarheit über die vorliegende Situation gibt. Veränderungsanliegen müssen für die Mitarbeiter rational nachvollziehbar gemacht werden, um ihre Handlungssicherheit zu erhöhen und die Gestaltungsfähigkeit aller Beteiligten zu fördern. Um Orientierung zu geben, müssen Ziel und Plan von Veränderungsvorhaben klar und widerspruchsfrei kommuniziert werden. „Orientierung" ist damit vor allem eine Führungs- und Kommunikationsaufgabe.

Kongruenz: meint die Übereinstimmung verschiedener Unternehmensfaktoren im Veränderungsprozess. Je umfassender Veränderungsprozesse alle relevanten Komponenten (Organisation, Systeme, Kommunikation, Personen und Kultur) mit dem Veränderungsprozess in Einklang bringen, desto häufiger führen sie zum Erfolg. Die in der Veränderungspraxis häufig vernachlässigten „weichen" Komponenten sind für den Veränderungserfolg dabei nachweislich mindestens ebenso wichtig wie die in der Regel bevorzugten „harten" Komponenten.

13.2 Wie unterscheidet sich Change Kommunikation von klassischer interner Kommunikation im Unternehmen?

Der Ansatz interner Kommunikation

„Mitarbeiten kann nur, wer mitdenken kann, mitdenken kann nur, wer informiert ist" (vgl. Kalmus 1982, S. 94). In diesem Zitat kommt die originäre Zielsetzung der regulären internen Kommunikation zum Ausdruck: die Mitarbeiter aufgabenorientiert zu informieren, um das Funktionieren des Unternehmens als Organisation zu ermöglichen. Dazu stehen verschiedene Kanäle und Instrumente zur Verfügung. In der Commerzbank waren dies unter anderem beispielsweise das „Comnet" als konzernweites Leitmedium der tagesaktuellen Kommunikation und das Mitarbeitermagazin „Commerzbanker" (vgl. zu den Instrumenten der Mitarbeiterkommunikation auch Kapitel III/17). Die Instrumente der klassischen internen Kommunikation sind tradionell eher auf Kontinuität und Dauerhaftigkeit angelegt. Das heißt, sie transportieren kontinuierlich eine Fülle an Botschaften eher geringerer Komplexität über ein relativ breites Spektrum von Themen. Die klassische interne Kommunikation hat dabei durchaus den Charakter eines Wahlangebotes. Die Mitarbeiter können aus einem breiten Informationsangebot die für sie relevanten Inhalte auswählen.

Change Kommunikation zielt auf Verhaltensänderung

Demgegenüber befasst sich Change Kommunikation - je nach Art, Umfang und Intensität der Veränderung – mit in der Regel komplexen Sachverhalten, die Mitarbeiter nicht nur kennen, sondern auch in ihr tägliches Handeln umsetzen müssen, wenn sie weiterhin erfolgreich im Unternehmen agieren wollen (vgl. Doppler/Lauterburg 2002, S. 338 f.). Die Aufgabe von Change Kommunikation geht also über die Bereitstellung eines Informationsangebotes hinaus. Denn erfolgreiche Veränderung ist darauf angewiesen, dass Menschen ihr Verhalten und ihre Einstellungen ändern.

> *Change Kommunikation befasst sich mit komplexen Sachverhalten, die Mitarbeiter in ihr Handeln umsetzen müssen, wenn sie weiterhin erfolgreich im Unternehmen agieren wollen.*

Der Veränderungsprozess, also Menschen dazu zu bewegen, etwas anderes zu tun als in der Vergangenheit - das hat neben einer kognitiven auch eine konative und eine affektive Komponente (vgl. Mast 2010, S. 396). Change Kommunikation muss jede dieser Ebenen ansprechen: auf der konativen Ebene den Mitarbeitern die geforderten Kompetenzen und Fertigkeiten vermitteln, auf der kognitiven Ebene Dissonanzen mit vorhandenem Wissen vermeiden und durch Konsistenz und Kompatibilität Glaubwürdigkeit und Vertrauen sicherstellen - und auf der affektiven Ebene die Mitarbeiter emotional ansprechen. Emotionen sind bei einer Integration von besonderer Bedeutung. Die neue Organisation muss Identifikationsmöglichkeiten bieten. Und die Mitarbeiter müssen bereit sein, sich an das neue Gebilde zu binden. Bei solchen Prozessen geben Emotionen letztlich den Ausschlag – eine Erkenntnis und Tatsache, die bei Change Projekten häufig unterschätzt wird (vgl. Mast 2010, S. 388 und die dort angegebene Literatur).

Kommunikation braucht Redundanz

Erfolgreiche Change Kommunikation braucht gezielte Redundanz. In jeder Phase des Veränderungsprozesses müssen wichtige Botschaften systematisch, intensiv und über einen längeren Zeitraum in die Organisation kommuniziert werden. Gerade in Stress-Situationen ist Redundanz erforderlich, bevor eine Botschaft ins Bewusstsein der Mitarbeiter gelangt. Aus Sicht des Managements mag dies eintönig erscheinen (vgl. Hammer/Stanton 1995, S. 147 f.). Dennoch gilt: „When in doubt, over communicate.

What seems like too much communication might, in fact, be far too little." (vgl. Mercer 2000, S. 19; Hammer/Stanton empfehlen beispielsweise, eine Botschaft mindestens fünf Mal über unterschiedliche Kanäle in unterschiedlichen Formaten und zu unterschiedlichen Zeitpunkten zu senden; nur so gebe es eine Chance, von der Zielgruppe wahrgenommen zu werden; vgl. Hammer/Stanton 1995, S. 147 f.).

Die Commerzbank baute von Beginn an auf den Einsatz verschiedener Kommunikationsformate. Im Rahmen der Kommunikationskaskade wurden die Führungskräfte beispielsweise zunächst mit Informationspaketen, Telefonkonferenzen oder dem Führungskräfte-Newsletter informiert. Mit den Mitarbeitern wurde dann spezifisch durch ihre Führungskraft, in Mitarbeiterveranstaltungen oder ganz intensiv in Workshops kommuniziert. Darüber hinaus wurden Informationen konzernweit oder segmentspezifisch über das Comnet verbreitet (vgl. zur Führungskräftekommunikation auch Kapitel III/16 und zur Mitarbeiterkommunikation Kapitel III/17).

Anschluss zwischen Altem und Neuem vermitteln

Eine zentrale Herausforderung für das Change Management ist die erfolgreiche Vermittlung, wie das Neue an das Alte anschließt. Will man die Mitarbeiter nicht einfach überrollen, muss man sie dort abholen, wo sie stehen und ihnen das Neue nachvollziehbar Schritt für Schritt vermitteln (vgl. Mutius 1995, S. 265). Change Kommunikation kann dazu beitragen, die Anschlussfähigkeit zwischen Altem und Neuem herzustellen. Aus einer systemtheoretischen Perspektive kann Change Kommunikation durch die Sicherstellung der Anschlussfähigkeit zwischen Altem und Neuem dazu beitragen, die Stabilität der alten Welt ein Stück weit zu reproduzieren, um somit die Identität der neuen Organisation zu sichern (vgl. Gergs/Trinczek 2005, S. 55). Anschlussfähigkeit herzustellen ist dabei nicht nur eine Anforderung an den Dialog zwischen Mitarbeiter und Führungskraft. Bei der Commerzbank hat auch das Branding dazu einen wichtigen Beitrag geleistet. Das Logo der neuen Commerzbank vereint Elemente der Bildmarken von ehemaliger Dresdner Bank und ehemaliger Commerzbank und ist damit für Kunden und eben auch Mitarbeiter ein sichtbares Zeichen der Wertschätzung gegenüber der jeweils fast 140-jährigen erfolgreichen Tradition beider Häuser (vgl. Kapitel III/19 zur neuen Marke Commerzbank).

Tief greifende Veränderungen beinhalten für die Mitarbeiter dennoch immer auch Elemente des Verlustes. Change Kommunikation muss daher einen angemessenen Blick zurück erlauben und das in der Vergangenheit Erreichte hinreichend würdigen. Dies ist dem Vorstandsvorsitzenden Martin Blessing beispielsweise bei seinem ersten offiziellen Auftritt vor den Mitarbeitern der Dresdner Bank am 1. September 2008 gelungen. Er ließ keinen Zweifel an den ambitionierten Zielen und den Herausforderungen der Integration. Gleichzeitig würdigte er aber auch die Historie der Dresdner Bank, deren Teil ja auch er selbst war (vgl. dazu und generell zur Kommunikation im Rahmen der Übernahme auch Kapitel III/14).

13.3 Welche Grundanforderungen muss Change Kommunikation erfüllen?

Stakeholder-Orientierung

Klarheit und Transparenz über die relevanten Interessengruppen und ihre spezifischen Interessenlagen sind die Grundvoraussetzung dafür, dass eine Change Strategie überhaupt ihre Wirkung entfalten kann. Mit Hilfe der Stakeholder-Analyse werden die für den Veränderungserfolg maßgeblichen Interessengruppen identifiziert und hinsichtlich ihrer Veränderungsbereitschaft und ihres Einflusses auf das Veränderungsvorhaben beurteilt. Aus dieser Analyse lassen sich Empfehlungen für den Umgang mit einzelnen Interessengruppen ableiten, wobei Unterschiede im Kommunikationsverhalten der jeweiligen Stakeholdergruppen unbedingt zu beachten sind. Regionale Besonderheiten sind dabei ebenso zu berücksichtigen wie funktionale. Wenn es beispielsweise für Mitarbeiter in Deutschland akzeptiert und üblich ist, bestimmte Informationen über das Intranet zu erhalten, heißt das noch lange nicht, dass dies auch für die Mitarbeiter in den USA oder in Großbritannien gilt. Vielleicht sind dort stattdessen Townhalls üblich und eine Kommunikation per E-Mail erreicht bei weitem nicht die beabsichtigte Wirkung - oder bewirkt im schlimmsten Fall sogar das Gegenteil. Zwischen einzelnen Segmenten oder Funktionen im Unternehmen kann sich das Kommunikationsverhalten auch unterscheiden. Für die Kommunikation der Mitarbeiter im Vertrieb sind gegebenenfalls andere Kanäle zu wählen als in der Zentrale. Im Investmentbanking gelten womöglich andere Regeln als im Privatkundengeschäft, und Mitarbeiter in der Produktion haben an ihrem Arbeitsplatz häufig keinen regelmäßigen Zugriff auf einen Computer und müssen deshalb anders angesprochen werden als Mitarbeiter in der Verwaltung. In nahezu jedem Unternehmen wird es diesbezüglich Besonderheiten zu beachten geben. Die Stakeholder-Analyse liefert in diesem Zusammenhang wichtige Erkenntnisse für die Konzeption von Change Kommunikation.

Der Stakeholder-Ansatz legt zudem die grundsätzliche Reihenfolge der Kommunikation fest (vgl. dazu Kapitel II/5). Im ersten Schritt informieren die Change Leader (Top-Management) die Change Multiplikatoren (Middle Management), damit diese von Beginn an sprechfähig gegenüber ihren Mitarbeitern sind. Im zweiten Schritt kommunizieren die Change Leader an die Change Betroffenen, um Information aus erster Hand zu liefern. Im dritten Schritt verstärken die Change Multiplikatoren die Veränderungsbotschaften in ihrer Kommunikation mit den Change Betroffenen. Damit definiert der Stakeholder-Ansatz neben den traditionellen „hierarchischen" Kommunikationskanälen einen direkten Kanal zwischen Unternehmensleitung und Mitarbeitern. Gerade diesem Kanal kommt in der Change Kommunikation essenzielle Bedeutung zu, erlaubt er doch den Transport ungefilterter Information. Wird er zudem als Feedbackkanal genutzt, ermöglicht er dem Management direkten Zugang zu den Befindlichkeiten und Befürchtungen „an der Basis".

Doppelrolle der Führungskräfte in der Change Kommunikation

Führungskräfte müssen für den Einzelnen Anschlussfähigkeit an die Ziele des Veränderungsprozesses herstellen.

Mittleres Management und Mitarbeiter sind aufgrund ihrer unterschiedlichen Rollen im Change Prozess getrennt anzusprechen. Im klassischen Kommunikationsmodell, das Sender und Empfänger unterscheidet, sind die Mitarbeiter nahezu ausschließlich Empfänger der Change Kommunikation (vgl. Schulz von Thun 1998, S. 88 f.). Die Führungskräfte sind hingegen in einer Doppelfunktion: Sie sind Empfänger und als Multiplikatoren auch Sender dieser Botschaften an ihre Mitarbeiter. Diese Aufgabe ist extrem anspruchsvoll: Die Führungskräfte müssen für den Einzelnen Anschlussfähigkeit an die Ziele des Veränderungsprozesses herstellen. Diese müssen dazu auf operative Teilziele und Meilensteine heruntergebrochen werden. Erst so wird dem Mitarbeiter vergegenwärtigt, wie eigenes Handeln zur Zielerreichung beiträgt (vgl. Voß/Röttger 2008, S. 65). Eventuelle Widersprüche zwischen den geforderten Veränderungen und der Realität an den Arbeitsplätzen sind dabei zu beseitigen oder zumindest zu erklären (vgl. Mast 2010, S. 396). Hinzu kommt: Je intensiver ihnen die Veränderung erscheint, desto mehr Informationen fordern die Mitarbeiter. Je höher das Veränderungstempo, desto weniger sind Führungskräfte aber in der Lage, gesicherte Informationen weiterzugeben (vgl. Dolphin 2005, S. 174).

Ein Auftrag der Change Kommunikation war daher das „Enabling", also die Führungskräfte dabei zu unterstützen, einen solch sensiblen Kommunikationsauftrag sachlich und emotional professionell zu bewältigen (vgl. zu den Maßnahmen der Führungskräftekommunikation Kapitel III/16). Gleichzeitig gilt es, sie dafür zu motivieren, die Phase der Ungewissheit aktiv zu gestalten und einen möglichst selbsttragenden Motivationsprozess zu initiieren. Für die ersten Tage der Integration wurden beispielsweise Kommunikationsregeln veröffentlicht, die unter anderem die Kommunikation zwischen Mitarbeitern und Führungskräften betrafen (vgl. dazu Kapitel III/14). Den Führungskräften wurde damit ein Leitfaden an die Hand gegeben. Indem die Regeln im Intranet veröffentlicht wurden, wussten gleichzeitig aber auch die Mitarbeiter, was sie von ihren Führungskräften erwarten konnten.

Direkter Dialog mit den Mitarbeitern

Nach Meinung von Führungskräften und Projektleitern in deutschen Unternehmen stellt die persönliche Kommunikation das wirkungsvollste Instrument der Change Kommunikation dar (vgl. Bernecker/Reiß 2002, S. 352 ff.). Die höchste Wirksamkeit hat demnach das Einzelgespräch, aber auch Abteilungsmeetings, Workshops oder Kick-off-Veranstaltungen nehmen einen hohen Stellenwert ein. Auch in der Commerzbank haben Mitarbeiterbefragungen bestätigt, dass angesichts des Ausmaßes der Veränderungen Information allein nicht ausreicht. Jede Veränderung muss erklärt und Fragen der Mitarbeiter beantwortet werden, immer wieder und auf allen Ebenen.

Mitarbeiter schenken ihrem direkten Vorgesetzten in der persönlichen Kommunikation mehr Vertrauen und Glaubwürdigkeit als dem mittleren und oberen Management.

In der persönlichen Kommunikation kommt den direkten Vorgesetzten der Mitarbeiter dabei eine zentrale Bedeutung zu, da die Mitarbeiter diesen deutlich mehr Vertrauen und Glaubwürdigkeit schenken als dem mittleren und oberen Management (vgl. Gergs/Triczek 2005, S. 52). Der direkte Austausch der Führungskraft mit ihren Mitarbeitern ist daher eine zentrale Erfolgskomponente der Change Kommunikation. Motivation und Orientierung im Veränderungsprozess werden unmittelbar durch die Führungskraft beeinflusst. Auch der Faktor Kongruenz kann unterstützt werden, indem die Führungskraft in ihrem Handeln gegenüber den Mitarbeitern die Unternehmenswerte sichtbar verkörpert (vgl. zu ComWerte, den Unternehmenswerten der Commerzbank, Kapitel II/4; vgl. zu Motivation, Orientierung und Kongruenz als Erfolgsfaktoren der Change Kommunikation Kapitel II/3 sowie Abschnitt 13.1 dieses Kapitels).

In der Commerzbank führte der Anspruch einer konsequenten Dialogorientierung im Rahmen der Integration zudem zur Etablierung erfolgreicher neuer Formate für die Mitarbeiterkommunikation. Im „Zusammen Wachsen-Netzwerk" konnten sich beispielsweise Mitarbeiter in der Zentrale und später auch an verschiedenen Standorten im Dialog mit den Integrationsverantwortlichen ein Bild vom Fortgang der Integration und ihren Herausforderungen machen. Frühzeitig wurde das Dialogangebot auf das Comnet ausgeweitet. In etwa einstündigen Chats konnten Mitarbeiter zu Integrationsthemen Fragen an Führungskräfte und Spezialisten stellen. Die Protokolle wurden anschließend im Comnet veröffentlicht. In Workshops haben Führungskräfte mit ihren Mitarbeitern gemeinsam für ihre Abteilungen neue Zielbilder erarbeitet. Und mit dem Format „Commerzbank on Tour" wurden weltweit und überaus erfolgreich die Mitarbeiter an bedeutenden Standorten in die Integration eingebunden (vgl. Kapitel III/17 zu Dialogformaten der Mitarbeiterkommunikation).

13.4 Wie hängen interne und externe Kommunikation im Change Prozess zusammen?

Starke Öffentlichkeit von Beginn an

Der Zusammenschluss von Commerzbank und Dresdner Bank hatte nicht nur hohe volkswirtschaftliche Bedeutung. Er markierte auch einen Meilenstein in der lange erwarteten Konsolidierung der deutschen Bankenlandschaft und unterstrich den Führungsanspruch der Commerzbank im deutschen Bankensektor. Diese Faktoren allein sorgten bereits dafür, dass die Integration der Dresdner Bank in die Commerzbank von Beginn an ein quasi öffentlicher Vorgang war. Diese Öffentlichkeit wurde in der Folge durch die Finanzmarktkrise und die daraus resultierende staatliche Beteiligung zusätzlich potenziert.

Synchronisation von interner und externer Kommunikation

In einem solchen Umfeld bilden interne und externe Kommunikation eine untrennbare Einheit, noch mehr, als sie das in Change Prozessen ohnehin tun. Dabei sind zwei Effekte zu berücksichtigen: „outside-in" und „inside-out". Die Mitarbeiter informieren sich gerade in Zeiten des Umbruchs in Echtzeit über Onlinemedien (outside-in). Deshalb dürfen sich aus Sicht der Change Kommunikation Inhalte und Botschaften der internen und externen Kommunikation nicht voneinander unterscheiden. Gleichzeitig gilt der Anspruch „Keine Überraschungen!" Die Mitarbeiter sollten nach Möglichkeit (die rechtlichen Vorschriften zur Ad-hoc-Publizität erlauben dies nicht immer) nichts aus den Medien erfahren, worüber sie nicht vorab intern informiert wurden. Zusätzlich benötigen die Führungskräfte zeitlich vorlaufende Information, die sie außerdem in die Lage versetzt, kommunikativ angemessen auf die Reaktionen ihrer Mitarbeiter zu reagieren.

Die Führungskräfte benötigen zeitlich vorlaufende Information, die sie in die Lage versetzen, kommunikativ angemessen auf die Reaktionen ihrer Mitarbeiter einzugehen.

Mitarbeiter agieren auch immer als Multiplikatoren der Unternehmenskommunikation, indem sie Botschaften über das Unternehmen in ihrem persönlichen Umfeld wiederholen und verstärken (inside-out). Der in unkritischen Phasen von Unternehmen an sich positive Multiplikatoreffekt von Mitarbeitern bekommt in Change Prozessen also einen kritischen Aspekt, da kaum ein internes Kommunikationsangebot auch intern bleibt: interne Kommunikation wird automatisch zu externer Kommunikation. Solche Effekte kann sich die Change Kommunikation auch zu Nutze machen. Beispielsweise indem sie die vergleichsweise höhere Glaubwürdigkeit der „neutralen" externen Berichterstattung über den Veränderungsprozess im Unternehmen gezielt nutzt, um den eigenen Mitarbeitern positive Meldungen glaubhafter zu vermitteln.

Bei der Commerzbank wurden im Rahmen der Integration ausgewählte externe Kommunikationsereignisse gezielt in den internen Medien aufgegriffen. Bilanzpressekonferenz und Hauptversammlung wurden beispielsweise live im Comnet übertragen. Beide Veranstaltungen sind natürlich nicht integrationsspezifisch. Verlauf, Kernbotschaften und Resonanz auf diesen Veranstaltungen prägten aber die Wahrnehmung vom Verlauf der Integration. Ein weiteres Beispiel sind die „Werkstattgespräche", ein im Rahmen der Integrationskommunikation neu eingeführtes Format, bei dem Journalisten von Projektverantwortlichen über den Stand der Integration informiert wurden (vgl. zu den Werkstattgesprächen und anderen Formaten der externen Kommunikation auch Kapitel III/18). Fünf Werkstattgespräche wurden insgesamt für die Presse veranstaltet und anschließend gab es dazu auch eine breite Medienberichterstattung. Oder die Veranstaltungen zur Markenmigration am 15. Juni 2010 (zu der übrigens auch eines der fünf Werkstattgespräche stattgefunden hat), die die Mitarbeiter der Commerzbank in einer fast zweistündigen Live-Sendung im Comnet mit Berichten aus der Zentrale und aus verschiedenen Standorten verfolgen konnten. Definitiv ein Höhepunkt der Integrationskommunikation!

Diese hohe Durchlässigkeit zwischen interner und externer Kommunikation muss sich zwingend auch in der organisatorischen Aufstellung der beiden Kommunikationsdisziplinen entlang des Change Prozesses widerspiegeln. In den beiden zentralen Steuerungs- und Umsetzungsgremien der Integrationskommunikation, LAK und KKI, trafen sich beispielsweise regelmäßig Vertreter der internen und externen Kommunikation (vgl. Kapitel III/15 zu LAK (Lenkungsausschuss Kommunikation) und KKI (Task Force Kommunikation und kulturelle Integration) sowie generell zum Thema Kommunikation als Querschnittsaufgabe). Eine enge, teilweise minutengenaue Abstimmung von Kommunikationsmaßnahmen zwischen interner und externer Kommunikation ist für erfolgreiche Change Kommunikation absolut entscheidend. Fehlt diese Abstimmung, führt dies häufug zur Wahrnehmung, Mitarbeiterkommunikation sei „divorced from real business needs – seen as something ‚nice' to have or do, but not essential" (vgl. Harkness 2000, S. 68, zitiert in Voß/Röttger 2008, S. 64).

13.5 Welche Formen der Change Kommunikation haben sich als besonders wirkungsvoll erwiesen?

Kommunikationsregeln für Führungskräfte

Regeln für die Change Kommunikation schaffen für die verantwortlichen Führungskräfte einen verlässlichen Bezugsrahmen, an dem sie ihr individuelles Kommunikationsverhalten ausrichten können. Kommunikationsregeln reduzieren somit Unsicherheit und wirken orientierungsstiftend (vgl. Larkin/Larkin 1994, S. 233 ff.). Bereits sehr früh im Integrationsprozess von Commerzbank und Dresdner Bank wurden die Prinzipien für eine wirkungsvolle Integrationskommunikation hinsichtlich ihres Timings, ihrer Frequenz, ihrer Inhalte und ihrer Zielgruppen beschrieben („Unsere Regeln für die ersten Tage" waren primär an die Führungskräfte gerichtete Kommunikationsempfehlungen für die Übernahme; vgl. dazu Kapitel III/14). In die Feinjustierung dieser Prinzipien flossen sodann Analyseergebnisse aus den Monitoring- und Feedbackinstrumenten wie Change Monitor oder Sounding Boards ein. Darüber hinaus wurden Erkenntnisse aus bewährten Change-Ansätzen berücksichtigt. Kotter nennt beispielsweise Einfachheit, Vielfalt, Wiederholung und Dialog als Faktoren für erfolgreiche Change Kommunikation (vgl. Kotter 1996). Im Ergebnis entstanden so die Leitplanken für die Integrationskommunikation der Commerzbank.

Abbildung 13-1 Die sieben goldenen Regeln der Integrationskommunikation

Die 7 goldenen Regeln der Integrationskommunikation

1. Kommunizieren Sie aktiv zur Förderung realistischer Erwartungen. Sprechen Sie Schwierigkeiten offen an und beschönigen Sie nicht.
2. Leiten Sie Entscheidungen und Maßnahmen immer wieder her und geben Sie eine Begründung.
3. Kommunizieren Sie Erfolge der Integration gezielt und regelmäßig. (Quick Wins)
4. Vermeiden Sie Informationsüberladung, wiederholen Sie Wesentliches aber mehrfach.
5. Sprechen Sie immer wieder Wertschätzung und Anerkennung für Geleistetes aus.
6. Entscheiden Sie sich wann immer möglich und sinnvoll für die mündliche Kommunikation.
7. Holen Sie aktiv Feedback von Ihren Mitarbeitern ein und greifen Sie dieses sichtbar auf.

Quelle: Commerzbank AG

Das „Destillat" der Change Kommunikation: der Case for Change

Der Case for Change bildet den Kern der Change Kommunikation und ein entscheidendes Mittel zur Steigerung ihrer Wirksamkeit.

In der Literatur bildet der Case for Change den Kern der Change Kommunikation und ein entscheidendes Mittel zur Steigerung ihrer Wirksamkeit (vgl. Mercer Delta 2000, S. 6 f.). Die Ausrichtung am Case for Change über den gesamten Veränderungsprozess hinweg sichert die Kongruenz medialer und persönlicher sowie zentraler und dezentraler Kommunikation. Der Case for Change basiert auf einer einheitlichen und widerspruchsfreien Kernbotschaft, die im besten Fall das Wesen der angestrebten Veränderung in einem Satz beschreibt. Ausgehend von dieser Kernbotschaft werden die fünf Elemente des Case for Change aufgebaut:

1. Begründung der Veränderungsnotwendigkeit (Sense of Urgency)
2. Klare Darstellung der Zukunftsvision
3. Aufzeigen des Masterplans der Veränderung (Weg zum Ziel)
4. Stärkung des Vertrauens in die Machbarkeit der Veränderung
5. Aktives Erwartungsmanagement

Abbildung 13-2   Case for Change

Quelle: Delta Consulting, 2000

Die Begründung der Veränderungsnotwendigkeit (1) ergab sich beim Zusammengehen von Commerzbank und Dresdner Bank unmittelbar aus der Logik des Zusammenschlusses, eine wettbewerbsfähige Privatkunden- und Mittelstandsbank mit einem starken Heimatmarkt zu schaffen. Bei der Darstellung der Zukunftsvision (2) geht es um die nachvollziehbare und möglichst emotionale Beschreibung des „gelobten Landes", in das die Veränderungen führen sollen (vgl. Kotter 1996, S. 72 ff. sowie Kapitel II/7). Bei der Commerzbank erfolgte dies vor dem Hintergrund der Rebranding-Maßnahmen der neuen Marke mit den Bezugspunkten „Partnerschaftlichkeit und Leistungskraft" als neuem Markenkern, der Vision, für den Kunden die beste Bank zu sein, und dem Claim „Gemeinsam mehr erreichen" (vgl. dazu Kapitel III/19). Im Rahmen eines mehrmonatigen Prozesses wurde dazu auf Basis der genannten Elemente zunächst ein Zielbild für die Gesamtbank entwickelt und anschließend bereichsspezifisch operationalisiert und implementiert (vgl. zum Zielbild Kapitel II/7).

Im Masterplan (3) wurden die Meilensteine auf dem Weg zu einer voll integrierten Commerzbank wie personalwirtschaftliche Integration, IT-Integration, organisatorische Integration und kulturelle Integration beschrieben. Für die Stärkung der Zuversicht in die Machbarkeit (4) wurde insbesondere von Anfang an auf eine klare und leicht verständliche Roadmap gesetzt. Diese sollte für jeden Mitarbeiter – zunächst auf einer sehr hohen Aggregationsstufe – zeigen, in welchen Schritten die neue Commerzbank zum Leben erweckt werden würde. Im weiteren Verlauf wurde diese Roadmap sukzessive immer feiner ausgeplant und die neuen Planungen wiederum veröffentlicht.

Erwartungsmanagement (5) als Teil des Case for Change zielte beim Zusammenschluss von Dresdner Bank und Commerzbank auf das klare Adressieren der anstehenden Herausforderungen und möglicher Planabweichungen ab, zum Beispiel Zeitverzögerungen bei der Meilensteinerreichung.

Kommunizieren in geschlossenen Kreisläufen

Erfolgreiche Change Kommunikation folgt der Grundlogik eines Führungsprozesses mit den Phasen Planung, Durchführung und Kontrolle. Eine einmal in Gang gesetzte Change Kommunikation bedarf also der kontinuierlichen Rückkopplung über ihre

Wirkungen. Die Ergebnisse dieses Feedbacks bilden ihrerseits den Input für die Planung der nachfolgenden Kommunikationsmaßnahmen. Die Commerzbank arbeitete bei der Integration der Dresdner Bank mit einem differenzierten Instrumentarium von Diagnose- und Monitoringinstrumenten (gezielte Umfragen bei Mitarbeitern und Zielgruppen, die von der Integration in puncto Intensität und Timing unterschiedlich stark betroffen waren), um die Stimmungslage in der Gesamtbank beurteilen zu können und so über eine belastbare Entscheidungsgrundlage bei der Kommunikationsplanung und -umsetzung zu verfügen. Wichtige Hinweise auf Defizite bzw. Optimierungspotenziale der Integrationskommunikation konnten auf diese Weise gewonnen werden. So signalisierte die zweite Welle von Pulse Check und Integrationsmonitor (für eine detaillierte Behandlung des Change Monitors siehe Kapitel II/9) im Februar 2009 eine Überlastung der Mitarbeiter angesichts der vielen Veränderungen und der dadurch ausgelösten Informationsflut. Dies führte zur Entwicklung des neuen TV-Nachrichtenformats „Zusammen Wachsen News", die bis zum Abschluss der Integration insgesamt 50 Mal auf Sendung waren (vgl. Kapitel III/17). Zu den Monitoringinstrumenten zählten auch die Medienresonanzanalysen, die zu wichtigen Meilensteinen wie der Markenmigration oder der Kunden- und Produktdatenmigration beauftragt wurden. Sie lieferten wichtiges Feedback zur externen Wahrnehmung der Integration und fungierten damit gleichsam als Frühwarnsystem und Erfolgsindikator. Empfänger waren deshalb nicht nur die Kommunikatoren. Die Ergebnisse wurden im Rahmen der zu diesen Meilensteinen stattfindenden regelmäßigen Leitungsrunden auch an die Projektleitung berichtet.

Wichtige Hinweise und Defizite bzw. Optimierungspotenziale der Integrationskommunikation konnten aus den eingesetzten Diagnose- und Monitoringinstrumenten gewonnen werden.

13.6 Wo liegen die Grenzen der Change Kommunikation?

Change Kommunikation liefert die „Infrastruktur" der Kommunikation – Führungskräfte sind die Haupttransporteure der Botschaften

Die entscheidende Limitation der Change Kommunikation liegt in der Tatsache, dass sie allein keine Veränderung bewirken kann. Sie leistet vielmehr eine wichtige Unterstützung für Orientierung, Motivation und Kongruenz als Katalysator der Veränderung in den Köpfen der Beteiligten. Einen großen Teil der Kommunikationsleistung, aus der dann auch die beabsichtigten Verhaltensänderungen erwachsen, leisten hingegen die Führungskräfte im täglichen Dialog mit ihren Mitarbeitern. Die Change Kommunikation kann beispielsweise durch Unterstützung und Empowerment die Wahrscheinlichkeit eines erfolgreichen Kommunikationsverhaltens der Führungskräfte erhöhen, vorherbestimmen kann sie es jedoch nicht.

Change Kommunikation ist vom Input abhängig

Je präziser und offener die Information der Verantwortlichen im Projekt und der Führungskräfte in der Linie, desto hochwertiger und leistungsfähiger wird die Change Kommunikation.

Inhalt und Qualität der Change Kommunikation sind nur begrenzt durch die Kommunikationsverantwortlichen zu beeinflussen. Durch die Organisation als Querschnittsaufgabe kann der Informationsfluss zwischen Projekt und Kommunikation erleichtert werden. Zudem ist es Aufgabe der Kommunikatoren, im Rahmen des Redaktionsprozesses höchstmögliche Qualität anzustreben. Letztendlich bleibt man aber immer auch von anderen abhängig. Je präziser und offener die Informationen der Verantwortlichen im Projekt und der Führungskräfte in der Linie, desto hochwertiger und leistungsfähiger wird die Change Kommunikation.

Glaubwürdigkeit entsteht durch Kommunikation über Erfolge und Probleme

Wohl kaum etwas motiviert so sehr wie Erfolg. Ein wichtiges Element der Change Kommunikation im Rahmen des Veränderungsprozesses ist daher das Verbreiten kleiner und großer Erfolgsgeschichten. Bei der Commerzbank hieß das: Wo ist die Integration bereits gelungen? Welche konkreten positiven Effekte aus der Integration sind bereits zu beobachten? In den Kommunikationsgremien war dieser Punkt Teil der Regelagenda. Die Teilnehmer waren aufgefordert, in ihren Segmenten und Modulen aktiv potenzielle Erfolgsgeschichten zu recherchieren.

Wer nur Erfolgsmeldungen verbreitet, wird aber schnell unglaubwürdig. Deshalb ist es wichtig, auch über Probleme und Misserfolge zu berichten. Erfolg und Misserfolg neutralisieren sich nicht. Sie müssen vielmehr beide stattfinden und sorgen erst im

Zusammenspiel für Glaubwürdigkeit. Beides ist aber wieder nur begrenzt durch die Kommunikation beeinflussbar. Kommunikatoren prüfen potenzielle Erfolgsgeschichten auf ihre Verwertbarkeit. Die Information selbst kann aber nur aus der Organisation kommen. Die Kommunikation über Probleme scheitert hingegen nicht selten am Einspruch betroffener Manager. Umfragen und Erfahrungen zeigen aber: Es lohnt sich, in der Change Kommunikation für Glaubwürdigkeit und Authentizität im positiven Sinne zu streiten. Nichts erzeugt mehr Reaktanz als das Vorgaukeln einer heilen Welt. Und nichts schafft mehr Sympathie und Akzeptanz als das ehrliche Eingeständnis von Schwächen und Fehlern.

13.7 Schlussbemerkung

In diesem Kapitel wurde die Rolle von Change Kommunikation im Kontext tief greifender Veränderungsprozesse betrachtet. Auch vor dem Hintergrund von drei Jahren Integrationsarbeit bei der Commerzbank ist deutlich geworden: Change Kommunikation ist ein Schlüsselfaktor für den Erfolg solcher Veränderungen. Wirkungsvolle Change Kommunikation muss ihre Leistungsfähigkeit dabei in verschiedenen Dimensionen beweisen: die Betroffenen für Veränderung motivieren, Neues, noch Unbekanntes rational nachvollziehbar und relevant machen sowie Möglichkeiten schaffen, Unsicherheiten und Resignation, aber auch Widerstand zu verarbeiten. Wesentliche Erfolgsfaktoren wie die Stakeholderorientierung in der Kommunikationsplanung wurden ausgeführt. Von besonderer Wirksamkeit ist die persönliche Kommunikation, und damit der individuelle Einsatz der Führungskräfte. Die Führungskräfte sind der Schlüssel zum Erfolg. Deren Befähigung für diese schwierige Rolle stellt eine, wenn nicht die zentrale Herausforderung der Change Kommunikation dar.

14. Die Kommunikation zur Übernahme der Dresdner Bank - die richtigen Signale am Anfang setzen

MATTHIAS GOLDBECK

> „Was sich überhaupt sagen lässt, das kann man klar sagen; und wovon man nicht reden kann, darüber muss man schweigen."
> Ludwig Wittgenstein

14.1 Wie kommuniziert man eine Übernahme?

Am 1. September 2008 hat die Commerzbank erklärt, die Dresdner Bank AG von der Allianz AG übernehmen zu wollen. Schon Monate vorher wurde öffentlich über die Pläne des Hauptaktionärs Allianz mit der Dresdner Bank spekuliert. Der Prozess der Übernahme fand unter dem Brennglas der externen und internen Öffentlichkeit statt. Sehr schnell war klar, dass die Mitarbeiterinnen und Mitarbeiter durch die Übernahme selbst nicht mehr überrascht werden konnten. Das galt für Commerzbank und Dresdner Bank. Offen waren hingegen der konkrete Zeitpunkt und damit einhergehend viele weitere Einzelheiten der Transaktion.

Ebenso war klar, dass das Zusammengehen zweier Unternehmen, die in denselben Märkten agierten, dieselben Zielgruppen bedienten und deren Filialen an vielen Orten nur einen Steinwurf auseinanderlagen, nicht ohne das Zusammenlegen von Einheiten, das Schließen von Standorten und den Abbau von Arbeitsplätzen vonstatten gehen würde. Das sorgte bereits in der Anbahnungsphase für Unsicherheit, und darauf musste die Kommunikation bereits am Tag 1 der Übernahme Antworten liefern.

„You never get a second chance to make a first impression."

„You never get a second chance to make a first impression", heißt es in einem Sprichwort. Das gilt auch und ganz besonders für Unternehmensübernahmen. Die Art und Weise, wie ein Unternehmen bei der Übernahme eines anderen Unternehmens kommunikativ agiert, kann die Wahrnehmung bei Kunden und gerade bei Mitarbeitern über den Tag hinaus beeinflussen. Dieser Bedeutung war sich das Kommunikationsteam in der Commerzbank von Beginn an bewusst. Wie das Team die interne Kommunikation für den Tag X vorbereitete, welchen Prinzipien die Kommunikation folgte und welche Formate eingesetzt worden sind, ist ebenso Gegenstand dieses Beitrags wie der Versuch einer Bewertung, heute, mehr als drei Jahre nach der Ankündigung.

14.2 Vorbereitungen für den Tag X

Der Übernahme der Dresdner Bank ging eine mehrere Monate lange öffentliche Diskussion voraus. Gerüchte und Spekulationen waren erstmals Ende März 2008 in nationalen Medien zu finden (vgl. Schäfer/Theurer 2008). Etwa zu dieser Zeit begann auch die Kommunikation, sich systematisch mit diesem Thema zu beschäftigen. Rückblickend erscheint dabei der Vorlauf als durchaus komfortabel, auch unter Berücksichtigung der allgemeinen Forderung „Die Einbindung der Kommunikation in die Vorbereitung einer Unternehmensübernahme sollte so früh wie möglich erfolgen" (Sadowski/Sandstede/Weyand 2010, S. 327). Über längere Zeiträume hinweg musste jedoch in Szenarien gedacht und mit Eintrittswahrscheinlichkeiten gearbeitet werden. Der genaue Zeitpunkt und viele weitere Details der Transaktion wurden erst spät konkretisiert. Unter diesen Unsicherheiten musste dann auch die Vorbereitung der Tag-1-Kommunikation erfolgen.

Investor Relations (IR), Externe Kommunikation und Interne Kommunikation – alle Bereiche angesiedelt in der Konzernkommunikation – arbeiteten von Beginn an koordiniert und Hand in Hand. Aufgabe von IR und Externer Kommunikation war es, gemeinsam mit dem Transaktionsteam die Kapitalmarktstory zu formulieren. Insbesondere die Externe und die Interne Kommunikation waren dann dafür verantwortlich, aus der Kapitalmarktstory eine Storyline und darauf aufbauend Kernbotschaften für die unterschiedlichen Zielgruppen – Mitarbeiter, Kunden, Anteilseigner, Öffentlichkeit – zu formulieren.

Frühzeitig hatte sich die Kommunikation die Dienste einer in Kapitalmarktkommunikation erfahrenen PR-Agentur gesichert. Eine Übernahme ist für 99 Prozent aller Unternehmen eine Ausnahmesituation und nicht die Regel. Daher werden in den seltensten Fällen die erforderlichen Kapazitäten vorgehalten, um diese Ausnahmesituation kommunikativ zu meistern. Kommt es dann zur Planung einer Übernahme, fehlt es oft an den notwendigen Kapazitäten, aber auch an der notwendigen Erfahrung mit vergleichbaren Projekten. Diese können PR-Berater mitbringen. Im vorliegenden Fall unterstützten Berater von Hering Schuppener Consulting insbesondere bei der Entwicklung der Kapitalmarktstory und der Vorbereitung der gesamten externen Kommunikation, waren aber auch in die Vorbereitung interner Kommunikationsformate mit eingebunden.

Übernahmen sind für die Kommunikation der allermeisten Unternehmen Ausnahmesituationen.

Die Koordination der unterschiedlichen Disziplinen im Sinne der Vergabe und des Nachhaltens von Aufträgen, des Terminmanagements und des Managements der Schnittstelle zum M&A-Projekt wurde in die Hände einer projekterfahrenen internen Mitarbeiterin gelegt. Diese Kollegin war komplett aus der inhaltlichen Vorbereitung herausgenommen. Nur durch die Trennung von Inhalt und Steuerung war es möglich, jederzeit den Überblick in einem extrem komplexen und immer wieder äußeren Einflüssen unterworfenen Projekt zu behalten. Diese Erfahrung führte im Übrigen dazu, dass in der Folge im Kommunikationsbereich dedizierte Projektsteuerungsressourcen aufgebaut wurden, die seitdem regelmäßig die Steuerung übergreifender und komplexer Teilprojekte übernehmen.

Ein sogenannter „Leak-Sprech" war das erste sichtbare Produkt aus dem Kommunikationsprojekt heraus. Gerade bei der Übernahme einer nicht öffentlich gelisteten Gesellschaft, wie es die Dresdner Bank war, hält sich der Erwerber regelmäßig mit jeglicher Kommunikation während laufender Verhandlungen zurück, um den Fortgang nicht zu gefährden. Dies ist auch inhaltlich insofern gerechtfertigt, als der Eintritt der Ereignisse bis zuletzt oft alles andere als sicher ist. Die Sprachregelung musste sich daher zwangsläufig auf Allgemeinplätze beschränken und konnte konkrete Verhandlungen nicht bestätigen.

In gleicher Weise agierte die interne Kommunikation. Je mehr ein Unternehmen in der Öffentlichkeit steht, desto mehr ist interne gleich externe Kommunikation. Die interne Kommunikation während des Anbahnungsprozesses musste sich daher darauf beschränken, den Führungskräften eine defensive Sprachregelung zur Kommunikation mit ihren Mitarbeitern zur Verfügung zu stellen. Angesichts der Intensität der öffentlichen Diskussion mag das dürftig erscheinen. Aber anders als in anderen Fällen der Vergangenheit waren keine Beschwerden über Sprachlosigkeit der offiziellen Kommunikation zu vernehmen. Möglicherweise ein Beleg für ein ausgeprägtes Verständnis der Mitarbeiter für die unvermeidlichen Zwänge, die eine solche Situation der Kommunikation auferlegt.

Erste Kontakte zum Kommunikationsteam der Allianz wurden geknüpft. Gemeinsam wurden die Handlungsfelder abgegrenzt, die Aufgabenverteilungen diskutiert und die Kommunikationsinfrastrukturen besprochen. Erst wenige Tage vor dem eigentlichen Announcement war es möglich, das Kommunikationsteam der Dresdner Bank einzubinden.

14.3   Zielsetzung der internen Ankündigungskommunikation

Mit Zielkonflikten umgehen: Was Investoren begeistert, kann bei Mitarbeitern zu Existenzängsten führen.

In der Vorbereitungsphase beschäftigte sich das Team damit, die Standpunkte, Erwartungen und Befürchtungen der unterschiedlichen Anspruchsgruppen zu ermitteln, um darauf die Storyline und die Kernbotschaften abzustimmen. Dabei liegen Zielkonflikte in der Natur der Sache. Was Analysten und Investoren begeistert, kann bei Mitarbeitern zu Existenzängsten führen. Und auch in der internen Kommunikation hat man es auf Empfängerseite nicht mit einer homogenen Masse zu tun. Dresdner Banker hatten andere Sorgen als Commerzbanker, Führungskräfte in der Commerzbank fühlten sich womöglich auf der Gewinner-, Führungskräfte der Dresdner Bank eher auf der Verliererseite. Vor diesem Hintergrund wurden folgende Ziele formuliert:

- Die interne Kommunikation sollte umfassend, rechtzeitig und im Gleichklang mit der externen Kommunikation erfolgen.

- Den Mitarbeitern sollte glaubhaft vermittelt werden, dass sie an diesem Tag im Mittelpunkt stehen.

- Führungskräfte in der Commerzbank sollten vor Mitarbeitern informiert werden, um gegenüber ihren Mitarbeitern sprachfähig zu sein.

- Mitarbeiter von Commerzbank und Dresdner Bank sollten wenn irgend möglich gleichzeitig informiert werden.

- Mitarbeiter im Kundenkontakt sollten sprachfähig gegenüber ihren Kunden sein.

- Jegliche Kommunikation sollte offen, transparent und nach bestem Wissen und Gewissen erfolgen.

- Es sollten die Vorteile der Übernahme herausgestellt, aber auch Ängste und Befürchtungen aufgenommen werden.

- Redundanz in Botschaften und Inhalten war notwendig und gewollt.

- Gerüchten und Spekulationen sollte von vornherein der Boden entzogen werden.

Auch die Kernbotschaften standen schnell fest und ließen sich anhand klassischer Fragen entwickeln: Was passiert wann? Warum machen wir das? Welche Vorteile bringt es uns? Was bedeutet das für mich? Anhand von „Masterdokumenten" für die externe (Pressemitteilung) und die interne Kommunikation (Mitarbeiterbrief des Vorstandssprechers, später, ab dem 7. Mai 2009, Vorstandsvorsitzender) wurden die folgenden Kernbotschaften in Kommunikationsformate gebracht:

- Die Commerzbank übernimmt die Dresdner Bank und ist damit auf dem Weg zur führenden deutschen Bank für Privat- und Firmenkunden.

- Die Kerngeschäftsfelder werden mit einer konsequenten Einmarkenstrategie ausgebaut.

- Unsere Kunden profitieren von größerer Leistungskraft und Kundennähe.

- Mit der Allianz gewinnen wir einen starken und langfristig orientierten Partner und Aktionär.

- Das bedeutet für alle Mitarbeiter Veränderungen. Der notwendige Stellenabbau wird Mitarbeiter aus Commerzbank und Dresdner Bank gleichermaßen betreffen.

- Betriebsbedingte Beendigungskündigungen wird es bis Ende 2011 nicht geben.

- Wir versprechen Ihnen, dass wir immer fair, offen und verantwortungsbewusst mit Ihnen umgehen werden.

Diese Botschaften wurden im Rahmen der internen Kommunikation kontinuierlich wiederholt.

14.4 Besonderheiten der Mitarbeiterkommunikation im Fall einer Übernahme

Übernahmen sind Ausnahmesituationen in der internen Unternehmenskommunikation. Neben der Dimension und der Einmaligkeit waren es im Rahmen der Übernahme der Dresdner Bank besonders die nachfolgenden Faktoren, die den Planungs- und Steuerungsaufwand erhöhten.

Die Notwendigkeit der unbedingten Geheimhaltung

Zugegeben – für interne Kommunikatoren nichts Besonderes. Immer wieder hat man es mit sensiblen Informationen zu tun, die bis zum Zeitpunkt X nicht für die Öffentlichkeit bestimmt sind. Das gilt für die Quartalsberichterstattung ebenso wie für Umstrukturierungen oder Personalien im Topmanagement. In Übernahmesituationen gelten nochmals verschärfte Bedingungen. Der Zeitraum von der Anbahnung bis zum Signing ist vergleichsweise lang, die negativen Konsequenzen einer undichten Stelle können dagegen bis zum Abbruch von Verhandlungen reichen. Dementsprechend werden immer nur diejenigen einbezogen, deren Mitwirkung gerade notwendig ist. Die Erweiterung des Teams vollzieht sich im Projektverlauf in konzentrischen Kreisen. Je konkreter die Transaktion wird, desto mehr Mitarbeiter müssen in die operative Vorbereitung eingebunden und damit ins Vertrauen gezogen werden. Im konkreten Fall bedeutete das, dass anfangs lediglich wenige Führungskräfte einbezogen waren. Dieser Kreis wurde sukzessive um Spezialisten und Projektmanager erweitert. In den letzten heißen Projektwochen war dann das gesamte Team der internen Kommunikation involviert, in den letzten Tagen inklusive eines Teams von Dresdner-Bank-Kommunikatoren.

Unsicherheit und ständige Veränderungen der Ausgangssituation bis zum letzten Tag

Während viele Kommunikationsereignisse planbar sind, verändern sich die Rahmenbedingungen bei Übernahmen ständig. Ob es die Eintrittswahrscheinlichkeit des Ereignisses selbst ist, die Transaktionsstrukturen, Preise und Gegenleistungen oder handelnde Personen sind – alles fließt. So wurde beispielsweise noch wenige Tage vor Ankündigung der Übernahme durch die Commerzbank eine chinesische Bank als möglicher Käufer gehandelt (vgl. Nölting/Papendick 2008).

Die Rahmenbedingungen für die Kommunikation einer Übernahme ändern sich nahezu täglich.

Erst wenn die Verträge unterschrieben sind, stehen die wesentlichen Parameter fest. Und dann muss unmittelbar und vollständig kommuniziert werden. Das heißt, sämtliche Dokumente müssen natürlich vorher vorbereitet und nach Lage der Dinge immer wieder angepasst werden – inklusive der dafür erforderlichen Abstimmungsschleifen und notwendiger Übersetzungen. Allein deswegen kommen zum Auftakt nur solche Kommunikationsformate infrage, bei denen Änderungen bis zum Schluss möglich sind. Hochwertige Mitarbeitermagazine, aufwendig produzierte TV-Formate – alles sinnvolle und richtige Dinge in der Mitarbeiterkommunikation, aber nicht am Tag der Ankündigung selbst.

Höchste Rechtssicherheit erforderlich

Schon in normalen Zeiten sollte in der internen Kommunikation Wert auf Genauigkeit und Fehlerfreiheit gelegt werden. Das führt allerdings in der Regel nicht dazu, dass alle publizierten Texte oder Beiträge einer Kontrolle durch die Rechtsabteilung unterliegen. Wiederum anders die Situation bei Übernahmen: Höchste Akkuratesse hinsichtlich der Zahlen, Daten und Fakten ist unerlässlich. Widersprüche in der internen, ganz besonders aber in der externen Darstellung der Transaktion und ihrer Begleitumstände bergen in hohem Maße rechtliche Risiken. Um diese von vornherein zu minimieren, bedarf es einer ständigen Kontrolle und Freigabenotwendigkeit sämtlicher Kommunikationsformate und ihrer Derivate durch das Transaktionsteam, die Rechtsabteilung sowie die Personalabteilung. Diese Prozesse sind von vornherein in der Planung zu berücksichtigen. Sowohl auf der eigenen als auch auf der Seite der benachbarten Teams ist sicherzustellen, dass qualifizierte Kapazitäten im angemessenen Umfang und zur richtigen Zeit bereitstehen. Jede inhaltliche Veränderung ist in allen Dokumenten nachzuziehen und bedarf wiederum der Freigabe durch die anderen Teams. Es hat sich dabei bewährt, dass das Redaktionsmanagement in den Händen projekterfahrener Kräfte liegt, die keine eigene inhaltliche Zuständigkeit haben (vgl. dazu auch Abschnitt 14.2).

Kein unmittelbarer Zugang zu den notwendigen Kommunikationsinfrastrukturen des Übernahmeobjekts

Zu einer der wichtigsten Zielgruppe im Rahmen der Übernahme, nämlich zu den Mitarbeitern und Führungskräften des Übernahmeobjekts, besteht für den Übernehmer anfangs kein unmittelbarer Zugang. Die künftigen Kolleginnen und Kollegen sind durch Kommunikationsmaßnahmen wie E-Mails oder Telefonkonferenzen durch den Übernehmer direkt nicht zu erreichen. Er besitzt weder E-Mail-Verteiler noch kann er das Intranet administrieren etc. Ganz zu schweigen davon, dass ein Übernehmer vor Closing rein rechtlich ohnehin auf die Kooperation der Unternehmensleitung des übernommenen Unternehmens angewiesen ist.

Die Zugänge zu den wichtigsten Zielgruppen sind eingeschränkt – technisch und rechtlich.

Erster Schritt für ein Kommunikationsteam muss daher sein, zu klären, welche Kanäle zur Verfügung stehen, wie das Kommunikationsklima ist, wessen Unterstützung erforderlich ist und welche Fallstricke es möglicherweise gibt. Aber auch dafür stehen sinnvolle Quellen (Berater, ehemalige Mitarbeiter etc.) nur begrenzt zur Verfügung – siehe Geheimhaltung. Letztlich hängt es an der Kooperation des Verkäufers und des Managements des zu übernehmenden Unternehmens. Im vorliegenden Fall konnte das Dresdner-Bank-Kommunikationsteam kurz vor der Ankündigung involviert werden und hat dann die optimale Koordination der Botschaften in beide Häuser mit ermöglicht.

14.5 Prinzipien und Medien der Führungskräftekommunikation

14.5.1 Führungskräfte first

Führungskräfte aller Ebenen werden in der Kommunikation der Commerzbank als gesonderte Zielgruppen betrachtet. Dies gründet sich auf dem Verständnis, dass Führungskräfte die Transmissionsriemen von Managemententscheidungen sind. Je tiefer sie in Veränderungsprozesse eingebunden sind und je mehr Hintergründe sie erfahren, desto größer die Wahrscheinlichkeit, dass sie sich selbst nicht nur als Gegenstand, sondern vielmehr als Treiber des Veränderungsprozesses sehen. Führungskräfte haben

Führungskräfte sind der Transmissionsriemen von Managemententscheidungen und bedürfen daher besonderer Einbeziehung.

aber auch einen hohen Anspruch an die Art ihrer eigenen Informationsversorgung. Sie wollen früher informiert sein als die Presse und sie wollen früher informiert sein als ihre Mitarbeiter. Sie erwarten Hintergrundinformationen. Sie wollen wissen, was sie sagen dürfen und worüber sie schweigen müssen. Im Fall der Übernahme der Dresdner Bank hieß die Herausforderung, diesen Erwartungen gerecht zu werden, ohne in Konflikte mit der Ad-hoc-Publizität zu kommen.

Abbildung 14-1   Interne Kommunikationsplanung am Tag der Übernahme

Zeit	Maßnahme	Beschreibung
06:00 Uhr	Telefonisches Briefing	der Mitarbeiterhotline
07:00 Uhr	E-Mail an alle Commerzbank-Mitarbeiter	Kurzinformation zur Übernahme und Hinweise zu weiterführenden Informationen im Intranet
07:30 Uhr	Versand Sprechzettel & Kunden-Q&A	für Vertrieb/ Mitarbeiter-Q&A-Katalog als internes Call Center
07:30 Uhr	Freischaltung der Intranet-Seiten	inklusive CEO-Brief an alle Mitarbeiter und Multimediabeitrag CEO Commerzbank im Interview
08:00 – 08:30 Uhr	Telefonkonferenz	mit regionalen Kommunikatoren, Segment-Kommunikatoren/ Kommunikatoren der Töchter
10:30 – 12:00 Uhr	Pressekonferenz	mit Liveübertragung auf der Website und im Intranet
12:00 – 13:30 Uhr	Presseinterviews	mit CEO & CFO Commerzbank
15:30 – 16:00 Uhr	Ansprache Mitarbeiter Dresdner Bank	CEOs Allianz und Commerzbank besuchen Mitarbeiter Dresdner Bank; Liveübertragung Intranet
16:30 – 17:00 Uhr	Ansprache Mitarbeiter Commerzbank	CEO Commerzbank spricht vor Mitarbeitern der Commerzbank mit Liveübertragung Intranet
18:30 – 19:00 Uhr	Telefonkonferenz	mit 1. Führungsebene mit CEO-Debriefing

Fairness und Transparenz von Beginn an

Quelle: Commerzbank AG

14.5.2   Telefonkonferenzen

Die Kommunikationsplanung für die Übernahme sah als das eigentliche Announcement-Datum den 1. September 2008 vor. Die dafür erforderlichen Beschlüsse des Aufsichtsrats wurden am 31. August gefasst. Damit war die Commerzbank auch an diesem Tag Ad-hoc-pflichtig. Getreu den Prinzipien der Führungskräftekommunikation war es folgerichtig, die oberen Führungsebenen bereits an diesem Tag in geeigneter Form zu informieren.

Auch wenn Telefonkonferenzen zu den schnellsten Medien gehören – ohne Vorlauf geht es nicht. Einladungen mussten versandt werden und sie mussten vor allen Dingen die Empfänger rechtzeitig erreichen. Trotz Smartphones konnte niemand davon ausgehen, dass alle Führungskräfte am Wochenende in regelmäßigen Abständen E-Mails lesen. Andererseits kam eine Einladung vor dem Wochenende schon allein aus Vertraulichkeitsgründen nicht infrage. So entschieden sich die Verantwortlichen dafür, am 31. August morgens – also noch vor der Aufsichtsratssitzung – eine Einladung zu einer Telefonkonferenz (Telko) „zum aktuellen Stand in Sachen Bankenkonsolidierung" an den Kreis der Konzernleiter und Gebietsfilialleiter zu versenden. Die Einladung war verbunden mit dem Hinweis, Kollegen gegebenenfalls telefonisch zu verständigen. Mehr als zwei Drittel der eingeladenen Führungskräfte nahmen an der Telko teil.

Der Vorstandssprecher informierte die mehr als 100 Teilnehmer persönlich über die anstehende Übernahme. Das Format und die überschaubare Größe des Kreises erlaubten es dabei auch, detailliert auf Hintergründe einzugehen. Die wesentlichen Eckdaten der Transaktion sowie der Fahrplan des nächsten Tages wurden ausführlich erläutert. Der Vorstandschef appellierte an alle, ihrer besonderen Rolle gerecht zu werden und mit ihren Führungskräften und Mitarbeitern zu sprechen, Sorgen und Bedenken aufzunehmen und ganz im Sinne der ComWerte (vgl. Kapitel II/4) unbedingt eine Übernehmerattitüde zu vermeiden. Darüber hinaus wurden der Prozess und der Fahrplan zur Benennung der künftigen ersten und zweiten Führungsebene bekannt gegeben, eine für die Zielgruppe ebenfalls nicht ganz unwesentliche Information.

Die Möglichkeit, Fragen zu stellen, wurde anschließend intensiv genutzt. Ein umfangreiches Informationspaket, das nahezu die komplette bankweite Kommunikation bereits vorab enthielt, wurde avisiert und kurz nach Mitternacht versandt. Eine Einladung zu einer weiteren Telefonkonferenz am nächsten Tag, in deren Rahmen eine umfassende Nachbesprechung des Announcements erfolgen sollte, wurde ebenfalls angekündigt.

14.5.3 Führungskräfte als Multiplikatoren

Auch Führungskräfte sind Empfänger von Informationen, ihre wesentliche Aufgabe liegt allerdings in der Übermittlung, Erläuterung und Einordnung der Managemententscheidungen gegenüber ihren Mitarbeitern. Sie waren explizit aufgefordert, aktiv auf ihre Mitarbeiter und Kunden zuzugehen, um sie sowohl von der Notwendigkeit der Übernahme zu überzeugen als auch Sorgen und Bedenken aufzunehmen.

Eine Übernehmerattitüde sollte mit allen Mitteln unterbunden werden.

Ein wesentliches Medium dafür war ein Set von Kommunikationsregeln für die ersten Tage („Unsere Regeln für die ersten Tage"). Hier wurden klare Empfehlungen und Erwartungen des Managements zum Verhalten gegenüber Führungskräften, Mitarbeitern, Kunden, der Presse und den künftigen Kollegen von der Dresdner Bank ausgesprochen. Wesentliche Inhalte davon richteten sich vorrangig an Führungskräfte, sei es die Aufforderung, aktiv Gesprächsanlässe mit Mitarbeiterinnen und Mitarbeitern zu schaffen, in öffentlichen Diskussionen für die Ziele der Übernahme zu werben oder aber, jegliche Kontakte mit künftigen Kollegen respektvoll und partnerschaftlich zu gestalten. Diese Regeln wurden Führungskräften vorab übermittelt, am Morgen des 1. September 2008 aber auch – zusammen mit allen anderen Mitarbeiterinformationen – im Intranet beider Banken veröffentlicht. Damit war einerseits die Erwartung in Richtung Führungskräfte klar kommuniziert, andererseits wussten auch die Mitarbeiter, was sie von ihren Führungskräften erwarten konnten. Gerade in zeitkritischen „Krisen"-Situationen kann man sich nicht allein auf die Funktionstüchtigkeit der Kaskade über die Führungsebenen hinweg verlassen.

Medien der Mitarbeiterkommunikation

In der Literatur werden viele Beispiele dafür angeführt, dass die Kommunikationsaufgabe im Rahmen einer Transaktion unterschätzt wurde (vgl. Sadowski/Sandstede/

Weyand 2010, S. 327). Dies kann für die Übernahme der Dresdner Bank ausgeschlossen werden. Akribisch, mit hohem prozessualem und inhaltlichem Anspruch, wurde ein umfassendes Kommunikationsprogramm erarbeitet und umgesetzt. Im Folgenden werden die wesentlichen eingesetzten Formate kurz umrissen, ohne dass ein Anspruch auf Vollständigkeit erhoben werden könnte.

14.5.4 Schriftliche/elektronische Kommunikation

Kernmedium des ersten Tages war der Mitarbeiterbrief des Vorstandssprechers. Er wurde allen Mitarbeitern des Commerzbank-Konzerns sowie allen Mitarbeitern der Dresdner Bank morgens um exakt 07.00 Uhr per E-Mail zugestellt. Diese Form der Push-Kommunikation ist ein in der Commerzbank selten eingesetztes und dem Vorstand vorbehaltenes Format. Entsprechende Aufmerksamkeit ist einer solchen Mail garantiert. Inhaltlich unterschied sich dieser Brief bereits im zweiten Absatz sehr deutlich von externen Kommunikationsformaten. Schon dort sprach der Vorstandschef klar an, dass er nicht jeden von der Übernahme werde begeistern können, weil ein Stellenabbau erforderlich sei. Diese Ankündigung verband er mit dem Versprechen, „dass wir mit Ihnen, bei allem was wir tun, fair, offen und verantwortungsbewusst umgehen werden."

Kritische Themen wurden unmittelbar und ungeschönt adressiert.

Dieser Brief wurde gleichzeitig in den Intranets beider Häuser eingestellt, verbunden mit weiteren Details zur Transaktionsmechanik, zur Einmarkenstrategie, zur Kooperation mit der Allianz oder auch zur sozial verträglichen Integration, die den Rahmen eines CEO-Briefes gesprengt hätten.

Ebenfalls an dieser Stelle sei die „personalpolitische Grundsatzerklärung" (vgl. Kapitel II.6) erwähnt. Der darin erklärte weitreichende Verzicht auf betriebsbedingte Beendigungskündigungen unterband unkontrollierte Spekulationen und damit aufkommende Unruhe unter den Mitarbeitern. Die Inhalte der Erklärung gingen am Tag der Ankündigung in die meisten Formate mit ein, aber auch die Erklärung selbst wurde in voller Länge in die Intranets eingestellt.

Ein Großteil der Vorbereitungszeit entfiel auf die Erstellung und Abstimmung von Fragen und Antworten. Zu jedem Themenkomplex – Personalabbau, Arbeitsplatz etc. – wurden umfangreiche Kataloge vorbereitet, abgestimmt und schon vor der eigentlichen Übernahme immer wieder an veränderte Rahmenbedingungen angepasst. Darunter waren Fragen wie „Wie verteilt sich der Arbeitsplatzabbau auf Commerzbank und Dresdner Bank?" oder auch „Meine Filiale liegt gleich neben einer Filiale der Dresdner Bank. Ist mein Arbeitsplatz in Gefahr?" Viele der bei den Kolleginnen und Kollegen auftretenden Fragen ließen sich schon damit beantworten. Diese Kataloge wurden im Lauf der folgenden Wochen und Monate immer wieder aktualisiert und angepasst.

14.5.5 Vorstandskommunikation

Bei Übernahmen ist die Kommunikation Chefsache und damit in diesem Fall Angelegenheit des Vorstandssprechers. Das gilt ganz besonders für die externe, aber auch für die interne Kommunikation. Neben der vorbereiteten schriftlichen Kommunikation war er in zwei Sonderformaten für die Mitarbeiter sichtbar.

Vorstandsinterview in den Intranets

Die eingesetzten Formate sollten die Besonderheit des Ereignisses unterstreichen.

Im Rahmen der Kommunikationsplanung hatten die Verantwortlichen auch nach einem Format gesucht, dessen alleiniger Einsatz schon die Besonderheit des Ereignisses unterstreichen und das gleichzeitig die Person des Vorstandssprechers und seine innere Überzeugung sichtbar machen würde. TV-Formate wurden in der Commerzbank bis zu diesem Zeitpunkt insgesamt zurückhaltend und insbesondere für die Vorstandskommunikation nur selten eingesetzt. Aber nur mit TV war es möglich, den Vorstandschef schon zum Ankündigungszeitpunkt in Bild und Ton zu zeigen. Als Vorstandssprecher war er die geborene Integrationsfigur und dazu aufgrund seiner beruflichen Vergangenheit in der Dresdner Bank zusätzlich geeignet. Das Ziel war, dass die Mitarbeiter das Rational der Übernahme aus dem Mund des Vorstandssprechers selbst hören sollten. Inhaltlich wurden Redundanzen zur schriftlichen Kommunikation durchaus in Kauf genommen. Keine Aussage in dem Interview, die nicht auch in einem der schriftlichen Kommunikationsformate zu finden war. Aber hier lag die eigentliche

Botschaft im Medium und ihrem Übermittler: „Wir nehmen die Kommunikation mit unseren Mitarbeitern sehr ernst!"

Produktionsseitig war der Beitrag eine Herausforderung. Die Aufnahmen konnten nur am 28. August, also vier Tage vor Announcement, gemacht werden. Lediglich eineinhalb Stunden standen zur Verfügung. Da zu diesem Zeitpunkt noch nicht alle Parameter festgelegt waren, mussten alternative Szenarien gedreht werden, und das auf Deutsch und Englisch. Erst am 31. August konnte der finale Beitrag geschnitten und abgenommen werden, sodass er am 1. September morgens auf Sendung gehen konnte

Mitarbeiterversammlungen in Grün und Gelb

Der „Liveauftritt" vor den eigenen und den künftigen Mitarbeiterinnen und Mitarbeitern ist sicherlich eine der anspruchsvollsten Kommunikationsaufgaben am Tag einer Übernahme. Aber sie ist ein „Must", vergleichbar einer Pressemitteilung oder einem Mitarbeiterbrief, und sie ist Aufgabe des Vorstandssprechers. Der Kommunikationsplan zur Dresdner-Bank-Übernahme sah zwei separate Veranstaltungen – eine in den Räumlichkeiten der Dresdner Bank, eine in der Commerzbank-Zentrale – vor. Eine gemeinsame Veranstaltung kam aus rechtlichen Gründen nicht infrage und wäre allein aufgrund der unterschiedlichen Ausgangssituationen auch nicht sinnvoll gewesen. Wichtig war allerdings die inhaltliche Synchronisation beider Versammlungen. Unterschiede bei wesentlichen Aussagen – und sei es auch nur in Nuancen – wären in jedem Fall offensichtlich und in der Folge diskutiert worden.

Bemerkenswert war insbesondere die Veranstaltung in der Dresdner Bank. Der Vorstandssprecher benutzte nicht die Limousine und nahm auch keinen Nebeneingang, um zur Dresdner Bank zu gelangen. Er ging zu Fuß und nahm genauso den Haupteingang wie alle anderen Kollegen auch. Schon dabei traf er ehemalige Kollegen aus seiner Zeit bei der Dresdner Bank und nutzte die Gelegenheit zu kurzen Gesprächen. In dieser Stimmung entschied sich der Vorstandschef spontan dazu, die vorbereitete Rede nicht in dieser Form zu halten, sondern frei zu sprechen und dabei den eigenen Gefühlen

Das Abweichen vom Manuskript – nicht zwangsläufig der Albtraum des Kommunikators

breiten Raum zu geben. Es gelang ihm damit auf empathische Weise, jede der vorher festgelegten Kernbotschaften zu transportieren. Auch auf kritische Fragen fand er überzeugende Antworten. Das Ergebnis war anhaltender Beifall und das Transparent „Auch Dresdner-Banker wollen sichere Arbeitsplätze" war an diesem Tag das erste und gleichzeitig letzte Mal zu sehen. Der häufig beklagte Mangel an Empathie in der Mitarbeiterkommunikation (vgl. Heuser 2011, S. 19) war offensichtlich kein Problem dieses Auftritts.

Kundenbezogene Mitarbeiterkommunikation

Mitarbeiter im Kundenkontakt sind im Rahmen von Unternehmensübernahmen besonders gefordert. Sie sind möglicherweise selbst verunsichert und haben Fragen zu ihrer persönlichen Zukunft. Gleichzeitig müssen sie in dieser Situation ihren Kunden Rede und Antwort stehen, die Vorteile nach besten Kräften begründen und damit ihre Kunden „bei der Stange halten". Auch für diese Zielgruppe wurden vom Projektteam – unter Einbindung der jeweiligen Kundensegmente – geeignete Formate vorbereitet.

Dazu zählten insbesondere Sprechzettel mit den Kernvorteilen der Übernahme je Kundensegment. Darüber hinaus gab es ausformulierte Kundenbriefe sowie Frage-und-Antwort-Kataloge aus Kundensicht. Sämtliche Dokumente wurden in den Vertriebsportalen eingestellt sowie bei den spezialisierten Kundenhotlines hinterlegt.

14.5.6 Feedback-Formate

Trotz umfassender Vorbereitung war klar, dass nicht jeder Kollege alle Informationen würde verarbeiten können und dass auch Fragen auftauchen würden, an die man noch nicht vorab gedacht hatte.

Wichtig war daher einerseits, dass sämtliche Stellen, bei denen Mitarbeiteranfragen eingehen – so zum Beispiel die Mitarbeiterhotline zu Personalfragen – vorab den umfangreichen Frage-und-Antwort-Katalog für Mitarbeiter erhalten. Gleiches galt natürlich auch für die Kunden-Hotlines. Auch dort mussten die vereinbarten Argumentationen und Sprachregelungen bekannt sein.

Darüber hinaus wurde intern ein zusätzlicher Feedback-Kanal eingerichtet, der E-Mail-Briefkasten Integrationsfragen@commerzbank.com beziehungsweise Integrationsfragen@dresdner-bank.com. Diese Briefkästen wurden von Mitarbeitern der Internen Kommunikation betreut. Fragen, die nicht auf Basis der vorbereiteten Kataloge beantwortet werden konnten, wurden in Richtung der zuständigen Fachabteilungen geroutet, in denen es dedizierte Ressourcen für die Bearbeitung dieser Anfragen gab. Das Leistungsversprechen lautete, dass alle Anfragen innerhalb von maximal 48 Stunden beantwortet würden. Die eingegangenen Fragen dienten wiederum zur Komplettierung/Überarbeitung der veröffentlichten Frage-und-Antwort-Kataloge. Segmentspezifische Briefkästen rundeten das Angebot ab. Allein die Existenz und prominente Bewerbung solcher Feedback-Möglichkeiten sandte – unabhängig vom tatsächlichen Bedarf – das Signal aus, dass Fragen ausdrücklich erwünscht sind und ernst genommen werden.

14.6   Von der Transaktions- zur Integrationskommunikation

Allein die Vorbereitung der Kommunikation für den Tag X war ein echter Kraftakt in jeder Beziehung. Das gesamte Kommunikationsteam fieberte bis zuletzt auf die Entscheidung und damit auf das „Go" für alle Kommunikationsmaßnahmen hin. Dabei war klar, dass bei ungünstigem Verlauf auch ein Abbruch nicht ausgeschlossen werden konnte.

Waren die Verhandlungen hingegen erfolgreich, würde die Arbeit für die Kommunikation eigentlich erst richtig losgehen. Zeit zum Verschnaufen würde es nicht geben und angesichts der zu erwartenden Integrationsdauer wäre ein langer Atem erforderlich. Daher musste nicht nur der Tag X, sondern auch die erste Zeit danach kommunikativ bereits geplant werden. Längst nicht alle Fragen und Unsicherheiten könnten mit der Kommunikation am ersten Tag aufgefangen werden und die Kommunikation musste

Der Job der Kommunikation geht nach der Ankündigung erst richtig los!

auch mit dem zu erwartenden hohen Integrationstempo, zum Beispiel bei der Besetzung der Führungspositionen, Schritt halten können. Die Übernahmekommunikation würde in beiden Häusern neue, höhere Standards in der internen Kommunikation setzen. Mit dem Effekt, dass jede weitere Kommunikation an diesen neuen Standards gemessen würde.

Viele Formate der Ankündigungskommunikation hatten Gültigkeit über den 1. September hinaus. Das gilt für die Verhaltensregeln für die ersten Tage, die Frage-und-Antwort-Kataloge oder auch Argumentarien gegenüber Kunden und Mitarbeitern. Sämtliche Intranetkommunikation ist auch heute noch abrufbar. Aber auch in den Tagen nach dem 1. September wurde das kommunikative Tempo hoch gehalten. Der Tag selbst wurde in Intranetreportagen festgehalten, Mitarbeiterkommentare wurden eingesammelt und publiziert, Aufzeichnungen der Mitarbeiterversammlungen wurden eingestellt, es gab dezentrale Informationsveranstaltungen und Roadshows für Mitarbeiter. Als der Vorstand schon Mitte September die komplette erste Führungsebene benannte, wurden sämtliche 60 neuen Bereichsvorstände zeitgleich mit Bild und Kurzlebenslauf in den Intranets vorgestellt und bereits drei Tage später fand das Auftakttreffen dieses Kreises mit dem gesamten Vorstand statt. Auch das Commerzbank-Mitarbeitermagazin „Commerzielles" erschien wenige Wochen später mit einer umfangreichen monothematischen Sonderausgabe zur Integration. Dabei standen weniger die große strategische Linie im Fokus als vielmehr die kleinen Geschichten und Erfahrungen einzelner Mitarbeiter.

14.7 Bewertung der Kommunikation vor dem Hintergrund des kulturellen Zusammenwachsens

Erwartungen übertroffen – neue Standards gesetzt.

Die Kommunikation rund um den 1. September setzte in der Commerzbank neue Maßstäbe für die interne Kommunikation. Dies betrifft Aktualität, inhaltliche Qualität und Ausgewogenheit ebenso wie den Einsatz innovativer Formate oder die Dialogorientierung in der Kommunikation. An diesem Tag wurde ein Momentum erzeugt, auf dem die nun beginnende Integrationsphase noch geraume Zeit aufbauen konnte. Belege dafür sind nicht nur anekdotischer Art, beschränken sich nicht auf Rückmeldungen aus dem Kreis von Kollegen oder Vorgesetzten. Auch die Ergebnisse aus der ersten Welle der Pulse Check- und Integrationsmonitor-Befragungen, die im November 2008 durchgeführt wurden, zeigen, dass die Kommunikation hier einen besonderen Beitrag geleistet hat (vgl. dazu Kapitel II/9).

Dies gilt einerseits dafür, wie die geplanten Kernbotschaften von Fairness und Transparenz im Rahmen dieser Umfrage bewertet worden sind. Knapp drei Viertel aller Befragten sahen die Fairness im Prozess gegeben, knapp 70 Prozent gaben an, der Integrationsprozess verlaufe transparent. Und 87 Prozent der Befragten glaubten an den Erfolg des Zusammenschlusses.

Erwartungen übertroffen – neue Standards gesetzt.

Im Rahmen der Befragungen gab es auch die Möglichkeit, ungestützt besonders positiv oder negativ aufgefallene Ereignisse aufzulisten. Auffällig ist dabei die Häufung der positiven Erwähnungen zur Kommunikation, sowohl zur medialen als auch zur Kommunikation von Vorständen und Führungskräften. Natürlich gab es auch negative Anmerkungen. Der deutliche Überhang auf der positiven Seite fällt jedoch ins Auge. Dies spricht dafür, dass die Erwartungen an die Kommunikation an dieser Stelle offensichtlich übererfüllt wurden. Der Vollständigkeit halber sei erwähnt, dass sich dieses Verhältnis im Verlauf der weiteren Integrationsbefragungen wieder eingependelt hat. Möglicherweise auch ein Beleg dafür, dass sich die Erwartungen nun an dem mittlerweile erreichten neuen Kommunikationsniveau ausrichteten.

Zusammenfassend lassen sich aus der Ankündigungskommunikation zur Übernahme der Dresdner Bank folgende Erkenntnisse ableiten, die als Handlungsempfehlung allgemeine Gültigkeit haben:

- Die Vorbereitung der internen Kommunikation sollte sehr frühzeitig erfolgen.

- Es bedarf einer engen Verzahnung von interner Kommunikation mit externer Kommunikation und Investor Relations sowie mit dem Transaktionsprojekt, der Personal- und der Rechtsabteilung.

- Kommunikationsprojekte dieser Komplexität bedürfen eines Projektmanagers, der von inhaltlichen Aufgaben befreit ist.

- Es empfiehlt sich die Einbindung eines externen Beraters mit Erfahrung in Übernahmeprojekten, zumindest als Sparringspartner.

- Zugang zur Kommunikationsinfrastruktur des Übernahmeobjekts ist erfolgskritisch.

- Sorgen, Nöte und Ängste aller Beteiligten müssen von vornherein adressiert werden.

- Erwartungen an das Verhalten von Führungskräften und Mitarbeitern müssen klar formuliert und einklagbar sein.

- Der Vorstandssprecher/-vorsitzende ist der führende Kommunikator, die Integrationsfigur im besten Sinne.

- Keine Scheu vor Redundanz: Kernbotschaften müssen häufig wiederholt werden, damit sie ihre Empfänger erreichen.

- Keine Zeit für sequenzielles Abarbeiten. Während noch die Übernahme vorbereitet wird, müssen bereits die ersten Wochen der Integration durchgeplant werden, sowohl unter Change- als auch unter Kommunikationsgesichtspunkten.

- Es bedarf ausreichender und qualifizierter Ressourcen für beide Disziplinen.

15. Kommunikation als Querschnittsaufgabe – Ansatz und Prozesse zur Realisierung einer integrierten Gesamtkommunikation

MATTHIAS GOLDBECK, JULIANE SIEPMANN

Am 26. Mai 2011 trafen sich in Frankfurt zum letzten Mal Kommunikationsexperten der Commerzbank, um sich gegenseitig über den Stand der Kommunikation zur Integration zu informieren. Es war die insgesamt 132. Sitzung der sogenannten Task Force „Kommunikation und kulturelle Integration", kurz „KKI". Die erste Sitzung fand am 8. September 2008 statt, nur eine Woche nach der Ankündigung der Übernahme der Dresdner Bank durch die Commerzbank. Die KKI hat die Integration vom ersten Tag des Projekts bis zu dessen Abschluss begleitet. Sie verkörpert damit das Verständnis von Kommunikation als Querschnittsaufgabe während der Integration.

In diesem Kapitel wird erläutert, wie Kommunikation als Querschnittsaufgabe umgesetzt wurde. Dazu werden zunächst einige Grundlagen der Veränderungskommunikation rekapituliert, bevor die wesentlichen Gremien vorgestellt und ihre Funktionsweise beschrieben werden. Der Beitrag schließt mit einer kritischen Rückschau auf den gewählten Ansatz. Ein Glossar der verwendeten Abkürzungen befindet sich am Ende des Kapitels.

15.1 Grundlagen der Veränderungskommunikation

Alle Beteiligten waren sich von Beginn des Projekts an einig, dass Kommunikation einen entscheidenden Beitrag zum erfolgreichen Gelingen der Integration würde leisten können und müssen (vgl. Kapitel II/13). – Allerdings nur, wenn einige Zusammenhänge beachtet würden:

- Insbesondere in der Kommunikation des Topmanagements mit den Mitarbeitern mussten die einzelnen Botschaften ineinandergreifen und aufeinander abgestimmt sein und so ein einheitliches und widerspruchsfreies Gesamtbild ergeben („One Voice") (vgl. Kapitel III/16).

- Wichtig für die Wirkung von Veränderungskommunikation war und ist zudem die Vermeidung kognitiver Dissonanzen bei den Empfängern, insbesondere den Mitarbeitern. Je stärker die Kommunikation in den Augen der Mitarbeiter von der wahrgenommenen Realität ihres Arbeitsumfelds abweicht, desto mehr verliert die Kommunikation an Glaubwürdigkeit – und dem Projekt fehlt ein wichtiger Hebel für den Veränderungsprozess.

- Die Integration von Commerzbank und Dresdner Bank war vom ersten Tag an auch ein Projekt unter öffentlicher Beobachtung. Interdependenzen zwischen interner und externer Kommunikation waren also zu berücksichtigen.

- Eine Vollintegration wie diese wirkt sich zudem auf nahezu alle Fachbereiche und Standorte des Unternehmens aus. Die Mitarbeiter empfangen im Laufe des Projekts eine Vielzahl unterschiedlicher Informationen von unterschiedlichen Sendern. Wenn aber verschiedene Sender zur gleichen Zeit unterschiedliche Botschaften kommunizieren, kann es leicht zu widersprüchlichen Wahrnehmungen kommen, auch wenn jede Botschaft für sich genommen inhaltlich korrekt ist. Ein Beispiel soll dies verdeutlichen: Während Ende Mai 2011 der erfolgreiche Projektabschlusses bankweit kommuniziert wurde, erhielten die Mitarbeiter im Segment Privatkunden gleichzeitig Informationen über die bevorstehenden Filialzusammenlegungen; die Integration war dort noch nicht beendet. Jede Botschaft für sich war richtig und notwendig, sie mussten aber zielgruppenspezifisch bewertet und gegebenenfalls erklärt beziehungsweise aufeinander abgestimmt werden.

Dass die Berücksichtigung dieser Wirkungszusammenhänge entsprechende organisatorische und personelle Maßnahmen erfordert, liegt auf der Hand. Auf eine effiziente Einbindung der Kommunikationsgremien in die Projektorganisation ist dabei ebenso zu achten wie auf eine geeignete Struktur und Besetzung dieser Gremien. Wie die Kommunikationsaufgaben im Integrationsprojekt organisiert wurden, wird im Folgenden vorgestellt.

15.2 Die Struktur des Gesamtprojekts

Die Integration verlief in drei Phasen: In Phase eins, die „Integrationsvorbereitung", fielen die Bekanntgabe der Übernahme am 31. August beziehungsweise 1. September 2008 und das Closing am 12. Januar 2009. In Phase zwei, der „Integrationsumsetzungsvorbereitung", erfolgten am 11. Mai 2009 die Verschmelzung der Dresdner Bank auf die Commerzbank sowie der Abschluss der Verhandlungen mit den Arbeitnehmergremien am 2. Juli 2009. In der dritten und letzten Phase, der „Integrationsumsetzung", folgten die Umsetzung der Zielstruktur, die Vorstellung der neuen Wort-Bild-Marke und die Markenmigration sowie die Migration der Kunden- und Produktdaten.

Über den gesamten Zeitraum hinweg war das Projekt immer derart aufgestellt, dass es einerseits zentrale Steuerungseinheiten und andererseits dezentrale Planungs- und Umsetzungseinheiten gab. Der Integrationsausschuss (IA) als Teil der Gesamtvorstandssitzung und das Integrationsmanagementteam (IMT) bildeten die obersten Entscheidungs- und Steuerungsgremien. Diesen Gremien waren Module für Marktbereiche, Backoffice-Einheiten und Zentraleinheiten untergeordnet. Jedes Modul bestand wiederum aus Teilmodulen und weiteren Arbeitsgruppen. Das IMT wurde durch ein übergreifendes, koordinierendes Projektmanagement-Office (PMO) unterstützt.

Abbildung 15-1 verdeutlicht, dass die Querschnittsaufgaben Kommunikation und kulturelle Integration in der Projektaufstellung entsprechend berücksichtigt wurden. Das dafür verantwortliche Gremium war die Task Force „Kommunikation und kulturelle Integration".

Abbildung 15-1   Projektstruktur in den Phasen ‚Integrationsvorbereitung' und ‚Integrationsumsetzungsvorbereitung

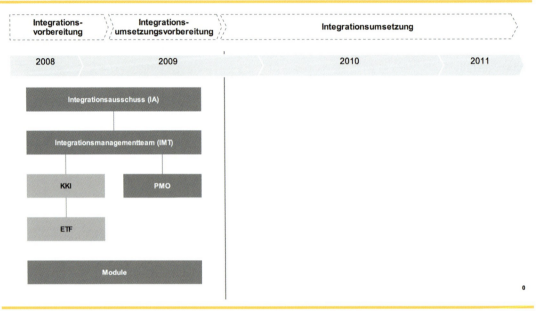

Quelle: Commerzbank AG

15.3   Kommunikationssteuerung in den ersten zwölf Monaten der Integration

Die Integrationskommunikation wurde durch die Konzernkommunikation gesteuert. Dies erfolgte über die Task Force „Kommunikation und Kulturelle Integration". Bis zur Umsetzungsphase gab es ergänzend dazu auch die „erweiterte Task Force KKI"(ETF). Im Zusammenspiel dieser beiden Gremien wurden die Integrationskommunikation und zunächst auch das übergeordnete Change Management gesteuert.

15.3.1 Die Kommunikationsgremien: Task Force „Kommunikation und kulturelle Integration" und die erweiterte Task Force KKI

Die Task Force Kommunikation und Kulturelle Integration

Die Task Force Kommunikation und Kulturelle Integration (KKI) war bei der Zusammenführung von Dresdner Bank und Commerzbank für die Planung, Steuerung und Koordination des Change Managements, der Change-Kommunikation und der kulturellen Integration verantwortlich.

Konkret erstreckte sich der Auftrag der KKI auf

- die Entwicklung von Kernbotschaften, geeigneten Maßnahmen und Zeitplänen zu bankweit relevanten Anlässen,

- die Koordination der zentral geplanten Maßnahmen mit den Aktivitäten der Segmente und

- die Kommunikation aller Personalthemen in Abstimmung mit Human Resources.

Die KKI konzentrierte sich dabei auf die Gesamtbankperspektive. Hauptzielgruppen waren Führungskräfte und Mitarbeiter der Commerzbank AG in Deutschland. Die bankweite Kommunikation erfolgte aber dennoch zweisprachig auf Deutsch und Englisch. Ausländische Einheiten wurden durch Rahmenvorgaben unterstützt.

Zu Beginn setzte sich die Task Force KKI aus Mitarbeitern von interner Konzernkommunikation und Human Resources sowie Vertretern der Unternehmensberatung C4 Consulting zusammen. Im weiteren Verlauf wurden auch Kollegen der externen Kommunikation sowie der Kommunikationseinheiten wesentlicher Segmente (Privatkunden, Mittelstandsbank, Corporates & Markets, Risiko, Services) hinzugezogen. Die Mitglieder waren im Wesentlichen Führungskräfte der zweiten und dritten Führungsebene. Wie bei

In allen Gremien waren von Beginn an Mitarbeitern sowohl von ehemaliger Commerzbank als auch Dresdner Bank vertreten.

allen Gremien wurde auch bei der KKI von Beginn an auf eine Besetzung mit Mitarbeitern sowohl von ehemaliger Commerzbank als auch Dresdner Bank geachtet.

Zu den Themenschwerpunkten während der ersten Phase zählten beispielsweise

- die Initiierung und Entwicklung geeigneter Maßnahmen und Instrumente zur kulturellen Integration und Kommunikation,

- die Entwicklung von Maßnahmen zur grundsätzlichen Akzeptanzsteigerung im Verlauf der Integrationsvorbereitung (unter anderem die Vermittlung der Vision sowie die kulturelle Annäherung),

- die Begleitung der wesentlichen Integrationsvorbereitungsmaßnahmen und -ereignisse sowie

- die Orchestrierung aller Kommunikations- und Integrationsmaßnahmen auf Basis eines bank- und bereichsübergreifenden Masterplans.

Während der Fokus der KKI auf der Gesamtbankebene lag, konzentrierten sich die Segmente auf die Anforderungen in ihren Bereichen, die im Laufe des Projekts immer spezifischer wurden – beispielsweise im Hinblick auf zeitliche Verläufe, inhaltliche Schwerpunkte und Intensitäten sowie organisatorische und strukturelle Gegebenheiten. Die Angebote und Maßnahmen der KKI gaben immer mehr den kommunikativen Rahmen vor. Neben einer zentralen Steuerung von Kommunikation und Change Management durch die KKI für die Gesamtbank war für die einzelnen Segmente also ein dezentraler, selbststeuernder Ansatz gefordert.

Diese Anforderung wurde unterschiedlich umgesetzt. Beispielsweise haben einige Module die Verantwortung für Kommunikation und Change Management in ihrem Projektbüro verankert. Einige Segmente haben hingegen eigene Segment-KKIs als Pendant zur Task Force KKI etabliert. Bereichs- und segmentspezifische Aspekte konnten somit direkt durch die Segment-KKI aufgenommen werden. Durch die enge Abstimmung mit der KKI wurden gleichzeitig flexible und variable zentrale Maßnahmen für die Segmente und Bereiche aufgebaut.

Einige Segmente haben eigene Segment-KKIs als Pendant zur Task Force KKI etabliert.

Die Segment-KKIs waren wie die Task Force KKI für Change-Kommunikation und Change Management verantwortlich. Typische Aufgaben der Change-Kommunikation waren beispielsweise die Prozess- und Ergebniskommunikation, die kommunikative Begleitung von übergeordneten personalwirtschaftlichen Themen wie zum Beispiel die Besetzung von Führungspositionen oder die Unterstützung bei der Entwicklung des Zielbilds auf Bereichsebene. Zu den Change-Management-Aufgaben gehörten Maßnahmen, die das Zusammenwachsen der Teams unterstützten. Das konnten informelle Treffen sein, ein gemeinsames Mittagessen, aber auch Bereichsrunden, Workshops oder mehrtägige Offsites.

Die Segment-KKIs boten somit eine gute Steuerungsmöglichkeit für die zunehmend dezentral auftretenden Unterstützungsbedarfe ab dem Closing. Den Führungskräften der ersten Führungsebene (Executives) stand damit ein Gremium zur Seite, das sie bei ihrer Aufgabe als Kommunikator und Change-Verantwortlicher für ihren Verantwortungsbereich unterstützte. Die Segment-KKIs waren für ihren Bereich Konzeptentwickler, Umsetzungseinheit, Berater sowie Koordinator im Rahmen der Synchronisation mit den KKI-Gesamtbank-Aktivitäten.

Die erweiterte Task Force KKI

In der Startphase des Projekts wurde weitgehend bankweit kommuniziert. Erst im weiteren Projektverlauf nahm die Bedeutung der segmentspezifischen Kommunikation deutlich zu. Dennoch wurden Segmente und Konzernbereiche von Beginn an eingebunden. Das dafür zuständige Gremium war die erweiterte Task Force KKI. Hier trafen sich Kommunikationsvertreter, Change-Verantwortliche und Trainer aus Human Resources sowie den Segmenten und Konzernbereichen mit Vertretern der KKI, um insbesondere die Bedarfe der Segmente und Bereiche zu ermitteln sowie die zentralen Maßnahmen der KKI zu diskutieren. Mit diesen Informationen konnten die Maßnahmen der KKI besser an den Bedürfnissen der Mitarbeiter ausgerichtet und bei Bedarf auch nachgeschärft werden.

Es bestand großer Bedarf nach Information und Gedankenaustausch sowie Interesse an den jeweiligen Kollegen „der anderen Seite".

Die erste Sitzung fand am 29. September 2008 statt. In den folgenden Wochen wuchs der Wunsch, an der erweiterten Task Force teilnehmen zu können. Sitzungen mit 25 Teilnehmern oder mehr waren keine Seltenheit. Und entgegen manch langjähriger Meetingerfahrung waren diese Treffen keineswegs ineffizient. Spiegelte das große Interesse neben dem Wunsch und Bedarf nach Information und Gedankenaustausch auch das Interesse an den jeweiligen Kollegen „der anderen Seite" wider. Für viele der Teilnehmer war die erweiterte Task Force KKI anfangs die einzige Anlaufstelle zum Integrationsprojekt.

15.3.2 Grundprinzipien und Planungsinstrument

Bereits zu Beginn des Projekts hat sich das Team auf folgende **Grundprinzipien für die Kommunikation** geeinigt:

- Führungskräfte sind immer vor Mitarbeitern zu informieren (Informationsvorsprung, um Sprechfähigkeit der Führungskräfte gegenüber Mitarbeitern zu gewährleisten).

- Zentrale Kommunikation erfolgt zeitlich immer vor dezentraler Kommunikation (übergeordnete Kommunikation vor standort-/segmentspezifischer Kommunikation).

- Für die Kommunikation gilt die One-Voice-Strategie.

Diese Grundprinzipien wurden dem Integrationsprozess als verbindliche Leitplanken zugrunde gelegt, entlang derer die Planung und Umsetzung von Kommunikation zentral und dezentral erfolgen konnte. Zudem wurde auf diese Weise unter allen Beteiligten, insbesondere auch bei Vorstand, Executives (erste Führungsebene) und Projektleitung, ein einheitliches Verständnis geschaffen, was Kommunikation leisten beziehungsweise nicht leisten kann.

Zentrales Planungsinstrument der KKI war eine **rollierende Drei-Monats-Planung**. Die Planung konzentrierte sich auf Gesamtbankthemen und -maßnahmen, die sich aus der Gesamtprojektplanung ableiteten. Zielgruppen waren Führungskräfte und Mitarbeiter beider Häuser. Kundenkommunikation wurde durch die Segmente entwickelt und jeweils mit der KKI abgestimmt. Diese Drei-Monats-Planung war die Grundlage für die daran anknüpfende Kommunikation und Change-Bedarfe in den Segmenten und Bereichen. Damit wurde sichergestellt, dass die bankweiten und segmentspezifischen Aktivitäten inhaltlich miteinander verzahnt waren und zeitlich aufeinander abgestimmt erfolgten. Die Entwicklung spezifischer Maßnahmen blieb weiterhin in der Verantwortung der Segmente. Diese ergänzten wiederum sukzessive den Drei-Monats-Plan.

Die KKI baute auch sukzessive die erforderliche **Medienarchitektur** für den Veränderungsprozess auf und aus. Einige Formate wurden dazu komplett neu geschaffen, wie beispielsweise ein Newsletter zur Information der Führungskräfte oder ein Intranet-TV-Format. Die Integration war damit auch ein Katalysator für Innovationen in der internen Kommunikation (vgl. Kapitel III/16 und III/17).

Die Integration war Katalysator für Innovationen in der internen Kommunikation.

15.3.3 Eine visuelle Klammer für das Integrationsprojekt

Zu einer der ersten Maßnahmen der KKI gehörte im September 2008 die Entwicklung eines Logos für das Integrationsprojekt passend zum Leitmotiv „Zusammen Wachsen".

Ziel war es, die vielen Aktivitäten mit einer gemeinsamen Klammer visuell zu kennzeichnen und zusammenzubinden; einer Klammer, mit der sich die Mitarbeiter beider

Häuser gleichermaßen identifizieren konnten. Die Wahl fiel auf ein Motiv mit Ringen in den Farben Grün und Gelb, die das „Zusammen Wachsen" der beiden Banken symbolisierten. Wie die Jahresringe eines Baumes greifen rund um einen gelben Kern unterschiedliche gelbe und grüne Flächen ineinander. Sie symbolisierten die Strukturen, Führungskräfte und Mitarbeiter von Commerzbank und Dresdner Bank.

Das Logo wurde ausschließlich intern verwendet und überall dort eingesetzt, wo es konkret um das Integrationsprojekt „Zusammen Wachsen" ging, etwa bei der Berichterstattung in den beiden Intranets oder Mitarbeitermagazinen, auf Präsentationsunterlagen, CDs, DVDs oder auch im Veranstaltungsbereich.

Abbildung 15-2   Das Integrationslogo „Zusammen Wachsen"

Quelle: Commerzbank AG

15.4 Kommunikationssteuerung in der Umsetzungsphase der Integration

Mit Beginn der dritten und letzten Phase wurde die Struktur des Gesamtprojekts noch einmal grundlegend verändert. Dies betraf auch die KKI und erweiterte Task Force. Die bis dahin gemachten Erfahrungen dieser beiden Gremien wurden dabei berücksichtigt.

Abbildung 15-3   Projektstruktur in den Phasen ‚Integrationsvorbereitung' und ‚Integrationsumsetzungsvorbereitung

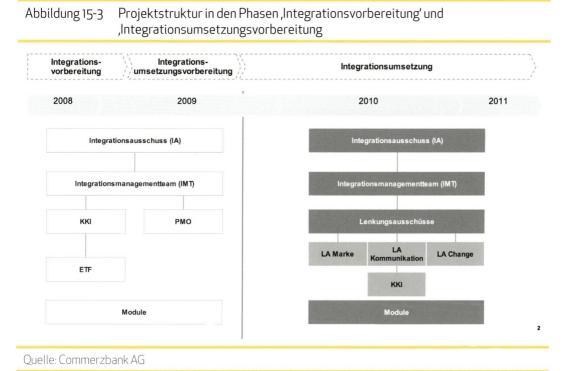

Quelle: Commerzbank AG

Beide Themenblöcke, die bisher durch die KKI initiiert, umgesetzt und gesteuert wurden, verteilten sich nun auf die zwei Lenkungsausschüsse Change & Enabling sowie Kommunikation. Damit bekamen die Querschnittsthemen ein noch höheres Gewicht. Die KKI erhielt eine stärkere Rolle als Umsetzungsgremium. Diese Veränderungen führten auch

Die beiden Querschnittsthemen Change & Enabling sowie Kommunikation bekamen in der dritten Phase der Integration ein noch höheres Gewicht.

zu Verschiebungen in der Funktion und Besetzung der bisherigen Gremien. Die Aufgaben der erweiterten Task Force gingen über auf andere und breitere Plattformen, die sich auf Sounding-Boards, die beiden Lenkungsausschüsse, die KKI und ihre Pendants, die Segment-KKIs, verteilten. Bestimmte KKI-Mitglieder waren ab sofort in den Lenkungsausschüssen vertreten. Einige Mitglieder der erweiterten Task Force rückten in die KKI nach. Um unnötige Redundanzen zu vermeiden und die Ressourcenbindung so gering wie möglich zu halten, wurde die erweiterte Task Force im Spätsommer 2009 aufgelöst.

Das Integrationsmanagementteam blieb weiterhin das oberste Entscheidungs- und Steuerungsgremium unterhalb des Vorstands. Die Umsetzung der bevorstehenden Integrationsetappen blieb in der Verantwortung der dezentralen Module.

Der Lenkungsausschuss Kommunikation

Zu den Kernaufgaben des Lenkungsausschusses Kommunikation (LAK), dem Steuerungs- und Entscheidungsgremium für die Change-Kommunikation, gehörten die integrationsbezogene interne und externe Kommunikation sowie die Entwicklung von Leitlinien und die Abstimmung kundenbezogener Integrationskommunikation. Dazu zählten alle Maßnahmen, die einen klaren Integrationsbezug hatten beziehungsweise durch den Integrationsprozess induziert waren. Beispiele dafür sind die Kundenkommunikation im Vorfeld zur IT-Migration oder die Kundeninformation über die Zusammenlegung von Filialen. Auch die kommunikative Vorbereitung der Markenmigration lag zunächst in der Verantwortung des LAK, bevor dafür ein eigener Lenkungsausschuss Marke etabliert wurde.

Weitere Aufgaben des LAK waren

- die Entscheidung über Eskalationsthemen aus der KKI,

- die Beauftragung von Kommunikationsmaßnahmen entweder zentral in die KKI oder dezentral in die Segmente,

- das Reporting in die Projektorganisation sowie

- die Koordinationsarbeit in Richtung der Kommunikationsverantwortlichen der Querschnittsmodule, insbesondere zum neu gegründeten Lenkungsausschuss (LA) Change & Enabling.

Mit dem LA Change & Enabling wollte man den steigenden übergeordneten Anforderungen an das Change Management gerecht werden. Change Management wurde dazu als echtes Querschnittsmodul aufgesetzt und als LA aktiv in die Projektorganisation eingebunden. Es sollte damit zudem mehr Nachdruck als Führungsaufgabe erhalten.

Kommunikations- und Change-Verantwortliche waren dabei eng in die wichtigsten Projektgremien eingebunden. Neben dem IMT haben Kommunikationsvertreter beispielsweise auch weiterhin regelmäßig an den Meetings des Projekt Management Office (PMO) zur Prozesssteuerung des Gesamtprojekts teilgenommen.

Die neue Rolle der KKI

Bislang war die KKI für die segmentübergreifende Entwicklung und Koordination aller Themen der internen Integrationskommunikation und des Change Managements sowie deren Umsetzung verantwortlich. Zu strategischen Themen war die KKI zudem über die übergeordneten Gremien PMO, IMT und IA eingebunden.

Mit Inkrafttreten der neuen Struktur ab Spätsommer 2009 entschieden nun LA Change & Enabling und LA Kommunikation über integrationskritische Themen und formulierten entsprechende Aufträge an die KKI. Diese war nunmehr operative Umsetzungsinstanz.

Der Fokus lag weiterhin auf der Inlandsbank. Mit der Umsetzung der Zielstruktur, der Markenmigration sowie der abschließenden Migration der Kunden- und Produktdaten mussten drei bedeutende Meilensteine kommunikativ begleitet waren. Die Verzahnung zu anderen Lenkungsausschüssen erfolgte über KKI-Teilnehmer. Sie berichteten regelmäßig über den Projektfortschritt, Kommunikationsanlässe und geplante Maßnahmen aus den Gremien, in denen sie als Kommunikationsvertreter Teilnehmer waren.

Für die Konzeption, Detailplanung und Umsetzung der durch den LAK beauftragten Kommunikationsmaßnahmen waren sogenannte **KKI-Arbeitsgruppen** zuständig. Sie setzten sich aus Vertretern der KKI sowie Fachverantwortlichen aus relevanten Bereichen zusammen. Das Team hatte Informationsrecht gegenüber den Segmenten und Modulen in Bezug auf bestehende Planungen. Gleichzeitig bestand eine Mitwirkungspflicht der Segmente und Module. Zu den Aufgaben der KKI-Vertreter gehörten die Planung der Dachkommunikation, Entscheidungen über Format und Kommunikationskanal sowie die Abstimmung von Kernbotschaften und dem Zielbild der Bank, der Corporate Story (vgl. Kapitel II/17). Nach Abschluss des jeweiligen Auftrags wurden die KKI-Arbeitsgruppen aufgelöst.

15.5 Beispiel: Die Arbeitsgruppe zur Kunden- und Produktmigration

Die Arbeit einer solchen Arbeitsgruppe wird nun am Beispiel der Kommunikation anlässlich der Kunden- und Produktdatenmigration (KPMi) vorgestellt. Mit dieser Migration wurden alle Kunden- und Produktdaten der ehemaligen Dresdner-Bank-Kunden in die IT-Systeme der Commerzbank überführt. KPMi war damit der letzte Schritt der IT-Integration beider Häuser.

Mit diesem Schritt waren sowohl für die Mitarbeiter als auch für die Kunden umfangreiche Veränderungen verbunden. Intern galt es, Mitarbeiter zu schulen, über die Schritte der Datenmigration zu informieren und auf Kundenanfragen vorzubereiten. Kunden wiederum wurden auf die bevorstehenden Änderungen vorab umfangreich hingewiesen. Die ersten Vorbereitungen für die begleitende Kommunikation starteten bereits sechs Monate vor dem eigentlichen Termin der Datenmigration.

Die gesamten internen und externen Kommunikationsaktivitäten wurden eng durch die KKI gesteuert. Über eine eigene Arbeitsgruppe erfolgte die inhaltliche und zeitliche Verzahnung von bankweiter und spezifischer Kommunikation.

Die Leitung der zweiwöchentlich tagenden Arbeitsgruppe lag bei der Konzernkommunikation. Die übrigen Teilnehmer waren verantwortliche Kommunikatoren aus den betroffenen Kundensegmenten und Backoffice-Einheiten.

Zu den wesentlichen Aufgaben dieser Arbeitsgruppe gehörten

- die Entwicklung von übergeordneten Kernbotschaften und des inhaltlich roten Fadens,

- das Sicherstellen eines gemeinsamen Verständnisses über Aufgaben und Endprodukte,

- die Identifizierung von Schnittstellen in der Kommunikationsplanung und -durchführung,

- die Verzahnung der Kommunikationspläne sowie

- die Qualitätssicherung von Kommunikationsplänen und -maßnahmen.

Darüber hinaus wurden Leitplanken und Sprachregelungen für die bankweite und segmentspezifische Kommunikation entwickelt und über das IMT auch allen Modulleitern zur Verfügung gestellt. Damit konnte über alle Segmente und Bereiche sowie über die lange Vorlaufzeit hinweg intern wie extern mit nur einer Stimme kommuniziert werden.

Neben der Leitung der Arbeitsgruppe und der Steuerung aller Kommunikationsaktivitäten zu KPMi erfolgte durch die Konzernkommunikation die Freigabe aller internen und externen Texte. Darüber hinaus war das Team in die Generalproben und am Wochenende der Datenmigration in den Dreischichtbetrieb mit eingebunden.

15.6 Bewertung

Mit der geschilderten Struktur ist es gelungen, Kommunikation als Querschnittsaufgabe zu implementieren. Rückblickend haben insbesondere die folgenden Entscheidungen dazu beigetragen.

1. Grundprinzipien für die Integrationskommunikation wurden frühzeitig definiert.
2. Dach- und Segmentkommunikation wurden intensiv synchronisiert, basierend auf einer breiten Einbindung der Segmente und Bereiche in die KKI und später den LAK.
3. Für die Kommunikation bankübergreifender Themen wurden gemeinsame Arbeitsgruppen unter Einbindung der externen Kommunikation gebildet.
4. Kommunikationsvertreter haben an allen wichtigen Entscheidungsgremien teilgenommen (sowohl bei der Übernahmekommunikation als auch im weiteren Verlauf der Integration).
5. Die Kommunikationssteuerung erfolgte zentral durch die Konzernkommunikation.
6. Alle Gremien waren immer segmentübergreifend und mit Kollegen aus beiden Häusern besetzt.

Darüber hinaus war es mit der beschriebenen Struktur möglich, den Herausforderungen jeder Projektphase gerecht zu werden. Insbesondere in der Startphase war Geschwindigkeit von enormer Bedeutung: Personalpolitische Grundsatzentscheidungen wie die Sozialcharta und die Besetzung des Vorstands standen von Beginn an fest. Es folgte sehr schnell die Besetzung der ersten Führungsebene (Executives) sowie der zweiten Führungsebene. Die Kommunikation konnte dieses Tempo mitgehen und hat dabei maßgeblich von den kurzen Entscheidungswegen durch die enge Einbindung in die Entscheidungsgremien profitiert. Die Trennung in LAK als Entscheidungs- und Steuerungsgremium und KKI als operative Umsetzungsinstanz zum Start der dritten Integrationsphase hat sich dabei bewährt. Wichtiges Erfolgskriterium blieb auch hier die enge Einbindung in die übergeordneten Projektsteuerungsgremien, beispielsweise durch die Präsenz im IMT.

Ein weiterer nicht zu unterschätzender Erfolgsfaktor war die personelle Kontinuität über 1.000 Tage hinweg und vor allem das außergewöhnliche Engagement der Mitglieder. Nur so konnte das Integrationsprojekt und damit das Zusammenwachsen beider Banken die ganze Zeit über auf einem ungebrochen hohen Niveau kommunikativ begleitet werden.

Glossar

IA	Integrationsausschuss
IMT	Integrationsmanagementteam
KKI	Task Force Kommunikation und kulturelle Integration
KPMi	Kunden- und Produktdatenmigration
LA	Lenkungsausschuss
LAK	Lenkungsausschuss Kommunikation
PMO	Projektmanagement-Office

16. Führungskräftekommunikation – ein Mix aus Information und Dialog

JULIANE SIEPMANN

16.1 Einleitung

Ein Integrationsprojekt wie das von Commerzbank und Dresdner Bank kann nur gelingen, wenn die gesamte Mannschaft – Vorstand, Führungskräfte und Mitarbeiter – hinter dem Projekt steht, sich für das gemeinsame Ziel einsetzt und es vorantreibt.

Die Führungskräfte nahmen im vorliegenden Fall eine zentrale Rolle ein. Neben der bankweiten Mitarbeiterkommunikation über das Intranet, das Mitarbeitermagazin oder über Veranstaltungen war die direkte Führungskraft primärer Ansprechpartner für Mitarbeiter, um sich zu informieren, Fragen zu stellen und Bedenken zu äußern.

Doch Fragen hatten auch die Führungskräfte selbst. Auch sie brauchten in jeder Phase des Integrationsprojekts ausführliche Informationen, um gegenüber ihren Mitarbeitern aussagefähig zu sein. Andererseits benötigten sie die Gelegenheit, sich untereinander kennenzulernen, sich auszutauschen, ein Team zu werden und vor allem mit dem Vorstand in den Dialog zu treten.

16.2 Die Zielgruppe „Führungskräfte" – wer ist gemeint?

Im Fokus standen die erste und zweite Führungsebene.

Wenn in diesem Kapitel von Führungskräften gesprochen wird, sind damit vorrangig die erste und zweite Führungsebene gemeint. Sie waren die primäre Zielgruppe der zentralseitigen Kommunikation. Die dritte und vierte Führungsebene wurden mit Fortschreiten der Integration mehr und mehr in den Integrationsprozess eingebunden – als Wegbegleiter und Multiplikatoren (Change-Agent) sowie als unmittelbare Ansprechpartner für die Mitarbeiter. Aufgrund der zunehmend spezifischen Informationsbedürfnisse war es Aufgabe der Kommunikationsverantwortlichen in den einzelnen Segmenten und Bereichen, diese Führungskräfte mit den erforderlichen Informationen und Materialien zu unterstützen.

Die große Kunst bestand im Zusammenspiel zwischen zentralseitiger und segment-/bereichsspezifischer Kommunikation. In dem Integrationsprojekt „Zusammen Wachsen" waren die dafür notwendigen Strukturen berücksichtigt.

Abbildung 16-1   Benennung und Funktionsübernahme des neuen Führungskräfteteams

Führungsebene	Benennung	Übernahme der neuen Funktion
1. Führungsebene (interne Bezeichnung „Executives")	18. September 2008	12. Januar 2009
2. Führungsebene (FE 2)	13. November 2008	11. Mai 2009 Zentraleinheiten 2. Juli 2009 Vertriebs- und Backoffice-Einheiten
3. und 4. Führungsebene (FE 3 und FE 4)	22. Juni 2009 Zentraleinheiten (FE 3 und FE 4) 28. Oktober 2009 (FE 3) bzw. 17. Mai 2010 (FE 4) Vertriebs- und Backoffice-Einheiten	1. November 2009 Zentraleinheiten 1. Juli 2010 Vertriebs- und Backoffice-Einheiten

Quelle: Commerzbank AG

16.3 Die Rahmenbedingungen

Steuerung

Zuständig für die operative Steuerung der Integrationskommunikation – und zwar gegenüber Mitarbeitern, Führungskräften und Kunden gleichermaßen – war eine eigene Arbeitsgruppe, die Task Force „Kommunikation und kulturelle Integration", kurz KKI. Der Leiter der Internen Konzernkommunikation verantwortete diese Arbeitsgruppe. Die KKI war Teil der Projektorganisation und direkt an die Projektleitung angebunden. Dadurch war ein unmittelbarer Informationsaustausch zwischen Projektleitung und Kommunikationsverantwortlichen sichergestellt (vgl. Kapitel III/15).

Rechtlicher Rahmen

Die Führungskräfte der ersten und auch der zweiten Führungsebene (leitende Angestellte der Commerzbank) wurden bewusst sehr frühzeitig benannt (vgl. Kapitel II/6). Damit erhielten alle Beteiligten schnell Handlungssicherheit. Gleichzeitig wurde zusammen mit der Bekanntgabe der neuen zweiten Führungsebene die zukünftige Organisationsstruktur, die Zielstruktur bis zur zweiten Führungsebene veröffentlicht. Dies stand zwar noch unter dem Vorbehalt der Beratungen mit den Arbeitnehmergremien. Dennoch hatten damit die Mitarbeiter zu einem sehr frühen Zeitpunkt bereits einen Überblick über die künftige Struktur und die Verantwortlichkeiten. Eine erste Orientierung war gegeben.

Zum Zeitpunkt der Bekanntgabe waren beide Banken allerdings noch rechtlich eigenständige Unternehmen. Die bisherigen Stelleninhaber führten weiterhin ihren Verantwortungsbereich. Die neue Organisationsstruktur sollte erst nach Eintrag der Verschmelzung und Abschluss des Interessenausgleichs in Kraft treten. Für die Übergangszeit standen bisherige und zukünftige Führungskräfte gemeinsam vor der Aufgabe, Leistungsfähigkeit und Motivation ihrer Einheiten zu erhalten. Gleichzeitig mussten sie den Übergang auf die neuen Strukturen und Verantwortlichkeiten vor-

Insbesondere in der Zeit bis zur Verschmelzung galt es, Führungskräften – den bisherigen wie auch den zukünftigen – Handlungssicherheit zu geben.

bereiten, die in den Verhandlungen mit den Arbeitnehmervertretungen festzulegen waren.

Abbildung 16-2 veranschaulicht den rechtlichen Rahmen, vor dessen Hintergrund die Führungskräfte ihre Aufgaben wahrnahmen und ihre eigene Mitarbeiterkommunikation vornahmen.

Abbildung 16-2   Umsetzung der neuen Commerzbank über drei Phasen

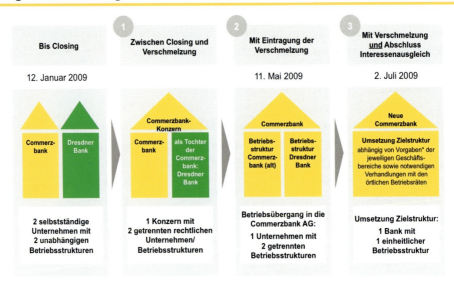

Quelle: Commerzbank AG

Für die Führungskräfte stellten sich in dieser Zeit immer wieder Fragen wie zum Beispiel: Welcher Vorgesetzte darf welche Mitarbeiterteams wie und wann über welche Inhalte informieren? Wann darf beziehungsweise sollte er sich mit Mitarbeitern treffen und wessen Aussagen sind für die Mitarbeiter verbindlich?

Insbesondere in der Zeit bis zur Verschmelzung galt es, Führungskräften – den bisherigen wie auch den zukünftigen – Handlungssicherheit zu geben.

Zusammenspiel zwischen Change Management und Change-Kommunikation

Das eine kann ohne das andere nicht. Oder anders ausgedrückt: Veränderungen müssen aktiv begleitet und gesteuert werden, Veränderungen müssen aber auch erklärt und verstanden werden.

Daher liegt es nahe, dass die beiden Aufgabenfelder Change Management und Change-Kommunikation sehr eng miteinander verbunden sind. Die KKI stellte sicher, dass durch den regelmäßigen Austausch zwischen Kommunikatoren und Change-Beauftragen Themen und Ereignisse immer von beiden Seiten betrachtet wurden. Für die Führungskräftekommunikation bedeutete dies, dass beispielsweise Veranstaltungsformate für Change-Themen gezielt genutzt wurden. Im Gegenzug wurden in Formaten des Change Managements wie zum Beispiel den Change-Toolsets bewusst Kernbotschaften aufgenommen.

Abbildung 16-3 Kommunikation und Change Management als eng verbundene Aufgabenfelder

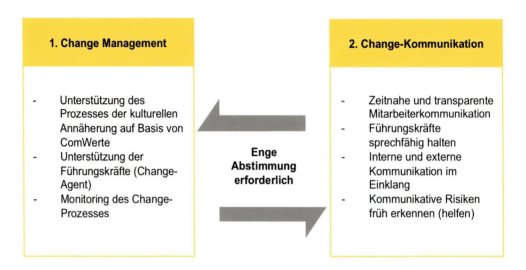

Quelle: Commerzbank AG

16.4 Der Vorstand als Vorbild für die Führungskräfte

Sichtbar sein, Position beziehen, sich Fragen anderer stellen und zuhören. Das sind aus kommunikativer Sicht wesentliche Aufgaben von Vorstand und Führungskräften in Zeiten von gravierenden Veränderungen.

Der Vorstand der Commerzbank und insbesondere der Vorstandssprecher (später Vorstandsvorsitzende) nahmen sich vom ersten Tag der Integration an die Zeit für diese Aufgaben. Zusätzlich zu den regelmäßigen Treffen mit der ersten und zweiten Führungsebene suchte er den Dialog mit Führungskräften der dritten und vierten Ebene und mit Mitarbeitern. Ob Mitarbeiterversammlungen oder Filialbesuche, Roadshows oder Telefonkonferenzen – alle Vorstandsmitglieder haben immer wieder das Gespräch mit Führungskräften und Mitarbeitern beider Häuser gesucht. Sie wollten Rückmeldungen zum Integrationsprozess, wollten wissen, wie das Zusammenwachsen beider Banken vor Ort erlebt wird. Die Mitarbeiter wertschätzten dies und nutzten die Möglichkeit, direkt mit dem Vorstandsvorsitzenden oder dem jeweils verantwortlichen Vorstand zu diskutieren und Fragen zu stellen.

„Zeit" war während der Integration Mangelware. Ein Termin folgte dem anderen. Wo sollte da im Kalender noch Platz für eine Mitarbeiterrunde oder gar einen ganztägigen Workshop sein? Mit seinen Besuchen von Filialen, Backoffice-Einheiten und zentralen Bereichen verdeutlichte der Vorstand in sehr erlebbarer Art und Weise, wie wichtig es ihm war und noch immer ist, mit allen im Gespräch zu sein. Und dafür nahm er sich auch die notwendige Zeit. Ein besseres Vorbild für die Führungskräfte und die ihnen bevorstehende Aufgabe als Motivator, Kommunikator und Gestalter der Integration konnte das Projekt nicht haben.

Sichtbar sein, Position beziehen, sich Fragen anderer stellen und zuhören.

16.5 Gesucht: der ideale Mix aus medialer und persönlicher Kommunikation

Das Ziel der auch durch die KKI gesteuerten Führungskräftekommunikation war es, die Führungskräfte einerseits zu informieren und sprachfähig zu machen und ihnen andererseits die Möglichkeiten zu bieten, sich untereinander und mit dem Vorstand persönlich auszutauschen. Dies führte schnell zu der Frage nach dem idealen Mix aus medialer und persönlicher Kommunikation.

Auch wenn sich die KKI diese Frage nie explizit gestellt hat, so schwang sie doch unterschwellig immer mit: „Welche Themen können ausschließlich schriftlich vermittelt werden, welche Aspekte bedürfen der Erläuterung durch den Vorstand und wann ist das persönliche Gespräch sinnvoll?" Häufig entstand in der Tat eine Mischung aus schriftlicher und mündlicher Kommunikation Richtung Führungskräfte und im zweiten Schritt dann auch Richtung Mitarbeiter.

Dabei haben sich vier Formate als besonders passend und wirksam für die Führungskräftekommunikation herausgestellt:

a. Führungskräfteveranstaltungen,

b. Telefonkonferenzen,

c. Informationspakete und

d. Newsletter für Führungskräfte.

Diese vier Kommunikationsmaßnahmen werden im Folgenden näher vorgestellt. Es handelt sich dabei sowohl um neu entwickelte (Newsletter), um überarbeitete (Veranstaltungen) als auch um bekannte Formate (Telefonkonferenzen, Informationspakete).

16.5.1 Führungskräfteveranstaltungen: Executives-Offsite und Jahresauftaktveranstaltung

Vor der Übernahme gab es sowohl in der Commerzbank als auch in der Dresdner Bank Veranstaltungen für den Gedankenaustausch der oberen Führungsebenen untereinander und mit den Vorständen wie beispielsweise das jährliche Konzernleitertreffen oder das Konzernführungskräftetreffen in der ehemaligen Commerzbank. Ersteres richtete sich an die gesamte erste Führungsebene plus Vorstand. Am Konzernführungskräftetreffen nahmen neben Vorstand und erster Führungsebene mit den Gebietsfilialleitern (zweite Führungsebene Vertrieb) nur ein Teil der Führungskräfte der zweiten Ebene teil.

Diese bisherigen Veranstaltungen wurden aber hinsichtlich Teilnehmerkreis, Inhalten und Rahmen den neuen Anforderungen aus dem Integrationsprozess nicht mehr gerecht. Deshalb nutzte die KKI die Gelegenheit, die bisherigen Veranstaltungsformate dahingehend zu überarbeiten, dass sie das Zusammenwachsen beider Managementteams unterstützten.

- Ein Mal im Jahr treffen sich Vorstand und Executives außerhalb der Bankräumlichkeiten zum sogenannten „Executives-Offsite".

- Bei der Jahresauftaktveranstaltung kommen jedes Jahr Vorstand, Executives und die gesamte zweite Führungsebene des Commerzbank-Konzerns zu einem eintägigen Treffen zusammen.

Im Verlauf des Integrationsprojekts wurden beide Veranstaltungen kontinuierlich weiterentwickelt. Hierzu wurden die Teilnehmer nach jedem Treffen gebeten, ihre Rückmeldung hinsichtlich der Inhalte, des Ablaufs und des Rahmenprogramms zu geben. Darüber hinaus wurde stellvertretend für die jeweilige Teilnehmergruppe eine kleine Gruppe von Führungskräften im Vorfeld in die Planungen mit eingebunden. Beide Veranstaltungen haben sich im Konzern etabliert und werden auch nach Abschluss des Integrationsprojekts fortgeführt.

Das Executives-Offsite

Das erste „Executives-Offsite" fand im September 2008 unmittelbar nach der Benennung der ersten Führungsebene statt. Im Mittelpunkt standen das gegenseitige Kennenlernen von Vorstand und Executives sowie der erste Gedankenaustausch über die bevorstehenden Aufgaben in der Integration. Die Veranstaltung war bewusst informell gehalten. Es gab viel Raum für Gespräche. Im Nachgang zu diesem ersten gemeinsamen Treffen erhielt jedes Vorstandsmitglied und jeder Executive ein kleines Heft, in dem von jedem Teilnehmer ein kurzer Steckbrief mit Foto, die Kontaktdaten sowie seine persönlichen Wünsche zum Verlauf der Integration enthalten waren. Während der Veranstaltung hatte jeder für sich die folgenden drei Fragen beantwortet:

- Für eine erfolgreiche Integration ist mir persönlich besonders wichtig, dass …

- Zusammen wachsen heißt für mich, dass …

- Dabei würde mir besonders helfen, wenn …

Nur wenige Wochen später, im November 2008, folgte das zweite Treffen dieses Kreises. Unmittelbar zuvor war die zukünftige zweite Führungsebene konzernweit benannt worden. Auch dieses Treffen diente vor allem dem Zusammenwachsen des neuen Managementteams. Die Veranstaltung stand unter der Maßgabe, die gesteuerte kulturelle Annäherung der beiden Banken auf der Ebene der Executives zu starten. Damit ergaben sich zwei Themenschwerpunkte:

- die aktive Auseinandersetzung mit den beiden Unternehmenskulturen und der Beginn der Entwicklung einer gemeinsamen Zielkultur sowie

- die Diskussion und der Austausch über die Vision und Strategie der neuen Bank.

Das Auseinandersetzen mit den Gemeinsamkeiten und den Unterschieden der beiden Unternehmenskulturen, die Diskussion über die strategische Ausrichtung der neuen gemeinsamen Bank und das persönliche Kennenlernen wurden unmittelbar im Anschluss an das zweite Executives-Offsite in einer einmaligen Veranstaltungsreihe für die FE 2 („Big-Picture-Workshops") fortgeführt.

Jeder Executive hatte die Möglichkeit, mit seinen neu benannten Führungskräften der zweiten Ebene über genau diese Themen zu diskutieren. Hierfür hatte die KKI im Baukastensystem unterschiedliche verbindliche und freiwillige Veranstaltungsbestandteile definiert, die der Executive nach seinen Vorstellungen einsetzen konnte. Die KKI übernahm die Organisation der Veranstaltung. Zwischen November 2008 und Februar 2009 fanden zahlreiche dieser FE-2-Veranstaltungen statt, teilweise sogar zusammen mit dem jeweils zuständigen Vorstandsmitglied. Alles in allem haben rund 300 Führungskräfte der zweiten Ebene daran teilgenommen. Was waren die Beweggründe für diese Veranstaltungsreihe? Die FE 2 stellte für die bankweite Integration eine wichtige Gruppe dar. Sie musste die Idee der neuen Commerzbank mit Begeisterung in ihre Mannschaft transportieren. Sie musste eine gemeinsame Unternehmenskultur in die Commerzbank tragen und (vor-)leben. Und die Führungskräfte mussten sich selbst als „ausgewähltes Führungsteam" im Sinne der anstehenden Aufgaben verstehen und ihre damit verbundene Rolle als Change Agents auf dem Weg zur neuen Bank erkennen und annehmen. Daher war es wichtig, dass das gesamte neue Topmanagement ein einheitliches Grundverständnis der Vision und Kultur der neuen Commerzbank hatte (vgl. Kapitel II/8).

Mit einer einmaligen Veranstaltungsreihe für die zweite Führungsebene wird die kulturelle und inhaltliche Auseinandersetzung unmittelbar fortgeführt.

Nach den beiden ersten Executives-Offsites im Jahr 2008 folgten weitere zwei Veranstaltungen im Jahr 2009 sowie ein Treffen im Jahr 2010. Charakteristisch für das Format sind der direkte und offene Austausch zwischen Vorstand und Executive-Kollegen – sowohl im Plenum als auch in kleineren Runden – und der Blick über den Tellerrand des eigenen Bereichs. Mit dem Fortschreiten der Integration in den vergangenen drei Jahren änderten sich die Inhalte des Treffens. Dominierte zu Beginn die Integration die Agenda, so rückten im Zeitverlauf mehr und mehr geschäftspolitische und strategische Themen in den Mittelpunkt.

Jahresauftaktveranstaltung

Das Konzept der Jahresauftaktveranstaltung knüpft nahtlos an das des Executives-Offsites an. Auch dieses jährliche Treffen verfolgt das Ziel, den Dialog zwischen Vorstand und Führungskräften zu fördern und Raum für den direkten und persönlichen Gedankenaustausch zu schaffen. Ein wesentlicher Unterschied zu den bisherigen Konzernführungskräftetreffen der alten Commerzbank bestand in der Teilnahme der gesamten zweiten Führungsebene – aus In- und Ausland, der Commerzbank AG und der Tochtergesellschaften.

In den Jahren 2009, 2010 und 2011 fand immer zu Beginn des Jahres eine Jahresauftaktveranstaltung statt, an der Vorstand sowie die gesamte erste und zweite Führungsebene teilnahmen; alles in allem jeweils rund 500 Kolleginnen und Kollegen.

Das allererste Zusammenkommen der neu besetzten Führungsmannschaft im Januar 2009 stand ganz im Zeichen des Kennenlernens. Es sollte sich ein erstes Wir-Gefühl entwickeln – „Wir sind das neue Führungsteam und wir stemmen die Integration gemeinsam". Es galt nun, auch die zweite Führungsebene auf die bevorstehenden Herausforderungen einzustimmen, ihnen die weitere Projektplanung vorzustellen und sie auf ihre Rolle als Change Agent vorzubereiten. Ein wichtiger Schritt auf dem Weg des Zusammenwachsens war zu diesem Zeitpunkt bereits erfolgt: die Mehrheitsübernahme (Closing) durch die Commerzbank. Am 12. Januar 2009 hatte die Commerzbank 100 Prozent der Anteile der Dresdner Bank übernommen. Damit war auch die Voraussetzung erfüllt, dass die im September 2008 benannten Executives ihre neue Funktion übernehmen konnten.

Bis zur zweiten Veranstaltung im Januar 2010 hatten dann auch alle Führungskräfte der zweiten Ebene ihre neue Funktion übernommen. Im Mittelpunkt dieses Zusammenkommens stand das Thema Change in all seinen Facetten. Kurz zuvor waren die Ergebnisse des ersten Change-Monitors (vgl. Kapitel II/9) veröffentlicht worden. Diese wurden ebenso thematisiert wie die Rolle der Führungskräfte im laufenden Veränderungsprozess. Es wurde Zwischenbilanz gezogen und die noch bevorstehenden Aufgaben beleuchtet.

Die Veranstaltung im Januar 2011 beschäftigte sich weiterhin mit integrationsspezifischen Themen. Allerdings dominierten geschäftspolitische und tagesaktuelle Aspekte die Agenda. So stellte sich der Vorstandsvorsitzende den kritischen Fragen einer ausgebildeten Journalistin sowie denen der Executives und FE 2. Die Vorstandsmitglieder präsentierten und diskutierten die Strategie ihres Verantwortungsbereichs. Dieser Austausch fand in Gruppen zu rund 50 Teilnehmern statt. Zu diesen Runden hatten sich die Teilnehmer vorab angemeldet. Einzige Vorgabe: Keine Anmeldung zum Workshop des eigenen Vorstands – der Blick über den eigenen Tellerrand und das Verständnis für das gesamte Haus sollte damit gefördert werden. Abgerundet wurde dieser Part durch eine Frage-und-Antwort-Runde im Plenum, in der die Vorstände allen Teilnehmern Rede und Antwort standen.

Der Blick über den eigenen Tellerrand und das Verständnis für das gesamte Haus sollten gefördert werden.

16.5.2 Telefonkonferenzen

In beiden Banken fanden bereits vor der Übernahme regelmäßig Telefonkonferenzen statt. In der Commerzbank beispielsweise anlässlich der Veröffentlichung von Geschäftszahlen oder zu aktuellen Anlässen. In der Dresdner Bank gab es für das Topmanagement wöchentliche Updates durch den Vorstand.

Während der Integration wurden diese verstärkt durchgeführt. Zu solchen Anlässen zählten beispielsweise die Mehrheitsübernahme und Verschmelzung, der Abschluss der Gremienverhandlungen, die neue Wort-Bild-Marke der Commerzbank, die Umsetzung der Zielstrukturen sowie die SAP-Migration. Auch die Inanspruchnahme des Sonderfonds Finanzmarktstabilisierung (SoFFin) oder die neuen Vergütungsmodelle waren Gegenstand solcher Telefonkonferenzen.

Dabei informierte beispielsweise der Vorstandsvorsitzende die beiden ersten Führungsebenen persönlich über aktuelle Themen, nächste Schritte und getroffene Entscheidungen. Die Führungskräfte wiederum hatten Gelegenheit, ihre Fragen direkt an den Chief Executive Officer (CEO) zu adressieren.

Die Telefonkonferenzen bildeten oftmals den Auftakt zu einer bankweiten Kommunikation entlang der vier Führungsebenen. Die inhaltliche Abstimmung und zeitliche Taktung von bankweiter und segmentspezifischer Kommunikation erfolgte über die KKI, in der Vertreter der Konzernkommunikation sowie aller Segmentkommunikationen eingebunden waren. Ergänzt wurden die Telefonkonferenzen häufig dadurch, dass die Teilnehmer vorab oder im Anschluss Unterlagen erhielten, die sie bei ihrer eigenen bereichsinternen Kommunikation direkt einsetzen konnten. Der Umfang und die Aufbereitung dieser Unterlagen variierten und waren themenabhängig.

16.5.3 Informationspakete (Toolsets)

Um ihren Aufgaben als Gestalter und Kommunikatoren des Veränderungsprozesses gerecht werden zu können, erhielten Führungskräfte der ersten und zweiten Ebene regelmäßig Informationspakete zu ausgewählten Anlässen und konkreten Fragestellungen.

Die KKI konnte dabei auf ein vorhandenes Format aufsetzen. Bereits in der Vergangenheit erhielten Führungskräfte der Commerzbank Unterlagen mit Zahlen, Fakten, Kernbotschaften und Kommunikationsplänen, beispielsweise zu bankweiten Projekten, im Zuge der Bonuskommunikation, zu Themen wie Tarifverhandlungen oder natürlich auch anlässlich der Bekanntgabe der Übernahme. Dies wurde während des Integrationsprojekts fortgeführt. Zu allen wichtigen Etappen (Stellenbesetzungsprozess Führungskräfte, Verhandlungen mit den Arbeitnehmervertretern oder Umsetzung in die Zielstruktur) erhielten die erste und zweite Führungsebene Unterlagen mit Sprechzettel, Kernbotschaften und Frage-und-Antwort-Katalog, Kommunikationspläne sowie Textbausteine und Tipps für die eigene weitere Mitarbeiterkommunikation. Im Verlauf der Integration wurden die Informationspakete immer mehr durch bereichsspezifische Inhalte ergänzt. Die Informationspakete wurden immer zweisprachig (auf Deutsch und auf Englisch) und mit einem entsprechenden zeitlich Vorlauf elektronisch an die Zielgruppe verschickt.

Die in Kapitel II/5 „Leading Change – Rolle und Aufgabe der Führungskräfte als Change-Agents" vorgestellten Change-Toolsets waren im Prinzip auch eine Art Informationspakete. Allerdings lag der inhaltliche Schwerpunkt auf dem Thema „Veränderung" (Change) und die Unterlage wurde als Power-Point-Präsentation zusammengestellt. Ziel war es, die jeweils neu benannten Führungsebenen (FE 1 bis FE 4) in ihrer Rolle als Change Agent zu unterstützen. Neben theoretischen Einblicken in das Thema Veränderung erhielten die Führungskräfte auch praktische Handlungsempfehlungen zu konkreten Anlässen und Tipps für den Umgang mit Kollegen und Mitarbeitern.

Zu bestimmten Anlässen wurden beide Unterlagen – Informationspaket und Change-Toolset – in einem Dokument zusammengefasst. Ein Beispiel dafür ist die Umsetzung der Zielstruktur in der Zentrale zum 1. November 2009. Zu diesem Termin wurde die neue Organisationsstruktur wirksam, die neuen Führungskräfte der dritten und vierten Ebene übernahmen vollumfänglich die Verantwortung für ihre jeweilige Abteilung und alle Mitarbeiterinnen und Mitarbeiter waren in ihren neuen Teams angekommen.

Das Change-Toolset und Infopaket zur Umsetzung in die Zielstruktur, das alle Führungskräfte der neuen dritten und vierten Führungsebene Mitte Oktober 2009 erhielten, umfasste sowohl Aspekte des Change Managements –

- *ihre Aufgaben als Change-Agent,*
- *Handlungsempfehlungen für das Führen virtueller Teams und*

Best-Practice-Beispiele für Spielregeln der Zusammenarbeit –als auch einen Frage-und-Antwort-Katalog zu allen Themen rund um die Umsetzung in die Zielstruktur wie zum Beispiel:

- *Was bedeutet die Umsetzung der Zielstruktur konkret für mich und meine Mitarbeiter?*
- *Werden meine neuen Mitarbeiter auch über andere Kanäle zur Umsetzung der Zielstruktur informiert?*
- *Gibt es administrative Prozesse, die noch vor dem 1. November 2009 (Stichtag der Umsetzung) auf den Weg gebracht beziehungsweise abgeschlossen werden müssen?*
- *Welche Personalanwendungen stehen den Führungskräften während der Übergangsphase zur Verfügung?*
- *Wann wird mein neues Team in der Zielstruktur vollständig im SAP-HR-System abgebildet sein? Muss ich diesen Prozess gegebenenfalls proaktiv anstoßen oder erfolgt die Umsetzung automatisch?*
- *Wann werden mein Team und ich auch räumlich zusammensitzen?*

16.5.4 Führungskräfte-Newsletter

Am 12. November 2008 erschien die erste von 18 Ausgaben des Newsletters „‚Zusammen Wachsen' – Informationen für Führungskräfte".

Das Format wurde speziell für die Zeit der Integration entwickelt und richtete sich zunächst an Executives und die zweite Führungsebene – sowohl an die zukünftigen als auch an alle bisherigen Führungskräfte der zweiten Ebene, solange diese noch ihre alte Funktion ausübten. Nachdem auch die dritte und vierte Führungsebene feststanden, erhielten auch diese den Newsletter.

Einziges Thema war die Integration von Commerzbank und Dresdner Bank. Dies aber in all ihren Facetten: erreichte Projektabschnitte, bevorstehende Ereignisse, Hintergrundinformationen, Termine, Personalien, erzielte Erfolge. Neben sachlichen Informationen zum Fortschritt der Integration wurde auch über Erfolgsgeschichten berichtet, Empfehlungen für die Mitarbeiterkommunikation gegeben und auf neue Workshop-Angebote hingewiesen. Viele der aufgegriffenen Themen wurden auch bankweit an alle Mitarbeiter kommuniziert. Der Mehrwert für die Führungskräfte bestand darin, dass sie über den Newsletter entweder vorab über ein Thema informiert wurden und sie ihren Mitarbeitern gegenüber somit aussagefähig waren. Oder sie erhielten zu bereits bekannten und auch bankweit kommunizierten Ereignissen vertiefende Informationen.

Der Newsletter erschien anlassbezogen etwa alle sechs bis acht Wochen und zweisprachig (auf Deutsch und auf Englisch). Die Empfänger erhielten ihn personalisiert per E-Mail. Er wurde zusätzlich auch im Intranet auf den Projektseiten „Zusammen Wachsen" veröffentlicht. Neben der Onlineausgabe standen alle Ausgaben auch als PDF zur Verfügung. Damit wurde den unterschiedlichen Lesegewohnheiten Rechnung getragen.

Inhaltsverzeichnis des Führungskräfte-Newsletters vom Februar 2010

- Aus dem Vorstand

- Veränderungsprozess als Führungsaufgabe – Jahresauftakttreffen von Vorstand, Executives und FE 2

- Gut unterwegs – Ergebnisse des Change-Monitors für die Gesamtbank

Vorbildlich

- Organisierte Rückmeldung – Personalvorstand im Dialog mit Sounding-Gruppen

Auf Kurs

- Gut rübergerutscht – SAP-Datenmigration zum Jahreswechsel

- Commerzbank weltweit: Integration im Plan – asiatische Standorte schon in neuer Struktur

Aus den Modulen (Anmerkung der Autorin: interne Bezeichnung für Teilprojekt)

- Das Gerüst steht – Vorbereitung auf die Umstellung auf die Zielstruktur in der Fläche

- Einkaufsgenehmigung per Klick – neuer Prozess für die Einkaufsplattform Piazza

- *Eins für alle – neues Gruppenlaufwerk für die Einheiten in der Zentrale*

- *„Commerzbank on Tour" – neues Logo geht auf Welttournee*

- *In eigener Sache – was machen Führungskräfte mit dem „Zusammen Wachsen"-Newsletter?*

- *Ärger über die Reisekostenregelung – mit diesen Argumenten können Vorgesetzte die neue Regelung erklären*

- *Kompakt*

- *Personalie*

- *Integrationskalender*

16.6 Erkenntnisse und Erfahrungen

Die Ziele der Führungskräftekommunikation – einerseits Führungskräfte über alle Schritte des Integrationsprojekts zu informieren, aussagefähig zu machen und Handlungssicherheit zu geben und ihnen andererseits die Gelegenheit zum Dialog untereinander und mit dem Vorstand zu geben – wurden erfolgreich erreicht. Das zeigen beispielsweise die direkten Rückmeldungen der Führungskräfte zu den Veranstaltungen, aber auch die Ergebnisse der Integrationsbefragungen und einer Führungskräftebefragung zum Newsletter.

Entscheidende Faktoren für den Erfolg waren dabei

- transparent und zeitnah zu informieren,

- der Dialog mit den Mitarbeitern,

- die Formatvielfalt sowie

- die Handlungsleitlinien und Ratgeber zur konkreten Unterstützung.

Fakt ist aber auch, dass

- es insbesondere in der zweiten Hälfte des Integrationsprozesses zu einem Informationsbruch zwischen der zweiten und dritten Führungsebene (Ergebnis des zweiten Change-Monitors) kam,

- sowohl Mitarbeiter als auch Führungskräfte mit einer Flut an schriftlicher Information (E-Mails, Newsletter, Intranet etc.) zu kämpfen hatten,

- insbesondere der Führungskräfte-Newsletter als bankweit übergreifendes Medium an Bedeutung verlor, weil die Informationsbedürfnisse immer spezifischer wurden,

- fehlende E-Mail-Verteiler für die dritte und vierte Führungsebene eine direkte Ansprache dieser Zielgruppe nur schwer ermöglichten und

- die bankweiten Botschaften nicht immer mit der wahrgenommenen Realität am eigenen Arbeitsplatz übereinstimmten.

Manches davon konnte mithilfe von Kommunikationsmaßnahmen verbessert werden (Beispiel: Informationsflut, bankweite Botschaften). Auf manches dagegen hatten die Kommunikations- und Change-Verantwortlichen nur wenig Einfluss (Beispiel: Verteiler).

Die KKI hat während des Projekts diese und andere Erkenntnisse immer ernst genommen und intensiv und ergebnisoffen diskutiert. Außerdem wurde den Führungskräften gegenüber und auch in der bankweiten Kommunikation offen über diese Sachstände berichtet.

Tipps für Führungskräfte für ihre (Change-)Kommunikation (Auszug aus dem „Change Agent Guide", Commerzbank, November 2009)

Kommunizieren Sie so viel wie möglich – und wenn möglich persönlich. Regelmäßige Kommunikation schafft Sicherheit und Orientierung für Ihre Mitarbeiter und motiviert diese. Fragen Sie regelmäßig nach, ob Ihre Mitarbeiter alles verstanden haben. Es ist wichtig, Informationen zu erklären und zu begründen. Denn was für Sie eindeutig ist, kann für Ihre Mitarbeiter möglicherweise unklar sein; wo für Sie Sicherheit besteht, verspüren Ihre Mitarbeiter Unsicherheit. Denken Sie daran:

Kommunizieren Sie, kommunizieren Sie, kommunizieren Sie!

1. Seien Sie bewusst redundant in Ihren Aussagen. Scheuen Sie keine Wiederholungen – eine Botschaft erreicht bei Stress Adressaten oft erst nach sechsfacher Wiederholung!

2. Beantworten Sie zu allen kritischen Themen die folgenden fünf Kernfragen:

    » Warum machen wir das?

    » Was ist die Vision oder Idee dahinter?

    » Wie kommen wir dahin?

    » Ist dieses Ziel erreichbar?

    » Welche Erwartungen gibt es konkret an Sie als Führungskraft?

3. Wählen Sie verschiedene Kommunikationskanäle, um Ihre Botschaften zu verankern – bevorzugen Sie unbedingt die persönliche vor der schriftlichen Form (Mitarbeiterversammlungen, Zusammenkünfte, Kaminabende etc.).

4. Veränderungskommunikation folgt anderen Gesetzen als Regelkommunikation: Informieren Sie frühzeitig statt vollständig, lieber fragmentarisch als perfekt. Und: lieber schlechte Nachrichten als gar keine Nachrichten!

Seien Sie erreichbar – und zugänglich!

Bei Veränderungsprozessen erleben viele Mitarbeiter ein Gefühl der Unsicherheit und Desorientierung. Sie suchen nach Klarheit und Stabilität. Ihre Führungskräfte und Mitarbeiter werden daher mehr Zeit von Ihnen einfordern als sonst. Nehmen Sie sich die Zeit für den persönlichen Kontakt, wann immer es Ihnen möglich ist. Die Richtschnur dabei sollte immer die Frage sein: Wie möchte ich selbst behandelt werden?
Denken Sie daran:

1. Wichtig sind Ihre Präsenz und Ihr Einfühlungsvermögen.

2. Berücksichtigen Sie die „Verarbeitungszeit", in der Mitarbeiter persönliche Sorgen besprechen können und Orientierung und Sicherheit von Ihnen erhalten sollten.

3. Seien Sie sensibel – sprechen Sie aber Unvermeidliches auch klar an.

4. Hören Sie gut zu – nur so können Sie erfahren, was Ihre Mitarbeiter von Ihnen erwarten und benötigen.

5. Halten Sie Ihre Führungskräfte dazu an, sich gegenüber ihren Mitarbeitern ebenso zu verhalten.

17. Mitarbeiterkommunikation – die Integration als Fallstudie für die Neuausrichtung des internen Medienmixes

OLIVER NYUL

Der folgende Beitrag beschreibt die Integration zweier Medienlandschaften – jener der Commerzbank und jener der Dresdner Bank –, die zwar nicht deckungsgleich waren, aber starke Überschneidungen hatten. Er konzentriert sich dabei auf Formate, die in der zentralen Konzernkommunikation verantwortet werden und sich an eine bankweite Öffentlichkeit richten. Medien oder Kommunikationsmaßnahmen, die in einzelnen Segmenten wie zum Beispiel dem Privat- oder Firmenkundenbereich, in der Personal-, Organisations- oder in vielen anderen Konzernbereichen konzipiert und eingesetzt wurden, werden hier ausgeklammert, ohne dass deren Bedeutung geschmälert werden soll. Ganz im Gegenteil: Die Rückmeldungen von Mitarbeitern zeigen deutlich, dass der Stellenwert segmentspezifischer Medien nicht hoch genug einzuschätzen ist, da sie in der Regel sehr praktische Inhalte und Botschaften vermitteln und oftmals eine große Nähe zum Arbeitsalltag der Mitarbeiter haben.

„Aus zwei mach eins" hieß also die Devise, denn selbstverständlich hatte jede Bank ein Intranet, ein Mitarbeitermagazin, Bewegtbildformate etc. Aber welchem Medium war jeweils der Vorzug zu geben? War es immer mit einer einfachen Entweder-oder-Entscheidung getan? Oder bot diese Situation nicht eine Chance für etwas Neues? Der Beitrag gibt einen Einblick, wie sich in der Commerzbank im Verlauf der Integration bis zu deren Abschluss im Mai 2011 ein Medienmix herauskristallisierte, der nicht am Reißbrett der Konzeptionisten geplant und dann umgesetzt wurde. Stattdessen war er wesentlich durch zahlreiche Rückmeldungen der Mitarbeiter und deren Erwartungen an die interne Kommunikation ihrer Bank beeinflusst.

17.1 Personelle und organisatorische Rahmenbedingungen

Als die Commerzbank am 31. August 2008 bekannt gab, dass sie die Dresdner Bank übernehmen werde, stand die Mitarbeiterkommunikation vor einer in mehrfacher Hinsicht herausfordernden Aufgabe.

Zum einen waren das Ausmaß an anstehenden Veränderungen und der Umfang der notwendigen Kommunikationsmaßnahmen weitaus komplexer, als es die Führungskräfte auf beiden Seiten – inklusive der Kommunikationsverantwortlichen – in ihrer beruflichen Karriere zuvor erlebt hatten. Veränderungen im Arbeitsumfeld eines Mitarbeiters sind zwar in jedem erfolgreichen Unternehmen an der Tagesordnung – und damit auch Aufgabe der Kommunikation: Vorgesetzte und Kollegen wechseln, Abteilungen werden neu gegründet oder Bereiche zusammengelegt, Standorte verlagert beziehungsweise Arbeitsabläufe verändern sich. Karriere- oder Verdienstaussichten sind ohnehin Quell ständiger Diskussion. Mal ist es das eine, mal das andere. Bei der Integration von Commerzbank und Dresdner Bank standen aber alle diese Aspekte auf der Tagesordnung, für alle Einheiten und für jeden einzelnen Mitarbeiter, und das innerhalb von knapp 1.000 Tagen. Zum anderen mussten die Kommunikationsspezialisten während der gesamten Integration sicherstellen, dass die Botschaften an die Mitarbeiter der beiden Banken weitgehend identisch waren. Und zwar von dem Tag an, an dem die Mitarbeiter beider Banken in den Intranets erste Informationen vorfanden (vgl. Kapitel III/14). Erschwert wurde dies durch zwei Faktoren:

1. Erst im Lauf des Jahres 2009 wurden die verschiedenen Informationskanäle – Intranets, Mitarbeitermagazine, Veranstaltungsformate, Unternehmens-TV sukzessive zusammengeführt beziehungsweise neu entwickelt.

2. Die Führungskräfte und Mitarbeiter der Konzernkommunikation arbeiteten zunächst in unterschiedlichen Organisationsstrukturen. Erst zum 1. November 2009 trat die neue Organisationsstruktur offiziell in Kraft. Auch wenn die Kollegen der Internen Kommunikation schon im Jahr 2009 eng zusammenarbeiteten, ein Rest an Unsicherheit blieb. Und für viele Kollegen konkretisierte sich erst nach dem 1. November 2009, welche Aufgaben sie in Zukunft übernehmen würden.

17.2   Intranet als führendes Kommunikationsmedium der Integration

In Commerzbank und Dresdner Bank waren die Intranets, „Comnet" hier und „Brain" da, konzernweit die Leitmedien der tagesaktuellen Kommunikation, sowohl in der Filialwelt als auch in den Zentraleinheiten. Rund 95 Prozent der Mitarbeiter von Commerzbank und Dresdner Bank verfügten über einen eigenen PC mit Intranetzugang. Insofern war und ist das Intranet als Informationskanal in puncto Schnelligkeit, Umfang und hinsichtlich der Distributionskosten unverzichtbar. Dies sollte sich in der Integration bestätigen.

Bereits frühzeitig hatten die Verantwortlichen der IT-Integration eine wegweisende Entscheidung getroffen, die die Intranets der beiden Banken betraf. Sie lautete: Aus Gründen der Komplexitätsreduktion setzt die neue Commerzbank auf gelbe IT-Systeme (vgl. Kapitel I/2); die Dresdner-Bank-Systeme werden abgeschaltet. Somit war bereits im Dezember 2008 klar, dass die Intranetkommunikation künftig über „Comnet" laufen würde. Verantwortliche von IT und Konzernkommunikation haben „Comnet" nun in mehreren Schritten für alle Mitarbeiter zugänglich gemacht und künftig notwendige „Brain"-Inhalte ins „Comnet" überführt – bis „Comnet" schließlich als alleiniges Intranet von allen Mitarbeitern des neuen Konzerns genutzt werden konnte.

Entscheidung pro „Comnet"

- 1. September 2008: Start der Integrationskommunikation. Alle Informationen werden in „Comnet" und „Brain" zeitgleich und inhaltlich identisch veröffentlicht.

- April 2009: Alle Dresdner Banker erhalten einen technischen Zugang zu „Comnet". „Brain" ist nach wie vor das verbindliche Intranet der Dresdner Banker.

- Mai 2010: Umfassender „Comnet"-Relaunch mit Umstellung auf das neue Corporate Design. Überführung von „Brain"-Inhalten ins neue „Comnet".

- August 2010: „Comnet"-Startseite wird zur verbindlichen Nachrichtenstartseite für alle Mitarbeiter (Deutsch und Englisch). Pflege der „Brain"-Startseite entfällt.

- April 2011: „Brain" wird komplett auf Lesemodus gesetzt.

- August 2011: „Brain" wird abgeschaltet, der technische Parallelbetrieb ist beendet.

Der IT-technische Übergang inklusive der Zugangsmöglichkeiten für alle Mitarbeiter zu einem einzigen Intranet und der zeitweisen redaktionellen Doppelpflege ist ein Aspekt der Integration. Nicht verschwiegen werden soll an dieser Stelle, dass die Nutzung des gelben „Comnets" über lange Zeit ganz erhebliche Akzeptanzprobleme bei Dresdner-Bank-Kollegen mit sich brachte, da aus technischen Gründen der für Alt-Commerzbanker gewohnte Zugang durch einmalige Eingabe eines Passwortes für „grüne" Kollegen lange nicht möglich war und diese teilweise mit beschwerlichen Authentifizierungsprozessen zu kämpfen hatten. Diese schrittweisen Übergänge von der parallelen Nutzung zweier Intranets bis zur Etablierung eines einzigen Intranets müssen stets berücksichtigt werden, wenn der Stellenwert des Intranets bei der Integrationskommunikation selbst erörtert wird.

Abbildung 17-1 „Comnet" wurde weiterentwickelt und an das neue Corporate Design angepasst. Das Dresdner-Bank-Intranet „Brain" wurde sukzessive abgelöst.

Quelle: Commerzbank AG

Zum 1. September 2008 schaltete die Interne Kommunikation der Commerzbank den Projektauftritt „Zusammen Wachsen" frei, der im Lauf der 1.000 Tage dauernden Integration sukzessiv ausgebaut wurde und zentrale Anlaufstelle für alle Mitarbeiter der neuen Commerzbank sein sollte. Die Verantwortung für diesen Auftritt, sowohl für die redaktionelle Erstellung der Inhalte als auch für deren Publikation im Content-Management-System, lag zunächst allein in der Internen Kommunikation. Ob die Berufung von Führungskräften oder die Ankündigung von Veranstaltungen, ob Gremienverhandlungen der Bank mit dem Betriebsrat, die Kommunikation erreichter

Projektauftritt „Zusammen Wachsen" im „Comnet"

Meilensteine im Integrationsfahrplan oder ganz praktische Informationen wie Zugangsregelungen für Commerzbanker an Dresdner-Bank-Standorten und umgekehrt – all diese Informationen fanden sich im „Zusammen Wachsen"-Auftritt im „Comnet" (beziehungsweise identisch in „Brain", solange in beiden Systemen Doppelpflege notwendig war).

Anfang 2010 zeichnete sich allerdings ab, dass die bislang bewährten Arbeitsabläufe und Zuständigkeiten bei der Pflege des „Zusammen Wachsen"-Auftritts angepasst werden mussten: Der Fortlauf der Integration hatte sie überholt. Im ersten Jahr der Integration richtete sich der überwiegende Teil der Botschaften segmentübergreifend vor allem an eine konzernweite Öffentlichkeit. Folgerichtig konnte er federführend von der Internen Konzernkommunikation gesteuert werden. Nun jedoch erschien es notwendig, Verantwortlichkeiten und Arbeitsabläufe teilweise zu dezentralisieren. Zwei Meilensteine, das Inkrafttreten der neuen Organisationsstrukturen in der Zentrale am 1. November 2009 und die intensiven Vorbereitungen auf die Markenmigration am 15. Juni 2010 vor allem im Privatkundenbereich, hatten zur Folge, dass die nun von den Mitarbeitern benötigten Informationen immer zielgruppenspezifischer wurden. Damit fielen sie eher in die Zuständigkeit der dezentralen Kommunikationseinheiten der Segmente. Dem trug die Überarbeitung des Projektauftritts Rechnung. Konkret hieß dies:

1. Die Navigationsstruktur des Integrationsauftritts wurde mit Autoren einzelner Konzernbereiche überarbeitet, um eine gute Übersicht zu gewährleisten.

2. Entstandene Publikationsinseln zu Integrationsthemen im „Comnet" wurden durch Verlinkungen in den „Zusammen Wachsen"-Auftritt eingebunden.

3. Interne Kommunikation und „Comnet"-Autoren der Konzernbereiche vereinbarten Regeln für das Erstellen, die Abstimmung und Publikation von Texten im „Comnet". Das heißt, es wurde geklärt, bei welchen Inhalten interne beziehungsweise Segmentkommunikationen zuständig sein und wie Abstimmungen und Freigaben erfolgen würden.

Abbildung 17-2   Die ersten Ebenen der überarbeiteten Navigationsstruktur des Integrationsauftritts „Zusammen Wachsen" im neuen „Comnet" seit Mai 2010.

Quelle: Commerzbank AG

Der Vorteil: Auch wenn die Informationsanforderungen von immer spezifischeren Zielgruppen ab Anfang 2010 mengenmäßig und von der Komplexität her stetig zunahmen, ließen sie sich nun fachlich korrekt und zeitnah bewältigen. Diese Strukturen und Abläufe haben sich bis Ende des Integrationsprojekts im Mai 2011 bewährt.

17.3 „Commerzbanker" – Integration im Mitarbeitermagazin

Die beiden Mitarbeitermagazine von Dresdner Bank und Commerzbank haben eine langjährige Tradition. Während der Dresdner-Banker auf das Jahr 1967 zurückgeht, beginnt die Geschichte des Commerzbank-Magazins „Commerzielles" 1974. Um zu beschreiben, welche Rolle dem Mitarbeitermagazin im Verlauf der Integration zukam, sei zunächst ein Exkurs auf den Relaunch des Commerzbank-Magazins erlaubt. Er war bereits zum Jahreswechsel geplant, lange vor der Übernahme der Dresdner Bank. Sein Ergebnis hat aber den Prozess der Zusammenführung der beiden Magazine nicht unerheblich beeinflusst.

Exkurs: Relaunch „Commerzielles"

Seit März 2008 arbeitete die „Commerzielles"-Redaktion an einem Relaunch des Magazins. Im September 2008 sollte die erste Ausgabe im neuen Konzept erscheinen. Als sich Mitte Juli die Gerüchte über einen Zusammenschluss konkretisierten, war die neue Konzeption abgeschlossen und die redaktionelle Arbeit an der ersten Ausgabe in vollem Gang.

Ziel war es, die Stärken eines Printmagazins besser herauszuarbeiten und „Commerzielles" im Medienmix der Internen Kommunikation stärker vom Intranet abzugrenzen, das den vertrieblichen Alltag dominierte. Printmagazine sollten nicht vorrangig Informationen übermitteln, sondern Geschichten erzählen, von Mitarbeitern und ihren Meinungen, ihrem Alltag in Beruf und Freizeit, ihren Sorgen und Freuden. Sie müssen einen unterhaltsamen Aspekt haben, denn ihre Leser sitzen selten während der Arbeitszeit am Schreibtisch, sondern auf dem Weg von und zur Arbeit in der Bahn oder auf dem Sofa zu Hause. Dem müssen auch die Auswahl und die Aufbereitung der Themen Rechnung tragen. „Commerzielles" wollte geschäftliche Themen vor allem aus der Perspektive der Mitarbeiter behandeln, weniger aus der der Führungskräfte. Kontroverse Diskussionen gehören seit dem Relaunch zum festen Bestandteil jeder Ausgabe. Und „Commerzielles" wollte die Mitarbeiter an ihrem Mitarbeitermagazin beteiligen. Nur ein Beispiel von vielen: Mitarbeiter bewerben sich mittlerweile regelmäßig im Intranet um die Teilnahme an Diskussionen im Magazin, wie zum Beispiel für das Thema „Integration – Erfolgsgeschichte oder Reinfall?"

Die starke Personalisierung und bewusste Entscheidung der Berichterstattung primär aus der Perspektive der Mitarbeiter und nicht der des Managements war – im Rückblick betrachtet – die richtige Entscheidung nicht nur für die alte Commerzbank, sondern auch für den Prozess der Integration. Bereits im Oktober 2008 erschien eine Integrationssonderausgabe von „Commerzielles", in der es zu einer Zusammenarbeit mit der Redaktion des „Dresdner-Bankers" kam und in der das neue Konzept des emotionalen Storytellings, der Mitarbeiterperspektive und der kritischen Berichterstattung auf die Übernahmesituation angewandt wurde. Vorstände und Betriebsräte wurden gleichermaßen interviewt, Dutzende von Kollegen aus beiden Banken äußerten sich in Wort und Bild zur Übernahme, in einem ausgewogenen Verhältnis von Zustimmung und Skepsis. Der menschliche Aspekt fand sich unter anderem in der Titelgeschichte wieder, die von gelb-grünen Familiengeschichten erzählte. Ein Motiv, das übrigens in der Sonderausgabe des „Commerzbankers", die zum Abschluss der Integration im Juni 2011 erschien, wieder aufgegriffen wurde. Fand sich auf dem Titel im Oktober 2008 ein Ehepaar wieder, deren Partner in den beiden Banken arbeiteten, so zeigte der Titel vom Juni 2011 ein Ehepaar, das sich während der Integration kennengelernt hatte – inklusive „Integrationskind".

Abbildung 17-3 Die Titelseite des „Commerzbankers" gehört Mitarbeitern, die zusammen arbeiten und einem gemeinsamen Hobby nachgehen (Mitte). Teamgeist wird belohnt, eine Person auf dem Titel, die Gruppe auf den Seiten 2 und 3. Die Integrationssonderausgaben (li. und re.) variierten das Thema und bildeten gelb-grüne Familiengeschichten ab.

Quelle: Commerzbank AG

„Commerzielles" + „Dresdner-Banker" = „Commerzbanker"

Im Mai 2009 erschien schließlich die letzte Ausgabe des „Dresdner-Bankers". Verteilt wurde sie gemeinsam mit einer Ausgabe von „Commerzielles". Ein halbes Jahr nach Übernahme wurde allen Dresdner-Bankern das Mitarbeitermagazin der Commmerzbank also erstmals – abgesehen von der Sonderausgabe zur Integration – als reguläre Ausgabe von „Commerzielles" zugesandt. Allen Beteiligten war bewusst, dass die Commerzbank nur ein Mitarbeitermagazin weiterführen würde. Ebenso gab es neben der

Übernahmesituation gute Gründe dafür, dass dies das Magazin der Commerzbank, aber in einer überarbeiteten Form, sein würde. Dessen Konzept wurde im Sommer 2009 durch renommierte nationale und internationale Auszeichnungen gewürdigt. Unter anderem errang es gegen die versammelte Dax-Konkurrenz auf Anhieb die Goldmedaille beim „Best Corporate Publishing Award" und den dritten Platz beim „Inkom-Grandprix", immerhin die beiden bedeutendsten Wettbewerbe auf dem Gebiet der Unternehmenskommunikation in Deutschland. Für Herbst 2009 war die erste gemeinsame Ausgabe des Mitarbeitermagazins der neuen Commerzbank geplant. Das Konzept mit seinen wesentlichen Eckpunkten stand. Es war durch die starke Fokussierung auf die Mitarbeiter bestens geeignet, die Integration auf menschlicher und emotionaler Ebene zu unterstützen. Doch darüber hinaus bestand in der Redaktion Einigkeit, dass sich in einer neuen Commerzbank auch das Mitarbeitermagazin verändern müsse. Es sollte das Magazin alter wie neuer Commerzbanker werden. Dazu startete die „Commerzielles"-Redaktion im Juni 2009 zwei Befragungen:

1. Über ein externes Meinungsforschungsinstitut wurden 6.400 Commerzbanker und Dresdner-Banker online befragt, wie sie das Magazin des eigenen Hauses einschätzten. Die Dresdner-Banker sollten zusätzlich „Commerzielles" bewerten. 26 Prozent, das waren 1.633 Mitarbeiter, nahmen an der Befragung teil.

2. Zeitgleich startete im „Comnet" ein Namenswettbewerb, an dem alle Mitarbeiter beider Banken teilnehmen konnten. Ein neuer Name war gesucht, als Zeichen dafür, dass beide Seiten aufeinander zugehen sollten. 1.114 Vorschläge gingen ein und, egal aus welcher Bank, die überwältigende Meinung war: „Commerzbanker" sollte das Magazin heißen.

Manchem langjährigen Commerzbanker mag die Abkehr vom vertrauten Namen schwergefallen sein, aber für ehemalige Dresdner-Banker war das Signal aufgrund der Analogie der Namen „Dresdner Banker" und „Commerzbanker" unverkennbar.

Die Onlinebefragung zur Zufriedenheit mit den beiden Magazinen hatte einige Überraschungen zu bieten: In Fragen der Gestaltung gab es keine signifikanten Unterschiede. Hinsichtlich der inhaltlichen Aspekte wie Verständlichkeit, Aktualität, Informationsgehalt und Glaubwürdigkeit lag jedoch die Zufriedenheit der Commerzbanker mit „Commerzielles" um 7 bis 14 Prozentpunkte höher als die der Dresdner Banker mit dem „grünen" Magazin.

Abbildung 17-4 Die Zufriedenheit mit dem Mitarbeitermagazin war auf Commerzbank-Seite ausgeprägter als auf Dresdner-Bank-Seite, insbesondere in inhaltlicher Hinsicht.

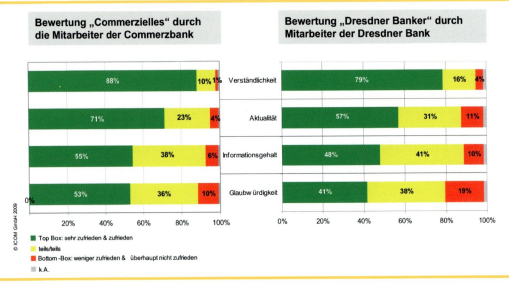

Quelle: Commerzbank AG

Die Ergebnisse flossen in eine moderate Weiterentwicklung von „Commerzielles" ein. Einzelne Aspekte des „Dresdner Bankers", die nach Meinung der Mitarbeiter in dem „grünen" Magazin besser bewertet wurden als in „Commerzielles", wie die Rubrizierung oder etablierte Artikelserien, finden sich heute im „Commerzbanker" wieder.

17.4 „Zusammen Wachsen"-News – aktuelle Nachrichten im Unternehmens-TV

Bewegtbildkommunikation gab es zum Zeitpunkt der Übernahme sowohl in der Commerzbank als auch in der Dresdner Bank. Das bewegte Bild erfuhr seit Mai 2009 im Integrationsprojekt einen derartigen Bedeutungszuwachs, dass es auch nach Abschluss der Integration nicht mehr aus der Linienkommunikation wegzudenken ist.

Bis zur Integration setzten beide Banken auf rein anlassbezogene Produktionen, die via Intranet publiziert wurden. Regelmäßige Formate wie Nachrichtensendungen oder Liveübertragungen waren in beiden Banken unbekannt. Eine Ausnahme bildete die Übertragung von externen Veranstaltungen, wie Bilanzpressekonferenzen und Hauptversammlungen, die außer an die primäre externe Zielgruppe auch an die Belegschaft ausgestrahlt wurden. Dresdner Bank und Commerzbank verfügten im Bereich der Bewegtbildkommunikation über unterschiedliche Ressourcen, die sich im Rahmen der Integration ergänzen sollten. So besaß die Dresdner Bank ein vollständig eingerichtetes internes Aufnahmestudio, was bei der späteren intensiven Nutzung des Kanals die Kosten senkte und angesichts der kurzen Wege dazu beitrug, Produktionszeiträume entsprechend effektiv zu gestalten. Die Bewegtbildkommunikation der Commerzbank wurde seit 2004 von einer renommierten TV-Produktionsagentur betreut. Potenziell standen auf Commerzbank-Seite also deutlich höhere personelle Kapazitäten zur Verfügung. Zudem setzte die Commerzbank nicht auf reine Videoproduktionen, sondern auf sogenannte Richmedia-Produktionen. Das heißt, die Videos sind in Templates eingebunden, die dem Zuschauer vielfältigen Zusatznutzen anbieten: Sprungmarkennavigation, illustrierende Grafiken, weiterführende Links, Textversionen für seh- oder hörbehinderte Mitarbeiter und einiges mehr, alles gemäß einem vorliegenden Corporate Design gestaltet.

Bewegtbildkommunikation zum Zeitpunkt der Übernahme

Für eine intensivere Nutzung von Bewegtbildern fehlte aber bis dahin ein Leuchtturmprojekt. Das sollte sich ändern: 2008 verzeichnete die alte Commerzbank noch 20 interne Bewegtbildproduktionen, 2009 waren es schon 77 und 2010 bereits über

100. Hiervon entfiel rund ein Viertel auf das Integrationsprojekt. Mittlerweile wird das Medium in vielen Segmenten des Konzerns regelmäßig eingesetzt.

Das neue Nachrichtenformat

Was war geschehen? In der zweiten Welle der Integrationsbefragungen im Februar 2009 signalisierten Mitarbeiter konzernweit ein klares Defizit: Angesichts der vielen Veränderungen und der dadurch ausgelösten Informationsflut ging die Übersicht verloren. Der Hilferuf nach Fokussierung auf Schwerpunktthemen, nach Priorisierung und nach besserer Orientierung kam an. Zudem artikulierten die Kollegen das Bedürfnis, zu erfahren, welche Fortschritte die Integration in benachbarten Einheiten machte. Dem sollte Rechnung getragen werden, möglichst ohne dass die Mitarbeiter zusätzliche Texte lesen mussten. Gefragt war eine Auswahl von Integrationsnachrichten: kompakt und gefällig präsentiert. Das war die Geburtsstunde des neuen TV-Nachrichtenformats „Zusammen Wachsen"-News.

Im März 2009 wurde das TV-Studio der Dresdner Bank in die Commerzbank-Zentrale verlegt. In großzügigeren Räumlichkeiten und technisch modernisiert, war das Aufnahme- und Schnittstudio räumlich näher an die Interne Kommunikation der neuen Commerzbank gerückt. Der Auftakt für das neue Nachrichtenformat war für den 11. Mai 2009 vorgesehen, einen Tag mit symbolhafter Bedeutung, denn an diesem Tag wurde die rechtliche Verschmelzung der Dresdner Bank auf die Commerzbank vollzogen. Mit den ersten Worten, die im neuen Format über den Sender gingen, brachte der Commerzbank-Vorstandsvorsitzende die Problematik des Tages auf den Punkt: „Das Verschmelzen einer fast 140 Jahre alten Institution mit einer anderen ebenso alten – das ist schon emotional nicht so ganz einfach." Von diesem Tag an war „Zusammen Wachsen"-News zwei Jahre und exakt 50 Mal auf Sendung, bis zum Abschluss der Integration, jeden zweiten Mittwoch für 10 bis 15 Minuten in einer deutschen und englischen Ausgabe. Moderiert aus dem neuen Studio von einem internen Moderatorenduo, anfänglich bewusst aus einem Commerzbanker und einem Dresdner-Banker bestehend. So unverzichtbar die professionelle externe Unterstützung bei den Produktionsabläufen hinter der Kamera war, so wichtig war andererseits die Präsentation durch Mitarbeiter. Das gelb-grün gemischte Doppel führte durch die Sendung und symbolisierte damit die stetig engere Zusammenarbeit. Acht Mitarbeiter aus beiden Häusern wechselten sich in dieser Aufgabe vor der Kamera ab. Sie interviewten Studiogäste, moderierten vorproduzierte Beiträge an und verlasen die wichtigsten Integrationsnachrichten. Ob Vorstand oder Betriebsrat, Personalthemen oder IT, Zentrale oder Filialwelt, Vertriebsthemen für Privat-, Firmenkunden- oder Investment-Banking-Mitarbeiter und noch vieles mehr – in den „Zusammen Wachsen"-News fand alles seinen Widerhall, was in der Bank gerade am wichtigsten war. Hier konnten Mitarbeiter hinter die Kulissen des Umzugsprojekts schauen, hier wurden die Grundzüge des neuen Vergütungsmodells erklärt und hier diskutierten Vorstandsvorsitzender und einige Mitarbeiter am ersten Jahrestag gemeinsam ihre Erinnerungen an den Tag der Übernahme.

Bis zu 15.000 Zuschauer fand der Nachrichtenüberblick im Konzern in Deutschland, bei einer Mitarbeiterzahl von zuletzt knapp unter 50.000 ein beträchtlicher Teil, der dieses zusätzliche Angebot nutzte. Deutlich geringer war die Akzeptanz für die englischsprachige Sendung. Ein anderer Integrationsfahrplan, abweichende Themen in den Auslandseinheiten und die traditionell geringere Bindung dieser Einheiten an die deutsche Organisation spielten hier eine Rolle. Zudem sind von den rund 15.000 internationalen Mitarbeitern nur rund 5.000 englische Muttersprachler.

Bei aller Akzeptanz und großem Lob für das Sendekonzept quer durch den ganzen Konzern zeichneten sich jedoch auch die Grenzen der Bewegtbildkommunikation ab: Wer vor allem in Großraumbüros befürchten musste, seinen Kollegen am Nebentisch durch Hintergrundgeräusche zu stören oder wer in der Filiale auf den Kundenverkehr Rücksicht nehmen musste, konnte und kann diesen Informationskanal nicht zu jedem Zeitpunkt nach eigenem Ermessen nutzen. Umso höher einzuschätzen sind die Nutzerzahlen, die belegen, dass sich Bewegtbildkommunikation dauerhaft ihren Platz im Medienmix der internen Kommunikation gesichert hat.

Abbildung 17-5   Die Zufriedenheit mit dem Mitarbeitermagazin war auf Commerzbank-Seite ausgeprägter als auf Dresdner-Bank-Seite, insbesondere in inhaltlicher Hinsicht.

Quelle: Commerzbank AG

Liveübertragungen und bundesweite Schaltkonferenzen

Waren die vorproduzierten und via „Comnet" verteilten Nachrichtensendungen die Pflicht, so bot „Zusammen Wachsen"-News seinen Zuschauern mit zwei jeweils rund einstündigen Livesendungen eine Kür voller technischer Höchstschwierigkeiten. Anlässe waren die Vorstellung der neuen Marke und des neuen Logos der Commerzbank am 28. Oktober 2009 sowie der Auftakt für die rund drei Monate dauernde Umrüstung der meisten inländischen Commerzbank-Standorte auf die neue Marke. Live aus dem Studio moderiert, ließ die Bank alle Mitarbeiter in Deutschland an einem der sicherlich emotionalsten Kapitel der Integration teilhaben. Interviewgäste im Studio, Schaltungen in Pressekonferenzen, vorproduzierte Beiträge zur Markengeschichte, zur Entwicklung des neuen Markenauftritts und zu den baulichen Vorbereitungen waren in den Sendekonzepten der beiden Termine integriert wie am 15. Juni 2010 die Schaltungen zu den Einweihungsfeierlichkeiten in Frankfurt, Düsseldorf, Berlin und München – alles live und mit Mitarbeitern als Moderatoren vor Ort.

17.5 Dialogformate

17.5.1 „Zusammen Wachsen"-Netzwerk – Dialog vor Ort

Während das Intranet der Commerzbank aus den genannten technischen Gründen für die neue Bank von vornherein feststand und beim Mitarbeitermagazin sowie in der Bewegtbildkommunikation Weiter- beziehungsweise Neuentwicklungen angestoßen wurden, in denen sich sowohl „gelbe" als auch „grüne" Elemente wiederfanden – sicherlich mit einem stärkeren Einfluss der „gelben" Vorgängermedien –, stellte sich die Situation in der Dialog- oder Veranstaltungskommunikation anders dar.

Ein regelmäßiges Veranstaltungsformat für alle Mitarbeiter mit einem klar definierten Konzept existierte in der internen Kommunikation der Commerzbank bislang nicht. Zwar gab es einerseits Formate für Führungskräfte unterschiedlicher Ebenen, andererseits immer wieder anlassbezogene Mitarbeiterversammlungen – aber dies waren eben keine festen, wiedererkennbaren Veranstaltungsformate. Wohl aber bei der Dresdner Bank. Hier hat sich seit 2005 unter dem Namen „Dresdner-Netzwerk" ein kleines, aber feines Veranstaltungs- und Dialogformat für die Mitarbeiter in der Zentrale etabliert. Die abendlichen Veranstaltungen in vier- bis sechswöchentlicher Folge haben das Ziel, Kollegen in Frankfurt einen Blick über den Tellerrand ihres eigenen Bereichs zu ermöglichen. Lediglich eine Vorgabe gab es für die Vortragenden, die ihre Abteilungen, Projekte oder Themen unter die Dresdner-Banker bringen wollten: Powerpoint war verboten, Kreativität in der Art und Weise der Vermittlung gefragt.

Abbildung 17-6 Aus dem Dresdner-Bank-Netzwerk wurde das „Zusammen Wachsen"-Netzwerk. Die Themen haben sich geändert, die Form blieb gleich.

Quelle: Commerzbank AG

Dieses bei Dresdner-Bankern eingeführte und inhaltlich bewährte Format passte die Interne Kommunikation an die Bedürfnisse des Integrationsprojekts an. Ab September 2009 lud das Integrationsprojekt unter dem Namen „Zusammen Wachsen"-Netzwerk zunächst die Frankfurter Kollegen, ab März 2010 auch Kollegen an den Standorten in München, Essen, Leipzig, Köln und Hamburg dazu ein, sich im Dialog mit den Integrationsverantwortlichen ein Bild vom Fortgang der Integration und ihren Herausforderungen zu machen. Sie erläuterten, wie eine neue Marke entsteht, gaben Einblicke in die Organisation von rund 90.000 Arbeitsplatzumzügen, schilderten, welchen Herausforderungen die Kollegen bei der Integration der IT-Welten zweier Banken meistern müssen oder berichteten von der Integration an den internationalen Standorten von Commerzbank und Dresdner Bank.

Zudem waren die Netzwerkveranstaltungen willkommene Anlässe, die dort präsentierten Integrationsthemen immer wieder in den Medien der internen Kommunikation zu behandeln. Doch bei aller Professionalität von Intranet, Mitarbeitermagazin und Unternehmens-TV, das „Zusammen Wachsen"-Netzwerk lebte vom persönlichen Erleben und führte bei den bis zu 150 Gästen pro Veranstaltung zu einer spürbar größeren Akzeptanz oftmals notwendiger, aber nicht immer geliebter Veränderungen.

17.5.2 Chats – Dialog im Netz

Seit dem Sommer 2009 verstärkte die Commerzbank den Dialog auch im „Comnet", und zwar indem sie Mitarbeiter zu etwa einstündigen Chats einlud, in denen sie zu vorab angekündigten Integrationsthemen live Fragen stellen konnten und Spezialisten live darauf antworteten. Am Ende dieser Chats waren dann die Chat-Protokolle öffentlich im „Comnet" einzusehen. Das Instrument des Chats hatte die Commerzbank bereits 2008 eingeführt, bis dato damit aber lediglich in einzelnen Konzernbereichen Erfahrungen gesammelt, nicht konzernweit. Für den konzernweiten Chat bedeutete das Integrationsprojekt den Durchbruch. Denn die Rückmeldungen der Mitarbeiter aus den Integrationsbefragungen bestätigten: Nur Information allein ist zu wenig, die Vielzahl der Veränderungen muss erklärt, Fragen der Mitarbeiter müssen beantwortet werden, immer wieder und auf allen Ebenen. Zu viel Wiederholung ist hier kaum denkbar. Nur wenige Stunden nach Vorstellung der neuen Marke am 28. Oktober 2009 lud die Commerzbank zu ihrem ersten konzernweiten Chat ein. Auf bis zu 5.000 Kollegen waren die technischen Leitungskapazitäten ausgelegt. Nach der Ankündigung im „Comnet" beantworteten der Leiter der Konzernkommunikation und der für die Entwicklung der neuen Marke zuständige Bereichsleiter Markenführung die Fragen der Mitarbeiter zu dem Thema, das die Mitarbeiter wie nur wenige andere emotional berührte. Die Bank hatte ihr neues Logo vorgestellt: Commerzbanker fragten sich, warum sie ihr altes Commerzbank-Logo aufgeben müssen, Dresdner-Banker waren zu weiten Teilen völlig überrascht, dass die Form ihres bisherigen Logos in abgewandelter Form weiter bestehen würde.

Abbildung 17-7   Der Marken-Chat am 28. Oktober 2009 machte den konzernweiten Auftakt für das inzwischen etablierte Dialogformat. Mitarbeiter fragen, Spezialisten antworten – live im Intranet.

Quelle: Commerzbank AG

Aber nicht nur so emotionale, auch ganz praktische Themen wurden immer wieder in den Chats diskutiert. Die eingeladenen Zielgruppen waren dabei sehr unterschiedlich.

Mal waren die Chats für alle Mitarbeiter konzernweit offen wie bei der Einführung der neuen Marke, mal richteten sich die Diskussionsangebote auch an die Kollegen in einzelnen Segmenten oder Gebietsfilialen. Der Leiter der Organisationsabteilung beantwortete auf diesem Weg Fragen seiner Mitarbeiter zum Veränderungsprozess in der Abteilung. Ein Frankfurter Gebietsfilialleiter diskutierte mit seinen an zahlreichen Standorten arbeitenden Mitarbeitern auf diesem Wege über das Thema Qualifizierung und Kundenüberleitung – ohne dass die Kollegen den Arbeitsplatz verlassen mussten. Auch wenn es sich bei den letzten beiden Beispiele im engeren Sinne um segmentspezifische Kommunikationsmaßnahmen handelt, griffen die Segmente hier auf ein zentral angebotenes Format zurück. Auch bei den Chats zeigte sich: Je kleiner die Einheiten, innerhalb derer kommuniziert wird, desto höher die Aufmerksamkeit der Mitarbeiter. Nicht selten nahm an den segmentspezifischen Chats ein Viertel der Mitarbeiter teil, die den Einheiten angehörten.

17.5.3 „Commerzbank on Tour" – Dialog weltweit

Als letztes Dialogformat soll hier eine Veranstaltungsserie angesprochen werden, die den Zweck hatte, die Mitarbeiter an den weltweit bedeutendsten Standorten mit in die Integration einzubinden.

Vorauszuschicken sind einige Rahmenbedingungen der Integration in den Auslandseinheiten. Schon 2009 war klar, dass die neue Commerzbank ab 2012 mit rund 15.000 Mitarbeitern an über 100 Standorten in 53 Ländern arbeiten würde. Jedoch war auch klar, dass die neue Commerzbank manche alten Standorte von Commerzbank und Dresdner Bank aufgeben und an manchen Standorten Einheiten von Commerzbank und Dresdner Bank zusammenlegen würde. Die Größe der Standorte schwankte ganz erheblich: In London arbeiteten beispielsweise weit über 1.000 Mitarbeiter, in Luxemburg, Tschechien, Singapur und den USA zwischen 250 und 1.000 Kollegen, in Frankreich, China, Russland, Ungarn und manch anderen Ländern zwischen 25 und 250 Kollegen. Daneben gab und gibt es aber auch viele kleinere Repräsentanzen mit oft nur zwei bis fünf Kollegen. Polen und die Ukraine, wo in den Töchtern Bre-Bank und Bank

Integration im Ausland

Forum jeweils mehrere Tausend Kollegen arbeiten, seien hier ausgeklammert, da sie von der Integration nicht unmittelbar betroffen waren.

Ein Schriftzug geht um die Welt

Verständlicherweise ist die Bindung der internationalen Mitarbeiter an den deutschen Mutterkonzern je nach der Häufigkeit ihrer Kontakte mit deutschen Kollegen unterschiedlich stark ausgeprägt. Nach der Vorstellung der neuen Wort-Bild-Marke im Oktober 2009 war ein Veranstaltungsformat gesucht, das die neue Marke zumindest an den großen internationalen Standorten erlebbar machen und die Bindung der Kollegen weltweit an den Mutterkonzern stärken würde. Zudem sollten die Einheiten auf diese Weise im Gegenzug auch eine Möglichkeit erhalten, sich selbst als neue integrierte Einheit im Konzern zu präsentieren. Es entstand das Veranstaltungsformat „Commerzbank on Tour" mit dem Motto „Ein Schriftzug geht um die Welt". Im Mittelpunkt von internen Integrationsveranstaltungen an den Standorten Shanghai, Luxemburg, Singapur, Johannesburg, Prag, London, Brüssel, Paris, New York oder Moskau (stellvertretend für alle internationalen Niederlassungen) stand ein symbolischer Commerzbank-Schriftzug bestehend aus zwölf Würfeln, mit jeweils einem der elf Buchstaben des Commerzbank-Schriftzuges und einem zwölften Würfel mit dem Logo.

Auf die Reise geschickt worden war der Schriftzug im Januar 2010 vom Vorstandsvorsitzenden anlässlich der Jahresauftaktveranstaltung in Frankfurt. Die Veranstaltungen in den Niederlassungen waren wiederum Anlass zur Berichterstattung über die Integration weltweit in den konzernweiten Medien, ob in Beiträgen des Mitarbeitermagazins, in einem „Comnet"-Logbuch mit ausführlichen Diashows oder immer wieder auch in Filmen.

Abbildung 17-8   „Commerzbank – ein Schriftzug geht um die Welt": Während der Fußballweltmeisterschaft im Sommer 2010 gastierte „Commerzbank on Tour" in Johannesburg.

Quelle: Commerzbank AG

17.6   Fazit

Der Medienmix der internen Kommunikation ist in der Commerzbank nach der Integration ein anderer als vor der Integration. Er ist breiter aufgestellt, er ist vielfältiger und er beinhaltet Elemente aus der „gelben" und der „grünen" Welt – auch wenn der Anteil der „gelben" Elemente größer ist. Das hohe Tempo, in dem aus den beiden Vorgängerinstituten Commerzbank und Dresdner Bank eine neue Commerzbank entstand, spiegelte sich in der Integration der beiden internen Kommunikationen und in der Herausbildung eines neuen Medienmixes wider. Denn die Tatsache, dass in allen Konzernbereichen ein hoher Veränderungsdruck bestand, förderte die Bereitschaft zu schnellen Entscheidungen bei tendenziell flachen Hierarchien – besonders ausgeprägt in der ersten Hälfte des Projekts. Insofern war die Integration nicht nur eine Herausforderung, sie war auch eine Chance, sie war Motor zur Innovation. Dieses Charakteristikum von Change-Projekten gilt es nun, nach Abschluss der Integration, möglichst gut in der Linie zu bewahren. Denn der angesichts spezifischer Rahmenbedingungen entstandene Medienmix ist nicht auf Dauer gesetzt. Ganz im Gegenteil: Bereits in der Endphase der Integration begann die Interne Kommunikation an der Weiterentwicklung der wichtigsten Formate zu arbeiten. Bekannte Formate wie zum Beispiel der „Commerzbanker", „Zusammen Wachsen"-News oder das „Zusammen Wachsen"-Netzwerk stehen bereits vor ihrer nächsten Veränderung.

Tippbox

» Achten Sie auf einen breiten internen Medienmix aus Print- und Onlinemedien, Bewegtbildkommunikation und Veranstaltungs- sowie Dialogformaten.

» Setzen Sie bei den Inhalten der einzelnen Formate bewusst auf Redundanz.

» Bereiten Sie identische Themen in unterschiedlichen Medien unterschiedlich auf.

» Transportieren Sie im Intranet aktuelle Fakten, die den Mitarbeitern am Arbeitsplatz nutzen.

» Erzählen Sie in Printmedien unterhaltsame Geschichten von Menschen, die Sie selbst auch zu Hause auf dem Sofa lesen möchten.

» Nutzen Sie TV-Formate so, dass sie den Mitarbeitern helfen, sich in der Informationsflut am Arbeitsplatz zu orientieren.

» Beachten Sie, dass persönliche Kommunikation immer stärker wirkt als mediale, das heißt, setzen Sie so viel Veranstaltungs- und Dialogformate ein wie möglich.

» Überprüfen Sie regelmäßig, aus welcher Perspektive Sie kommunizieren, der des Managements oder der der Mitarbeiter. Beide müssen in Ihren Medien präsent sein.

» Seien Sie mutig, geben Sie unbequemen Meinungen und schlechten Botschaften ausreichend Platz. Nur dann kommen auch Ihre guten Botschaften an.

» Fragen Sie Ihre Mitarbeiter, was sie erwarten und setzen Sie dies dann um: ob über Mitarbeiterbefragungen, Soundings oder auf andere Weise.

18. Externe Kommunikation
Von Superlativen, Dramen und Comebacks – Integrationskommunikation im Ausnahmezustand

ARMIN GUHL

18.1 Einleitung

Im klassischen Drama erreicht die Spannungskurve gewöhnlich im dritten Akt ihren Höhepunkt: Der Held fällt und je höher die Fallhöhe, desto dramatischer die Wirkung auf das Publikum. In der Theatersprache nennt man dies Peripetie: der Höhepunkt als Wendepunkt.

Man kann sich des Eindrucks nicht erwehren, dass auch die Übernahme der Dresdner Bank durch die Commerzbank Stoff für ein klassisches Drama geboten hätte. Von der gefeierten Bankenfusion, die eine neue Ära in der deutschen Bankengeschichte einläuten sollte, zum staatlichen Rettungsfall. Tiefer konnte der Sturz auf der medialen Beliebtheitsskala nicht sein. Nach der zweiten Inanspruchnahme des staatlichen Rettungsschirms Soffin und der 25-prozentigen Beteiligung des Staates an der Commerzbank gab es kein Halten mehr. In den Medien hagelte es Kritik, auf Aktionärsversammlungen gar wüste Beschimpfungen. Der Vertrauensverlust an den Finanzmärkten war immens, der Reputationsschaden in der Öffentlichkeit nicht minder dramatisch. Nicht wenige Beobachter waren davon überzeugt, die Übernahme könne nicht anders als in einer Tragödie enden.

Dem langen Fall folgte im Frühjahr 2011 ein für alle überraschender Befreiungsschlag. Mit der größten Kapitalmaßnahme in der deutschen Bankengeschichte und der erfolgreichen Rückzahlung eines Großteils der stillen Einlagen des Bundes war das gelungen, was keiner für möglich gehalten hätte: „Das Comeback der Commerzbank" (Handelsblatt, 7. April 2011). Befreit vom Damoklesschwert der Staatshilfe (zumindest so gut wie) und mit dem Rückenwind des erfolgreich abgeschlossenen Integrationsprojekts drehte sich das Medienbild. Doch auch diese Phase der medialen Erholung währte nur kurz: In der sich dramatisch zuspitzenden Staatsschuldenkrise seit Sommer 2011 geriet auch die Commerzbank erneut in den Sog der Negativschlagzeilen. Das folgende Schaubild zeigt neben der hohen Volatilität auch die Zunahme der Berichterstattung.

Abbildung 18-1   Medientonalität Commerzbank – langfristiger Trend 2007–2011

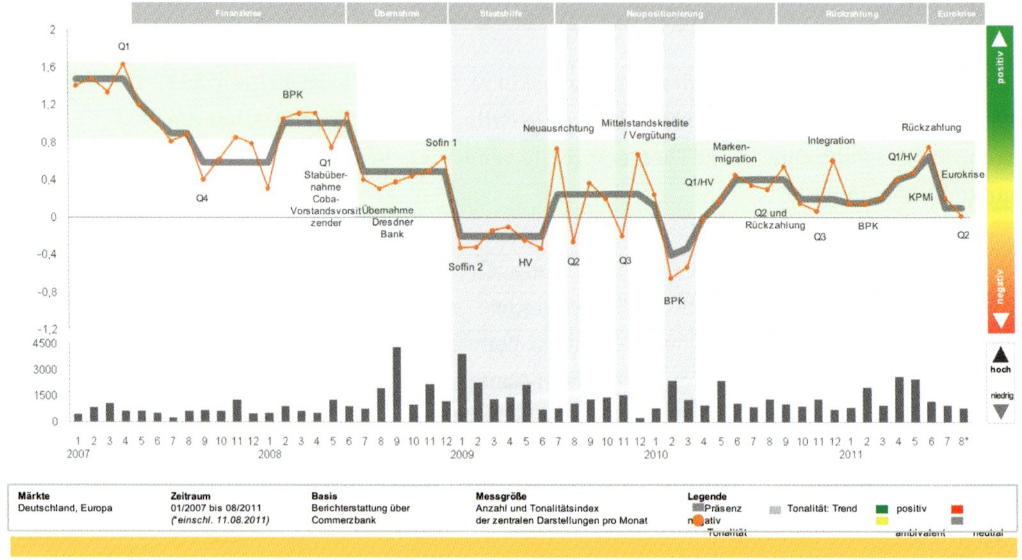

Quelle: Prime Research FAZ-Institut, 12. August 2011.

Der folgende Beitrag wirft einen Blick auf die Medienarbeit der Commerzbank in einem permanenten Krisenumfeld. Er zeigt, mit welchen Herausforderungen die Kommunikationsteams in den 1.000 Tagen der Integration der Dresdner Bank konfrontiert waren. Dabei wird exemplarisch erläutert, wie auf Kommunikationsrisiken reagiert wurde und welche strategischen Weichenstellungen getroffen wurden. Der Beitrag zeigt aber auch die Grenzen der Medienarbeit in einem permanenten Ausnahmezustand auf.

18.2 Die Ankündigung

Montag, 1. September 2008: Das Auditorium der Commerzbank in der Frankfurter Konzernzentrale ist bis auf den letzten Platz gefüllt. Kein Wunder, denn die Ankündigung, einen zweiten Champion in der deutschen Bankenlandschaft zu gründen, fasziniert die Journalisten. Die Schlagzeilen und Kommentare am Tag danach spiegeln die hohen Erwartungen in der Öffentlichkeit: „Potenzial für die Champions League", „Eine neue große deutsche Bank", „Groß und stark", „Die Filialsupermacht", „Meilenstein in der deutschen Bankenkonsolidierung" – mit Superlativen wurde nicht gegeizt und fürwahr, die größte deutsche Bankenfusion schien unter einem guten Stern.

Die Ankündigung, einen zweiten Champion in der deutschen Bankenlandschaft zu gründen, faszinierte die Journalisten.

Diese Resonanz war nicht selbstverständlich. Das Marktumfeld für Fusionen in Deutschland war schwierig, in den vorangegangenen Jahren waren mehrere Übernahmeversuche im Bankensektor gescheitert und die Finanzinstitute litten zunehmend unter einem Vertrauensverlust. Kunden, Anleger und Mitarbeiter mussten von der strategischen Logik der Übernahme überzeugt werden – kein einfaches Unterfangen, das angesichts des geplanten Abbaus von 9.000 Stellen im Zuge der Integration zusätzlich erschwert wurde. Experten waren sich indes schnell einig, dass die Übernahme der Dresdner Bank ein wichtiger Schritt in der überfälligen und immer wieder geforderten Konsolidierung der deutschen Bankenbranche war. Mit elf Millionen Privatkunden und rund einer Million Geschäfts- und Firmenkunden würde das neue Institut zur führenden Bank für Privat- und Firmenkunden in Deutschland – eine starke Ausgangslage für künftiges Wachstum besonders im Heimatmarkt. Auch die Politik zeigte sich von der strategischen Logik der Übernahme überzeugt, stand doch seit Langem ein zweites international wettbewerbsfähiges Finanzhaus auf ihrem Wunschzettel. „Das wird dem Wirtschaftsstandort Deutschland helfen", sagte etwa der finanzpolitische Sprecher der SPD-Bundestagsfraktion Hans-Ulrich Krüger (Handelsblatt, 1. September 2008). In der Wochenzeitung „Die Zeit" wurde das neue Institut als „die wahre deutsche Bank" gelobt und auch aus der Wirtschaft waren fast ausschließlich positive Stimmen zu hören.

Für die Presseteams der Commerzbank begann mit der Ankündigung eine neue Zeitrechnung. Plötzlich rückte die Bank in den Fokus, über Nacht verdreifachte sich die Berichterstattung. Federführend für die Medienarbeit war das Team Group and Financial Communications, das auch für eine reibungslose Koordination der Presseteams aller beteiligten Parteien – der Commerzbank, der Dresdner Bank und der Allianz – sorgte. Unterstützt wurde es dabei von einer externen Beratungsfirma, die insbesondere bei der kapitalmarktrelevanten Kommunikation wertvolle Beratungsarbeit leistete.

Nur zwei Wochen nach Bekanntgabe der Übernahme stürzte die Insolvenz der amerikanischen Investmentbank Lehman Brothers die Finanzmärkte jedoch in eine bis dahin beispiellose Krise. Was zunächst wie eine lokale Überhitzung des amerikanischen Immobilienmarktes aussah, entwickelte sich rasch zu einem globalen Flächenbrand. Aus der Subprime-Krise wurde eine weltweite Finanz- und Wirtschaftskrise. Weil die Geldmärkte zum Erliegen kamen, übernahmen Zentralbanken deren Funktion und sicherten so die Zahlungsfähigkeit der Banken. Überall auf der Welt waren Regierungen damit beschäftigt, Rettungs- und Hilfsprogramme für die Kredit- und Realwirtschaft zu schnüren.

Die Finanzmarktkrise war für das Ansehen der gesamten Finanzbranche verheerend. Die Geschäftsmodelle der Kreditinstitute gerieten unter Beschuss und stehen seither auf dem Prüfstand. Angesichts der umfangreichen staatlichen Stützungsmaßnahmen für das Finanzsystem rückten die Institute stärker denn je in den Fokus der Medien – mit der Folge, dass sie sich seither nicht mehr nur gegenüber ihren Kunden und Aktionären verantworten müssen, sondern gegenüber allen Bürgern und der Politik. Vor diesem Hintergrund stand auch die Übernahme der Dresdner Bank plötzlich in einem völlig neuen Kontext. Wie andere Finanzinstitute insbesondere in den USA, Frankreich und Großbritannien hatte auch die Commerzbank Hilfe des Staates in Anspruch genommen. Im November entschloss sich die Bank, 8,2 Milliarden Euro aus dem von der Bundesregierung zur Stabilisierung des Finanzmarktes ins Leben gerufenen Programm zu nutzen, im Januar 2009 – nachdem sich die Krise weiter zugespitzt hatte – weitere 8,2 Milliarden Euro. Zudem beteiligte sich der Staat mit 25 Prozent und einer Aktie am Institut und wurde damit zum größten Minderheitsaktionär der Bank.

Aus Sicht der externen Kommunikation hatten sich damit die Rahmenbedingungen radikal verändert. Plötzlich war die Medienarbeit der Bank mit drei neuen Herausforderungen konfrontiert: einem Systemwechsel, einem Perzeptionswechsel und einem Eigentümerwechsel. Alle drei stellten Systembrüche dar, die in ihrer Folge zu einem erheblichen Deutungsverlust in der Öffentlichkeitsarbeit führten.

18.3   Der Systemwechsel

Die Stabilisierungsmaßnahmen der Regierungen und Zentralbanken waren notwendig, um Vertrauen in das Finanzsystem wiederherzustellen. Sie stellten aber auch einen Bruch mit der wirtschaftsliberalen Tradition der Bundesrepublik Deutschland dar. Der Staat übernahm eine aktive Rolle in der Finanzwirtschaft: Er vergab staatliche Garantien für die Emission von Schuldverschreibungen von Banken; er beteiligte sich direkt am Eigenkapital von Banken, damit diese die deutlich gestiegenen Anforderungen der internationalen Kapitalmärkte und der Aufsichtsbehörden erfüllen konnten. Schließlich entlastete er die Bankbilanzen durch den Ankauf notleidender Kredite oder anderer stark wertgeminderter Vermögenswerte („Bad Bank"). Im Gegenzug erteilten Aufsichtsbehörden, Regierungen und die EU den Banken harte Auflagen in Bezug auf Dividendenausschüttungen, Vergütungsregelungen sowie die Solidität ihrer Geschäftspolitik.

Die Schuldigen waren schnell gefunden. Alle Banken fanden sich am Pranger wieder, ganz besonders jedoch die Investmentbanken.

Diese Veränderungen hatten einschneidende Folgen für die Medienarbeit nicht nur der Commerzbank, sondern aller Banken: Während das Primat der Politik an Bedeutung gewann, nahm der Handlungsspielraum der Finanzbranche ab. Der Politik gelang es mit einer Vielzahl vertrauensbildender Maßnahmen – zu den wichtigsten zählte der am 5. Oktober 2008 von der Bundesregierung ausgesprochene allgemeine Bestandsschutz für private Einlagen bei allen Kreditinstituten –, das Vertrauen in das Finanzsystem zu stabilisieren. Dieser Erfolg stärkte das Ansehen der Regierenden, zugleich löste er eine heftige Debatte über die Verantwortlichen der Krise aus. Die Schuldigen waren schnell gefunden. Alle Banken fanden sich am Pranger wieder, ganz besonders jedoch die Investmentbanken. Dass Landesbanken, die ja der öffentlichen Kontrolle unterstehen, mit als Erste in den Sog der Finanzkrise gerissen wurden, nahm in der politischen Debatte, wen wundert's, weniger Raum ein.

18.4 Der Perzeptionswechsel

Für das Medienbild der Bank hatten die Stützungsmaßnahmen verheerende Folgen: Aus dem „Hoffnungsfall" wurde ein „Rettungsfall", aus der „sympathischen Bank" ein „schwerkranker Patient".

Wurde die Übernahme der Dresdner Bank zu Beginn noch als ein gelungener Überraschungscoup gefeiert, kippte die öffentliche Meinung nach der Staatsbeteiligung und der Inanspruchnahme der Eigenkapitalmittel aus dem staatlichen Rettungsfonds Soffin. Die Kapitalstärkung war notwendig, um die Bank angesichts der dramatischen Zuspitzung an den Finanzmärkten wetterfest zu machen. Zudem half das zusätzliche Kapital, die Wirtschaft auch in der Rezession mit Krediten zu versorgen. Für das Medienbild der Bank hatten die Stützungsmaßnahmen gleichwohl verheerende Folgen. Aus dem „Hoffnungsfall" wurde ein „Rettungs- und Sanierungsfall", aus der „sympathischen Bank" ein „schwerkranker Patient". Die Mitarbeiter der externen Kommunikation standen vor der Herausforderung, auf diesen Perzeptionswechsel mit gezielten Maßnahmen zu reagieren, um verloren gegangenes Vertrauen sukzessive wieder aufzubauen.

Der tiefe Sturz in der öffentlichen Beliebtheitsskala setzte interessanterweise erst mit dem zweiten Soffin-Paket und der 25-prozentigen Beteiligung des Staates ein. Der Beschluss der Bank, die erste Soffin-Tranche in Anspruch zu nehmen, war noch fast ausnahmslos auf Verständnis gestoßen. Politiker und Kommentatoren unterstützten gar die „mutige Entscheidung", als erste Geschäftsbank auf den kurz zuvor ins Leben gerufenen Sonderfonds Finanzmarktstabilisierung zuzugreifen – ebnete die Bank mit diesem Schritt doch auch für andere den Weg, ebenfalls Rettungspakete des Staates in Anspruch zu nehmen. Denn viele Institute hegten zu diesem Zeitpunkt die Sorge, der Zugriff auf das Staatsgeld könne als eine Art „Offenbarungseid" zu einer Stigmatisierung innerhalb der Branche führen. Bereits am Tag nach der Bekanntgabe der Commerzbank teilten zwei Landesbanken mit, sie wollten nunmehr auch staatliche Garantien beim Sonderfonds beantragen.

18.5 Der Eigentümerwechsel

Die Nachricht, der Bund beteilige sich an der Commerzbank mit 25 Prozent plus einer Aktie, erreichte die Öffentlichkeit wie ein Donnerschlag. Die Ereignisse weckten ungute Erinnerungen. Schon in den 1930er-Jahren hatte die damalige Reichsregierung Finanzinstitute mit Eigenkapitalbeteiligungen saniert. Drohte eine erneute Zwangsverstaatlichung? Viele Bürger sahen in der aktuellen Staatsbeteiligung zwar ein außergewöhnliches, aber durchaus probates Mittel zur Stabilisierung der Situation. Anders die Medien. Kein Artikel, kein Kommentar, in dem fortan nicht von der „teilverstaatlichten" Commerzbank gesprochen wurde – als hätte die Bank darauf einen Exklusivitätsanspruch. So blieben andere Unternehmen von diesem „Namenszusatz" verschont, obwohl sie einen teilweise viel höheren Staatsanteil aufwiesen als die Commerzbank.

Die Vorstellung, Politiker könnten mithilfe der führenden Mittelstandsbank Deutschlands klassische Industrie- und Standortpolitik betreiben, faszinierte alle Medien – und nicht nur jene, die vom Staat eine keynesianische Wirtschaftspolitik forderten.

Mit dem Einstieg des Bundes schossen zugleich Spekulationen ins Kraut, der Staat könne künftig die Geschäfte der Bank nach politischen Kriterien beeinflussen. Kein Zweifel, die Regierung verfügte über eine Sperrminorität; klar auch, dass der Bund als wichtiger Anteilseigner das Recht erhielt, zur Wahrung seiner Interessen eigene Vertreter in den Aufsichtsrat zu entsenden. Unklar und deshalb ein beliebtes Spekulationsobjekt blieb jedoch, ob der Bund fortan einzelne Unternehmensentscheidungen beeinflussen würde. Da halfen alle Erklärungen und Dementis der Geschäftsführung und auch der Politik wenig: Die Vorstellung, Politiker könnten Kreditentscheidungen gezielt blockieren oder beschleunigen und mithilfe der führenden Mittelstandsbank Deutschlands klassische Industrie- und Standortpolitik betreiben, faszinierte alle Medien – und nicht nur jene, die vom Staat eine keynesianische Wirtschaftspolitik forderten. Es verging kaum ein Interview und schon gar kein Gespräch im kleinen Kreis, bei dem diese Vermutung nicht geäußert wurde.

Auch in anderer Hinsicht beeinflusste die neue Eigentümerstruktur die Wahrnehmung der Bank in der Öffentlichkeit. Als quasi teilverstaatlichtes Unternehmen wurden neue Maßstäbe an die Geschäftspolitik und Unternehmensführung angelegt – mit der Folge, dass sowohl der Legitimationsdruck als auch die Reputationsrisiken für die Bank insgesamt deutlich zunahmen. Das Management, aber auch jeder einzelne Mitarbeiter sah sich plötzlich einem ständigen Rechtfertigungs- und Erwartungsdruck ausgesetzt. Das trieb mitunter seltsame Blüten. So bekamen die Mitarbeiter der Presseabteilung häufiger den Satz zu hören: „Ich frage Sie jetzt nicht als Journalist, sondern als Steuerzahler und damit als Eigentümer."

Zusammenfassend sah sich die externe Kommunikation der Commerzbank vor die Herausforderungen gestellt, die Fortschritte bei der Integration der Dresdner Bank kommunikativ zu begleiten und zugleich schnell und gezielt auf die fundamentalen Veränderungen der Rahmenbedingungen zu reagieren.

18.6 Organisatorische Maßnahmen

Die Übernahme der Dresdner Bank katapultierte die Commerzbank an die Spitze der Medienpräsenz der gesamten Branche.

Die Übernahme der Dresdner Bank katapultierte die Commerzbank an die Spitze der Medienpräsenz der gesamten Branche. Und auch im Dax-Vergleich befindet sich die Bank seither unter den Top-5-Unternehmen mit der höchsten Beachtung. Auf die rasant zunehmenden Informationsansprüche der verschiedenen Stakeholder hatte Group Communications bereits 2008 mit der Einbindung aller zur Externen Kommunikation gehörenden Einheiten unter der Leitung der Externen Kommunikation reagiert. Bis zu diesem Zeitpunkt waren die Pressesprecher des Segments Privatkunden und der Mittelstandsbank den jeweiligen Geschäftsfeldern zugeordnet. Mit der neuen zentralen Steuerung und der engen Zusammenarbeit der verschiedenen Projektteams im Rahmen der Integrationskommunikation konnten Schnittstellen- und Abstimmungsprobleme deutlich reduziert werden. Zudem wurde die Wirkung der selbst initiierten Kommunikationsaktivitäten deutlich erhöht. Damit waren die organisatorischen Voraussetzungen geschaffen, um den rasant gestiegenen Kommunikationsbedarf zu bewältigen und eine integrierte Gesamtkommunikation gewährleisten zu können.

Im Frühjahr 2009 erarbeitete die Abteilung Externe Kommunikation mit Blick auf die neuen Herausforderungen einen Kommunikationsplan, der im Wesentlichen fünf Ziele umfasste: 1. Wiederherstellung von Vertrauen und Glaubwürdigkeit; 2. klare Positionierung des Managements; 3. Weiterentwicklung des gesellschaftspolitischen Dialogs; 4. Stärkung der regionalen Pressearbeit; 5. Verbesserung der kundenorientierten Kommunikation. Die im Folgenden beschriebenen Maßnahmen stehen exemplarisch für die Neuausrichtung der Kommunikation und stellen deshalb nur einen kleinen Ausschnitt der Medienarbeit dar.

18.7 Wiederherstellung von Vertrauen und Glaubwürdigkeit

Vertrauen geht durch falsche, unzureichende oder widersprüchliche Information verloren. Diese Maxime gilt immer, aber ganz besonders in Krisenzeiten. Die Commerzbank nahm sie zum Anlass, neben den traditionellen Kommunikationskanälen (Interviews, Pressegespräche, -konferenzen, Hintergrundgespräche etc.) zwei neue Formate einzuführen: die „Werkstattgespräche" und „Master Classes".

Die Informationen sollten ein realistisches Bild aus dem Maschinenraum der Integration vermitteln, möglichst ungeschminkt und umfassend.

Insgesamt fünf Werkstattgespräche wurden im Rahmen der Integrationskommunikation für Journalisten veranstaltet. Das Ziel der Werkstattgespräche war es, die Öffentlichkeit kontinuierlich über den Stand der Integration zu informieren. Wichtigstes Anliegen dabei war Transparenz. Die Journalisten sollten nicht nur über Fortschritte informiert werden, sondern auch über Rückschläge. Und die Informationen sollten ein realistisches Bild aus dem Maschinenraum der Integration vermitteln, möglichst ungeschminkt und umfassend. Deshalb standen mit den jeweiligen Projektverantwortlichen die Experten Rede und Antwort, und auch der Betriebsratsvorsitzende stellte sich den – durchaus kritischen – Journalisten.

Die Master Classes wurden ebenfalls zu einem festen Bestandteil der Medienarbeit der Commerzbank. Sie sind darauf ausgerichtet, Finanzjournalisten Hintergrundinformationen aus der komplexen Welt des Kapitalmarkts zu vermitteln. Auch hierbei stellen sich Experten aus dem Segment Corporates & Markets den Journalistenfragen. Die gut besuchten Veranstaltungen zeigen, dass der direkte und offene Dialog mit Fachleuten, der Aufbau von persönlichen Beziehungen sowie Transparenz und umfassende Information auf reges Interesse stoßen. Sie sind ein wichtiger Schritt zur Wiederherstellung von Vertrauen und Glaubwürdigkeit.

Zur offenen Kommunikation gehört auch ein klares Erwartungsmanagement. Dazu zählen nachvollziehbare Aussagen zum Geschäftsverlauf, den Ertragsperspektiven, zur Risikosteuerung und zur Integration. Operative Erfolgsmeldungen sind dabei unerlässlich, weil sie das Vertrauen in die Managementkompetenzen stärken („Promise and Deliver") und zur Motivation der Mitarbeiter beitragen. Es kommt aber auf die Dosierung an. Wer nur Erfolgsmeldungen verbreitet, wird schnell unglaubwürdig. Deshalb war es wichtig, neben den Erfolgen auch Herausforderungen und Probleme zu benennen und sich der Kritik zu stellen. In zahlreichen Interviews, Pressekonferenzen und den bereits erwähnten Werkstattgesprächen haben Management und Projektleiter kontinuierlich und offen über Erfolge bei der Integration informiert. Wichtiger noch: Sie haben auch Misserfolge nicht ausgespart.

18.8 Klare Positionierung des Managements

Nur wer für seine Fehler Verantwortung übernimmt, kann glaubwürdig Lehren daraus ziehen. Die Finanzbranche tat sich schwer damit, für ihre Versäumnisse Verantwortung zu übernehmen.

Hat eine Beziehung gelitten, kann man Vertrauen nur wiederherstellen, wenn Fehler als solche auch zugegeben werden. Und nur wer für seine Fehler Verantwortung übernimmt, kann glaubwürdig Lehren daraus ziehen. Das gilt im Privatleben ebenso wie im Wirtschaftsleben. Die Finanzbranche tat sich schwer damit, für ihre Versäumnisse Verantwortung zu übernehmen. Dafür mag es viele Gründe geben. Das Management der Commerzbank hat sich bewusst für den Weg in die Öffentlichkeit entschieden. So nahm der damalige Vorstandssprecher und spätere Vorstandsvorsitzende der Commerzbank, Martin Blessing, bereits im Oktober 2008 in einem Zeitungsinterview Stellung zu den Verwerfungen an den Finanzmärkten und der Rolle, die dabei den Banken zufiel: „Die gesamte Bankenbranche trägt große Verantwortung an der Krise – auch ich als Chef der zweitgrößten Bank in Deutschland. Es ist schlimm, dass sich die Menschen in unserem Land Sorgen um ihr Geld machen. Da haben wir uns als Branche wahrlich nicht mit Ruhm bekleckert" (Bild-Zeitung, 18. Oktober 2008). Auch Klaus-Peter Müller, der Aufsichtsratsvorsitzende, sagte ohne Umschweife: „Ich selbst habe Fehler gemacht" (Handelsblatt, 9. Dezember 2008).

18.9 Weiterentwicklung des gesellschaftspolitischen Dialogs

Die Commerzbank beteiligt sich aktiv an der gesellschaftlichen Debatte über die künftige Rolle der Finanzbranche und ihrer Verantwortung. So hat der neu aufgestellte Bereich Public Affairs zahlreiche neue Formate entwickelt, um den Kontakt zwischen Politik und Finanzwelt zu vertiefen. Dazu gehört zum Beispiel auch das neu geschaffene Gesprächsforum „Commerzbank im Dialog", das Vertreter aus Politik, Wirtschaft und Gesellschaft zum Gespräch über drängende Themen wie Verbraucherschutz oder einen neuen regulatorischen Rahmen für die Finanzbranche zusammenführt. Mit „Commerzbank im Dialog" wurde ein Forum geschaffen, in dem mehrmals im Jahr offen und kontrovers debattiert wird. Den Anspruch hat der Vorstandsvorsitzende vorgegeben: „Wir Banken haben Fehler gemacht. Dazu bekennen wir uns. Nun ist es an uns, zu zeigen, dass wir Lehren aus der Krise gezogen haben und diese auch umsetzen. Das ist die Voraussetzung dafür, Vertrauen und Glaubwürdigkeit in die Banken und das Finanzsystem insgesamt wiederherzustellen ... Mit dem Austausch von Ideen und Konzepten wollen wir dazu beitragen, Lösungen zu entwickeln, um die Zukunft verantwortungsvoll zu gestalten." (Zitat Martin Blessing, im Internet unter www.commerzbank-imdialog.de.)

Mit „Commerzbank im Dialog" wurde ein Forum geschaffen, in dem mehrmals im Jahr offen und kontrovers debattiert wird.

18.10 Stärkung der regionalen Pressearbeit

Es gehört zur Betriebsblindheit vieler Pressesprecher, ihre gesamte Aufmerksamkeit den bekannten Leitmedien zu widmen – und darüber die Lokal- und Regional-

Es gehört zur Betriebsblindheit vieler Pressesprecher, ihre gesamte Aufmerksamkeit den bekannten Leitmedien zu widmen – und darüber die Lokal- und Regionalmedien zu vernachlässigen.

medien zu vernachlässigen. Mit der Neuausrichtung der Externen Kommunikation im Herbst 2008 wurde die organisatorische Voraussetzung geschaffen, um die Bank noch stärker auf regionaler und kommunaler Ebene zu positionieren. Schließlich sind die Millionen Privat- und Firmenkunden der Bank in der gesamten Fläche der Bundesrepublik vertreten. Ziel war eine signifikante Steigerung der regionalen Berichterstattung über die Commerzbank. Sechs Pressesprecher, die neu zum Bereich Externe Kommunikation von Group Communications gehören, und zwölf Pressereferenten, die an die lokalen Gebietsfilialleiter berichten, sind seither bundesweit im Einsatz. So stellt die Bank sicher, dass es vor Ort kompetente und feste Ansprechpartner für die Regional- und Lokalmedien insbesondere für kundennahe Themen aus den Geschäftsfeldern Privatkunden und Mittelstandsbank gibt. Im Mittelpunkt steht dabei die Nutzwertkommunikation über Produkte, Leistungen, Anlageempfehlungen und Analysen.

Aber auch zentral gesteuerte Fokusthemen können auf großes Interesse der Regionalmedien stoßen, sofern sie einen regionalen Bezug aufweisen. Die „Unternehmer-Perspektiven" der Mittelstandsbank der Commerzbank, die 2010 mit dem Internationalen Deutschen PR-Preis ausgezeichnet wurden, sind ein Beleg dafür. Die Initiative bietet Unternehmern und Vertretern von Verbänden, Wissenschaft und Politik eine Plattform für den engagierten Austausch. Inhaltliche Grundlage sind halbjährlich veröffentlichte Studien zu drängenden unternehmerischen Themen des deutschen Mittelstands. Die Studien wiederum bieten die Inhalte für eine breit angelegte Medienarbeit und Diskussionsstoff für bundesweite Dialogveranstaltungen in unterschiedlichen Formaten.

Ein anderes Beispiel ist die Zusammenführung der beiden Marken im Sommer 2010. Mit deutschlandweit koordinierten Presseaktivitäten erzielte auch dieser Meilenstein der Integration eine sehr hohe Medienbeachtung: 256 Artikel in 133 Medien berichteten mehrheitlich positiv-neutral über das „Zusammenwachsen" der beiden Häuser. Zwar gab es vereinzelt auch kritische Stimmen, dennoch dominierten Schlagzeilen wie „München wird gelber" (Münchner Merkur, 16. Juni 2010), „Aus Grün wird Gelb" (Dresdner Neueste Nachrichten, 23. Juni 2010) oder „Neues Logo demonstriert

Einheit" (Nürnberger Nachrichten, 16. Juni 2010). Empirisch wird dieser Befund durch eine Medienresonanzanalyse untermauert, die zeigt, dass der mediale Rollout der Markenmigration in den Regionen ganz wesentlich zu einer positiven Wahrnehmung der Integration insgesamt beigetragen hat (Prime Research FAZ-Institut, Medienresonanzanalyse Markenmigration, 6. Juli 2010).

Ein letztes Beispiel, das die zunehmende Bedeutung zentral gesteuerter regionaler Medienarbeit unterstreicht: Im Frühjahr 2011 führte die Bank erstmals regionale Jahrespressegespräche durch, die – angereichert mit Themen und Fakten aus der jeweiligen Region – eine Weiterentwicklung der Bilanzpressekonferenz des Konzerns darstellen. Die Mischung aus zentralen und dezentralen Themen stieß bei den lokalen Medien auf große Resonanz und ermöglichte es den Gebiets- und Regionalfilialleitern, die Entwicklung ihrer jeweiligen Verantwortungsbereiche im Rahmen der Gesamtbankentwicklung zu präsentieren. Da die regionale Führungsmannschaft gemeinsam vor die Presse trat, stand nicht das einzelne Geschäftssegment im Mittelpunkt, sondern die Bank als Ganzes. Ein wichtiger Faktor für die Positionierung der Marke.

18.11 Verbesserung der kundenorientierten Kommunikation

5.400 Kunden folgten Ende 2008 dem Aufruf des Segments Privatkunden, sich für die Mitarbeit im neu zu gründenden Kundenbeirat zu bewerben. 40 davon bilden seither den Kundenbeirat der Commerzbank, der sich erstmals im März 2009 traf. Unter dem Motto „Zuhören. Mitreden. Verbessern." ist der Kundenbeirat Sprachrohr und Vermittler von Kundenbedürfnissen; als Stellvertreter von elf Millionen Kunden gibt er Empfehlungen und Anregungen zu Leistungen, Produkten und zum Service der Bank. Und als Beratungsgremium ist er ein wichtiger Impulsgeber für Verbesserungen in der Beziehung zu unseren Kunden. Unter der Federführung der Segmentkommunikation Privatkunden treffen sich die Kundenbeiräte viermal jährlich mit dem Vorstand für Privatkunden, um wichtige Themen offen und direkt zu diskutieren. Zudem unterstützen die Beiräte bankinterne Projektteams, damit diese die Kundenperspektive noch konsequenter in ihrer Arbeit berücksichtigen. Ob bei der Optimierung von Kun-

Der Kundenbeirat ist Sprachrohr und Vermittler von Kundenbedürfnissen; als Stellvertreter von elf Millionen Kunden gibt er Empfehlungen und Anregungen zu Leistungen, Produkten und zum Service der Bank.

deninformationen, der Vereinfachung von Onlineanträgen für Girokonten oder der Vereinheitlichung von Hotlinegebühren – die Anregungen der Kundenbeiräte sind in zahlreiche Projekte eingeflossen und konkret umgesetzt worden.

Der Kundenbeirat war allerdings nur der erste Schritt zur stärkeren Verankerung von Kundeninteressen in der Organisation der Bank. Neben dem Kundenbeirat wurden auch ein Kundenanwalt ernannt und eine Kundencharta formuliert, die neue Interaktionspunkte mit den Kunden ermöglichen. So ist der Kundenanwalt ein Vermittler der Interessen der Kunden gegenüber der Bank. Und die Kundencharta formuliert konkrete Rechte, die alle Kunden von der Bank einfordern können. Ziel all dieser Maßnahmen ist eine Stärkung des Dialogs mit den Kunden. Aus Kommunikationssicht sind sie auch für Medien innovative und spannende Themen.

18.12 Fazit

Mit der Staatsschuldenkrise steht die Finanzbranche bereits wieder vor der nächsten großen Herausforderung. Der permanente Ausnahmezustand hält an.

Vor dem Hintergrund der Finanzmarktkrise, der negativen Geschäftsentwicklung und der Staatshilfen verschlechterte sich das Image der Commerzbank und damit einhergehend die mediale Akzeptanz der Übernahme der Dresdner Bank. Zugleich verringerten sich die Kommunikationsspielräume und -chancen. Anstelle des einen Themas „Integration" musste die Commerzbank plötzlich drei Themen kommunikativ bearbeiten: „Integration", „Finanzmarkt- und Ergebniskrise" sowie „Staatsbeteiligung". Doch die klare strategische Neuausrichtung der Bank hat sich bezahlt gemacht: Die Commerzbank hat den Turnaround im Jahr 2010 früher als geplant geschafft, ist profitabel und hat Risiken konsequent abgebaut. Im ersten Halbjahr 2011 hat die Bank das größte Integrationsprojekt der deutschen Bankengeschichte planmäßig abgeschlossen und die Staatsgelder weitgehend zurückgezahlt. Das operative Kerngeschäft floriert und ist nachhaltig profitabel.

Mit einer flankierenden Medienarbeit und einem Bündel gezielter Kommunikationsmaßnahmen ist es gelungen, positive Akzente zu setzen und das Medienbild deutlich zu verbessern. Maßgeblich hierfür waren

- eine kontinuierliche und aktiv gesteuerte Kommunikation zum Integrationsprozess,

- eine klare Positionierung des Managements im Zusammenhang mit der Aufarbeitung der Finanzmarkt- und Ergebniskrise sowie

- eine starke regionale und kundenorientierte Ausrichtung der Kommunikationsmaßnahmen.

Zwar war die Imageerholung durchaus volatil und bei negativen Geschäftszahlen von temporären Rückschlägen betroffen. Dennoch verstetigte sich das positive Medienbild seit dem Frühjahr 2010 und erreichte ein Jahr später – mit der erfolgreichen Kapitalerhöhung und der Rückzahlung der Staatsgelder – seinen Höhepunkt. Grund zur Genugtuung besteht dennoch nicht: Mit der Staatsschuldenkrise steht die Finanzbranche bereits wieder vor der nächsten großen Herausforderung. Der permanente Ausnahmezustand hält an.

19. Ein Name. Ein Zeichen. Eine Bank. Die neue Marke Commerzbank

UWE HELLMANN

19.1 Einleitung

Zwischen der Positionierungsstudie der neuen Commerzbank mit Konzepten, Logo und Claim „Gemeinsam mehr erreichen" und dem Start der Markenkommunikation Mitte 2010 lagen nur zwölf Monate. Es war ein einmaliger Aufschlag, prämiert durch zwei der angesehensten Designpreise in Deutschland und die Nominierung für den Designpreis der Bundesrepublik Deutschland. Wichtiger noch, die Marktforschung attestiert der neuen Marke Commerzbank eine Verbesserung der Werte Vertrauen und Sympathie. All das in einer Zeit skeptischer Verbraucher infolge der Finanzmarktkrise. Aus zwei Traditionsmarken wurde ein neuer, moderner, starker Markenauftritt. Die Markenmigration ist gelungen, nun gilt es, die neue Commerzbank mit der neuen Positionierung inhaltlich bekannt zu machen.

Erfolge haben bekanntlich viele Väter. Kreativität aus Teamgeist heraus führte zur Entwicklung einer neuen Marke für die neue Commerzbank – mit heute global sichtbarem Erfolg. Bereits vor der offiziellen Bekanntgabe der Übernahme der Dresdner Bank durch die Commerzbank AG Anfang September 2008 gab es interne Diskussionen und die Forderung an das Brand Management, Ideen für eine neue Marke und für das dezidierte Vorgehen zu entwickeln. Unter Führung des Brand Managements konzertierte sich eine Projektgruppe, gebildet aus Mitarbeitern der Commerzbank; nach der Übernahme der Dresdner Bank wurde sie um „grüne" Kollegen erweitert. Sie alle waren beziehungsweise sind heute im Brand Management angesiedelt. Zunächst galt es, den Status zu analysieren und über Marktforschungsuntersuchungen die Position beider Institute zu bestimmen.

Durch die nahezu zeitgleiche Insolvenz von Lehman Brothers Inc., die Bankkunden für alle Beteiligten vor einem völlig neuen Hintergrund erscheinen ließ, wurde die Aufgabe der Markenmigration besonders pikant – aber auch spannend. Innerhalb der Bank haben viele darüber nachgedacht, ob sich die zentralen Kundenerwartungen in Hinsicht auf die Frage „Was erwartet der Kunde von seiner Bank?" nicht komplett verschoben hätten. Ein kurzer Rückblick: Lehman beantragte Insolvenz, eine ganze Bank brach zusammen, die Immobilienblase platzte, die Commerzbank nahm Staatsunterstützung in Anspruch. Die daraus resultierende Unsicherheit führte zu der Frage, ob man in einer solchen Situation eigentlich eine Bank, die neue Commerzbank, wirklich positionieren könne oder ob sich nicht einfach alles verändere und die Kunden morgen eine Bank ganz anders bewerten würden als heute.

19.2 Die Vorbereitung: Marktforschung

Um auf der sicheren Seite zu sein, wurde - wie im gesamten Prozess der Markenmigration - Marktforschung durchgeführt. Das Interessante am Ergebnis war, dass die Top-Ten-Erwartungen von Kunden an eine Bank nach wie vor die gleichen blieben: attraktive Produkte, gute Beratung, Zuverlässigkeit und Sympathie, um nur einige zu nennen. Aber komplett verschoben hatten sich die Themenkomplexe „Wie wichtig ist mir das Vertrauen in meine Bank?" und „Wie wichtig ist mir Gewinnmaximierung vor Sicherheit?" In der Umkehrung bekam Sicherheit gegenüber der Gewinnmaximierung eine ganz andere Priorität. Innerhalb des Rankings der zehn wichtigsten Erwartungen von Kunden – und das gilt primär für den Privatkundenbereich – hatte sich die Priorisierung der Erwartungen deutlich geändert. Und das ließ sich quer durch die Erst-Marktforschung feststellen.

Im nächsten Schritt haben wir Marktforschung quer durch unsere Kundengruppen unternommen. Von sehr großen Unternehmenskunden über mittlere Geschäftskunden bis hin zu kleinen Geschäftskunden, Privatkunden, aber auch Financial Institutions. Bei allen verschiedenen Zielgruppen sollten die Marktforscher Antworten hinsichtlich der Erwartung und Zufriedenheit sowie der Frage „Wo steht die Commerzbank heute und wie wird sie wahrgenommen?" generieren. Denn nur daraus ließ sich die zukünftige Positionierung ableiten. Das Ergebnis der Positionierungsanalyse wartete mit einer wenig profilierten Großbank mit freundlichen Mitarbeitern, gutem Service am Point of Sale und ansonsten ohne ausgeprägte Leistungsstärken auf. Punktuelle Kompetenz attestierte der Markt in den Bereichen kostenloses Girokonto, Wertpapier- und Auslandsgeschäft. Dieses allerdings bei wenig echter Differenzierung zum Wettbewerb und mit dem Hinweis auf finanzielle Schwierigkeiten sowie auf die Notwendigkeit von Staatshilfe. Ansonsten war die Wahrnehmung der Befragten „Großbank-typisch", diskret, erfolgsorientiert, international, aber wenig dynamisch und initiativ. Soweit die damalige Ist-Situation.

Konsequenz als wichtiger Erfolgsfaktor

Abbildung 19-1 Altes Logo der Dresdner Bank, Commerzbank, neues Logo der neuen Commerzbank

Quelle: Commerzbank AG

Sicherlich gab es auch in der Commerzbank den generellen Gedanken daran, die gesamte Markenmigration zu verschieben, doch Motor des Handelns war die klare Antwort: Es gibt kein Zurück. Allen Beteiligten war bewusst, dass es nur nach vorn gehen konnte. Und das so schnell wie möglich. Denn je länger ein solcher Prozess dauert, desto mehr Menschen bindet die Aktion und desto teurer wird es. Konsequenz ist demnach ein wichtiger Erfolgsfaktor. Dieses Credo hat die gewählte Strategie begleitet. Im Nachhinein hat das Vorgehen bei den meisten zum großen Aha-Erlebnis geführt, weil gemeinsam mit dem Vorstand sehr konsequent und klar gehandelt wurde. Und das angesichts eines enormen Drucks zwischen Finanzmarktkrise und Integration.

19.3 Eine neue Wort-Bild-Marke entsteht: Name, Logo und Claim

Das war nur die eine Seite, die Wahrnehmung im Markt verbunden mit einer geschäftspolitischen Entscheidung. Parallel dazu wurden drei Vorgaben für das Auftreten der neuen Commerzbank formuliert. Es stand fest, eine Einmarkenstrategie umzusetzen, der Name Commerzbank war unbestritten und es galt drittens, das Markenguthaben beider Unternehmen zu nutzen. Für die Einmarkenstrategie sprach, dass beide Banken mit ähnlichen, vergleichbaren Produkten nahezu die gleichen Zielgruppen auf identischen Märkten ansprachen. Bei zwei getrennten Marken hätte dies die doppelten Marketingaufwendungen bedeutet, was wenig effizient gegenüber einem Rebranding gewesen wäre. Es stand außer Frage, den Namen der Commerzbank, des übernehmenden Unternehmens, zu nutzen. Hinzu kam, dass die Marktforschungsuntersuchungen der vorangegangenen 15 Jahre die Markenstärke der Commerzbank untermauerten. Im Laufe der Jahre ist die Markenstärke der Commerzbank immer weiter gestiegen, während die der Dresdner Bank relativ schwächer wurde. Bei der Commerzbank wurde diese Entwicklung über die Jahre hinweg im Firmenkundenbereich und im gehobenen Privatkundengeschäft besonders deutlich.

280 Jahre Markenguthaben!

Die Bedeutung des Markenguthabens schließlich ergab sich aus der insgesamt über 140-jährigen Tradition beider Banken, in der sich Bekanntheitsgrad, Vertrauen, Qualitätsversprechen und vieles mehr manifestierten. So ist die Commerzbank ursprünglich in Hamburg als reine Firmenkundenbank gegründet worden, um die Geschäfte der hanseatischen Kaufleute ins Ausland zu begleiten. Das begründet eine bis heute sehr enge Verbindung der Commerzbank zum Firmenkundengeschäft und insbesondere zu mittelständischen Unternehmen. Beide Banken standen für Kompetenz im Wertpapiergeschäft sowie im Bereich Anlagen und freundliche und gute Beratung. Beides wichtige Faktoren gerade im Privatkundengeschäft. Insofern ist das Markenguthaben kein abstrakter, sondern ein sehr relevanter Wert für das tägliche Geschäft.

Der Auftrag an das Brand Management lautete, aus diesen beiden Traditionsmarken eine neue, moderne und starke Marke zu schaffen. Dabei galt es, möglichst viele der positiven Aspekte beider Marken in der neuen Marke zu verankern. Sicherlich haben Banken durch die Finanzmarktkrise mit Blick auf Attraktivität und Vertrauen gelitten, dennoch bestätigte die Marktforschung, dass nach wie vor viele positive Aspekte die Marke Commerzbank trugen, an denen sich arbeiten ließ. Insofern schied eine ganz neue Marke von vornherein aus.

Auch Kunstnamen wurden kurz diskutiert, aber da das Markenguthaben genutzt werden sollte, das in zweimal fast 140 Jahren aufgebaut worden war, schied dieser Weg sehr schnell aus. 280 Jahre war an den beiden Marken gearbeitet worden, und davon sollte so viel es eben ging mit in die Zukunft genommen werden. Außerdem ergab eine markentechnische Überschlagsrechnung, dass es drei bis fünf Jahre dauern würde, einen Kunstnamen in nur einem Markt fest zu etablieren. Unter Berücksichtigung, dass die neue Commerzbank global auf mehr als 50 Märkten präsent ist, schied ein Kunstname selbstredend aus. Finanziell hochgerechnet handelt es sich außerdem bei einem solchen Schritt – ganz unabhängig von dem Zeitfaktor – um immense Kosten. Deshalb war es auch neben der Markentechnik ökonomisch ausgesprochen wichtig, auf Markenguthaben, also bereits investiertes Geld, zurückzugreifen. Dieses Guthaben aus fast drei Jahrhunderten wurde also genutzt und mit in die neue Marke integriert.

Bis zur neuen Wort-Bild-Marke waren aber noch einige Fragen offen. Zunächst ging es darum, zu analysieren, wie beide Marken, nicht nur die Commerzbank, in der Öffentlichkeit gesehen wurden und wie eine neue Marke positioniert werden könnte. Positiv und erfreulich waren Aussagen über ausgeprägtes Fachwissen, effektive und ehrliche Beratung, guter Service. Alles Aspekte also, die ideal für die Positionierung einer Qualitätsmarke sind. Gleiches galt für das starke Auslandsgeschäft mit einem guten Filialnetz und entsprechend flexibler Abwicklung. Problematischer waren negative Äußerungen in Verbindung mit dem Finanzcrash kurz nach der Übernahme der Dresdner Bank durch die Commerzbank. Dazu kamen die stillen Einlagen des Staates, die in der Öffentlichkeit zu dem Eindruck führten, die Bank sei teilverstaatlicht. Stimmung, die nicht aus den Augen verloren werden durfte, denn Außenwahrnehmung kann die Innensicht beeinflussen. Unabhängig davon musste durch das Rebranding mit den bereits erwähnten Vorurteilen wie bürokratisch, angestaubt und altmodisch aufgeräumt werden. Und neben dieser inhaltlichen Kritik gab es Stimmen, die sagten, die Marke selbst sei zu wenig profiliert. Mit dieser Analyse war klar, was die Commerzbank hinter sich lassen musste.

Daraus entstanden die Markenpositionierung „Partnerschaftlichkeit und Leistungskraft" als Markenkern und die Vision, für den Kunden die beste Bank zu sein. Auch hier wurde auf vorhandenem Markenguthaben aufgebaut, denn beiden Banken wurde Partnerschaftlichkeit mit einem Verhandeln auf Augenhöhe zugeschrieben. Das unterschied die Bank auch von Wettbewerbern. Partnerschaftlichkeit heißt, gemeinsam mit den Kunden die besten Lösungen zu finden und auch intern als starkes, solidarisches und zielorientiertes Team zu handeln. Leistungskraft bedeutet in diesem Kontext, mit der gebündelten Kompetenz der neuen Commerzbank die Kunden mit Stärke und Erfahrung zum Erfolg zu führen, wobei die Qualität der Arbeit im Vordergrund steht. Diese Position sollte und soll in den Markt kommuniziert werden. Und das war auch die Ausgangsbasis für den neuen Claim „Gemeinsam mehr erreichen". Ein Markenversprechen, das die Positionierung sowohl nach innen als auch nach außen deutlich machen soll. Die Qualität der Arbeit stand und steht dabei im Vordergrund. Daraus entstand die strategische Vision der „Hausbank für Deutschland".

Abbildung 19-2   Neue Filiale außen

Quelle: Commerzbank AG

Nachdem all diese Fragen hinlänglich untersucht und beantwortet waren, lag es nahe, zunächst in Verbindung mit dem neuen Logo inhaltliche und formal-gestalterische Fragen zu stellen. Was gefällt bereits, was muss anders werden, warum muss es in welche Richtung gehen? Das Schriftbild der Wortmarke „Commerzbank" war eine Typografie, die im Kern aus dem Jahr 1952 stammte und die Lettern mit der industrialisierten Federschrift veraltet wirken ließ. Das Zeichen sagte inhaltlich nichts mehr aus. Die vier „V" die auf einen Punkt hinwiesen, stammten aus dem Jahr 1972, als sich die

Eine neue Wort-Bild-Marke entsteht.

vier Banken Crédit Lyonnais, Commerzbank, Banco Hispano Americano und Banco di Roma zusammenschlossen und eine Kooperation vereinbarten, die im Dezember 1992 aufgelöst wurde. Das Logo „Quatre Vents" (vier Windrichtungen) entstand im Zuge der Europakooperation. In mehreren grenzüberschreitenden Untersuchungen hatte sich das von der französischen Agentur Thibaud Lintas entwickelte Logo als ideales Symbol der neuen Bankengruppe „Europartners" herausgeschält. Bei seiner Vorstellung erläuterte die Commerzbank 1972, dass das Zeichen „die weltoffene Dynamik unserer Bank und unserer Partnerinstitute gut zum Ausdruck bringt. Darüber hinaus soll es konzentrierte Kraft und vielfältigen Kundendienst symbolisieren".

Aber eine Bildmarke, die heute nicht klar assoziationsfähig ist, ist schwer merkfähig und erfüllt somit ein wesentliches Merkmal einer Wort-Bild-Marke nicht. Als Konsequenz wurde die klarere Bildmarke der Dresdner Bank zu einem Endlosband weiterentwickelt, was einerseits Dynamik und andererseits über die Grundformen des Dreiecks Stabilität ausdrückt. Getreu der Erkenntnis „Wenn wir etwas verstehen, können wir uns besser daran erinnern". Und wenn die Marke uns dann noch sympathisch ist, würden wir dort auch etwas kaufen oder eine Dienstleistung in Anspruch nehmen. Andere Logos wie die Shell-Muschel, der Lufthansa-Kranich oder der Daimler-Stern waren für dieses Projekt insofern beispielgebend als wir der festen Überzeugung waren, dass eine Wort-Bild-Marke die Aufgabe hat, Aufmerksamkeit zu erzeugen, im Idealfall Sympathie zu erwecken und vor allem eine hohe Merkfähigkeit haben muss. Dieses erreichen Markenzeichen nur, wenn sie klar assoziationsfähig sind. Wenn ein Unternehmen wie Shell für sich als Zeichen die Muschel wählt und in einem Geschäft tätig ist, für das fossile Stoffe eine wesentliche Basis bilden, dann ist dieses klar an das Geschäft gebunden und eine Muschel ist schnell assoziations- und erinnerungsfähig. Gleiches gilt für den Kranich oder den Stern. Und eben genau das gilt auch für das neue Commerzbank-Zeichen mit der dreieckigen Endlosschleife.

Die Designwelt ist begeistert. Die Wortmarke soll durch die neue Typografie souverän und klar sein. Sie soll Stabilität und Qualität zum Ausdruck bringen. Die Hausfarbe Gelb der Commerzbank schließlich ist offen, positiv, energiegeladen mit der Assoziation von Selbstverständnis und Leistungskraft - unseren Attributen. Was so einfach aussieht, ist nicht nur selbst gefühlte Realität. So ging der Entwicklung des Logos und des Corporate Designs in Zusammenarbeit mit einer Brandingagentur eine intensive Marktforschung voraus. Erfreulich waren im Nachhinein die Auszeichnungen der Designwelt mit dem „reddot design award" 2010 und dem „communication design award" 2010. Auch intern gab es große Zustimmung von der Belegschaft beider Häuser. Denn bei mehr als 55.000 Mitarbeitern ist es eine komplizierte Übung, eine neue Wort-Bild-Marke zu schaffen, hinter der sich alle versammeln. Die Nominierung zum Designpreis der Bundesrepublik Deutschland im Jahr 2011 ist ebenfalls Beleg für die allgemeine Anerkennung der neuen Wort-Bild-Marke.

Im Vorfeld wurde auch geprüft, eine ganz neue Bildmarke zu entwickeln, weil die Bildmarke der Commerzbank aus den bereits erwähnten Gründen nicht infrage kam. Fest stand nur der Name Commerzbank. In diesem Zusammenhang wurden diverse Versuche unternommen, mit dem Resultat, dass das Markenguthaben der Dresdner Bank ungenutzt bliebe, wenn etwas gänzlich Neues entwickelt würde. So reifte der Entschluss, dass der Weg nur über das Aufgreifen des Bildzeichens der Dresdner Bank würde führen können.

Ein weiterer nicht zu unterschätzender Grund bei einer solchen Entscheidung sind markenrechtliche Fragestellungen. Im Zuge der Überlegungen wurden verschiedene neue Bildzeichen entwickelt und international die Möglichkeiten der markenrechtlichen Eintragung geprüft. Sehr schnell hatte es sich bestätigt, wie schwer es heute ist, ein neues Bildzeichen in verschiedenen Märkten eintragen zu lassen. In der Europäischen Union ist alles gut organisiert und jährlich werden mehrere Tausend neue Marken mit neuen Bildzeichen eingetragen. Drei Entwürfe gingen in die weltweite markenrechtliche Prüfung. Es gab immer einen Kontinent, auf dem es nicht ging. Also schied allein schon deshalb dieser Weg aus, denn wenn mit einer Präsenz in mehr als 50 Ländern nicht vom ersten Schritt an nahezu überall Markenschutz besteht, dann ist es fast unmöglich, den gesamten Markenschutz im Nachhinein zu erlangen – und wenn doch, dann wird es eine unglaublich teure Angelegenheit und dauert sehr lange. Internationaler Markenschutz ist eines der schwierigsten Themen bei internationalen Markeneinführungen. Andererseits war klar, dass eine Weiterentwicklung des Dresdner-Bank-Markenzeichens kaum Probleme aufwerfen würde. Eine Erkenntnis, die erheblich zur Beschleunigung der Entscheidungsfindung beigetragen hat.

Abbildung 19-3   Filiale innen, SB-Bereich

Quelle: Commerzbank AG

Natürlich wurde auch dieser Prozess zur Wort-Bild-Marke durch die Marktforschung begleitet, um auf der sicheren Seite zu sein. Im Ergebnis wurde diese Lösung absolut präferiert und als ideal angesehen. Im Rahmen der Entwicklung wurden auch die Begriffe „Partnerschaft" und „Leistungskraft" in die Marktforschung gegeben. Die Kunden wurden gefragt, ob sie sich vorstellen können, dass die Bank einfach das Commerzbank-Logo weiterhin benutzt. Die Rückmeldung war hingegen, dass die Commerzbank Flagge zeigen müsse. Wenn die Bank nach der Übernahme schon doppelt so groß und die zweitgrößte deutsche Bank sei, dann müsse dies auch nach außen deutlich sichtbar werden. Eine Erkenntnis von großer Bedeutung, denn auch innerhalb der Bank tauchte die Frage auf, ob das alte Logo nicht einfach so bleiben könnte, wie es war, und die Dresdner Bank darin aufgehen würde. Getreu dem Motto: „Sparen wir uns das ganze Geld" – vordergründig nachvollziehbar.

Aber im Rahmen des Projekts stellte sich auch immer mehr die Frage, ob es nicht explizit einer Signalwirkung bedürfe. Einige O-Töne dazu: „Eine neue Bank muss auch nach außen wirken, Neuaufbruch muss deutlich werden, hoffnungsvoller wirken." „Es ist doch ein Neuanfang, man gründet aus zwei Instituten ein Neues, das muss doch sichtbar werden." „Ein neues Logo wäre besser, denn dann erkennt man den ernsten Gedanken dahinter." Häufig wurde auch ein modernisiertes und dynamischeres Logo gefordert. „Frische und Dynamik reinbringen", lauteten die Forderungen von draußen. – Die Marktforschung gab den Impuls, einen Schritt zu gehen, der nicht nur ein wenig Kosmetik und Politur mit sich bringen würde, sondern dazu ermutigte, einen sehr deutlichen und großen Schritt zu machen.

Signalwirkung statt Kosmetik und Politur

Die jetzige Lösung, die aus drei unterschiedlichen Varianten mit Abstand am besten votiert worden ist, schneidet so gut in den Werten ab, dass man von einer außergewöhnlich hohen positiven Zustimmung reden kann. Nachdem das neue Logo vorgestellt war, wurde wiederum Marktforschung betrieben – diesmal nach innen. Die Ergebnisse waren nahezu identisch mit denen der externen Marktforschung. Die Zustimmung war sowohl in den Lagern der Commerzbank als auch in denen der alten Dresdner Bank deutlich positiv.

„Partnerschaft und Leistungskraft" visualisiert die neue Wort-Bild-Marke und verdeutlicht selbstbewusst die Vision, die „beste Bank" oder die Hausbank in Deutschland zu sein. Ein Markenversprechen, das die Positionierung auf den Punkt bringt. Gemeinsam mehr erreichen, nach innen mit Kolleginnen und Kollegen. Nach außen gemeinsam mit Kunden und Geschäftspartnern sowie weiteren Zielgruppen. Der größte Schritt war getan, Wort-Bild-Marke und Markenversprechen standen und waren formuliert. Nun galt es, zur finalen Markenmigration im Brand Management Vorgaben für die interne Umsetzung in Form von Guidelines zu formulieren und diese im Commerzbank-Markenportal zu hinterlegen. Das Markenportal ist ein digitales, internetgestütztes Tool (vgl. Commerzbank AG 2011, o.S.), das im Rahmen des Brand Managements geführt wird und das die Marke international steuert. Alle Vorgaben sind tagesaktuell hinterlegt.

Und was wird aus dem Claim des Dresdner-Bank-Logos, dem „Grünen Band der Sympathie"? Er liegt im Markentresor und wird aufgrund vieler positiver Erinnerungen daran bestens gehütet. Nicht ausgeschlossen, dass auch dieses Element noch einmal aktiviert werden wird. Ebenso wie der alte Commerzbank-Claim „Die Bank an Ihrer Seite". Bestechend in der Einfachheit und der Grundaussage, die auf die neue Commerzbank noch immer zutrifft. Wie, wo und wann ist noch völlig offen. Ähnlich verhält es sich mit dem „Drumbo" als Maskottchen der Dresdner Bank und dem „Goldi" der alten Commerzbank. Häufig wurde intern gefragt, was aus den beiden einmal werden würde. Die Antwort ist recht einfach: Beide wird es weiter geben. Das war, primär auf Mitarbeiterseite, beeindruckend vielen Befragten wichtig. Bei den Kunden, insbesondere den jungen unter ihnen, ist die Maskottchenfrage kaum noch ein Thema. Sie sind eigentlich übersättigt mit Spielfiguren und ähnlichen Dingen. Die älteren Zielgruppen lieben „Drumbo". Beide Maskottchen haben einen völlig unterschiedlichen Impact. Beide Maskottchen haben unterschiedliche Qualitäten und aktuell wird daran gearbeitet, die Figuren zielführend einzusetzen.

19.4 Dresdner Bank, Dresden, und Bremer Bank, Bremen

Zwei Themen stellten während der Markenmigration eine besondere Herausforderung dar: Wie sollte mit der Bremer Bank in Bremen verfahren werden und was wird mit der Dresdner Bank in Dresden geschehen?

In Bremen hatte die Dresdner Bank die Bremer Bank im Jahre 1896 übernommen und seitdem firmierte die Dresdner Bank in Bremen unter „Bremer Bank". Um einen einheitlichen Auftritt zu gewährleisten und um Marketingaufwendungen, die national in Medien wie im Fernsehen oder in überregionalen Tages- und Wochenzeitungen geschaltet werden, in Bremen nicht wirkungslos verpuffen zu lassen, wurde beschlossen, die neue Bank auch in Bremen Commerzbank zu nennen. Zu den Überlegungen kam hinzu, dass die gesamten Geschäftsunterlagen, Verträge und Broschüren für die Filialen und Mitarbeiter im kleinsten Bundesland in einem eigenen Markenauftritt hätten produziert werden müssen.

In Dresden entschloss man sich, quasi als Verneigung vor dem Gründungsort der Dresdner Bank, die Hauptfiliale an Dresdens zentralem Rathausplatz noch mit dem Namen „Dresdner Bank" weiterzuführen. Somit ist in Dresden die weltweit einzige Filiale der Dresdner Bank erhalten geblieben und sichert die Fortführung und den Schutz des Namens.

Innerhalb beachtlich kurzer Zeit gelang es, das Integrationsprojekt erfolgreich abzuschließen. Schließlich feierte die Commerzbank am 27. Mai 2011 nach zweieinhalb Jahren „1.000 Tage Integration". Während dieser Zeit hat sich die gesamte Bank in neuen Teams zusammengefunden. Die Stationen im Rückblick: Im September 2008 wurde die Übernahme der Dresdner Bank bekannt gegeben. Zwischen April und Juni 2009 entwickelte das Projektteam in der zweistufigen Positionierungsstudie „Neue Commerzbank" Konzepte, Logo und Claim. Ein Jahr später, am 28. Oktober 2009, wurde die neue Marke vorgestellt und am 15. Juni 2010 begann im Rahmen der einheitlichen Markenkommunikation weltweit die Umstellung aller Filialen. Das Gros ist geschafft,

Nach nur 1.000 Tagen: Abschluss der Integration!

bis Mitte des Jahres 2012 sollen alle Filialen außen und innen das neue einheitliche Gesicht tragen. Das war und ist der aufwendigste Part der Markenumstellung. Aber nach nur 1.000 Tagen Integration ist der größte Teil bereits bewältigt.

Abbildung 19-4 Teamkampagne, Mitarbeiter auf der Freitreppe vor der Zentrale in Frankfurt am Main

Quelle: Commerzbank AG

19.5 Der neue Auftritt

Mitte Juni 2010 enthüllten die Vorstände in ganz Deutschland die neuen Zeichen an den Fassaden der Niederlassungen und es kam zu einem spontanen Zusammenkommen von 1.400 Mitarbeitern auf der großen Freitreppe der Zentrale in Frankfurt am Main als Launch der Kampagne „Die Commerzbank hat ein neues Team". Von diesem Zeitpunkt an wurde ein neuer Filialtypus eingeführt und umgesetzt. Gemeinsam mit dem Organisationsbereich der Bank wurde festgestellt, dass im Zuge des Zusammengehens beider Banken ein Modernisieren aller Filialen ohnehin fällig war. Im Rahmen einer Bestandsaufnahme wurde alles differenziert zusammengetragen und es wurde beschlossen, alles aus einem Guss zu erneuern. Diese Chance bot sich nur ein Mal! Ein neues, einheitliches Gesicht und Auftreten, ein völlig neuer Filialtypus, der flächendeckend bis Ende nächsten Jahres komplett umgesetzt sein wird. Von rund 1.200 Filialen waren jeweils rund die Hälfte „gelbe" Commerzbank- und „grüne" Dresdner-Bank-Filialen, die bei dieser einmaligen Gelegenheit grundlegend neu gestaltet wurden. Sowohl dem Außen- als auch dem gesamten Innenbereich mit den Beratungseinheiten einschließlich der SB-Zonen.

Die Leistung, die dahintersteht, darf nicht unterschätzt werden. Denn innerhalb kürzester Zeit wurde das neue Konzept entwickelt und nach diversen Tests auf die Schiene gesetzt und in die Produktion gegeben. Und genau an dieser Schnittstelle bedarf es einiger Zeit oder genauer noch eines Vorlaufs von neun bis zwölf Monaten. Viele Unternehmen waren daran beteiligt, das gesamte erforderliche Equipment herzustellen und pünktlich an den richtigen Ort zu liefern. Dies vor dem Hintergrund, dass am 28. Oktober 2009 die Kommunikation stattfand und am 15. Oktober 2010 die Umstellung bereits begann. Ein Zeitraum, der nicht sehr großzügig dimensioniert war.

Den Aufwand, der betrieben wurde, sollen einigen Zahlen verdeutlichen. Zwischen dem 15. Juni 2010 und dem 30. August 2010 wurden am Tag durchschnittlich 27 Filialen umgestellt, fast 120 Monteure waren im Einsatz und rund 60 Lkw waren on Tour. Knapp 3.500 Außenkennzeichnungselemente und 3.700 Schaufensterelemente galt es, in diesem Zeitraum zu installieren. Und ein weiterer wesentlicher Effekt des neuen Filialtypus darf nicht unterschätzt werden: Durch den neuen Einsatz von LED-Beleuchtung konnte der Energieaufwand für die Außenkennzeichnung und Schaufenster-Kommunikationssysteme um 70 Prozent reduziert werden, durch die Langlebigkeit der LEDs

Zahlen dokumentieren eine immense Leistung.

mit rund 50.000 Betriebsstunden fallen weniger Ersatzleuchtmittel an. Hinzu kommt ein wichtiger Umweltaspekt dieser Außenbeleuchtung. Die Orientierung nachtaktiver Insekten wird vom LED-Licht in seiner spektralen Zusammensetzung nicht gestört.

Parallel dazu mussten alle Karten, Kontoauszüge, Formulare und Druckerzeugnisse entsprechend der Markenportal-Guideline umgestellt werden. Maßnahmen, die bis hin zur Bandenwerbung einschließlich Trainerbank für Spiele der Deutschen Fußballnationalmannschaft reichten. Und natürlich auch die schönste „Filiale", das Schmuckstück der Commerzbank, die Commerzbank-Arena, strahlt nach dem Rebranding im Glanz des neuen Logos. Auch hier sichert der Einsatz modernster LED-Technik eine Energieeinsparung von knapp 60 Prozent.

Rund um den Globus mit einheitlichem Auftritt.

Unabhängig vom Wandel in Deutschland erfolgte die Umstellung auf die neue Marke auf fünf Kontinenten mit über 60 Standorten in mehr als 50 Ländern. International ist die Umstellung nahezu abgeschlossen, global ist man schon deutlich weiter als national. Die internationalen Einheiten waren mit die schnellsten. Und das rund um den Globus. Das New Yorker Office oder London sind beispielsweise neben vielen anderen Dependancen bereits komplett „die neue Commerzbank".

In dieser Zeit der kompletten Umstellung und Markeneinführung gelang es, die spontane Markenbekanntheit um 17 Prozent zu steigern, die Sympathiewerte für die Marke um zehn Prozent zu erhöhen sowie die Vertrauenswürdigkeit um neun Prozent zu verbessern. Das war kein Strohfeuer, denn die aktuellen Werte aus der Marktforschung bestätigen das. In den letzten 24 Monaten konnten also langsam, aber kontinuierlich die Werte Vertrauen und Sympathie verbessert werden. Das war ganz entscheidend, um die Dresdner-Bank-Kunden für die neue Commerzbank zu gewinnen und von ihr zu überzeugen. Ergebnisse, die den eingeschlagenen Kurs auch vor dem Hintergrund der Finanzmarktkrise eindrucksvoll bestätigen. Werblich wurde die komplette Aktion zum Launch mit einer Teamkampagne begleitet.

Aber das alles ist noch nicht genug. Jetzt ist der Punkt erreicht, deutlicher Flagge zu zeigen. Denn in den letzten zwei Jahren wurde angesichts der Ergebnissituation der Bank bewusst auf große Kampagnen verzichtet. Vor dem Hintergrund der Finanzmarktkrise und einer stillen Einlage des Staates hätte es zu der subjektiven Wahrnehmung „Jetzt geben sie das Geld des Staates aus" führen können. Außerdem mussten wir den Moment abpassen, zu dem das einheitliche Gesicht auch nach außen umgesetzt und sichtbar ist. Jetzt gilt es, bis Ende 2012 noch verstärkt daran zu arbeiten, die neue Commerzbank mit der neuen Positionierung inhaltlich bekannter und transparenter zu machen. Das heißt, national und international muss stärker sichtbar werden, wofür die neue Marke Commerzbank steht, was die Kunden von ihr erwarten dürfen und wie die Angebote im Sinne von Produkt und Beratung aussehen.

Jetzt gilt es, in der Werbung Flagge zu zeigen!

Seit Herbst 2011 befassen sich die Schwerpunktaussagen der Kampagnen im Privatkundengeschäft mit Wertpapieren und Anlagefragen, also der Vermögensberatung und dem Vermögensmanagement. Im kommenden Jahr wird das Thema Mittelstandsbank national und international werblich stärker im Fokus stehen. Und es gilt, die Bekanntheit der Commerzbank international deutlich auszubauen. Unser Investmentbanking wird international verstärkt in den Vordergrund rücken. Gegenwärtig ist es eine der größten Aufgaben, zu transportieren, dass die Commerzbank deutlich mehr kann, als es ihre Zielgruppen eigentlich wissen. Das erklärte Ziel bis Ende 2012 ist es, die Wahrnehmung der wichtigsten Dienstleistungen und Services bei den entsprechenden Zielgruppen deutlich zu steigern. Die Kernbotschaften sind die qualifizierte persönliche Beratung und Betreuung sowie eine Produktqualität, die überzeugt. Das rückt in den Fokus der Kommunikation. Getreu dem Claim „Gemeinsam mehr erreichen".

TEIL IV
Change Management - ausgewählte Best Practice Beispiele

20. Privatkundengeschäft – Menschen mitnehmen und mobilisieren

ANJA STOLZ, UTTA WIESE

20.1 Einleitung: Menschen lassen sich nicht in Projektpläne zwängen

Veränderungen sind positiv oder negativ, selbst gewählt oder fremdbestimmt: Jeder hat das im Berufs- und Privatleben oft kennengelernt. Warum tun sich Menschen dennoch so schwer damit? Unabhängig vom Auslöser scheitern etwa 70 Prozent aller Veränderungsprozesse in Unternehmen ganz oder teilweise (vgl. C4 Consulting/Technische Universität München 2008). Denn Mitarbeiter werden häufig nicht ausreichend mitgenommen und mobilisiert, den Wechsel mitzutragen. Oder zumindest empfinden sie es so. Insbesondere Führungskräfte sind oft nicht von der Veränderung überzeugt und werden so zu „Behinderern" der Umsetzung. So weit nichts Neues: In der Theorie weiß jeder Manager, dass es beim Change Management neben „harten" Faktoren genauso stark auf kulturelle und soziale Aspekte ankommt.

Diese sollten im Segment Privatkunden von vornherein eine große Rolle spielen, um entsprechende Fehler zu vermeiden. Von Beginn an war es im mitarbeiterstärksten Segment nicht nur wichtig, die Zielstrukturen schnell umzusetzen, um Synergieeffekte zu realisieren und Kunden so wenig wie möglich von der Integration spüren zu lassen. Ebenso galt es, die Mitarbeiter für die Integration zu aktivieren und sie auf ihrem Weg mit zahlreichen persönlichen Veränderungen zu begleiten – also erfolgreich zu mobilisieren und zu motivieren.

Als die Commerzbank im Januar 2009 die ehemalige Dresdner Bank übernahm, zählte das Privatkundengeschäft circa 20.000 Mitarbeiter (Vollzeitkräfte, VZK) sowie rund elf Millionen Kunden. Das Segment bündelte die Aktivitäten von sechs Konzernbereichen. Einer davon war der Konzernbereich Privat- und Geschäftskunden (PuG) mit dem gesamten Filialgeschäft. Hier brachten die Integration und das neue Geschäftsmodell für die Mitarbeiter sehr weitreichende Veränderungen innerhalb der gesamten Commerzbank mit sich. Ein neues Filialmodell wurde eingeführt und nah beieinanderliegende Filialen von Commerzbank und ehemaliger Dresdner Bank zusammengelegt. Deshalb änderten sich Standorte und Vorgesetzte. Hinzu kamen neue Funktionen, Arbeitsprozesse und Abläufe. Die Produkte kamen teilweise von anderen Anbietern und wurden vereinheitlicht, IT-Anwendungen zusammengelegt. Kurz gesagt: Für viele Berater sollte sich der komplette Arbeitsalltag ändern und gleichzeitig über bedarfsorientierte Beratung, leistungsstarke Produkte und aussagekräftige Kundeninformationen die Kundenorientierung der Bank erhöht werden. Zudem mussten sich die Mitarbeiter der ehemaligen Dresdner Bank von der Traditionsmarke trennen und sich im Umfeld der zusammengelegten Commerzbank kulturell wie prozessual neu eingliedern – mit dem anstehenden Stellenabbau und der geplanten Filialzusammenlegung im Hinterkopf. Zusätzlich verunsicherte die Mitarbeiter die Finanz- und Wirtschaftskrise, in der eine hohe Staatsbeteiligung die Commerzbank stabilisieren musste, und sorgte für viele Fragen beunruhigter Kunden.

20.2 Erfolgsfaktoren der Umsetzung: Mobilisierung braucht Herz, Hand und Hirn

Kernherausforderung: 20.000 Mitarbeiter für die Integration zu mobilisieren

Von Beginn an stand als Kernherausforderung fest, etwa 20.000 Menschen für die Integration zu mobilisieren. Doch wie? Mobilisierung funktioniert nicht per Knopfdruck. Dieser langwierige Prozess erfordert eine sorgfältige Planung über den Zeitraum der Veränderungen hinaus. So werden zum Beispiel viele Mitarbeiter der Commerzbank und der ehemaligen Dresdner Bank noch lange ihr getrenntes Denken in „Gelb" und „Grün" fortsetzen. Was gut nachvollziehbar ist, denn lange Jahre waren sie Konkurrenten, die oft in Sichtweite saßen. Als der Veränderungsprozess geplant und umgesetzt wurde, wurden wegen der besonderen Situation im Segment Privatkunden folgende Erfolgsfaktoren zugrunde gelegt:

Zielbild und integrierte Change-Architektur: für Herz, Hand und Hirn im Privatkundengeschäft

Aus der Neuropsychologie ist bekannt, dass es nicht reicht, Veränderungen allein rational zu vermitteln (vgl. Decode Marketingberatung GmbH 2008). Forschungen zeigen, dass es für das Gehirn nicht effizient ist, über etwas Neues nachzudenken, denn das verbraucht 50 Prozent der gesamten Körperenergie. Es ist also schon allein ökonomisch sinnvoll, an Bekanntem festzuhalten. Zudem besteht das Gehirn aus zwei Systemen: dem expliziten System, mit dem nachgedacht wird, und dem impliziten System, mit dem entschieden und gehandelt wird. Mit Letzterem wird im Alltag auf die meisten Dinge intuitiv reagiert („Bauchgefühl"). Das Problem: Wenn Mitarbeiter informiert werden, also versucht wird, sie mit Argumenten zu überzeugen, wird mit dem expliziten System kommuniziert. Aber nur wenn das implizite System überzeugt wird, kann auch eine nachhaltige Veränderung entstehen. Es gilt also zum einen, den Empfänger zu überzeugen, dass sich der Energieaufwand lohnt, und zum anderen, das implizite System so zu konditionieren, dass sich neue neuronale Verknüpfungen bilden.

Daher ist es wichtig, im Veränderungsprozess drei Komponenten zu berücksichtigen – im Folgenden Hirn, Herz und Hand genannt.

Das **Hirn** steht für die strukturelle Grundlage – also die rationale, ausführliche Information und die Begründung des Geschehens. Was verändert sich, warum und wie – und was hat der Kunde davon? Diese Fragen beantwortet die Change-Story. Sie erläutert das strategische Zielbild sowie die Umsetzungs-„Roadmap" (vgl. Kapitel II.7) Die Herausforderung im Privatkundengeschäft bestand hierbei darin, durch die Change-Story das Gleichgewicht herzustellen zwischen strategischer Klammer, die für alle Konzernbereiche gleichermaßen gültig ist und die vorher weitgehend autark arbeitenden Konzernbereiche miteinander verknüpft, sowie ausreichender operativer Tiefe, um die Inhalte für alle Mitarbeiter im Segment konkret nachvollziehbar zu machen.

Das Hirn steht für die strukturelle Grundlage.

Das Herz bildet den emotionellen Part

Das **Herz** bildet den emotionalen Part oder auch die Erlebenswelt. Über diese Komponente muss der Mitarbeiter davon überzeugt werden, welchen persönlichen Nutzen er von der Veränderung hat und er muss diesen erleben. Entscheidend ist dabei ein ausreichender Anreiz, für die Veränderung zu motivieren, zum Beispiel durch einen wertschätzenden Führungsstil, die Erläuterung der Veränderungen und ihrer Konsequenzen für jeden Einzelnen oder kulturelle Aspekte. Eine zu überwindende Herausforderung bei dieser Change-Motivation im Privatkundengeschäft war insbesondere die Veränderungsmüdigkeit vieler Mitarbeiter, die in den vergangenen Jahren bereits mehrere Change-Programme durchlaufen hatten, die sie nicht immer positiv in Erinnerung hatten. Ebenfalls wenig motivationsfördernd: Viele Mitarbeiter waren aufgrund des angekündigten Stellenabbaus sehr verunsichert und litten unter Existenzängsten. Erste Priorität hatte deshalb der Abbau von Unsicherheit, Angst und Unverständnis. Erst danach konnte über aktivierende Motivation nachgedacht werden.

Die Hand symbolisiert die fachliche Umsetzung der Veränderung.

Die **Hand** symbolisiert die fachliche Umsetzung der Veränderung. Dem Mitarbeiter sollen der Verlauf im Detail, die Harmonisierung mit dem Arbeitsalltag und sein persönlicher Beitrag zum Gelingen deutlich werden. Aufgabe war es, auf Basis einer umfangreichen Soll-Ist-Analyse eine umfassende Change-Architektur zu erstellen. Sie beschreibt den konkreten Weg zum Ziel. Enthalten sind darin weniger operative Veränderungen, die ein klassischer Projektplan vorgibt. Vielmehr zeigt die Change-Architektur Maßnahmen auf, die Führungskräfte und Mitarbeiter begleiten (vgl. Kapitel II/3 bzw. Kapitel II/11). Im Segment Privatkunden war jedoch die Ausgangssituation der einzelnen Konzernbereiche sehr unterschiedlich. Neben einem Dachkonstrukt mit allen segmentweiten Maßnahmen hatte deshalb jeder Konzernbereich seine eigene Change-Architektur mit eigener Vertriebskommunikation und eigenen Qualifizierungsmaßnahmen, die für den fachlichen Part eine wesentliche Rolle spielten. Wichtig war hier von Anfang an der integrierte Ansatz. Er stellte sicher, dass die Maßnahmen für das gesamte Segment inhaltlich und zeitlich sauber orchestriert waren. Im Folgenden wird im Wesentlichen die Change Kommunikation im Segement betrachtet

20.3 Flexibilität und Pragmatismus: Freiraum für Aktion und Reaktion im Tagesgeschäft

Die mittel- bis langfristige Planung der Change-Architektur muss ausreichend Freiraum lassen, um auf akute Herausforderungen reagieren zu können. Im Gesamtprozess ist dafür vor allem die Trennung zwischen Formaten und Inhalten notwendig, denn ein Format kann nur Mittel zum Zweck sein – überzeugen muss der Inhalt.

Die Change-Architektur sollte sich folglich unterschiedlicher Bausteine bedienen:

Regelformate: Fest etablierte Kommunikationsformate, die für die kontinuierliche segmentübergreifende Information verwendet und um bereichsspezifische Integrationskommunikation ergänzt werden können, bilden den „Behälter" für anstehende Kommunikationsinhalte – zum Beispiel Newsletter oder Vorstands-Telefonkonferenzen für Mitarbeiter. Neben kontinuierlichen „Sendeformaten" sollten hier Dialogformate wie Feedback-Briefkästen und Infohotlines enthalten sein (vgl. Kapitel III/17).

Meilenstein-Kommunikation: Diese Kommunikationspakete, die im Projektplan festgelegte Meilensteine begleiten, orientieren sich stark an den zu kommunizierenden Inhalten und können variieren. Auch hier ist in den meisten Fällen eine weitere Differenzierung nach Konzernbereichen erforderlich, um spezifische Bedürfnisse und Anliegen aufzugreifen.

Ad-hoc-Kommunikation: Diese Kommunikationsformate können kurzfristig eingesetzt werden, um Stellung zu aktuellen Themen zu beziehen oder schnell wichtige Informationen zu übermitteln. Insbesondere im Vertrieb beeinträchtigen nicht vorhersehbare Störungen häufig die Stimmung der Mitarbeiter. Da gilt es oft, die Sachverhalte schnell zu kommentieren und Lösungen zu präsentieren – und zwar möglichst pragmatisch. Es empfiehlt sich, eher auf eine Abstimmungsschleife zu verzichten, als einen Zeitverzug in Kauf zu nehmen.

Darüber hinaus sind Pragmatismus und Flexibilität nicht zu vernachlässigen, wenn mit kurzfristigen Änderungen zu rechnen ist – was häufig der Fall ist. Wenn sich Timings oder Inhalte ändern, ist es wichtig, dass schnell gehandelt werden kann.

20.4 Top-down- und Bottom-up-Kommunikation: Senden allein reicht nicht

Erfolgsfaktoren, Topmanagment-Commitment und Sponsorship

Zwei weitere Erfolgsfaktoren sind das Topmanagement-Commitment und Sponsorship. Weitreichende strategische Veränderungen sollten immer vom Vorstand persönlich kommuniziert werden, das heißt, neben der Auftaktkommunikation des strategischen Zielbilds und der Umsetzungs-„Roadmap" sollte er regelmäßig aktuelle Stände kommentieren und für Rückfragen zur Verfügung stehen. Da aufgrund der großen Masse nicht alle Mitarbeiter im Segment Privatkunden bei allen Maßnahmen direkt einbezogen werden konnten, wurde häufig über die Führungskräftekaskade kommuniziert. Dabei kann die Kommunikationswirkung aber nur maximal so gut sein wie auf der jeweils vorgelagerten Stufe. Das machte regelmäßige Befragungen notwendig, um Kaskadenbrüche frühzeitig aufzudecken. Darüber hinaus war es entscheidend, Multiplikationskonzepte zu entwickeln, die festlegten, wie die Informationen des Vorstands einheitlich zu den Mitarbeitern gelangen, wie Feedback zurücktransportiert werden und wie eine aktive Einbindung aller Mitarbeiter erfolgen sollte.

Ebenso wichtig wie die „Sende"-Formate sind auch „Zuhör"-Formate

Ebenso wichtig wie „Sende"-Formate sind auch „Zuhör"-Formate – also Dialoginstrumente. Vor allem bei Kommunikationsmaßnahmen für Vertriebsmitarbeiter haben sich ein regelmäßiger Austausch sowie „Realitäts-Checks" als sehr hilfreich erwiesen, denn zum einen werden viele Sachverhalte von der Zentrale oft anders wahrgenommen als von der Flächenorganisation und zum anderen kommen so auch unbekannte Themen an die Oberfläche.

20.5 Partizipation: vom Konsumenten zum Mit-Arbeiter

Ebenfalls nichts Neues: Mitarbeiter müssen in den Veränderungsprozess einbezogen werden. Das ist neben dem Wissen um den persönlichen Nutzen der Veränderung ein weiterer wichtiger Aspekt, um Menschen zu aktiveren. Jeder kennt das von sich selbst: Wenn die Arbeitsschritte strikt vorgegeben sind, wird eine Aufgabe weniger gern erfüllt, als wenn die Lösung eines Problems erbeten wird und der Weg zur Lösung selbst erarbeitet werden kann. Der zweite Weg hat zwei entscheidende Vorteile: Der Mitarbeiter ist im Normalfall stärker motiviert, weil er aktiv eigene Ideen beisteuern kann. Außerdem bringt er sich selbst mit dem Veränderungsprozess in Verbindung, agiert also nicht mehr als Zuschauer, sondern als Beteiligter. Im Idealfall wird der Mitarbeiter dadurch zum „Unterstützer". Dieser Weg hat jedoch zur Folge, dass er deutlich mehr Vertrauen in die Führungskräfte und Mitarbeiter erfordert und ein Umsetzungsrisiko birgt.

Aufgrund der hohen Mitarbeiteranzahl wählte das Segment Privatkunden einen Mittelweg: Auf der einen Seite wurden die Veränderungsschritte klar vorgegeben und ihre Umsetzung stark gesteuert. Gleichzeitig waren die Mitarbeiter vielfach einbezogen, beispielsweise nicht nur über Konzepttests, sondern auch Pilotprojekte, Soundings (vgl. Kapitel II/10) etc., deren Ergebnisse zur Prozessverbesserung beitrugen.

20.6   Zielgruppendifferenzierung: 20.000 Menschen über einen Kamm?

Ein wesentlicher Erfolgsfaktor im Segment Privatkunden war die Zielgruppenorientierung – ein bei etwa 20.000 Menschen ebenso wichtiges wie schwieriges Vorhaben. Zuerst mussten alle Zielgruppen über eine Stakeholder-Analyse definiert werden. Dabei wurde auf Segmentebene zwischen Zentrale und Fläche, zwischen Mitarbeitern der ehemaligen Commerzbank und der ehemaligen Dresdner Bank sowie zwischen Führungskräften und Mitarbeitern unterschieden. Dieses Analyseschema wurde je nach Thema und Betroffenheit der Mitarbeiter entweder segmentweit oder bereichsspezifisch angewendet und weiter differenziert.

Zielgruppenorientierung - Zielgruppe über eine Stakeholder Analyse definiert

Neben der internen Kommunikation umfasste der integrierte Change-Management-Ansatz die Kommunikation gegenüber Kunden und Öffentlichkeit (Presse). Um unangenehme Überraschungen zu vermeiden, wurden kontinuierlich alle Kommunikationsmaßnahmen zeitlich und inhaltlich orchestriert.

Interne Kommunikation erfolgte grundsätzlich vor externer Kommunikation.

Zeitliche Synchronisierung: Interne Kommunikation erfolgte grundsätzlich vor externer Kommunikation. So konnten Mitarbeiter nicht von der Medienberichterstattung überrascht oder mit unbeantwortbaren Kundenfragen konfrontiert werden. Bei der Kundenkommunikation war zudem ausreichend Vorlauf einzuplanen, damit sich die Mitarbeiter mit den Inhalten vertraut machen und Rückfragen durch Kunden jederzeit vollumfänglich beantworten konnten. Die segmentweite Kommunikation mit für die Konzernbereiche spezifizierten Inhalten hatte grundsätzlich zeitgleich zu erfolgen.

Maßnahmen wurden in Bezug auf alle Zielgruppen inhaltlich orchestriert.

Inhaltliche Synchronisierung: Zur inhaltlichen Synchronisierung der Maßnahmen wurden auf Ebene der Gesamtbank, des Segments und der Konzernbereiche Gremien zur Vorbereitung und Entscheidung von Maßnahmen etabliert. Diese stellten sicher, dass sowohl die kurz- als auch die mittel- und langfristigen Maßnahmen in Bezug auf alle Zielgruppen inhaltlich miteinander orchestriert wurden (vgl. Kapitel III/15).

20.7 Push- und Pull-Kommunikation: Was dem einen zu viel ist, reicht dem anderen nicht aus

Mix zwischen Push- und Pull-Kommunikation

Unabhängig von Veränderungsprozessen zeigen Befragungen immer wieder: Es gibt ungefähr gleich viele Mitarbeiter, die sich von Kommunikationsformaten überfordert fühlen (Informationsflut), und solche, die sich nicht ausreichend informiert fühlen (Informationslücke). Da Menschen sehr unterschiedlich mit Informationen umgehen, gibt es keinen optimalen Mittelweg. Im Laufe der Integration stellte sich die Spanne zwischen den genannten Personengruppen insbesondere in der Fläche als sehr groß heraus: Das wurde berücksichtigt, als die Change-Architektur erstellt und laufend erweitert wurde, indem ein ausgewogener Mix zwischen Push- und Pull-Kommunikation gewählt wurde (vgl. Abbildung 20-1).

Abbildung 20-1   Medienmix aus Push-/Pull-Formaten im Segment Privatkunden

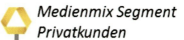

Push-Kommunikation

Empfänger erhält Information
Formate: Teammeetings, E-Mail, Telefonkonferenz, Newsletter etc.

Empfänger besorgt Information selbst
Formate: Intranet, FAQs, Multimediabeiträge, Hotlines etc.

Pull-Kommunikation

Quelle: Commerzbank AG

20.8 Wirksame Elemente des Change Managements im Segment Privatkunden

Im Folgenden werden einige Beispiele für erfolgreiche Instrumente im Segment Privatkunden vorgestellt. Dabei handelt es sich nicht um alle Maßnahmen, sondern um die wesentlichen Kernelemente.

20.9 Der Rohbau muss sitzen: Change-Story, Change-Architektur und Initialkommunikation

Zur Entwicklung der Change-Architektur wurden in allen Konzernbereichen Workshops mit relevanten Vertretern aus zentralen und vertrieblichen Einheiten durchgeführt, in denen die wichtigsten Veränderungen identifiziert wurden. Da aufgrund der hohen Komplexität nicht alle Veränderungen vollumfänglich berücksichtigt werden konnten, wurden anschließend die wesentlichen „Druckpunkte" priorisiert. Diese wurden dann im Plenum diskutiert und in der Priorisierungsmatrix anhand der Parameter Auswirkung (Stärke der Veränderung für betroffene Mitarbeiter) und Relevanz (Anzahl betroffener Mitarbeiter) verortet (vgl. Abbildung 20-2). So konnten vier Handlungsfelder als Basis für die Change-Architektur identifiziert werden.

Abbildung 20-2   Priorisierungsmatrix für Change-Architektur

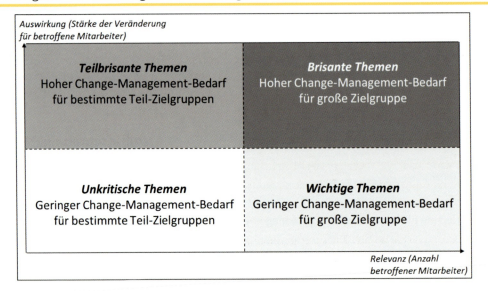

Quelle: Commerzbank AG

Gleichzeitig dienten die „Druckpunkte" als Ansatz für die Initialkommunikation des Zielgeschäftsmodells, Blaupausen genannt, die zusammen mit dem mit dem Betriebsrat abgeschlossenen Interessenausgleich sowie des Sozialplanes Anfang Juli 2009 veröffentlicht wurden. Anhand der Blaupausen wurden zunächst übergeordnete Kernbotschaften mit der strategischen Stoßrichtung für das gesamte Segment entwickelt. Bereichsspezifische Kernbotschaften, die anhand vorgegebener Kriterien spezifiziert wurden, ergänzten die Dachkommunikation (s. unten). Die so entwickelte „Change-

Story" diente im gesamten Veränderungsprozess als Grundlage der Kommunikation und wurde bei jedem Meilenstein um wesentliche Details ergänzt.

20.10 Der Dreiklang des Change Managements zur Mobilisierung

Die Change-Architektur setzte sich aus drei wichtigen Elementen zusammen: Kommunikation, Information und Qualifizierung (Enabling).

Die Change-Architektur setzte sich aus drei wichtigen Elementen zusammen.

Eine wesentliche Aufgabe der **Kommunikation** war die strategische (Dach-)Kommunikation im Segment Privatkunden vom Projekt-Kick-off bis zum Projektabschluss. Dazu gehörte neben dem Erarbeiten der Kommunikationsarchitektur die kontinuierliche Steuerung des Kommunikationsprozesses, also die inhaltliche und zeitliche Orchestrierung aller Kommunikationsmaßnahmen im Segment. Hinzu kam die Umsetzung der segmentweiten Kommunikations- und Change-Maßnahmen. Im Fokus standen dabei die Formate zur Mobilisierung vieler Menschen wie Dialogveranstaltungen. Auch die Vorbereitung einer möglichen Krisenkommunikation lag in der Verantwortung der segmentweiten Kommunikation.

Kommunikationsarchitektur: Nutzung etablierter Formate für die Integrationskommunikation
Da im Segment Privatkunden stark darauf geachtet wurde, die Integrationsumsetzung möglichst eng mit dem Liniengeschäft zu verknüpfen, wurden beim Aufbau der Kommunikationsarchitektur viele Formate eingesetzt, die sich bereits vor der Integration bewährt hatten (vgl. Abbildung 20-1).

Die **Regelformate** setzten sich dabei wie folgt zusammen (Auszug):

- **Vorstands-Telefonkonferenz für Mitarbeiter:** Bereits vor der Integration wurden mit diesem Format Quartalszahlen bekannt gegeben und kommentiert sowie ein strategischer Ausblick gegeben. Zudem diente und dient es als Dialoginstrument, bei dem Mitarbeiter Fragen stellen oder aktuelle Themen ansprechen können.

Diese Telefonkonferenz richtet sich an das gesamte Segment und wird bei Bedarf anschließend je Konzernbereich konkretisiert. Um die wichtigen Vertriebsthemen aufzunehmen, gibt es im Vorfeld dieser Konferenzen regelmäßig Soundings bei Führungskräften und Mitarbeitern.

- **„Zusammen Wachsen"-Newsletter:** Dieses Format diente der kontinuierlichen Begleitkommunikation zu aktuellen Integrationsthemen. Hier wurden aktuelle Vertriebsthemen aufgegriffen, Meilensteine angekündigt und rückblickend kommentiert, Interviews geführt, Erfahrungsberichte veröffentlicht. Wichtig war vor allem die offene Kommunikation – auch kritische Themen wurden angesprochen oder kontroverse Diskussionen geführt. Der Newsletter erschien alle zwei bis drei Monate, Absender war der für die Integrationsumsetzung verantwortliche Bereichsvorstand. Auch dieses Format richtete sich an die Mitarbeiter des gesamten Segments, mit klarem Fokus auf die Flächenorganisation.

- **Vorstandsbriefkästen**: Über dieses wichtige Dialogformat können die Mitarbeiter direkte Fragen an den Segmentvorstand stellen und bekommen innerhalb von 48 Stunden eine Rückmeldung. Die Beantwortung erfolgt bei Bedarf über Experten in den Fachabteilungen.

- **Roadshows des Vorstands:** Regelmäßig besuchten die Segment-/Bereichsvorstände Einheiten in der Fläche, um in direkten Austausch mit Führungskräften und Mitarbeitern zu treten. Bereits kurz nach der offiziellen Übernahme trat der damalige Segmentvorstand in intensiven Kontakt mit den Vertriebsführungskräften der ehemaligen Dresdner Bank. Zwar konnten im Rahmen dieses Instruments aufgrund der großen Anzahl nicht alle Standorte regelmäßig besucht werden, erreicht wurde aber ein Überblick über aktuelle Themen vor Ort, der dann wiederum in der Massenkommunikation berücksichtigt werden konnte, um die Themen auch flächendeckend zu adressieren.

- **Regionalkonferenzen**: Ein Mal jährlich finden im Segment Privatkunden sogenannte Regionalkonferenzen statt – Großveranstaltungen mit je 400 bis 600 Teilnehmern aus allen Konzernbereichen des Segments, die in unterschiedlichen Regionen durchgeführt werden. Im Fokus steht der Dialog mit Führungskräften und Mitarbeitern. Da auch dieses Instrument nicht alle Führungskräfte und Mitarbeiter in der Fläche gleichermaßen erreichen kann, wurde ein Multiplikatorenkonzept mit fester Kontingentierung erarbeitet. Das stellt sicher, dass alle Hierarchiestufen vertreten sind und die Inhalte nach der Veranstaltung auch an Abwesende weitergegeben werden.

Über die regelmäßigen Formate hinaus wurden die sechs großen Kommunikationsanlässe der Integration durch eine eigene sogenannte Meilensteinkommunikation begleitet: der Interessenausgleich, die Stellenbesetzungsschritte, die Markenmigration, das technische Harmonisierungsrelease, die Filialzusammenlegungen und die Zusammenführung der Kunden- und Produktdaten. Dabei kamen Kommunikationspakete zum Einsatz, die aus sehr unterschiedlichen Formaten zusammengesetzt waren, immer in Kombination aus schriftlichen (zum Beispiel E-Mails, Präsentationen, Multiplikatorensets, FAQs) und persönlichen Kommunikationsinstrumenten (zum Beispiel Events, Präsenzmeetings, Telefonkonferenzen). Im Folgenden wird exemplarisch auf Großveranstaltungen zur Mobilisierung eingegangen.

Sechs große Kommunikationsanlässe der Integration durch eine eigene sogenannte Meilensteinkommunikation begleitet

- **Kick-off-Events nach Stellenbesetzung der dritten und vierten Führungsebene:** Als im Herbst 2009 die dritten und vierten Führungsebenen in der Fläche benannt worden waren, führte das Segment Privatkunden fünf Kick-off-Veranstaltungen mit allen Führungskräften durch. Ziel war es, die Führungskräfte in ihrer neuen Aufgabe zu begrüßen, den strategischen Fahrplan vorzustellen und mit ihnen die Roadmaps in ihren jeweiligen Bereichen zu erarbeiten. Um die Führungskräfte emotional darauf einzustimmen, dass sie gefordert waren, an den kommenden Herausforderungen mitzuarbeiten, wurde durch die Auswahl der Location – einem vorübergehend aufgebauten Bauzelt –, den Aufbau und den Ablauf der Veranstaltung eine sehr bodenständige Arbeitsatmosphäre geschaffen. Diese Form der „Inszenierung" war notwendig, um die Führungskräfte aus einer passiven Konsumentenhaltung heraus in eine aktive Arbeitshaltung zu bewegen. Im Rahmen dieser Veranstaltungen fanden zudem obligatorische Change-Workshops statt, in denen sich die Führungskräfte intensiv mit den Anforderungen im Change-Prozess sowie mit ihrer Rolle als Change-Agents auseinandersetzten (vgl. Kapitel II/5). Auch hier stand der aktive Dialog im Vordergrund: Die Führungskräfte konnten dem Vorstand und dem Projektmanagement der Integration Fragen stellen sowie aktuelle Themen diskutieren. Ausreichend Raum blieb auch für den Austausch untereinander – trafen sich doch hier erstmals alle Führungskräfte der vormals getrennten Banken. Wesentlicher Erfolgsfaktor war die unmittelbare Einbindung der vierten Führungsebene, die als Schnittstelle zwischen Management und Mitarbeitern sowie Bank und Kunden eine sehr wichtige Rolle einnimmt. Dadurch konnte sichergestellt werden, dass von allen Standorten mindestens ein Vertreter vor Ort war, der die Multiplikatorenrolle für die Fläche wahrnehmen konnte. Auch die nicht benannten Führungskräfte wurden eingeladen – als Zeichen der Wertschätzung und weil sie bis zum Vollzug der Stellenbesetzungen in die Zielstruktur noch in ihren vorherigen Funktionen eingesetzt waren, etwa als Filialleiter einer später zusammengeführten Filiale.

- **Führungskräfte-Event zur Markenmigration:** Ziel war es, die Führungskräfte für die gemeinsame neue Marke zu gewinnen. Im Fokus standen die Themen Identifikation und Motivation. Auch hier wurden alle Führungskräfte des Segments inklusive der vierten Führungsebene eingeladen, dieses Mal jedoch zu nur *einer* Großveranstaltung mit ca. 2.500 Teilnehmern. Noch vor der Begrüßung durch den Vorstandsvorsitzenden der Commerzbank mussten die Eingeladenen aktiv werden: Auf Ergometern galt es, gemeinsam ausreichend Strom zu erzeugen, um das neue Commerzbank-Logo aufleuchten zu lassen. Hierdurch wurde den Teilnehmern auf emotionale Weise veranschaulicht, was sie in der Masse bewegen und zum Erfolg der neuen Commerzbank beitragen können. Anschließend konnten sich die Führungskräfte an interaktiven Marktständen über die neue Marke und die damit verbundene strategische Ausrichtung des Segments informieren. Danach stimmte sie ein Gastredner auf das Kernthema ein: die Rolle der Haltung und des Verhaltens von Führungskräften im Veränderungsprozess.

- **Zentrale Auftaktveranstaltung zum Start der Filialzusammenlegungen:** Bevor die Zusammenlegung von ca. 400 Filialpärchen (ein Filialpaar bildet sich aus zwei Filialen, die in unmittelbarer räumlicher Nähe zueinander liegen) startete, richtete sich eine zweitägige Großveranstaltung an die betroffenen Führungskräfte im Vertrieb. Ziel war es, die Zusammenlegung operativ und mobilisierend vorzubereiten. Am ersten Tag wurden die Führungskräfte der zweiten und dritten Ebene (Gebiets- und Regionalfilialleiter) in einer „Regiebesprechung" auf ihre Multiplikatorenrolle vorbereitet. Die sollten sie am zweiten Tag, an dem auch die Filialleiter kamen, aktiv ausüben. Im Mittelpunkt der Veranstaltung stand ein Informationsmarkt, der alle operativen Details der Filialzusammenlegungen veranschaulichte. Dafür geschult, gaben die Gebiets- und Regionalfilialleiter sowie die Projektmitarbeiter an einzelnen Ständen Auskunft über Neuerungen und Abläufe und standen als „Zukunftslotsen" selbst als Ansprechpartner für operative Details zur Verfügung. Zusätzlich bereitete sie ein externer Experte auf das Thema Change Management und die damit verbundenen Führungsaufgaben vor. Ein weiteres mobilisierendes Element bildeten die Echtzeit-Visualisierungen, durch die die Aussagen der Redner in Bilder umgesetzt wurden. Diese wurden nach der Veranstaltung mit umfangreichen Informationen zur weiterführenden Kommunikation zur Verfügung gestellt (vgl. Abbildung 20-3).

Abbildung 20-3 Dialog als wichtigstes Instrument der Mobilisierung (Echtzeit-Visualisierung)

Quelle: Commerzbank AG

Neben den Regelformaten und der Meilensteinkommunikation kamen Formate zur **Ad-hoc-Kommunikation** zum Einsatz, denn immer wieder kam es im Laufe des Integrationsprozesses zu unvorhersehbaren Kommunikationsanlässen – entweder, weil kurzfristig Planungen angepasst wurden oder etwa weil ein aktuelles Thema in der Fläche zu Diskussionen und Gerüchten führte. Diese Formate konnten eine kurzfristig einberufene Telefonkonferenz mit Führungskräften und/oder Mitarbeitern sein, eine E-Mail oder eine Ad-hoc-Meldung im Intranet. Ein eigens zur Ad-hoc-Kommunikation entwickeltes Format ist „Zur Sache!", das sich in Interviewform kritisch mit aktuellen Themen auseinandersetzt.

Zweites Kernelement des Change Managements ist die **(Vertriebs-)Information**. Vor allem im Vertrieb ist es elementar, dass die Mitarbeiter alle operativen Veränderungen kennen und damit arbeiten können. Neben strategischen, organisatorischen und personellen Themen zählten dazu auch alle Änderungen des Leistungsangebots, der Prozesse und IT-Anwendungen. Wichtigste Aufgabe war hier somit die kontinuierliche Information über Veränderungen und deren Auswirkungen auf allen Projekt- und Führungsebenen. Die umfasste neben der Betreuung der vertriebsspezifischen Formate wie etwa das Vertriebsportal im Intranet auch die vertriebsspezifische Meilensteinkommunikation, die Information zum Beispiel von Hotlines sowie die Vorbereitung und Durchführung von vertriebsspezifischer Ad-hoc-Kommunikation.

Drittes und letztes Kernelement des Change Managements ist die **Qualifizierung (Enabling)**, deren Aufgabe es ist, ein Konzept zu entwickeln und umzusetzen, das an allen wesentlichen Meilensteinen zur dann erforderlichen Kenntnis von Produkten, Prozessen und Anwendungen im Vertrieb führt – mit möglichst geringen Einbrüchen in der Vertriebsleistung. Der Qualifizierungsansatz orientierte sich im Konzernbereich PuG an vier wesentlichen Qualifizierungsereignissen: Führungskräftequalifizierung, Markenmigration, Harmonisierungsrelease sowie Kunden- und Produktdatenmigration (vgl. Kapitel II/12). Alle Qualifizierungsmaßnahmen setzten sich aus vier miteinander verzahnten Grundelementen zusammen:

1. Kennen/Können (theoretische Vermittlung der Lerninhalte)

2. Üben/Praxiseinsatz (praktische Anwendung der Lerninhalte unter Übungsbedingungen)

3. Absichern (Wiederholung der Lerninhalte)

4. Unterstützen (Hilfe bei der praktischen Anwendung der Lerninhalte im Echtbetrieb)

Der Qualifizierungsansatz umfasste neben der Führungs- und Fachkräftequalifizierung auch die Qualifizierungskommunikation sowie das Reporting zum Stand der Umsetzung, die in dezentraler Verantwortung der Vertriebs-Führungskräfte lag. Auf die Details der Qualifizierung (Enabling) kann an dieser Stelle nicht weiter eingegangen werden.

20.11 Fazit

Die Hauptaufgabe des Change Managements bestand darin, die Mitarbeiter zu bewegen und mitzunehmen.

Die Hauptaufgabe des Change Managements bestand darin, die Mitarbeiter zu bewegen und mitzunehmen – das hat sich im Rückblick auf die Integration im Segment Privatkunden bestätigt. Nur wenn ein Großteil der Führungskräfte und Mitarbeiter den Hintergrund der Veränderungen nachvollziehen kann, das gemeinsame Ziel kennt und versteht sowie aktiv an der Umsetzung der Veränderungen mitwirkt, kann ein Veränderungsprozess dieses Umfangs in einem solch großen Segment erfolgreich umgesetzt werden. Natürlich läuft das nie genau so ab, wie es von Anfang an geplant wird: Denn es geht um Menschen, die sehr unterschiedlich auf Veränderungen reagieren. Eine gewisse Flexibilität muss bleiben, um auf Ad-hoc-Situationen und Einzelcharaktere zu reagieren. Dafür hat sich vor allem ein Kernelement als wesentlich erwiesen: der Dialog. Denn es reicht nicht, die Veränderungen von oben nach unten zu kommunizieren. Um eine aktive Mobilisierung zu erreichen, muss man sich mit den Menschen auseinandersetzen, diskutieren und sie in die Umsetzung einbeziehen, um nötigenfalls geplante Vorgehensweisen zu überdenken und anzupassen.

Veränderungsmaßnahmen so gestalten, dass alle Komponenten erreicht werden: Hirn, Herz, Hand

Dabei kommt es im Wesentlichen darauf an, die Veränderungsmaßnahmen so zu gestalten, dass alle Komponenten erreicht werden: das rationale Verständnis durch Erläuterung der Ziele und strukturellen Zusammenhänge, die emotionale Motivation durch Partizipation erleben und Konsequenzen im Umsetzungsprozess und die operative Handlungsfähigkeit durch fachliche Information und Qualifizierung.

Gerade in einer so großen Einheit wie dem Segment Privatkunden spielt neben der zeitlichen und inhaltlichen Orchestrierung auch die Steuerung aus einer Hand eine wesentliche Rolle. Und damit die kooperative Zusammenarbeit der Projektteams, die an den unterschiedlichen Konzepten und Maßnahmen arbeiten. Diese Zusammenarbeit kann nur erreicht werden, wenn Entscheidungswege, Rollen und Aufgaben klar definiert sind und Gremien sich frühzeitig etablieren und regelmäßig abstimmen.

Im Segment Privatkunden ist der Veränderungsprozess im Allgemeinen noch lange nicht abgeschlossen – vielmehr geht er in neue Projekte über. Inzwischen ist auf allen Managementebenen bekannt: Eine ganz wesentliche Erfolgskomponente von Change Management ist, Veränderungen nicht singulär zu betrachten und „abzuarbeiten", sondern als fortlaufenden Prozess mit allen dafür erforderlichen Konsequenzen in Prozessen, Systemen und Verhalten in den Arbeitsalltag zu integrieren. Dafür ist das Thema organisatorisch im Unternehmen und im Segment so verankert worden, dass jederzeit ein integrierter Ansatz aus Kommunikation, (Vertriebs-)Information und Qualifizierung (Enabling) angestrebt wird.

Change Management als fortlaufenden Prozess in den Arbeitsalltag integrieren

21. Ein neuer Vorgesetzter – Personalentscheidungen orchestriert und adäquat kommunizieren

MICHAEL J. HUVERS

21.1 Einleitung

Stellenbesetzungsprozesse sind oft ein immanentes Element tief greifender Veränderungsprozesse und gehen für Führungskräfte und Mitarbeiter mit einer hohen emotionalen Anspannung einher. Neben der Ungewissheit über den Arbeitsplatz und die persönliche berufliche Zukunft ist es die Unsicherheit hinsichtlich möglicher Veränderungen im direkten sozialen Arbeitsumfeld, die diese Anspannung bewirkt. Die Zusammensetzung von Teams ändert sich und auch der direkte Vorgesetzte kann wechseln. Fragen wie „Wer und wie werden meine neuen Kollegen sein?", „Wer wird mein neuer Vorgesetzter sein?", „Welche Anforderungen und Erwartungen hat er an mich?" und „Werde ich diesen Anforderungen und Erwartungen gerecht werden können?" stehen dabei im Mittelpunkt.

Der Wechsel des direkten Vorgesetzten im Integrationsprozess führte bei den betroffenen Mitarbeitern zu hoher Verunsicherung und emotionaler Betroffenheit.

Der vorliegende Beitrag konzentriert sich auf den Aspekt „Wechsel des direkten Vorgesetzten". Nach der Benennung der ersten und zweiten Führungsebene der Commerzbank im September bzw. November 2008 erfolgte am 28. Oktober 2009 die Benennung der dritten Führungsebene im Vertrieb. Für die Mehrheit der Vertriebsmitarbeiter im Segment Mittelstandsbank stellt die dritte Führungsebene den direkten Vorgesetzten. Im Zuge ihrer Bekanntgabe galt es, 188 Führungspositionen zu kommunizieren. Bei über einem Drittel der Führungspositionen kam es zu personellen Veränderungen, durch die ungefähr die Hälfte aller Mitarbeiter im Vertrieb in Form eines Vorgesetztenwechsels betroffen war. Die Bekanntgabe der zukünftigen Vorgesetzten gegenüber den Mitarbeitern sollte durch die Führungskräfte der zweiten Ebene erfolgen. Diese dezentrale Kommunikation eng zu begleiten und zu orchestrieren, um eine situative Angemessenheit sowie einen One-Voice-Ansatz zu fördern, war Aufgabe des Bereichs Marketing/Kommunikation der Mittelstandsbank.

In dem vorliegenden Beitrag geben wir einen Überblick über die Vorbereitung, die Umsetzung und das Erfolgsmonitoring der Kommunikation am 28. Oktober 2009. Wir gehen dabei schwerpunktmäßig auf die Anforderungen an die Kommunikation ein und wie wir diese in einer Kommunikations- und Ablaufplanung zur Orchestrierung der dezentralen Mitarbeiterkommunikation in den Regionen umgesetzt haben.

21.2 Vorbereitung der Kommunikation: Erfolg ist planbar

Eine ganzheitliche Betrachtung von Stakeholdern, Stimmungsbildern und Organisationsstrukturen war die Grundlage für die Vorbereitung einer angemessenen Kommunikation.

In der Vorbereitung der Kommunikation folgten wir einem systematischen Prozess. Dieser umfasste drei Schritte: Diagnose, Maßnahmenplanung sowie Sounding (Feedback von Betroffenen einholen). Eine wichtige Rolle für unser Vorgehen spielten die empirisch belegten, signifikanten Erfolgstreiber in Veränderungsprozessen Motivation, Orientierung und Kongruenz (vgl. Houben et al. 2007 und Kapitel II/3). Um diese Erfolgstreiber gezielt zu adressieren, legten wir sie als Maßstab für die Change-Kommunikation im konkreten Fall an. Die Bestimmung der „Absprungbasis der Kommunikation", die Ableitung von konkreten Anforderungen an die Kommunikation und die Detailplanung eines situationsadäquaten Maßnahmenbündels und Vorgehens bildeten die Grundlage einer ganzheitlichen Betrachtung der Betroffenheit der identifizierten Stakeholder, etwa existierender Rahmenbedingungen und Stimmungsbilder der Mitarbeiter im Integrationsprozess sowie ihre konkreten Befürchtungen. Neben einem breiten Sounding mit Führungskräften aus dem Vertrieb im Rahmen der sogenannten Segment-KKI (Kommunikation und kulturelle Integration), dem Steuerungsgremium für die Change-Kommunikation und die kulturelle Integration in der Mittelstandsbank, nutzten wir hierfür gezielt die Ergebnisse der Pulse Check-Befragung und der regionalen Sounding-Gruppen auf Mitarbeiterebene (vgl. Kapitel II/9 und II/10).

21.2.1 Diagnose I: Stakeholder bestimmen und Rahmenbedingungen berücksichtigen

Jede solide Kommunikationsarbeit startet mit einer Identifizierung der Stakeholder in der Kommunikation. Bei der Vorbereitung der Kommunikation am 28. Oktober 2009 hatten wir vier Stakeholdergruppen zu berücksichtigen:

Vier Stakeholdergruppen, dezentrale Organisationsstrukturen und temporäre Doppelführung waren herausfordernde Rahmenbedingungen im Integrationsprozess.

1. Benannte Führungskräfte der Ebene 3 (FE 3): Zu dieser Gruppe gehörten alle neu benannten sowie in ihrer Position bestätigten FE 3, die am 28. Oktober 2009 als zukünftige Vorgesetzte bekannt gegeben werden sollten und für die dieser Tag zumindest symbolisch die Inthronisation darstellte.

2. Nicht benannte Führungskräfte der Ebene 3 (FE 3): Zu dieser Gruppe gehörten vor allem die nicht in ihrer Position bestätigten FE 3. Mit der Bekanntgabe der benannten FE 3 hätten im gleichen Zuge die Mitarbeiter Transparenz darüber, ob ihr bisheriger Vorgesetzter in seiner Position bestätigt wurde oder nicht.

3. Mitarbeiter: Für fast die Hälfte aller Mitarbeiter war die Bekanntgabe der zukünftigen FE 3 mit einem personellen Wechsel des direkten Vorgesetzten verbunden.

4. Führungskräfte der Ebene 2 (FE 2): Alle benannten und nicht benannten FE 3 wurden im Vorfeld des 28. Oktober 2009 persönlich in bilateralen Gesprächen durch ihren direkten Vorgesetzten – den jeweiligen FE 2 - über die Benennungsentscheidung informiert. Auch die regionale Kommunikation der Benennungsentscheidung am 28. Oktober 2009 an die Mitarbeiter im Vertrieb war Aufgabe der FE 2.

Vor diesem Hintergrund bildeten die existierenden – zum damaligen Zeitpunkt noch nicht zusammengeführten – Organisationsstrukturen im Vertrieb wichtige Rahmenbedingungen für die Kommunikation. Die jeweiligen Gebietsfilial- und Großkundencenterleiter sowie die Leiter der Spezialisteneinheiten hatten an zwischen vier und zehn Commerzbank- und Dresdner-Bank-Standorten Mitarbeiter zu informieren. Diese Standorte konnten auch in größerer räumlicher Entfernung zueinander liegen. Zudem war die vollständige Übernahme der Führungsverantwortung durch den zukünftigen Vorgesetzten erst mit Abschluss des Mitarbeiterzuordnungsprozesses im Juli 2010 vorgesehen (vgl. Kapitel II/6). In der Übergangszeit würde es eine Doppelführung mit geteilten Verantwortlichkeiten durch den bisherigen und den zukünftigen Vorgesetzten geben. Der bisherige Vorgesetzte sollte bis Juli 2010 weiterhin für das operative Tagesgeschäft und die disziplinarische Personalführung verantwortlich sein. Der zukünftige Vorgesetzte sollte mit seiner Bekanntgabe am 28. Oktober 2009 bereits die Verantwortung für Integrationsthemen wie zum Beispiel die Vorbereitung und Durchführung der Mitarbeiter- und Kundenzuordnung übernehmen.

One-Voice-Ansatz in der Kommunikation

Aus der Grundsatzentscheidung, dass die regionale Mitarbeiterkommunikation am 28. Oktober 2009 Aufgabe der FE 2 sein sollte sowie den existierenden Führungs- und Organisationsstrukturen leiteten wir erste konkrete Anforderungen an die Kommunikation ab:

- Die regionale Mitarbeiterkommunikation müsse durch Mindeststandards und Leitplanken orchestriert werden, die auf die teilweise stark dezentralen Organisationsstrukturen der Übergangsphase abgestimmt seien. Nur so ließe sich ein praktikabler One-Voice-Ansatz in der grundsätzlichen Vorgehensweise und den Botschaften umsetzen, der eine gezielte Adressierung der Erfolgstreiber Motivation, Orientierung und Kongruenz ermöglicht.

- Die FE 2 müssten befähigt werden, ihre Kommunikatorenrolle im Rahmen der regionalen Mitarbeiterkommunikation am 28. Oktober 2009 bestmöglich auszufüllen.

- Den Mitarbeitern sollte hinsichtlich der Ausrichtung am bisherigen und zukünftigen Vorgesetzten in der Übergangszeit eine klare Verhaltensorientierung gegeben werden, um Unsicherheit im Handeln zu reduzieren und sie von Loyalitätskonflikten zu entlasten. Hierzu müssten die Mitarbeiter auf die Fragen „Wer ist in der Übergangszeit wofür verantwortlich?", „Wer ist bei welchen Themen mein erster Ansprechpartner?" und „Wie arbeiten bisheriger und zukünftiger Vorgesetzter in der Übergangszeit zusammen?" klare Antworten erhalten.

21.2.2 Diagnose II: Stimmungsbilder und Befürchtungen kennen und darauf eingehen

Orientierung und Wertschätzung durch Transparenz und persönliche Kommunikation

Die Ergebnisse der Pulse Check-Befragung und das Sounding mit Führungskräften aus dem Vertrieb bestätigten unsere ersten Hypothesen: Zum damaligen Zeitpunkt herrschte eine große Ungewissheit bezüglich des zukünftigen Arbeitsplatzes und eine starke Verunsicherung bezüglich der persönlichen beruflichen Zukunft. Zum einen stand der Mitarbeiter- und Kundenzuordnungsprozess noch aus und sollte auch erst im Juli 2010 abgeschlossen sein. Bis dahin hatten die Mitarbeiter keine Gewissheit über ihren zukünftigen Arbeitsplatz und die zu betreuenden Kunden. Damit eng verbunden war eine hohe Verunsicherung vor dem Hintergrund, dass bei einem Wechsel ein zukünftig neuer Vorgesetzter – der sie nicht kennt und eventuell noch aus der jeweils „anderen Bank" kommt – die Mitarbeiter- und Kundenzuordnung bis Juli 2010 vornehmen würde. Viele Mitarbeiter hatten in diesem Zusammenhang auch Befürchtungen hinsichtlich einer möglichen „Farbenlehre" bei der Benennung der FE 3, die sich auf Mitarbeiterebene fortsetzen könnte.

Transparente, zeitnahe und persönliche Kommunikation half, Unsicherheit und Befürchtungen zu reduzieren.

Mit dem Ziel, die Orientierung bei den Mitarbeitern in dieser Phase der Ungewissheit und Verunsicherung zu unterstützen, leiteten wir drei konkrete Anforderungen an die Kommunikation am 28. Oktober 2009 ab:

1. Die Fairness im Benennungsprozess der zukünftigen FE 3 und die Verbindlichkeit der Unternehmenswerte (hier: Leistung) bei der Auswahl sollte mit Blick auf den Prozess und die Ergebnisse glaubwürdig herausgestellt werden. Dabei war uns klar, dass reine Bekundungen nicht ausreichen würden. Hierfür müssten Besetzungsquoten und Hintergründe transparent sein. Aufgrund unterschiedlicher Organisationsstrukturen im Vertrieb war die Anzahl der Bewerbungen auf die zukünftigen Führungspositionen aus der Commerzbank höher als aus der Dresdner Bank. Die Besetzungsquote von 60/40 (Commerzbank/Dresdner Bank) spiegelte dies entsprechend, konnte damit erklärt werden und untermauerte die Fairness im Benennungsprozess.

2. Die betroffenen Mitarbeiter sollten im Zuge der Bekanntgabe eines zukünftig neuen Vorgesetzten so zeitnah wie möglich die Gelegenheit erhalten, diesen kennenzulernen.

3. Ein Schwerpunkt sollte auf der persönlichen und wertschätzenden Kommunikation liegen, um den Mitarbeitern ein „offenes Ohr" für ihre Befürchtungen zu bieten und im persönlichen Dialog mit ihnen auf diese Befürchtungen einzugehen.

Motivation durch angemessene kommunikative Verbindung von Abschied und Aufbruch

Eine in der Tonalität angemessene und konsistente Storyline ermöglichte die erfolgreiche Huckepack-Kommunikation von motivationsfördernden Themen - trotz emotionaler Betroffenheit der Mitarbeiter.

Gleichzeitig mit der Bekanntgabe der benannten FE 3 sollten am 28. Oktober 2009 weitere, im Rahmen des Gesamtintegrationsprozesses wichtige Themen kommuniziert werden:

- Dies war unter anderem die neue Wort-Bild-Marke, mit der die neue Commerzbank erstmals gegenüber Mitarbeitern und Kunden erlebbar wurde.

- Es war das Zielbild der Commerzbank, das unter anderem die Vision, die Mission und die Strategie der neuen Commerzbank beschreibt (vgl. Kapitel II/7).

- Und es war die Vorstellung des angepassten Integrationsfahrplans, der eine beschleunigte Erlebbarkeit der neuen Commerzbank insbesondere für Kunden ermöglichte, indem die Markenmigration von der IT-Migration entkoppelt wurde.

- Die Erstkommunikation dieser Themen erfolgte durch den Vorstand im Rahmen einer Pressekonferenz. Seitens der Konzernkommunikation wurde dies durch eine mediale Kommunikationskampagne mit Elementen wie der Liveübertragung via Web-TV begleitet (vgl. Kapitel III/17).

- Die Ergebnisauswertung der dritten Welle der Pulse Check-Befragung (s. 21.4) vom Juli 2009 zeigte, dass über die Hälfte der Mitarbeiter den bisherigen Integrationsprozess zwar als transparent erlebte, ein Drittel aber auch nicht. Diese Mitarbeiter wünschten sich mehr Orientierung im und über den Integrationsprozess sowie klare Aussagen zur Strategie der Commerzbank. Weiteren Handlungsbedarf leiteten wir aus der Tatsache ab, dass die Integration über einen langen Zeitraum von einem Jahr noch nicht im Vertrieb erlebbar war. Das Sounding in der Segment-KKI spiegelte dabei, dass mit diesem „Nichterleben" ein Gefühl des „Nichtvorankommens" einherging. In diesem Zusammenhang galt es, den bisher gut ausgeprägten Glauben der Mitarbeiter daran, dass die Integration eine Erfolgsgeschichte würde, weiterhin zu stärken.

Die neue Wort-Bild-Marke, das Zielbild der Commerzbank und der Integrationsfahrplan für ein beschleunigtes Kundenerlebnis waren Themen mit potenziell hoher identifikations- und orientierungsstiftender sowie motivationsfördernder Wirkung. Daher waren sie bestens geeignet, ein Aufbruchsignal zu senden und die Zuversicht in das Vorankommen des Integrationsprozesses zu stärken. Gleichzeitig würden diese Themen die Transparenz über den und im Integrationsprozess erhöhen. Jedoch war es dabei wichtig, neben der zu transportierenden positiven Grundstimmung die emotionale Betroffenheit der Mitarbeiter aus einem möglichen Vorgesetztenwechsel angemessen zu berücksichtigen. Für die Segmentkommunikation stellte sich damit die Anforderung, diese Themen an die regionale Mitarbeiterkommunikation zur Bekanntgabe der zukünftigen FE 3 anzudocken (Huckepack-Kommunikation), um so die zentrale mediale Kommunikation hinsichtlich wichtiger Botschaften zu verstärken. Hierzu musste eine motivierende Storyline entwickelt werden, die die Mitarbeiter in ihrer emotionalen Situation angemessen „abholen" konnte.

Kongruenz durch gelebte Unternehmenswerte in der Kommunikation

Die Pulse Check-Ergebnisse und Einschätzungen der Vertriebskollegen in der Segment-KKI spiegelten, dass der Integrationsprozess und der Umgang miteinander in diesem zum damaligen Zeitpunkt von den Mitarbeitern im Vertrieb als sehr partnerschaftlich und respektvoll und damit in Einklang mit den Unternehmenswerten erlebt

Unternehmenswerte wurden für die Kommunikation gezielt operationalisiert.

wurden. Die fünf Unternehmenswerte der Commerzbank – intern ComWerte genannt – sind: Marktorientierung, Leistung, Teamgeist, Respekt und Partnerschaftlichkeit sowie Integrität (vgl. auch Exkurs in Kapitel II/4). Die Kriterien „Respekt und Partnerschaftlichkeit" sowie die Unternehmenswerte insgesamt würden die Mitarbeiter auch zur Beurteilung der Art und Weise des (kommunikativen) Umgangs mit einem Vorgesetztenwechsel (in Bezug auf alle Stakeholder) anlegen. Für die Glaubwürdigkeit der Unternehmenswerte und damit die weitere kulturelle Integration war es in diesem Zusammenhang besonders wichtig, dass die gelebte Kommunikationskultur als in Einklang mit den Unternehmenswerten stehend erlebt würde. Dies war insbesondere auch deshalb wichtig, weil die Mitarbeiter auf Basis des Abgleichs ihrer Wahrnehmung der aktuellen Situation mit ihrem Bild vom bisherigen Integrationsprozess Annahmen über den weiteren Prozess treffen würden.

Um Dissonanzen zu vermeiden und die erlebte Kongruenz im Integrationsprozess zu unterstützen, leiteten wir insbesondere für den Umgang mit den nicht bestätigten bisherigen Vorgesetzten die folgenden Anforderungen an die Kommunikation ab: Der Umgang von FE 2 und zukünftigem FE 3 mit nicht in ihrer Führungsposition bestätigten Kollegen sollte jederzeit integer und wertschätzend sowie respektvoll und partnerschaftlich sein. Hierfür müssten insbesondere die FE 2 in ihrer Rolle als Change Agent – und hierbei schwerpunktmäßig als Gestalter der Veränderung vor Ort und als Vorbild – sensibilisiert und durch praktische Verhaltensmaximen unterstützt werden.

21.2.3 Maßnahmenplanung I: Leitplanken für ein einheitliches Vorgehen festlegen

Ein Regieplan mit Vorgaben zu Formaten, Inhalten und Zeitpunkten half, die dezentrale Mitarbeiterkommunikation zu orchestrieren und unterstützte bei der Vor-Ort-Gestaltung.

Die in der vorgeschalteten Diagnosephase abgeleiteten Anforderungen an eine erfolgreiche Kommunikation am 28. Oktober 2009 waren in einem nächsten Schritt in Form konkreter Maßnahmen in eine ganzheitliche Kommunikationsplanung zu überführen. Diese musste den Charakter eines steuernden und rahmensetzenden Regieplanes haben, der den FE 2 Orientierung bei und Unterstützung für die Gestaltung der regionalen Mitarbeiterkommunikation geben sollte.

Unter Bezug auf die Anforderung einer zeitnahen Mitarbeiterkommunikation legten wir dabei eine erste Prämisse hinsichtlich des zeitlichen Gesamtrahmens der Kommunikation fest: Die regionale Mitarbeiterkommunikation sollte je nach Anzahl der Regionalfilialen im Verantwortungsbereich der FE 2 innerhalb von fünf bis 14 Tagen abgeschlossen sein. In diesem Zeitraum sollten alle Mitarbeiter persönlich über ihren zukünftigen Vorgesetzten informiert worden sein und diesen bereits auch initial kennengelernt haben.

Abbildung 21-1   Regieplan

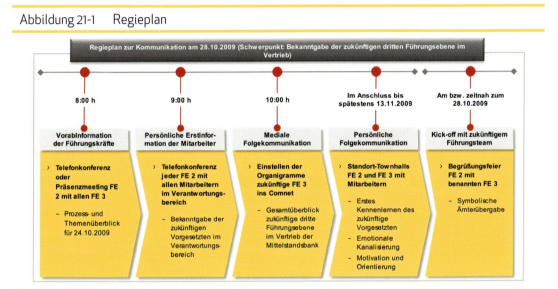

Quelle: Commerzbank AG

Hinsichtlich der unterschiedlichen Betroffenheiten der Standorte von einem Wechsel des direkten Vorgesetzten differenzierten wir in den Verantwortlichkeiten der regionalen Mitarbeiterkommunikation: Eine Vorstellung des benannten FE 3 durch den FE 2 sollte nur an Standorten mit einem Wechsel des direkten Vorgesetzten zwingend sein.

Die Kommunikation an Standorten ohne Wechsel des direkten Vorgesetzten konnte durch die FE 3 erfolgen.

Auf diesen Prämissen aufbauend wurde anschließend unter Berücksichtigung bereits geplanter bank- und segmentweiter medialer Kommunikationsmaßnahmen eine detaillierte Ablauf- und Maßnahmenplanung erarbeitet. Außerdem wurden weitere Leitplanken und Empfehlungen hinsichtlich Zeitpunkten, Formaten und Inhalten für die regionale Mitarbeiterkommunikation definiert, die den angestrebten One-Voice-Ansatz unterstützten. Im Folgenden wird die erarbeitete Ablauf- und Maßnahmenplanung skizziert.

Den Startpunkt in der Kommunikation bildete der Versand eines umfangreichen Infopakets (s. nächster Abschnitt) an die FE 2 am Vorabend des 28. Oktober 2009. In Abhängigkeit von der räumlichen Entfernung der Regionalfilialen sollten die FE 2 in anschließenden Präsenzmeetings oder Telefonkonferenzen dieses Infopaket mit allen FE 3 in ihrem Verantwortungsbereich durchsprechen. Dies sollte die Transparenz bezüglich des Ablaufs am 28. Oktober 2009 sowie den Informationsvorsprung und die Auskunfts- und Dialogfähigkeit aller involvierten Führungskräfte vor allem auch hinsichtlich der bankweiten Themen sicherstellen.

Als segmentweite mediale Kommunikationsmaßnahme wurde zwischen allen Segmenten im Vorfeld des 28. Oktober 2009 die gleichzeitige Publikation der Organigramme mit den zukünftigen FE 3 im Intranet für 10:00 Uhr an diesem Tag festgelegt. In der Mittelstandsbank sollten die Mitarbeiter im Vertrieb dabei vorab persönlich über die Benennungsentscheidungen und eventuelle Wechsel des direkten Vorgesetzten informiert werden. Dies nicht als Erstes aus dem Intranet zu erfahren war ein wichtiges Signal für Wertschätzung und ermöglichte eine erste Einordnung der Entscheidungen. Unter Berücksichtigung der Organisationsstrukturen im Vertrieb konnte die persönliche Erstinformation der Mitarbeiter dabei nur im Rahmen von Telefonkonferenzen erfolgen. Hierfür wurde ein Zeitfenster von 9:00 bis 10:00 Uhr festgelegt.

Daran anschließend sollte ab 11:00 Uhr mit der bankweiten medialen Kommunikation der neuen Wort-Bild-Marke, des Zielbilds der Commerzbank und des angepassten Integrationsfahrplanes für ein beschleunigtes Kundenerlebnis auch die persönliche Vor-Ort-Kommunikation an die Mitarbeiter starten. Als Format hierfür waren sogenannte Townhall-Meetings vorgesehen. In diesen einstündigen offiziellen Informationsveranstaltungen sollten alle Mitarbeiter an den jeweiligen Standorten zusammenkommen und persönlich informiert werden. Hierfür wurden klare inhaltliche und ablaufbezogene Leitplanken festgelegt, die eine einheitliche Umsetzungsqualität unterstützen sollten.

Abbildung 21-2   Kernelemente und Ablauf der Standort-Townhall-Meetings

1. **Begrüßung durch FE 2:** Anlass der Veranstaltung klären und Mitarbeiter in emotionaler Betroffenheit abholen

2. **Transparenz schaffen:** anteilige Zusammensetzung der gesamten zukünftigen dritten Führungsebene hinsichtlich der Herkunft aus Commerzbank und Dresdner Bank aufzeigen und Hintergründe erläutern

3. **Wertschätzung signalisieren:** Leistungen des bisherigen Vorgesetzten würdigen und klares Bekenntnis zu diesem während der Übergangszeit durch FE 2 abgeben

4. **Orientierung geben I:** Vorstellung des zukünftigen Vorgesetzten durch FE 2 mit anschließenden persönlichen Worten

5. **Orientierung geben II:** Verteilung der Aufgaben, Zuständigkeiten und Verantwortlichkeiten in der Übergangsphase durch bisherigen und zukünftigen Vorgesetzten erläutern

6. **Befürchtungen nehmen:** Erwartungsmanagement hinsichtlich Mitarbeiter- und Kundenzuordnungsprozess sowie hinsichtlich des weiteren Kennenlernens des zukünftigen Vorgesetzten betreiben

7. **Motivation fördern:** neue Wort-Bild-Marke, Zielbild der Commerzbank und beschleunigten Integrationsfahrplan erläutern

8. **Ein offenes Ohr haben:** abschließende Frage-und-Antwort-Runde für alle Mitarbeiter durchführen, um offene Punkte aufzunehmen

Quelle: Commerzbank AG

Einheitliche Kernbotschaften und aufbereitete Hintergrundinformationen unterstützten die FE 2 bei der Durchführung (s. Abschnitt 21.2.4).

Eine wichtige Empfehlung in diesem Zusammenhang war, dass bei einem Wechsel des direkten Vorgesetzten der jeweilige FE 2 und zukünftige Vorgesetzte gemeinsam mit dem bisherigen Vorgesetzten in dieser Veranstaltung vor die Mitarbeiter treten und über die angestrebte persönliche Zusammenarbeit und die Zusammenarbeit der Filialen in der Übergangsphase informieren sollten. Dieses gemeinsame Auftreten wäre nicht nur im Sinne eines integeren, respektvollen und partnerschaftlichen Umgangs mit dem bisherigen Vorgesetzten und damit für die kulturelle Integration ein wichtiges Zeichen an die Mitarbeiter, sondern würde für sie auch entlastende Wirkung hinsichtlich möglicher Loyalitätskonflikte haben.

Eine weitere Empfehlung war, die Einführung der zukünftigen FE 3 und Konstituierung eines neuen Führungsteams an diesem Tag durch einen symbolischen Akt der Anerkennung und Wertschätzung zu unterstreichen. Wo die räumliche Entfernung es zulassen würde, schlugen wir vor, dies im Rahmen eines Sektempfangs mit anschließendem gemeinsamem Lunch direkt im Anschluss an die telefonische Erstinformation der Mitarbeiter durchzuführen.

21.2.4 Führungskräfte befähigen

Führungskräfte wurden mit Kommunikationstools gezielt unterstützt und frühzeitig für die Herausforderungen und Anforderungen in der Kommunikation sensibilisiert.

Die FE 2 und partiell auch die FE 3 waren aufgrund der emotionalen und kulturellen Komponente der zu kommunizierenden Themen am 28. Oktober 2009 und in der Folgezeit ganz besonders in ihrer Rolle als Change Agents gefordert.

Sie sollten unter anderem als Vorbild für die kulturelle Integration fungieren, indem sie zum Beispiel im Umgang mit den nicht benannten FE-3-Kollegen die ComWerte vorlebten. Zudem sollten sie als Gestalter hinsichtlich der emotionalen Angemessenheit der regionalen Mitarbeiterkommunikation agieren sowie Motivator sein, der die Zuversicht der Mitarbeiter hinsichtlich des Erfolges der Integration stärken würde. Aufbauend auf ihrer grundsätzlichen Befähigung als Change Agents im Integrationsprozess (vgl. Kapitel II/5) mussten die FE 2 hierbei gezielt unterstützt und vorbereitet werden. Ausgehend von den Anforderungen an die regionale Mitarbeiterkommunikation und den festgelegten Leitplanken (zeitlich-prozessual, formatbezogen, inhaltlich) wurde hierzu in einem ersten Schritt ein Infopaket erarbeitet. Dieses unterstützte die Auskunfts- und Dialogfähigkeit der Führungskräfte und half ihnen mittels „Regieanweisungen", durch den Tag zu navigieren. Das Infopaket beinhaltete die folgenden Tools:

- Ablaufplanung für die regionale Kommunikation, die Leitplanken vorgab, wer wann wie informiert werden sollte und einen Überblick über die bank- und segmentweiten Kommunikationszeitpunkte gab (zeitlich-prozessual)

- Detaillierte Formatbeschreibungen mit inhaltlichen Eckpunkten für die Durchführung der Telefonkonferenzen und Standort-Townhall-Meetings mit den Mitarbeitern sowie der Begrüßungsveranstaltungen mit FE 3 (formatbezogen)

- Sprechzettel mit Kernbotschaften pro Kommunikationsereignis, die als Basis für die durchzuführenden Standort-Townhall-Meetings, in Form einer integrierten Gesamtstory formuliert waren (inhaltlich)

- FAQs mit aus Mitarbeitersicht wichtigen Fragen und Antworten zu den Ereignissen sowie Argumentationshilfen für den Mitarbeiterdialog (inhaltlich)

- Factsheet mit Hintergrundinformationen zum Besetzungsprozess, das eine Beweisführung für die Fairness bei der Auswahl der Führungskräfte unterstützen sollte, wie zum Beispiel Anzahl der Bewerber aus beiden Banken, Anzahl der zu besetzenden Stellen, Besetzungsquoten und Anteil der Vorgesetztenwechsel. Mit diesen Informationen war es den FE 2 neben der Betonung der Fairness auch möglich, den Einklang und die Bedeutung der ComWerte im Prozess herauszustellen: Leistungsorientierung – es zählt die Leistung und nicht die Zugehörigkeit zu der einen oder der anderen Bank (inhaltlich).

Dieses Infopaket war damit gleichzeitig auch Instrument zur Qualitätssicherung und Orchestrierung der regionalen Kommunikation. In einer Führungskräfteveranstaltung mit dem für das Segment verantwortlichen Vorstandsmitglied und den Executives im September 2009 wurde den FE 2 dann bereits ein erster Teil des Infopakets mit dem Schwerpunkt „Benennung der zukünftigen FE 3" vorgestellt. Die anderen Themen unterlagen zu diesem Zeitpunkt noch der Vertraulichkeit. Dieser Rahmen wurde bewusst gewählt, um die Bedeutung des Themas durch die Change Leader (Vorstand und Executives, vgl. Kapitel II/5) zu verstärken. Zugleich bildete diese Veranstaltung den Rahmen, um die FE 2 für die spezifischen Anforderungen an ihre Rolle als Change Agents zu sensibilisieren. Im Mittelpunkt stand dabei die Frage nach einem mit den Unternehmenswerten im Einklang stehenden Umgang mit den relevanten Stakeholdergruppen – am Stichtag der Kommunikation selbst wie auch in der Übergangszeit. In Workshops tauschten sich die FE 2 dazu unter anderem über ihre Erfahrungen bei der Benennung aus, über gute wie weniger gute. Darüber hinaus erarbeiteten sie konkrete Anforderungen an die zukünftigen FE 3, zum Beispiel hinsichtlich der Kommunikation mit den Mitarbeitern sowie der Zusammenarbeit und des Umgangs mit nicht gesetzten Kollegen in der Übergangszeit.

Wichtige Ergebniseckpunkte dabei waren:

- Jeder Mitarbeiter sollte neben einem initialen Kennenlernen im Rahmen der Townhalls am 28. Oktober 2009 zeitnah die Möglichkeit für ein bilaterales Gespräch mit seinem zukünftigen Vorgesetzten erhalten.

- Die zukünftigen Vorgesetzten sollten sich einen Schreibtisch am Standort der neuen, zusätzlichen Mitarbeiter einrichten, unter anderem, um Erreichbarkeit zu zeigen und kontinuierlich im Dialog zu bleiben.

- Alle FE 2 formulierten an sich selbst den Anspruch, die Unternehmenswerte im Umgang mit dem bisherigen Vorgesetzten bewusst (vor)zuleben. Darüber hinaus definierten sie konkrete Entlastungs-/Unterstützungsleistungen für die FE 3 in der Übergangszeit, wie zum Beispiel selbst erreichbar und vor Ort präsent zu sein, um Feedback der Mitarbeiter aufzunehmen etc.

Die Ergebnisse wurden dokumentiert und als „Golden Rules", ergänzt um weitere, allgemeinverbindliche Leitplanken, seitens Group Management Human Resources, dem Infopaket beigefügt. Der erste Teil des Infopakets wurde im Nachgang der Veranstaltung mit 14-tägigem Vorlauf zur Bekanntgabe an alle FE 2 versendet. Als Hauptakteure an diesem Tag hatten sie somit eine angemessene Vorbereitungs- und Planungszeit für die regionale Mitarbeiterkommunikation. Ein zweiter Teil mit relevanten Informationen zu den Huckepack-Themen konnte aus Vertraulichkeitsgründen erst unmittelbar vor dem 28. Oktober 2009 versendet werden.

21.2.5 Sounding: kontinuierlicher „Proof of Concept"

Die Erarbeitung der Ablauf- und Maßnahmenplanung sowie alle Kommunikationstools und -materialien wurden durch ein regelmäßiges Sounding in der Segment-KKI begleitet. Im Mittelpunkt standen dabei mögliche Faktoren, die eine flächendeckende Umsetzung durch die FE 2 hätten behindern können. Auch Fragen der Praktikabilität und Verständlichkeit sowie Unterstützungsbedarfe wurden erörtert.

Ein prozessbegleitendes Sounding mit Betroffenen unterstützte die Entwicklung praktikabler Vorgehensweisen.

In einem iterativen und partizipativen Prozess erfolgte auf diese Weise ein kontinuierlicher Proof of Concept und es wurden praktikable Vorgehensweisen und Maßnahmen erarbeitet, die eine breite Akzeptanz bei den „Umsetzern" fanden. Gleichzeitig gewannen wir durch die Einbindung von Vertriebskollegen wichtige Multiplikatoren, die das Vorgehen mittrugen und bei ihren Kollegen bewarben.

21.3 Regionale Mitarbeiterkommunikation am 28. Oktober 2009

Der Kommunikationsauftakt zu den Ereignissen am 28. Oktober 2009 erfolgte durch eine bankweite Telefonkonferenz des Vorstands mit allen Führungskräften der ersten und zweiten Ebene am Vorabend. Der Vorstand informierte die Führungskräfte über die anstehenden Ereignisse, stellte die neue Wort-Bild-Marke, das Zielbild der Commerzbank und den angepassten Integrationsfahrplan vor - und erläuterte, was dies für Mitarbeiter und Kunden bedeuten würde. Die FE 2 erhielten mit dieser Telefonkonferenz wichtige Informationen aus erster Hand der Change Leader. Das Ende der Telefonkonferenz war der Startschuss für den Versand des nun vollständigen Infopakets an die FE 2.

Am Beispiel einer Gebietsfiliale geben wir im Folgenden einen kurzen Einblick in die Umsetzung der regionalen Mitarbeiterkommunikation am 28. Oktober 2009. Der Gebietsfiliale waren zum damaligen Zeitpunkt sechs Regionalfilialstandorte der Commerzbank und zwei Vertriebsgebietsstandorte der Dresdner Bank zugeordnet. Zwei „Standortpärchen" sollten räumlich zusammengelegt werden.

Den Startpunkt der Kommunikation bildete eine der Telefonkonferenz mit dem Vorstand nachgelagerte Telefonkonferenz des FE 2 mit allen FE 3 noch am Vorabend des 28. Oktober 2009. Dabei wurden die Standortbesuche, die Rollen und Verantwortlichkeiten in der Kommunikation sowie das Infopaket und die Anforderungen an die Kommunikation mit Bezug auf die zentralen Erfolgsfaktoren Motivation, Orientierung und Kongruenz besprochen.

Die regionale Mitarbeiterkommunikation startete mit einer Telefonkonferenz am Morgen des 28. Oktober 2009, in der die zukünftigen Vorgesetzten namentlich benannt wurden. Danach ging es auch schon zum ersten Präsenztermin vor Ort. Bereits im Vorfeld hatte der Gebietsfilialleiter basierend auf dem „Regieplan" einen Terminplan festgelegt, welche Filiale er wann aufsuchen würde, und diesen mit den FE 3 vor Ort abgestimmt. Beginnen sollte die kleine Roadshow in einer Commerzbank-Regionalfiliale, wo der zukünftige neue Vorgesetzte eine Führungskraft aus der ehemaligen Dresdner Bank sein würde. Für viele Mitarbeiter der Commerzbank war dies eine besonders schwierige emotionale Situation, ging doch damit häufig die Befürchtung eines Reverse Takeovers einher. Aufgrund der beiden noch nicht räumlich zusammengeführten, aber sehr nah beieinanderliegenden Filialen entschied man sich für eine gemeinsame Veranstaltung. Die Entscheidung für eine Filiale war dabei bereits eine

Gratwanderung im Sinne der kulturellen Integration: Geht es zu „Grün" oder zu „Gelb"? An den gegenwärtigen Standort des zukünftigen Vorgesetzten oder an den Standort der Mitarbeiter, für die sich der Vorgesetzte ändert? Auch aus symbolischen Gründen wurde entschieden, dass die Vorstellung des zukünftigen Vorgesetzten am Standort der neuen Mitarbeiter erfolgt – unabhängig davon, ob dieser der „Zielstandort" sein würde.

In einem einstündigen Townhall-Meeting stellte der Gebietsfilialleiter den zukünftigen Vorgesetzten vor und würdigte explizit die Leistungen des „Vorgängers". Mit einigen Worten des zukünftigen Vorgesetzten zur eigenen Person war das erste Eis dann auch schon gebrochen. Auch der bisherige Vorgesetzte hatte die Möglichkeit, seine Mitarbeiter anzusprechen und fand herzliche Worte für seinen Nachfolger. Gemeinsam gaben beide einen Ausblick hinsichtlich der Aufteilung der Führungsverantwortung und wie sie sich die Zusammenarbeit untereinander und zwischen den Filialen in der Übergangszeit vorstellten. Die Ankündigung weiterer gemeinsamer Veranstaltungen von bisherigem und zukünftigem Vorgesetzten mit den Mitarbeitern sowie eines „Vor-Ort-Tages" mit bilateralen Mitarbeitergesprächen durch den zukünftigen Vorgesetzten gab den Mitarbeitern die Zuversicht, dass sie zeitnah die Gelegenheit haben würden, ihren zukünftigen Vorgesetzten besser kennenzulernen - und dieser sie.

Die anschließende Vorstellung des Zielbilds der Commerzbank in Verbindung mit dem Eingehen auf die neue Wort-Bild-Marke und den angepassten Integrationsfahrplan wurde von den Mitarbeitern sehr positiv aufgenommen. Mehrheitlich war Feedback zu hören wie „hoher Wiedererkennungswert des Logos für beider Häuser", „mit der Vision einer partnerschaftlichen Hausbank identifizieren sich alle Kollegen" und „positiv, die Kunden sehen, dass sich bei uns etwas bewegt". In einer abschließenden Frage-und-Antwort-Runde wurden die nächsten Schritte und Herausforderungen für die Mittelstandsbank diskutiert. Im Anschluss nutzte man die Zeit noch für einen gemeinsamen Lunch aller Mitarbeiter, was das kulturelle Zusammenwachsen an diesem Tag weiter förderte.

Insgesamt war die Mission „Motivation – Orientierung – Kongruenz" in diesem Fall sehr erfolgreich. Die Mehrheit der Mitarbeiter blickte an diesem Tag zuversichtlich auf die anstehenden Herausforderungen, die man, so das einhellige Credo, gemeinsam schultern werde.

21.4 Erfolgsmonitoring: Feedback über verschiedene Kanäle einholen

Der Umsetzungserfolg wurde mit geeigneten Feedback- und Befragungsinstrumenten überprüft, um eventuellen Nachsteuerungsbedarf systematisch zu identifizieren.

Anfang November 2009 war die regionale Mitarbeiterkommunikation flächendeckend und plangemäß abgeschlossen. Dies war der Zeitpunkt, den Erfolg der Kommunikation zu evaluieren. Ein strukturierter Erfahrungsaustausch mit Führungskräften aus dem Vertrieb im Rahmen der Segment-KKI bildete eine geeignete Plattform, um persönliches Feedback zu erhalten.

Ein breiteres Feedback holen wir mittels einer Kurzabfrage bei Mitarbeitern aus dem Vertrieb ein. Gefragt wurde danach, wie die Kommunikation des zukünftigen Vorgesetzten erlebt wurde, was hierbei besonders positiv und was besonders negativ auffiel und wie die weiteren Themen aufgenommen wurden. Besonders positiv wurden uns die persönlichen Vor-Ort-Besuche der FE 2 und die zeitnahe persönliche Vorstellung des zukünftigen Vorgesetzten gespiegelt. Weitere Integrationsbefragungen (vgl. Kapitel II/9) wurden bankweit durchgeführt, etwa der „Pulse Check", andere Erhebungen fanden auf Segmentebene statt, beispielsweise in der Mittelstandsbank. Auch die Ergebnisse der vierten Welle der Pulse Check-Befragung Anfang November ließen auf eine vielfach positive Beurteilung der Kommunikation am 28. Oktober 2009 durch die Mitarbeiter schließen. Die erlebte Transparenz im Prozess hatte deutlich um 10 Prozentpunkte zugenommen. Die Zuversicht, dass der Zusammenschluss eine Erfolgsgeschichte würde, hatte sich um 6 Prozentpunkte auf nunmehr 80 Prozent verbessert. Das Zielbild der Commerzbank erzeugte spontan eine hohe Identifikation, auch wenn noch nicht von einem „Verinnerlichen" gesprochen werden konnte. Einzig bei der gefühlten Fairness zeigte sich ein gemischtes Bild. Zwar hatte sich der Anteil der Mitarbeiter, die den Prozess zum damaligen Zeitpunkt als uneingeschränkt fair erlebten, um fünf Prozentpunkte erhöht. Jedoch hat auch die Anzahl derer mit abweichenden Erfahrungen leicht zugenommen, sodass die erlebte Fairness insgesamt zurückging.

Die Steuerbarkeit von dezentraler Kommunikation ist also begrenzt. Trotz Leitplanken und Unterstützungsmaterialien hängt der Erfolg immer auch maßgeblich davon ab, wie Führungskräfte ihre Rolle leben.

Abbildung 21-3   Pulse Check-Ergebnisse vor dem 28. Oktober 2009 und kurz danach

Quelle: Commerzbank AG

21.5 Zusammenfassung

Im Zuge der Kommunikation der zukünftigen dritten Führungsebene im Vertrieb der Mittelstandsbank standen wir vor zwei großen Herausforderungen:

- Ein emotional sensibles Thema, das durchaus Signalwirkung für den Prozess der kulturellen Integration hatte, sollte entlang dezentraler Organisationsstrukturen orchestriert und situationsadäquat kommuniziert werden.

- Wichtige Erfolgstreiber in Veränderungsprozessen – Motivation, Orientierung, Kongruenz – sollten dabei gezielt in der Kommunikation adressiert werden.

Wichtige Erfolgsgrundlagen für die orchestrierte Umsetzung der Kommunikation waren dabei eine minutiöse Kommunikationsplanung, das Festlegen von Leitplanken für das zeitlich-prozessuale Vorgehen, einheitliche Kernbotschaften und Formate der Kommunikation sowie die Befähigung der Führungskräfte durch Unterstützungsmaterialien und Sensibilisierungsmaßnahmen mit partizipativem Charakter. Die persönliche und dialogorientierte Kommunikation in Form von Townhall-Meetings förderte dabei die empfundene Wertschätzung bei allen Stakeholdern und schaffte die Plattform für einen situationsadäquaten Umgang mit der emotionalen Betroffenheit der Mitarbeiter. Eine intensive Vorbereitungsphase der Kommunikation mit einem strukturierten Diagnoseprozess legte hierfür die Grundlage. Darüber hinaus ermöglichte ein regelmäßiges Sounding mit verantwortlichen Führungskräften den kontinuierlichen Proof of Concept und förderte damit den Umsetzungserfolg.

Jedoch hat sich auch gezeigt, dass die Vielzahl der Themen, die an diesem Tag kommuniziert wurden, ein tieferes Eintauchen in einzelne Themen einschränkte. Daher wurden vor allem zum Zielbild der Commerzbank und dem angepassten Integrationsfahrplan im Anschluss weitere Kommunikationsmaßnahmen herausgearbeitet (vgl. Kapitel II/7).

22. Corporates & Markets – globale und interkulturelle Konzepte zur Integration

CARSTEN SCHMITT, BERND POMPETZKI

22.1 Corporates & Markets – Entwicklung einer globalen Change Architektur und Roadmap

22.1.1 Hintergrundinformationen zu Corporates & Markets

Corporates & Markets, die Investmentbank der Commerzbank, bietet Firmen- und institutionellen Kunden eine umfassende Produktvielfalt. Mit Standorten in Frankfurt, London, New York, Hongkong und Singapur ist Corporates & Markets weltweit auf allen wichtigen Märkten vertreten. Durch Aktivitäten im Kredit-, Anleihen-, Aktien-, Zins-, Rohstoff- und Devisenbereich mit einem besonderen Schwerpunkt auf Derivaten und strukturierten Produkten weist Corporates & Markets eine starke Präsenz an den internationalen Kapitalmärkten auf. Der Geschäftsbereich bietet den Kunden innovative Lösungen in der Kapitalbeschaffung an und ermöglicht ihnen Zugang zu einer breiten Palette von Investment- und Risikomanagement-Produkten in allen wichtigen Assetklassen.

22.1.2 Notwendigkeit eines Change Moduls für Corporates & Markets

Der Zusammenschluss von Commerzbank und Dresdner Bank fiel zeitlich in den Beginn einer der turbulentesten Phasen an den weltweiten Kapitalmärkten, ging einher mit dem Kollaps gestandener Finanzinstitutionen, dem zeitweisen Aussetzen von Teilmärkten und einer Vertrauenskrise selbst innerhalb der Finanzbranche.

In dieser hektischen Phase bestand eine der Kernaufgaben von Corporates & Markets darin, schnellstmöglich die aggregierten Risikopositionen aus den Portfolien beider Investmentbanken in den verschiedenen Handels-, Risiko- und Buchungssystemen zu ermitteln und diese gemeinsam und wirtschaftlich fuer die Bank zu verwalten.

Das Geschäftsmodell der eher angelsächsisch geprägten Dresdner Kleinwort Investmentbank unterschied sich in vielen Zügen vom Ansatz der in die Gesamtbank integrierten Investmentbank-Sparte der Commerzbank. Die Definition eines neuen, gemeinsamen Geschäftsmodells, dies war abzusehen, würde tief greifende Einschnitte in einzelne Handelsbereiche sowie bei der Belegschaft mit sich bringen. Neben dem wirtschaftlichen Fokus war der Gewährleistung der operativen Stabilität in einem Umfeld persönlicher Unsicherheit der einzelnen Mitarbeiter Rechnung zu tragen.

Die Zielsetzung des Change Moduls für Corporates & Markets lautete daher, zunächst die durch verschiedene Unsicherheiten bedingten Widerstände abzubauen und über ein einheitliches Verständnis der neu formulierten Ziele letztendlich eine neue, gemeinsame Unternehmenskultur zu entwickeln.

22.1.3 Herausforderung

Die Komplexität der bevorstehenden Aufgabe, eine für alle Mitarbeiter innerhalb Corporates & Markets gemeinsame Unternehmenskultur aufzubauen, begründete sich zunächst in der inhomogenen Grundgesamtheit der Belegschaft der beiden Investmentbanken sowohl innerhalb der jeweiligen Einheiten als auch zueinander. Zum Zeitpunkt des Zusammenschlusses bestanden nicht nur zwei unterschiedliche Unternehmenskulturen auf Bankebene, die es zu einer zusammenzuführen galt. Vielmehr gab es weitere faktische Unterschiede in Bezug auf

- regionale (gesellschaftlich) definierte Kulturen an den vorhandenen globalen Standorten (Frankfurt, London, New York, Asien, …),

- verschiedene Investmentbanking-Kulturen bei DKIB versus Corporates & Markets,

- Kulturen der Investmentbanksparten gegenüber anderen Segmenten und Funktionen der Gesamtbank.

Erschwerend kamen psychologische Hürden für die Durchführung eines Change Moduls in Corporates & Markets hinzu. Die Notwendigkeit eines vermeintlich weichen Themas in einem Kapitalmarktumfeld, das vorwiegend durch schnelle Entscheidungen aufgrund wirtschaftlicher Einflussgrößen bestimmt ist, musste der Belegschaft vermittelt werden.

Flache Hierarchien und in der Regel durch hohe individuelle Verantwortung geprägte Aufgabenstellungen resultieren in einem hohen Freiheitsgrad der Mitarbeiter. Dies machte es insbesondere notwendig, die richtigen Manager und Förderer („Sponsoren") für das Change Modul zu identifizieren, um die einzelnen Mitarbeiter für das Thema Wandel und gemeinsame Kultur zu gewinnen.

22.1.4 Change Architektur Corporates & Markets

Der Aufbau des Change Moduls innerhalb Corporates & Markets folgte als Schnittstelle zum bankweiten Change Projekt den speziellen Anforderungen der Investmentbank. Als Change Sponsor des Corporates & Markets Change Moduls stand der Initiator und gleichzeitig der für Corporates & Markets zuständige Vorstand Michael Reuther zur Verfügung. Der Aufbau des Change Moduls orientierte sich an der organisatorischen Struktur der Investmentbank.

Grundlegende Entscheidungen zu allen Change-bezogenen Themen betreffend Corporates & Markets, an der Schnittstelle zu anderen Segmenten, und für Budgetfragen wurden in einem zentralen Gremium aus Projektmanagern aus Corporates & Markets und HR sowie drei Bereichsvorständen aus Corporates & Markets getroffen. Der Internationalität des Projekts wurde durch die Diversifikation der Auswahl jeweils eines Bereichsvorstands aus den großen internationalen Standorten Frankfurt, London und New York mit Herkunft aus beiden Vorgängerinstituten Sorge getragen.

Konzept und Implementierung lagen in der Verantwortung hierzu ernannter Change Officer und Change Teams. Change Officer und Teams wurden jeweils pro Business Line und, der Matrixorganisation folgend, jeweils für Frankfurt und London als größte Investmentbanking-Hubs von Corporates & Markets gebildet. Aufgabe der jeweiligen Change Officer war

- die Diagnose kritischer Themen,

- die Ableitung geeigneter Maßnahmen für die jeweilige Region und Business Line,

- die Planung und Ausgestaltung der jeweiligen Change Aktivitäten,

- die Durchführung regionaler Sounding Boards und Rückmeldung in das zentrale Corporates & Markets Change Gremium.

Sämtliche Change Aktivitäten in der Investment Bank wurden in einer der internationalen Matrixorganisation von Corporates & Markets folgenden Aufstellung koordiniert. Abstimmungen und Projektsitzungen fanden je nach Gremium in der Form monatlicher bis wöchentlicher Videokonferenzen unter Beteiligung der Mitarbeiter internationaler Standorte statt.

Um an Corporates & Markets-Standorten im Ausland der dortigen Struktur Rechnung zu tragen, wurden die Change Aktivitäten auf die eng mit der Investmentbank zusammen arbeitenden Supporteinheiten ausgeweitet. So konnte jederzeit über den aktuellen Stand in Corporates & Markets informiert werden. Zudem fungierte Corporates & Markets dadurch als Referenz für die in diesen Abteilungen, durch einen anderen Integrationszeitplan, zeitversetzt einsetzenden Change Aktivitäten.

Sämtliche Ergebnisse und ausgearbeiteten Initiativen wurden an das Executive Committee des Segments Corporates & Markets berichtet. Die internationale Aufstellung des Change Moduls, die sichtbare und glaubwürdige Unterstützung durch den Change

Sponsor sowie die Einbindung aller Bereiche der Investmentbank in relevante Entscheidungen bildeten den kritischen Erfolgsfaktor für den gelungenen Abschluss des Change Moduls in Corporates & Markets.

22.1.5 Change Roadmap

Das initiale Moment der Change-Roadmap bildete im Juni 2009 nur wenige Wochen nach dem rechtlichen Merger der beiden Banken die durch Executives und identifizierte Meinungsführer in Corporates & Markets mittels Interviews und Workshops entwickelte „C&M Story". Dieser Grundstein zur Definition des Mandats der Investmentbank - Beschreibung des Anspruchsniveaus, Selbstbild und Erwartung an die Teams - diente als Ausgangspunkt für eine segmentweite und alle Mitarbeiter umfassende Diskussion, noch bevor ein gemeinsamer externer Martkauftritt von Corporates & Markets erreicht war.

Innerhalb eines halben Jahres wurde in „Spread the Story" Workshops, Offsites und Team- Events die komplette internationale Belegschaft des Segments aktiv in einen Dialog um die Unternehmenskultur der gemeinsamen Investmentbank einbezogen. Neben der Diskussion von Gemeinsamkeiten war es Ziel dieser Aktivitäten, Initiativen und Entwicklungsmaßnahmen zu identifizieren, die das Zusammenwachsen der Investmentbank sowohl international, als auch abteilungsübergreifend weiter fördern.

Im Rahmen der ursprünglichen Planung des Change Moduls wurden alle Change Aktivitäten in regionale, auf Abteilungen oder Managementebenen individualisierte Aktivitäten überführt. Erfolgreich wurde Ende 2010 nach 18 Monaten das Ziel umgesetzt, im Rahmen der identifizierten Aktivitäten einen fortwährenden Dialog über die Ausrichtung und das Selbstverständnis aller Mitarbeiter in Bezug auf die Ziele und die Unternehmenskultur der Investmentbank zu initiieren.

22.2 Das „Corporates & Markets Challenge"-Programm – ein interkulturelles und globales Entwicklungsprogramm zur Integration

22.2.1 Einleitung

Aufbauend auf der Corporates & Markets-Change-Architektur und den Rückmeldungen gestarteter Change-Maßnahmen (u. a. regionale Sounding Boards) wurde sehr schnell deutlich, dass es, um den Erfolg eines Merger-Prozesses nachhaltig zu sichern, nicht ausreicht, Führungskräfte und Mitarbeiter für die aktuellen Anforderungen zu qualifizieren. Vielmehr besteht eine vorrangige Aufgabe der Personalentwicklung darin, sie für die Herausforderungen von morgen fit zu machen. Der folgende Beitrag stellt mit dem „Corporates-&-Markets Challenge"-Programm ein Qualifizierungs- und Entwicklungsprogramm vor, das den Anforderungen einer Unternehmensintegration und der damit verbundenen Weiterentwicklung der Unternehmenskultur Rechnung trägt.

22.2.2 Die Ergebnisse des Change-Monitors als Initialzündung für das Challenge-Programm

„Wenn du eine weise Antwort verlangst, musst du vernünftig fragen." (J. W. Goethe)

Die Ergebnisse der Change-Mitarbeiterbefragung („Change-Monitor") im Herbst 2009 gaben im Rahmen der Integration im Segment Corporates & Markets den entscheidenden Anstoß für die Einführung verschiedener Kommunikations- und Personalentwicklungsmaßnahmen zur Verankerung der neuen Unternehmenskultur. Insbesondere die Feedbackdimensionen „Kommunikation" sowie „Unterstützung"/„Enabling" mit den Subdimensionen „Dialog"/„Feedback" und „Qualifizierung" ließen Rückschlüsse auf einen gesonderten Qualifizierungs- und Entwicklungsbedarf im Segment Corporates & Markets zu. Eine der Personalentwicklungsmaßnahmen, auf die in diesem Kapitel näher eingegangen wird, war ein maßgeschneidertes Entwicklungsprogramms für ausgewählte Führungskräfte und Experten: das „Corporates-&-Markets-Challenge"-Programm.

22.2.3 Zielsetzung des „Corporates & Markets Challenge"-Programms

Kernziel dieses Challenge-Programms war es, ein sogenanntes praxisorientiertes Lernfeld für engagierte Führungskräfte und Mitarbeiter aus acht verschiedenen Bereichen des Segments Corporates & Markets herzustellen.

Darüber hinaus wurden folgende Ziele verfolgt:

- Verbesserung der strategischen Kompetenzen und Projektmanagement-Skills,

- Stärkung des interkulturellen Dialogs und Möglichkeit zum Aufbau eines internationalen Netzwerkes,

- Steigerung der Motivation und Stärkung der Unternehmensbindung,

- Förderung der Teamorientierung sowie

- Ermöglichung eines direkten Kontaktes zu den Mitgliedern des Corporates & Markets Management Boards.

Des Weiteren diente folgende These als Grundlage bei der Konzeption des Entwicklungsprogramms: Die Orientierung im durch die Integration veränderten Umfeld und in der Unternehmenskultur der neuen Commerzbank gelingt dann besonders gut, wenn die Beteiligten in solchen Veränderungsprozessen die Gelegenheit bekommen, ihre Erfahrungen untereinander auszutauschen und Lernergebnisse kontinuierlich, systematisch und kritisch zu reflektieren (vgl. Loebbert 2008).

Um genau diesen Zielen gerecht zu werden und ein praxisorientiertes Lernfeld zu schaffen, bearbeiteten alle Teilnehmer während der Dauer des Programms in Projektteams eines von vier strategischen Projekten, die vom Corporates-&-Markets-Management-Board vorgegeben wurden.

Abbildung 22-1   Ziele des „Corporates & Markets Challenge"-Programms

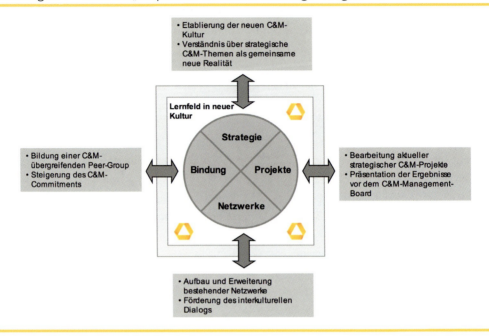

Quelle: Commerzbank AG

22.2.4 Die Besonderheit der Teilnehmerstruktur

Für die Teilnahme am „Corporates-&-Markets-Challenge"-Programm nominiert und vom Ressortvorstand sowie vom direkten Vorgesetzten persönlich eingeladen wurden 25 ausgewählte Führungskräfte und Spezialisten aus Frankfurt, Hongkong, London und New York. Dabei wurde ein besonderes Augenmerk darauf gelegt, dass die ausgewählten Mitarbeiter über unterschiedliche Berufserfahrungen verfügten (zwischen zwei und 27 Jahren) und aus beiden Bankhäusern (Dresdner Kleinwort Investment Banking und Commerzbank) stammten. Ferner sollten sie auf verschiedenen Ebenen (Spezialisten, Führungskräfte der dritten und vierten Ebene) in unterschiedlichen

Bereichen innerhalb von Corporates & Markets (unter anderem Corporate Finance, Research, Sales) tätig sein. Bei der Zusammensetzung der vier Projektteams wurde darauf geachtet, möglichst heterogene Gruppen zu bilden. Auf diese Weise sollte sichergestellt werden, dass es sich bei der Teilnehmergruppe um einen repräsentativen Querschnitt des Segments Corporates & Markets handelt. Dies erschien unerlässlich, um die gewonnenen Erfahrungen gewinnbringend in der Organisation zu verankern.

„Wenn die Vielfalt zum Pluspunkt werden soll, müssen die Subkulturen miteinander in Verbindung stehen und sich gegenseitig schätzen lernen, sodass sie zumindest teilweise die Kultur und Sprache der jeweils anderen erlernen." (vgl. Schein 1995)

22.2.5 Die Programmarchitektur als Challenge

Das „Corporates-&-Markets Challenge"-Programm bestand aus drei Modulen, die sich über einen Zeitraum von ca. sieben Monaten verteilten. Es war das erste Entwicklungsprogramm innerhalb des Segments, das im Rahmen des Integrationsprozesses aufgezogen wurde. Auf der einen Seite zielte es darauf ab, die strategischen Kompetenzen und Projektmanagementfähigkeiten der Teilnehmer zu verbessern. Auf der anderen Seite ging es aber auch darum, die neu entstandene Arbeits- und Lernkultur innerhalb von Corporates & Markets international zu etablieren. Aus diesem Grund fanden die Veranstaltungen des Programms erstmals auf globaler Ebene mit Teilnehmern aus den verschiedenen Standorten statt.

Im ersten Modul standen die Themenschwerpunkte „Networking" und „Projektplanung" im Vordergrund. Das Programm startete mit einer zweitägigen Kick-off-Veranstaltung in Bisham Abbey, einem britischen Leistungssportzentrum westlich von London. Dort erhielten die Teilnehmer zunächst einen ausführlichen Überblick über den Ablauf und die Ziele des Programms. Zur Intensivierung des Networkings ebenso wie zur raschen Herstellung einer Arbeitsfähigkeit wurde anschließend in mehreren Teams eine Brettspiel-Simulation gespielt, bei der die Interaktion zwischen den Teams im Fokus stand. Ziel war es, sich als einander gleichberechtigte Gesprächspartner zu sehen. Denn letztlich kann es im weiteren Projektverlauf nur zum konstruktiven Dialog kommen, wenn die Teammitglieder sich als Partner betrachten (vgl. Senge 1998).

Networking und Projektplanung

Anschließend wurden den Teilnehmern von den Projektsponsoren – Mitglieder des Corporates-&-Markets-Management-Boards – die vier strategischen Projekte vorgestellt. Diese deckten möglichst alle Themenfacetten des Bereichs Corporates & Markets ab.

Abbildung 22-2   Architektur des „Corporates & Markets Challenge"-Programms

2010		2011
Juni/Juli	September	Januar
London – Bisham Abbey Trainingsstätte - Olympiade 2012	Frankfurt Commerzbank-Arena	London – Eton Dorney Wettkampfstätte - Olympiade 2012
Modul 1 **Networking & Projektplanung** (Auftaktveranstaltung)	**Modul 2** **Ressourcenmanagement &** **Performance**	**Modul 3** **Mentale Stärke &** **Präsentation** (Abschlussveranstaltung)
Tag 1: Einführung; Intensivierung Networking durch gemeinsames Business-Brettspiel; Vorstellung der strategischen Projekte **Tag 2:** Teamzuordnung, Einführung in Projektmanagement Grundlagen; Strategischer Input von Mitgliedern des Corporates-&-Markets-Management-Boards	**Tag 1:** Persönliches- und Projektressourcen Management; Projektpräsentation vor Mitgliedern des Corporates-&-Markets-Management-Boards **Tag 2:** Risiko- und Kostenmanagement; Erstellung eines Businessplans; Steuerung und Kontrolle von Veränderungsprozessen **Tag 3:** Projektarbeit / Coaching	**Tag 1:** Präsentationstechniken; Videoanalyse, anschließend Feedback / Coaching **Tag 2:** Abschließende Projektarbeit und finale Vorbereitung der Präsentation; Ergebnispräsentation vor dem gesamten Corporates-&-Markets-Management-Board Gemeinsames Abschlußevent in Windsor

Gruppen- / Individualcoaching

Projektarbeit

Abendveranstaltungen, strategischer Input von Mitgliedern des Corporates-&-Markets-Management-Boards

Quelle: Commerzbank AG

Somit hatten die Projektteams die Möglichkeit, ein Projekt aus einem der folgenden vier Themenfelder auszuwählen:

1.	Produktentwicklung	-> Entwicklung eines neuen Produktes
2.	Image/Kultur	-> kritische Reflexion der Investmentbanking-Kultur
3.	Vertrieb/Sales	-> Konzeption eines integrativen Vertriebsansatzes zur Förderung des Cross-Sellings
4.	Prozesskosten	-> ein kostenoptimierendes Prozesskostenprojekt

Nach Zuordnung der vier Projektgruppen zu den Projektthemen stand zunächst die Vermittlung allgemeiner Projektmanagement-Skills durch einen externen Berater auf dem Programm. Außerdem war es Aufgabe eines jeden Projektteams, einen detaillierten Projektplan zu erstellen und eine Projektorganisation aufzusetzen.

Ein weiteres Kernstück dieses Moduls wie auch der zwei weiteren Bausteine war die gemeinsame Reflexion der aktuellen Lerninhalte mit Hochleistungssportlern. Im ersten Modul hatten die Teilnehmer die Möglichkeit, sich mit Mitgliedern der britischen Hockey-Nationalmannschaft über das Thema „Projektmanagement" auszutauschen. Der Trainer und vier Senior-Hockeyspieler berichteten über ihr persönliches Projekt, in diesem Fall die Vorbereitung auf einen großen sportlichen Wettkampf. Im Rahmen dieses Austauschs entwickelte sich ein sehr interessanter Dialog, der es den Projektteams ermöglichte, ihre eigene Projektplanung aufgrund der externen Impulse zu überdenken und anzupassen.

Das zweite Modul war inhaltlich von den Themen „Ressourcenmanagement" und „Performance" geprägt und fand in der Commerzbank-Arena in Frankfurt statt. Zu diesen beiden Themenstellungen gab es wiederum theoretischen Input sowie praktische Hilfestellung durch einen externen Berater. Außerdem standen die kritische Beleuchtung und bei Bedarf die erforderliche Adjustierung der begonnenen Projektplanung unter Berücksichtigung der vorhandenen Ressourcen, sowohl aus persönlicher Perspektive als auch aus Projektsicht, im Vordergrund dieses Moduls. Gerade im Rahmen

Ressourcenmanagement und Performance

einer zeitlich befristeten und komplexen Projektarbeit ist es unerlässlich, persönliche und Projektressourcen in die richtige Balance zu bringen. Denn nur so kann in kollektiver Zusammenarbeit ein Maximum an Leistungsfähigkeit erzielt werden.

Darüber hinaus bekamen die Teilnehmer im zweiten Modul die Möglichkeit, die bis dahin erarbeiteten Projektinhalte mit Mitgliedern des Corporates-&-Markets-Management-Boards (nicht den Projektsponsoren) zu besprechen, um ein erstes Feedback zu erhalten und die bis dahin erzielten Projektergebnisse bei Bedarf anzupassen.

Des Weiteren waren neben einer Expertin zum Thema „Interkulturelle Kompetenz" auch zwei deutsche Olympiasegler zu Gast, die den Teilnehmern die Möglichkeit gaben, die Themen „interkulturelle Zusammenarbeit" und „Ressourcenmanagement" aus einer anderen Perspektive zu reflektieren und im Rahmen konstruktiver Diskussionen zu vertiefen.

Mentale Stärke und Kunst des Präsentierens

Das dritte Modul beschäftigte sich inhaltlich mit den Themen „mentale Stärke" und „Kunst des Präsentierens". Neben der Vermittlung des dazu notwendigen Fachwissens durch externe Berater gab es auch hier wieder die Möglichkeit, bisherige Erkenntnisse und Lernfortschritte gemeinsam mit Spitzensportlern zu reflektieren. Aus diesem Grund war ein Olympiasieger des britischen Ruderteams zu Gast, der das Thema „mentale Stärke" aus sportlicher Sicht vorstellte und diskutierte. Am letzten Tag des Programms wurden die erarbeiteten Projektergebnisse vor dem Corporates-&-Markets-Management-Board präsentiert. Durchführungsort des Abschlussmoduls war der renommierte Eton-Rowing-Club, offizielle Sportstätte bei den Olympischen Spielen 2012.

Zwischen den einzelnen Modulen bearbeiteten die Mitglieder der Projektteams die ihnen jeweils zugeteilten Arbeitspakete und hatten dabei die Möglichkeit, ein individuelles oder kollektives Coaching in Anspruch zu nehmen. Um die Motivation und den gegenseitigen Austausch während dieser sieben Monate intensiver Projektarbeit aufrechtzuerhalten, wurden innerhalb der jeweiligen Projektteams wöchentliche Telefonkonferenzen durchgeführt.

22.2.6 Fazit/Lessons Learned

Zieht man nun im Nachgang der ersten Durchführung des „Corporates & Markets Challenge"-Programms Bilanz, so lassen sich einige Erfolgsfaktoren identifizieren, die für den nachhaltigen Erfolg von wesentlicher Bedeutung waren.

Insbesondere die praxisorientierte Projektarbeit erwies sich als wertvoller Bestandteil des Programms. Denn gerade bei der Bearbeitung eines gemeinsamen Projektes in einem internationalen Projektteam spielt die Entwicklung der interkulturellen Kompetenz der Teilnehmer eine besondere Rolle. Durch die gemeinsame Ausarbeitung verschiedener Lösungsansätze wurden sowohl das Verständnis für kulturelle Unterschiede als auch der Umgang mit diesen gefördert.

Dadurch, dass die Mitglieder des Corporates-&-Markets-Management-Boards als Projektsponsoren auftraten, wurde nicht nur die Bedeutung des Programms für das Segment unterstrichen, sondern auch gleich zu Beginn die notwendige Transparenz über die Projektinhalte sowie die zukünftige strategische Ausrichtung von Corporates & Markets hergestellt. Diese Transparenz ist gerade bei der interkulturellen Zusammenarbeit innerhalb einer neuen Projektorganisation unerlässlich, um Projektziele, methodische Vorgehensweise und Rollenklärung zu verdeutlichen und letztendlich die gewünschten Ergebnisse zu erreichen. Ferner bleibt festzuhalten, dass der Erfolg des Programms sehr stark vom Engagement, der persönlichen Präsenz sowie der engen Unterstützung der Projektsponsoren abhängig war.

Ein weiterer Erfolgsfaktor war neben den externen Beratern und Trainern die Integration von Hochleistungssportlern. Auf diese Weise konnten die Teilnehmer in den Diskussionen/Präsentationen die Perspektive wechseln und die Projektarbeit noch einmal unter anderen Gesichtspunkten beleuchten. So wurden beispielsweise mögliche Denkblockaden abgebaut, neue Horizonte eröffnet und neue Impulse gesetzt, die letztlich zu den Spitzenergebnissen geführt haben (vgl. Heitger/Doujak 2002).

Darüber hinaus wurde nach dieser ersten Durchführung auf Seiten der Teilnehmer, ergänzend zu dem fachlichen Input sowie der Projektarbeit, der Bedarf an systematischem Coaching deutlich, um beispielsweise persönliche Themen rund um die Aspekte „Führung" und „Kommunikation" zu bearbeiten. Dieses Coaching wurde daraufhin im Anschluss in die individuelle Entwicklungsplanung eines jeden Einzelnen aufgenommen.

Insgesamt können wir festhalten, dass die Ziele, die mit diesem Programm verfolgt wurden, im Großen und Ganzen erreicht wurden. Die Ergebnispräsentationen der Projektteams und die darin enthaltenen neuen Erkenntnisse haben unter den Mitgliedern des Corporates-&-Markets-Management-Boards einen konstruktiven Dialog ausgelöst. Auch die Umsetzung der Empfehlungen der Projektteams hat bereits begonnen und auf diese Weise einen nachhaltigen Verbesserungsprozess im Segment Corporates & Markets angestoßen. Allein diese beiden Aspekte verdeutlichen, dass sich die neue Unternehmenskultur im Segment Corporates & Markets aufgrund des Programms gefestigt hat.

23. Risikomanagement: Der Change im Change
Die Integration als Momentum für das Umsetzen von „Lessons learned" aus der Finanzkrise

DIRK WILHELM SCHUH

23.1 Ausgangslage

Am 14. Juli 2011 titelte die Financial Times „Risk is the new ‚sexy' job at the bank".

Auch wenn wir kaum sicher sein können, dass diese Aussage im heutigen Umfeld allseits geteilt wird, so markiert sie doch einen erstaunlichen Wandel in der Sichtweise auf die Risikofunktion gegenüber den Jahren 2008/2009, dem Höhepunkt der Finanzkrise.

Ein Blick zurück in die Commerzbank jener Zeit:

Auch die tapfersten Gemüter konnten im Angesicht des Zusammentreffens von voller Entladung der Finanzkrise und der schieren Größe einer in Deutschland noch nicht dagewesenen Bankenintegration ihre Demut, zumindest aber ihren größten Respekt, vor der Aufgabe kaum verhehlen.

Dies galt besonders im Risikomanagement, wo einerseits Umfang und Schwere der Arbeitsinhalte krisenbedingt explosionsartig zugenommen hatten, andererseits Image und Selbstwertgefühl stark ramponiert waren; standen doch neben Ratingagenturen und Bankenaufsehern insbesondere die Risikomanager als Mitverantwortliche am Pranger. Es stand also neben der Integration an sich eine umfassende „Renovierung"

Umfang und Schwere der Arbeitsinhalte explosionsartig zugenommen, Image und Selbstwertgefühl stark ramponiert.

des Risikomanagements entlang grundlegend veränderter Anforderungen an, getragen von einem neuen Selbstverständnis.

23.2 Zielsetzung

So war von Beginn an klar, dass im Prozess der Integration mehrere Ziele gleichzeitig verfolgt und erreicht werden mussten:

- Aufbau einer integrierten schlagkräftigen Risikoorganisation

- rasche Sicherstellung einer gemeinsamen Risk Governance

- Weiterentwicklung und Optimierung des Risikomanagements

- laufende operative Stabilität in der Risikosteuerung

- Umsetzung und Kontinuität effizienter und zielorientierter Projektarbeit

Situationsbedingte Niedergeschlagenheit musste in neue Motivation umgewandelt werden.

Gewissermaßen als „Klammer" kam das übergeordnete Ziel hinzu, einen „Teamspirit" aufzubauen, der die situationsbedingte Niedergeschlagenheit in neues motivatorisches Potenzial wandeln konnte. Aus einem gemeinsamen Bekenntnis zu dem Integrationsziel musste die Grundlage für eine Risikokultur geschaffen werden, die stark genug war, Wirkung für die gesamte neue Commerzbank zu entfalten.

Diese Ziele mussten klar, für jeden nachvollziehbar, und darüber hinaus geeignet sein, die erfolgreiche Neupositionierung des Risikomanagements auch individuell als absolut erstrebenswert ansehen zu können:

Phasen der Integration:

Integrationsvorbereitung Aug. 2008 – Jan. 2009	**Integrationsumsetzungs-vorbereitung** bis Jul. 2009	**Integrationsumsetzung** bis Apr. 2011
Risikostrategie und wesentliche Policies vereinheitlicht **Neue Komitee-Struktur** und **Kompetenzen** reibungslos implementiert **Kritische Portfolien** und **Klumpenrisiken** transparent gemacht und Verantwortlichkeiten klar zugeordnet **Zielorganisationsstruktur und -prozesse** festgelegt Bis zum 12. Januar 2009 jeweils vorbereitende Schritte für obige Punkte	Vereinheitlichung und Entwicklung **Modelle und Methoden** vorangetrieben **Gesamtheitliche Steuerung** und **konsolidiertes Reporting** umgesetzt Erforderliche **Interimsstrukturen** implementiert **Stärkung Portfolio Risk Management und handlungsorientierte Früherkennung**, u. a. Operationalisierung Risk Research, Stärkung Branchenexpertise, effektives Klumpenrisiko-Management	**Rasche Vereinheitlichung und Optimierung der Organisationsstruktur** in Zentrale und Fläche inklusive neuer Branchenaufstellung **Ratingverfahren- und Risikomanagementdatenbank** mehr als ein Jahr vor IT-Migration vereinheitlicht **Markt- und Counterparty-Risikoprojekte** erfolgreich umgesetzt **Manuelle Datenmigrationen** für IB und Ausland abgeschlossen **Abschluss der IT-Integration** Software Rollout und Datenmigration in Zielsysteme erfolgreich durchgeführt

Die Risikofunktion wurde rasch in einer gemeinsamen Risk Governance zusammengeführt und im Rahmen von „Zusammen Wachsen" weiter optimiert

23.3 Gleichzeitige inhaltliche Weiterentwicklung

Im Zuge dieser Integrationsschritte sollten parallel auch Inhalte der Risikofunktion grundlegend erneuert und vorangetrieben werden; auch und besonders aufgrund der Erkenntnisse, die wir im Sinne „Lessons learned" aus der Finanzkrise gewonnen hatten:

Konsequente De-Risking-Strategie und Downsizing	**Antizipative Risikobewertung und -steuerung**	**Fokussiertes internes und externes Reporting**
Fokussierung auf Core-Portfolios sowie Ringfencing definierter Abbau-Portfolien Konsequente Begrenzung von Klumpenrisiken Klarere Ausrichtung (auch der Ressourcen) auf den spezifischen „Risk Content" innerhalb von Portfolien, „gleichartige Risiken gleichartig managen"	Analyse makroökonomischer Effekte und Wirkungszusammenhänge sowie Umsetzung der Früherkennung in Handlungsempfehlungen Verbesserte und zeitnahe Risikobewertung – besseres Verständnis der Risikobewertung komplexer Produkte und von Trading-Produkten (z. B. ABS, CDS) Vernetzung von Kredit- und Marktrisikomanagement unter Kombination von Experten- und Modellwissen	Internes Reporting: Quarterly Risk Report als zeitnahes, handlungsorientiertes und konsistentes Reportinginstrument mit konsequenter Risk-Return-Orientierung Externes Reporting: klare Kommunikation der Risikoausrichtung in Geschäfts- und Quartalsberichten und zum Investors' Day sowie Gewährleistung des regulatorischen Berichtswesens

Die Weitentwicklung der Risikofunktion stand auch während des Integrationsprozesses konsequent im Fokus.

23.4 Neuausrichtung der Aufbauorganisation

Es wurde schnell klar, dass dieser Parallellauf von Aufgaben nur gelingen konnte, wenn eine optimale Koordination zwischen Stab, Linie und Projekt gewährleistet war. Ein wesentlicher Pfeiler hierbei war die Aufbauorganisation, in die bereits „Lessons learned" aus der Finanzkrise Eingang fanden.

Aus insgesamt neun zuvor stark auf die Organisation der Marktsegmente ausgerichteten Executive-Einheiten formten wir vier große Verantwortungsbereiche:

- **Risk Control and Capital Management (CC)**
    - Methoden und Modelle Kreditrisiko
    - Ökonomisches Kapital
    - Monitoring Weiß- und Schwarzbuch
    - Operationelles Risiko
    - Konzernübergreifenden Risikobetrachtung

- **Market Risk Management (MR)**
    - Methoden und Modelle Marktrisiko
    - Counterparty Risiko
    - Liquiditätsrisiko
    - Marktrisikoüberwachung Handels- und Bankbuch

- **Intensive Care (IC)**
    - Intensivbearbeitung – Optimierung IC-Ergebnis
    - Barwertige Steuerung Schwarzbuch und effizienter Verwertungs- und Beitreibungsprozess

- **Credit Risk Management (CR)**
  - Private Clients
  - Corporates
  - Financial Institutions & Specialized Products
  - Central & Eastern Europe
  - Commercial Real Estate & Shipping
  - Risk Operations

23.5 Mission Statement und Anspruch

Mission Statement und Anspruch

Mit dieser klaren Ausrichtung und der systematischen Verzahnung von Stabs-, Linien- und Projektorganisation war es möglich, auf allen Ebenen von GRM ein gemeinsames Verständnis aufzubauen, wofür die Risikofunktion künftig stehen soll, nämlich:

- strategischer, unabhängiger Partner der Marktseite
- verantwortungsvoller Wertoptimierer
- leistungsstarker Portfoliomanager
- lösungsorientierter Dienstleister
- vorausschauender Kapitalbeschützer

23.6 Instrumente und Maßnahmen

Der Weg zum neuen Zielbild ist mühsam, aber er ist es wert – für alle!

Dies sind hohe Ansprüche, die wir gewiss noch nicht in allen Belangen erfüllen. Sie geben aber ein klares Signal, dass der Habitus eines eher reaktiven Verhaltens („Rückspiegel der Bank"), der lange Zeit – und nicht ganz zu Unrecht – Image prägend für das

Riskmanagement vieler Banken war, jedenfalls bei uns unumkehrbar der Vergangenheit angehört. Der Weg zum neuen Zielbild ist mühsam, aber er ist es – für alle! – wert. Teil dieses kulturellen Wandels ist auch die kollektive wie individuelle Selbstverpflichtung, dass am Ende des Change-Prozesses Risikomanagement ein positiver Wettbewerbsfaktor für die Commerzbank sein muss – was nützen Fleiß, Talent und Qualität, wenn ihr Einsatz nicht sichtbar bessere Resultate bringt als in Konkurrenzinstituten?

Die Führungskräfte waren gefordert, den Change zu leben und voranzutreiben.

Angesichts dieses Paradigmenwechsels verstand es sich früh von selbst, dass die Führungskräfte innerhalb Risk in besonderer Weise gefordert waren und sind, den Change zu leben und voranzutreiben.

Hierzu gehörte zunächst einmal der aktive Umgang mit den in der Integration allgemein verfügbaren Change-Instrumenten, wie zum Beispiel

- *KKI-Bausteine (rund 500 Maßnahmen mit über 5000 Teilnahmen)*

- *über 350 Change Agent Workshops*

- *offene Kommunikation der Change Monitor Ergebnisse und Handlungsfelder auf allen Ebenen*

Flankierend dazu wurden verschiedene weitere Formate entwickelt, um den spezifischen Anforderungen in der Risikofunktion Rechnung zutragen.

So wurden Schulungen zu 18 verschiedenen Themengebieten mit insgesamt über 1700 Teilnahmen innerhalb Risk durchgeführt, insbesondere mit dem Ziel, unseren Mitarbeiterinnen und Mitarbeitern schnell und umfassend inhaltliche und prozessuale Sicherheit zu geben. Dies haben wir unter anderem ferner unterstützt durch einen „Integrationswegweiser Kredit" im Comnet, der gern und zahlreich in Anspruch genommen wurde und als „Navigator" gute Dienste leistete, da er mühsame Suchprozesse ersparte und so die Konzentration auf die „eigentliche" Arbeit leichter machte.

Neben diesen eher „technischen" Hilfen galt es aber auch, möglichst viele Kolleginnen und Kollegen „live" zu erreichen, um einerseits Informationen und Botschaften aus erster Hand zu platzieren, andererseits aber auch Feedback, Sorgen und Probleme aufzunehmen und als Diskussionspartner zu Verfügung zu stehen. Zu diesem Zweck traten Vorstand, Executives und eine Reihe weiterer Führungskräfte regelmäßig in unterschiedlicher Zusammensetzung auf Roadshows bzw. in Townhall Meetings auf. Oft genug brachten diese wesentliche Erkenntnisse für den weiteren Integrationsprozess, in jedem Fall aber einen guten Beitrag zum gemeinsamen inhaltlichen -und auch emotionalen – Angang zu den bevorstehenden Aufgaben.

Daneben war es wichtig, Antworten auf aktuelle Fragestellungen zu geben, sowohl die Integration an sich als auch fachliche Themen in Risk betreffend. Hierfür entwickelten wir zum einen den „Integrations-Newsletter", der tatsächlich und „gefühlt" regelmäßig dafür sorgte, dass alle auf einer vergleichbaren informatorischen „Ballhöhe" waren bzw. blieben.

Da während der Integrationsphase auch das ureigene Risikomanagement in besonderer Weise gefordert war, brauchte es zusätzliche fachliche Angebote. Hier ging es uns nicht darum, das ohnehin schon pralle „Pflichtprogramm" noch stärker zu beschweren, sondern Formate zu schaffen, die eher mit „Lust" als mit „Last" assoziiert werden konnten. Sie sollten also freiwillig, interessant und leicht konsumierbar sein. Ein Beispiel ist die sogenannte „Risk Hour". Hier stellen in lockerer Folge Executives und weitere Führungskräfte einem interessierten Kreis Risikothemen vor, die aktuellen Bezug haben und von breiterem Interesse sind. Dieses Forum fördert den fachlichen Austausch und die Vernetzung über Abteilungsgrenzen hinweg. Vorträge waren unter anderem

- Counterparty Risk (MR)

- Komplexe Restrukturierung (IC)

- Wird Griechenland umschulden? (CC)

- Neue Entwicklungen in der CR-Steuerung (CR)

- Three lines of defence (MR)

Der große Zuspruch spornt uns an hier weiterzumachen.

Eine „Risk Hour" in kleinerem Maßstab ist die „Brownbag Session". Hier stellt ein Kollege zum Beispiel während der Mittagszeit auf freiwilliger Basis (für ihn und die interessierten Teilnehmer) ein spezielles Thema vor, im Anschluss daran ergibt sich Gelegenheit zur Diskussion, die oft genug natürlich auch für weitere Themen genutzt wird. Entstanden aus einem informellen Impuls in CR, wird die Brownbag Session mittlerweile auch bereits in übergreifender Zusammenarbeit zwischen CR und IC genutzt.

Um Motivation und Eigenantrieb zu fördern und gute Leistungen zu belohnen, haben wir die „Risk Awards" ins Leben gerufen, die einmal jährlich verliehen werden. Kategorien sind

- erfolgreiche Maßnahmen zur Risikoreduktion, -prävention oder -früherkennung

- erfolgreiche Projektleistungen

- hervorragendes unternehmerisches Handeln

- sonstige herausragende Leistungen

Diese besonderen Auszeichnungen, die in einem angemessenen Rahmen verliehen werden, können sowohl an einzelne Mitarbeiter als auch an Teams gehen.

23.7 Wirkung über die Integration hinaus

Alle dargestellten Maßnahmen sind in der Integration – und ursprünglich für die Integration – entstanden. Die Resonanz hat schnell dazu geführt, dass die meisten Formate Dauereinrichtungen bleiben werden. Warum auch nicht? Wie gesagt, unser Anspruch ist hoch und es liegt noch einiges an Wegstrecke vor uns. Die Herausforderungen werden sich verändern, deshalb müssen auch wir ständig bereit und in der Lage sein, uns zu verändern. Erfolg gibt es nur gemeinsam.

Integration und Change sind immer!

24. Der Einzug in die neue Bank – räumliche Veränderung als Teil des Change Managements

ARNO WALTER, ROLAND HOLSCHUH

24.1 Einführung

Das Erleben der Arbeitswelt ist stark durch das räumliche Umfeld geprägt. Damit hat das Arbeitsumfeld auch eine hohe Bedeutung für die Wahrnehmung von Stabilität – oder eben auch von Veränderung.

Im Rahmen der Integration von Commerzbank und Dresdner Bank ist die räumliche Zusammenführung der Mitarbeiter ein zentraler Bestandteil des Change Managements. Daneben hat sie auch eine wesentliche Bedeutung für die Synergierealisierung – aus der effizienten Nutzung der bestehenden Flächen durch Bündelung und Vermarktung von Leerständen werden Synergien im dreistelligen Millionen-Euro-Bereich, bezogen auf die jährlichen Raumkosten, gehoben.

Der wesentliche Erfolgsfaktor dabei ist, die individuelle Perspektive der „Nutzer", also der Mitarbeiter und Kunden einerseits und die Anforderungen eines Großprojektes andererseits als Ganzes zu begreifen und zu managen.

Abbildung 24-1 Zwei „Change Agents" mit unmittelbarer Wirkung

Quelle: Commerzbank AG

24.1.1 Startpunkt 1: die Mitarbeiter

„Mein Schreibtisch. Mein Rechner." Was sehen Sie noch, wenn Sie sich an Ihrem Arbeitsplatz umschauen? „Den Drucker. Mein Fenster. Das Bild an der Wand. Die Topfpflanze in der Ecke."

War es das? „Da sind noch meine Kollegen und meine Chefin." Und? „Ach ja, mein Weg zur Arbeit, mein Weg in die Mittagspause."

Vermutlich kann jeder Berufstätige all diese Dinge auswendig ins Gedächtnis rufen und beschreiben, auch wenn er nicht am Arbeitsplatz ist. Vereinfacht kann man diese Aspekte übersetzen in die Begriffe Arbeitsplatzausstattung; räumlicher Zuschnitt wie beispielsweise Einzelbüro versus Großraumbüro; sozialräumliches Umfeld, also welche

Kollegen aus welchen Abteilungen sitzen in der Nähe; und die Lage inklusive des damit verbundenen städtischen Umfelds.

Diese Aspekte sind Teil des täglichen Arbeitslebens jedes Mitarbeiters und sie sind damit Teil der persönlichen Identität. Mit ihnen verbindet man die Kultur und Werte des Unternehmens, das eigene Empfinden der Zusammenarbeit mit den direkten Kollegen und nicht zuletzt den eigenen Status. Letztendlich ist dies kaum anders als bei der Wahl des privaten Wohnumfelds.

Sehr präzise nehmen Mitarbeiter wahr, inwieweit und in welchem Zusammenhang sich die oben genannten Aspekte ändern – und ziehen daraus, bewusst oder unbewusst, Schlüsse für die eigene Beurteilung von Stabilität oder eben auch Veränderung im Unternehmen. In der Integrationsarbeit ist es teilweise überraschend, welche enormen – positiven wie negativen – emotionalen Reaktionen Veränderungen an diesen Parametern hervorrufen konnten. Oder, einfacher ausgedrückt: wie sehr sich Mitarbeiter über einen Umzug in ein anderes Bürogebäude freuen oder eben auch aufregen können.

Aus dem täglichen Erleben der Integration von Commerzbank und Dresdner Bank haben sich drei Kernpunkte herausgebildet, die jeweils eine sehr eigene Bedeutung für die Gestaltung der Integration haben.

Jeder hat hierzu eigene Erfahrung außerhalb des Berufes gemacht – ein Umzug und damit eine räumliche Veränderung sind auch im privaten Umfeld meist mit weitreichenden Änderungen verbunden. Beispiele dafür sind ein Schulwechsel von Kindern aufgrund eines Umzugs der Eltern, der Einzug in die Wohngemeinschaft zu Beginn des eigenen Studiums, der Umzug aus der Stadt an den Stadtrand, um einen Garten für die Kinder zu schaffen oder den Schulstart zu vereinfachen. Nicht umsonst gibt es den Begriff des „Tapetenwechsels" – wenn sich das räumliche Umfeld verändert, kann man damit auch andere Änderungen anstoßen. Dies kann auch in wesentlich kleinerem Maßstab geschehen – durch einen Frühjahrsputz markieren Menschen den Start in die neue Jahreszeit, mit Entrümpelung und dem Bereitmachen für Neues.

Ein Tapetenwechsel bringt weitreichende Veränderungen mit sich.

Bei der räumlichen Integration von Commerzbank und Dresdner Bank ist dies genauso zu beobachten. Für viele Mitarbeiter waren beziehungsweise sind die Umzüge für sich – unabhängig vom Zielort – jeweils ein Startsignal für die Umstellung auf die neue Commerzbank. Oft stehen sie in direktem zeitlichem Zusammenhang mit der Umstellung auf neue Prozesse, der Nutzung „gelber" IT-Systeme statt „grüner", der Eingliederung in eine neue Führungsstruktur.

Zusammenwachsen durch Zusammenziehen.

Stellen Sie sich nun vor, Sie sind designierter Leiter einer Abteilung im Kreditrisikomanagement und sollen dort die bisherigen Abteilungen „Alt-Grün" und „Alt-Gelb" zusammenführen, um eine gesamthafte Steuerung des Kreditportfolios zu ermöglichen. Was wäre Ihr erster Reflex? – Er könnte sein: „Ich brauche die Mitarbeiter alle zusammen bei mir, in einem Büro, und zwar sofort." Stellen Sie sich nun vor, Sie sind Mitarbeiter in genau der „alt-grünen" Kreditabteilung, die in der neuen gemeinsamen Kreditabteilung zusammengeführt werden soll. Was würden Sie denken? – Möglicherweise: „Ich kenne die ja kaum, aus der Ferne erscheint es mir eigenartig, wie die arbeiten, sollen die doch endlich mal bei uns vorbeikommen."

In beiden Perspektiven wird deutlich: Für das echte Zusammenwachsen der Teams in eine Kultur, eine Prozesswelt, eine Führungsstruktur, ist das räumliche Zusammenziehen unerlässlich. Entsprechend groß ist der Druck auf die Organisation, dies schnellstmöglich herbeizuführen; entsprechend groß ist aber auch der mögliche Beitrag zur Integration, wenn dies erreicht wird.

Im Idealfall bietet das Zusammenziehen sogar noch zusätzliches Potenzial – wenn es gelingt, durch intelligente Planung der jeweiligen Arbeitsplatzgruppierung auch eine Optimierung der Prozessabläufe vorzubereiten, die in jeweils beiden Ausgangssituationen auch ohne Integration ohnehin notwendig gewesen wäre.

Die „Adresse" der Bank als Identifikationsmerkmal für Kunden und Mitarbeiter.

Wenn man nun die Perspektive wechselt, von innen, dem Büroraum, nach außen in den öffentlichen Raum, erkennt man den dritten Kernpunkt, der von großer Bedeutung bei der Integration ist: der (physische) Außenauftritt, die „Adresse" der Bank als Identifikationsmerkmal sowohl gegenüber den Kunden als auch gegenüber den Mitarbeitern. Dieser Außenauftritt bildet sich vereinfacht aus drei Elementen: der Lage („Wo finde ich die Bank, in welcher Straße?"), der Architektur („Welchen Eindruck vermittelt das Gebäude, womit wird es verbunden?") und der jeweiligen Kennzeichnung mit Außenwerbung und Schaufensterkommunikation („Wie wirken die Markenelemente auf mich?").

Während Lage und Architektur der Bankimmobilien nicht kurzfristig flächendeckend geändert werden können, ist dies bei entsprechender Vorbereitung der Fall für Außenwerbung und Schaufensterkommunikation. Der Hebel daraus ist enorm, auch dies haben Reaktionen von Kunden und Mitarbeitern vielfältig belegt – an dem Tag, an dem man die Filiale erstmals mit neuem Logo betritt, erwartet man Veränderungen im Angebot und in der Arbeitsweise.

Auf die Bedeutung der Markenmigration wird an anderer Stelle des Buches vertieft eingegangen; in diesem Kapitel wird sie daher nur insofern mit einbezogen, als sie in der Umsetzungsorganisation eine ähnliche Herausforderung dargestellt hat wie das Großprojekt der Standortzusammenführung.

24.1.2 Startpunkt 2: das Portfolio

Ein wesentliches Ziel der Integration von Unternehmen, insbesondere auch im Falle von Commerzbank und Dresdner Bank, ist die Realisierung eindeutig messbarer Synergien. Deshalb ein kurzer Blick auf Zahlen, Daten und Fakten des gemeinsamen Portfolios von Commerzbank und Dresdner Bank: In der Ausgangslage umfasste dies circa 2.000 Filial- und Büroobjekte weltweit, zu größten Teilen gemietet, mit einer Gesamtfläche von circa drei Millionen Quadratmetern.

Die Raumkosten, das heißt die Summe aus Miete, Leasingaufwand, Betriebs- und Bewirtschaftungskosten sowie Baukosten für die Änderung oder Renovierung von Standorten, beliefen sich zum Start der Integration auf circa eine Milliarde Euro pro Jahr, oder grob zehn Prozent des Verwaltungsaufwands des Konzerns.

Die Portfolien beider Häuser waren dabei gekennzeichnet durch eine hohe Heterogenität in Eigentumsstruktur (Eigentum versus Leasing versus Miete), baulichem Zustand, Ausprägung der Corporate Identity (als Ergebnis unterschiedlicher Modernisierungswellen auf beiden Seiten) und Bewirtschaftungsstruktur.

Schon allein aus der Dimension der oben genannten Größen wird deutlich, dass es bei der räumlichen Integration um mehr geht als um reines Change Management. Jeder Arbeitsplatz, so individuell er auch sein mag, ist am Ende eben auch ein klar messbarer Kostenfaktor. So werden durch die effiziente Nutzung der bestehenden Flächen und durch die Bündelung und Vermarktung von Leerständen im Fall der Commerzbank die Raumkosten um einen dreistelligen Millionen-Euro-Betrag reduziert. Zur Umsetzung der Standortzusammenführung waren und sind aber auch hohe logistische Leistungen sowie fokussierte Investitionen erforderlich.

24.2 Erfolgsfaktoren

Ein professionelles Management der betrieblichen Immobilien und Arbeitsplatzausstattung und der darin umzusetzenden Veränderungen gewinnt im Rahmen einer Integration eine viel höhere Bedeutung, als dies schon in normalen Zeiten der Fall ist.

Dabei ist die Aufgabe in einem größeren Zusammenhang zu sehen – es geht eben nicht nur um die Arbeit der Mitarbeiter, die unmittelbar für die Bewirtschaftung der Immobilien arbeiten, sondern letztendlich um ein konzernübergreifendes Projekt, in dem die zentralen Steuerungsgremien, die Nutzer der Immobilien, die CREM-Organisation (Corporate Real Estate Management) mit weiteren internen Partnern, die IT-Organisation, Human Resources, der Betriebsrat und auch die externen Dienstleister gemeinsam an einem Strang ziehen müssen.

Ausgehend von den oben genannten Startpunkten sollen Erfolgsfaktoren im Folgenden aus zwei Perspektiven beleuchtet werden – einerseits mit Blick auf den individuellen Nutzer, der hier als interner Kunde agiert, andererseits mit Augenmerk auf die notwendige Umsetzungssteuerung über das Portfolio.

24.2.1 Kundenfokus – Individualität im Großprojekt

So wichtig die Umzüge für die Integration sind – sie sind zunächst einmal kein Selbstläufer. Die übliche Wahrnehmung von Umzügen ist in der Ausgangslage, dass es sich um ein notwendiges Übel handelt, das man eben ab und zu über sich ergehen lassen muss und das – bestenfalls – ohne größere Störungen abläuft. Für den Mitarbeiter ist es zusätzlich mit ungeliebter Arbeit wie dem gründlichen Aufräumen des Schreibtisches oder dem Packen von Umzugskartons verbunden. Oft schwingt vor allem aber auch Angst vor der neuen Situation mit.

Die Ausgangslage: „Umziehen – mich?"

Diese Wahrnehmung war zu Beginn der Integration auch bei der Commerzbank auf der Nutzerseite verbreitet – während die Umsetzungssteuerung schon auf vollen Touren lief, um die ersten Umzugswellen vorzubereiten.

Abbildung 24-2 Stimmungskurve Umzug

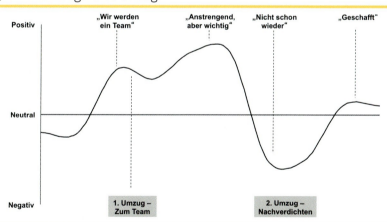

Quelle: Commerzbank AG

Aber sobald dann die Organigramme bis in die Teamebenen verabschiedet und veröffentlicht waren, hat sich die Stimmung gedreht – der Wunsch, möglichst schnell in die neue Team- und Führungssituation zu wechseln, hat die Oberhand gewonnen und behalten.

Im Zeitverlauf vom ersten bis zum möglicherweise zweiten und dritten Umzug ähnelt die Stimmungskurve der Umzüge stark anderen „Rollercoaster-Kurven" aus Change-Management-Theorien. Die ersten Umzüge zur Teamzusammenführung sind darin stark vom Nutzer selbst getrieben, sie werden als aktiver Umzug empfunden; daraus lässt sich ein enorm wichtiges positives Momentum für die Umzugsarbeit ziehen. Die nächste Welle, die unweigerlich folgt, nämlich das Einsammeln verlassener Arbeitsplätze als Folge des Mitarbeiterabbaus, trifft auf sehr viel schwierigere Bedingungen; dieses „Nachverdichten" wird eher als ein von außen aufgedrängter Umzug empfunden.

Die Umzüge bringen aber möglicherweise auch Enttäuschungen über den neuen Arbeitsplatz; denn im Zuge der Zusammenführung werden auch Bürostandards harmonisiert. Allen voran scheint viele Mitarbeiter und Führungskräfte die Frage des Einzel-/Doppelbüroanspruchs zu beschäftigen, dicht gefolgt von den Fragen „Gruppenbüro oder Großraum?", „Designerlampe oder Standardausstattung?" etc. Diese Themen mischen sich manchmal auch noch mit einer allgemeinen Unzufriedenheit, zum Beispiel mit der neuen Führungskraft, den neuen Kollegen oder den Strapazen der Integration.

Das Projekt erklären, das Ankommen feiern.

Während der Integration von Commerzbank und Dresdner Bank hat sich gezeigt, dass eine zielgruppenorientierte, beständige Kommunikation der Schlüssel zum emotionalen Erfolg der räumlichen Konsolidierung ist und darüber auch wesentlich zum wirtschaftlichen Erfolg beiträgt.

Im Projektorganigramm der Standortintegration ist daher Kommunikation als eigener Strang verankert, über den Projektleitung, Beobachter und Nutzer in vielen verschiedenen Formaten die Inhalte erklären, die Emotionen spiegeln und für diese ein Ventil bieten und auch Erfolge sichtbar machen. Beispielhaft seien hier Veröffentlichungen verschiedener Filmbeiträge und Artikel in den konzerneigenen Medien, Netzwerkveranstaltungen, Townhall-Meetings, Newsletters, Umfragen oder auch eigene kleine „Housewarming Parties" nach dem Einzug genannt.

Wichtig ist bei alledem: Der Adressat ist am Ende immer der *eine* Nutzer mit seinem *einen* Schreibtisch im *eigenen* Umzug, auch wenn es nur ein Umzug von 90.000 ist. Eine kleine Geste – und sei es nur ein Anruf oder ein Päckchen Gummibärchen als Willkommensgruß am neuen Arbeitsplatz – kann in dieser Situation eine große Wirkung entfalten.

Natürlich geht auch einmal etwas schief. Das ist für sich eine Binsenweisheit, darf aber im Projekt nicht unterschätzt werden. Hier ist es wichtig, schon von vornherein ein klares Erwartungsmanagement zu betreiben, auf Fehler vorzubereiten.

Probleme verstehen – und weitermachen.

Wenn diese dann passieren – so unbedeutend sie in der Gesamtbeurteilung im Sinne eines pragmatischen „80/20-Herangehens" auch sein mögen – können sie für den Mitarbeiter, den es konkret betrifft, eine kleine Katastrophe bedeuten: „Mein Schreibtisch ist beschädigt" – „Mein Rechner ist nicht da" – „Man hat mir den falschen Platz zugewiesen".

Dann gilt es, ein leistungsfähiges Fehlermanagement zu etablieren, jedes Problem (auch die kleineren) für sich ernst zu nehmen, nach einer Lösung zu suchen, daraus zu lernen – und dennoch mit demselben Gesamttempo weiterzumachen.

24.2.2 Umsetzungssteuerung: konzernübergreifende Aufgabe

Beides – die Standortkonsolidierung wie auch die Umstellung der Standorte auf die neue Corporate Identity – sind für sich Großprojekte, die allein schon eine große Herausforderung darstellen. Es ist wichtig, sie auch von vornherein so einzuschätzen und anzugehen.

Mehr als Sie denken.

Ein paar Beispiele, um die Dimension der Standortkonsolidierung greifbarer zu machen:

- Jeder Mitarbeiter zieht für die Integration im Schnitt ein- bis zweimal um.

- Das jährliche Umzugsvolumen wird für den Integrationszeitraum verdoppelt bis verdreifacht.

- Das jährliche Bauinvestitionsvolumen (für Umbau und Rückbau) wird für den Integrationszeitraum verdoppelt.

- Die üblichen Vorlaufzeiten für Umzüge werden halbiert.

- Etwa einer von 100 Mitarbeitern ist direkt oder indirekt in die Umzugssteuerung im Projekt involviert.

- Komplette Umzugsketten müssen über Jahre vorausgeplant werden – im Gesamtbild je Stadt/je Standortcluster.

Wie dies im Einzelnen aussehen kann, veranschaulicht die exemplarische Umzugschoreographie für einen von mehr als 20 größeren Bürostandorten der Commerzbank im Inland. Dabei wird auch offensichtlich, welche Abhängigkeiten untereinander bestehen – wenn ein Umzug in der Kette nicht oder verspätet stattfindet, hat dies meist erhebliche Folgewirkungen auf die Umzüge anderer Nutzer. Diese „Dominoeffekte" können nur mit einer übergreifenden Koordination gemanagt werden.

Abbildung 24-3   Choreographie der Umzüge

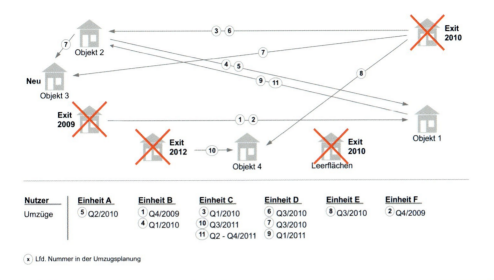

Quelle: Commerzbank AG

Die wesentlichen Elemente dieser übergreifenden Koordination werden im Folgenden bewusst stark gerafft und handlungsorientiert dargestellt.

Die Vorbereitung: Technik wichtig, Alliierte wichtiger

Die Umsetzungsorganisation muss zunächst ihre eigenen Hausaufgaben erledigen – und zwar schneller als die Kunden. Dazu gehören die Repriorisierung von Aufgaben zum Freimachen von Kapazitäten, die Verstärkung mit externer Unterstützung auf verschiedenen Ebenen, das Vorziehen der eigenen Integration, die Klärung der infrastrukturellen Voraussetzungen (Datenbanken, technische Ausstattung der Standorte etc.), das zügige Festschreiben der Arbeitsprozesse (sofern nicht schon auf ein gemeinsames Prozessmodell zurückgegriffen werden kann).

Startklar machen.

Governance etablieren.	Es muss eine eindeutige Governance etabliert werden, die einerseits eine Legitimierung der Entscheidungen gemeinsam mit den Nutzern ermöglicht und fördert, andererseits im Dissenzfall aber auch ein „Overrule" durch die Projektleitung zulässt, wenn es dem Gesamtziel dienlich ist. So kann beispielsweise ein vom Vorstand gestütztes Flächenzuweisungsrecht als Ultima Ratio erforderlich sein, um Umzugsketten zu ermöglichen.
Synergien als Konzernziel verankern.	Ein gemeinsames Verständnis über das Ziel und die Abhängigkeiten muss mit den Entscheidungsträgern der Nutzer erreicht werden – letztendlich geht es um das geordnete Moderieren konkurrierender Interessen bei einer eingeschränkten Ressourcenverfügbarkeit, beispielsweise wenn mehrere Parteien beanspruchen, als Erste zusammenzuziehen. Beim Heben der Synergien haben alle Nutzer eine Mitverantwortung.
Ganzheitlicher Ansatz.	Die Umzüge müssen „End-to-End" gesteuert werden, das heißt, neben der immobilienwirtschaftlichen Perspektive müssen auch alle IT-technischen, logistischen (beispielsweise Postzustellung), sicherheitsrelevanten und arbeitsrechtlichen Belange berücksichtigt werden.

Die Ökonomie: Zahlen kennen, Marktmacht nutzen

Daten aufbereiten, Portfolio durchleuchten.	Bei entsprechender Größe der fusionierenden Unternehmen kann sich schon durch die Größe des Immobilienportfolios für jeden Einzelnen eine starke Marktposition ergeben, die durch die Bündelung bei einer Integration nochmals gestärkt wird. Somit ergibt sich auf eine wesentliche Kostenposition ein noch stärkerer Hebel – dementsprechend hoch kann der Synergiebeitrag im Rahmen einer Integration sein. Daher muss zunächst sehr früh ein Überblick über das Portfolio und die Handlungsmöglichkeiten geschaffen werden, auch wenn dies beispielsweise aufgrund nicht kompatibler Datensysteme problematisch ist.
Optionen nutzen!	In der Projektorganisation muss dann sichergestellt werden, dass sich dezidierte Ressourcen genau um das Ausnutzen dieser Marktposition durch Bündelung, Nachver-

handlung etc. kümmern können – letztendlich wie in einem klassischen Beschaffungsprojekt. Eine starke Verhandlungsposition ergibt sich aus Wahlmöglichkeiten bei der Festlegung der Zielobjekte wie auch bei der Auswahl der zukünftigen Dienstleister. Durch Nutzung dieser Opportunitäten hat die Commerzbank weitere Synergien gehoben, die weit über die Einsparungen aus reiner Flächenreduktion hinausgehen.

Die Durchführung: schnell? – Schneller!

Was den Beitrag zum Change Management angeht, kann die Umsetzung nie schnell genug sein. Dabei ist wichtig, zunächst die Zeit zuzulassen, die es braucht, die strategischen Standortentscheidungen zu fällen und die wesentlichen Umzugsketten vorzuplanen. Bei entsprechender Skalierung der Ressourcen und Bündelung vieler einzelner Umzüge in großen Paketen sollte man sich schon in der Planung ein Umsetzungstempo zutrauen, das weit über dem addierten Durchschnitt beider Häuser in der Vergangenheit liegt.

Ehrgeizig planen!

Dann sollte man jede Möglichkeit nutzen, die sich im Zeitverlauf beispielsweise aufgrund besser eingespielter Prozesse zwischen Nutzern und Umsetzungsorganisation bietet, um den laufenden Prozess weiter zu beschleunigen. Vieles ist dabei entscheidbar – beispielsweise können die Nutzer durch Verzicht auf bestimmte Services selbst massiv zur weiteren Beschleunigung beitragen. Oder zwischen zwei größeren Umzügen kann eine kleinere Maßnahme doch noch kurzfristig eingepasst werden. Wichtig ist es hierfür, ausreichende Entscheidungskompetenz an die umsetzenden Einheiten vor Ort zu geben.

Gelegenheiten nutzen, weiter beschleunigen.

Die Ausdauer: einen langen Atem haben, Kurs halten, flexibel bleiben

Die Zusammenführung von Standorten ist ein Langzeitprojekt – selbst bei höchster Beschleunigung zieht sie sich möglicherweise über mehrere Jahre. Der Druck bleibt über lange Zeit hoch – sowohl für die Umsetzungsorganisation als auch für die Nutzer.

Marathon mit ungeplanten Zwischensprints. Entsprechend müssen die Ressourcen eingeteilt werden – ein vollständiges Verausgaben in den ersten Monaten etwa rächt sich spätestens in der zweiten Umzugswelle, beim Nachverdichten.

Auch wenn die Aufgabe nur mit langfristiger Planung zu lösen ist – die Umsetzungsorganisation muss genug Elastizität mitbringen, um auch kurzfristig Aufgaben anders zu priorisieren oder Störungen zu absorbieren.

24.3 Lessons Learned: mehr als ein Umzug

Abbildung 24-4 Kleinigkeiten können wichtig sein (Beispiel: Willkommensgruß am neuen Arbeitsplatz)

Quelle: Commerzbank AG

In einer Integration zweier Unternehmen, wie sie Commerzbank und Dresdner Bank bewältigt haben, ist die räumliche Zusammenführung der Mitarbeiter ein zentraler Bestandteil des Change Managements und mit sehr hoher Wahrscheinlichkeit ein Hebel zur Erzielung sehr hoher Synergien bei den Sachkosten. Gleichzeitig ist es ein Großprojekt oder es sind vielleicht sogar mehrere Großprojekte in einem. Die Herausforderung, die dies an die Umsetzungsorganisation und an die Nutzer, das heißt die Mitarbeiter der Bank und auch die Kunden stellt, kann kaum überschätzt werden.

Daher sollte dies schon am ersten Tag einer Integration mit der notwendigen Priorität vorgedacht und angestoßen werden. Der wesentliche Erfolgsfaktor dabei ist, die individuelle Perspektive der „Nutzer", also der Mitarbeiter und Kunden einerseits und die Anforderungen eines Großprojekts andererseits als Ganzes zu begreifen und zu managen.

Bei einer so tief greifenden Veränderung zweier Unternehmen ist ein Umzug eben mehr als nur ein Umzug – es geht um gemeinsame Integrationsarbeit.

25. Group Banking Operations – industrielle Produktion mit Best-Practice beim Re-Insourcing von „grünem" Zahlungsverkehr

STEPHAN MÜLLER, CHRISTOF BÜLSKÄMPER

Dieser Beitrag zeigt, wie zwei doch sehr unterschiedlich aufgestellte Zahlungsverkehrsmodelle unter Mengen- und Standardisierungsdruck mithilfe einer schrittweisen Vorgehensweise erfolgreich in die Zukunft geführt werden konnten. Ferner werden tiefe Einblicke in die Erfahrungen von unmittelbar Beteiligten und in die begleitenden Change-Maßnahmen gewährt. Als Resultat bieten wir unsere Topempfehlungen für ein erfolgreiches Change Management an.

25.1 Status quo nach Farben und unser Weg in die Zukunft

25.1.1 Die Ausgangslage in beiden Häusern (inklusive 3-Säulen-Modell)

Die Zahlungsverkehrsabwicklung der Dresdner Bank wurde im Jahr 2004 an einen externen Dienstleister ausgelagert. Infolgedessen stand dem Zahlungsverkehr der Commerzbank AG zwar ein in Stückzahlen und im prozessualen Aufbau grundsätzlich ähnlicher „grüner" Zahlungsverkehr (ZV) gegenüber, jedoch mit zwei wesentlichen Unterschieden:

1. Während aufseiten der Commerzbank AG rund 800 ZV-Abwickler und IT-Spezialisten die tägliche Abwicklung des Zahlungsverkehrs sicherstellten, existierte aufseiten der Dresdner Bank AG ein lediglich zehnköpfiges Team, das als „Vendor Management" die Steuerung des externen Dienstleisters verantwortete und das erforderliche technisch-organisatorische Wissen zur Zahlungsverkehrsabwicklung sicherstellte („Retained Organisation").

2. Die Prozesse rund um den Zahlungsverkehr in der Dresdner Bank AG waren stärker formalisiert als es das integrierte Modell der Commerzbank erforderte. Alle Leistungen waren in umfangreichen Servicevereinbarungen festgelegt. Selbst kurzfristige oder nur für einzelne Kunden wirksame Weisungen waren schriftlich fixiert. Die IT-Schnittstellen zwischen Zahlungsverkehr und Banksystemen waren klar gekapselt und mit gut zugänglichen Mess- und Regelmechanismen versehen.

Unter diesen Voraussetzungen hätte man von geringen Anforderungen für das Change Management ausgehen können, da die Anzahl der zu integrierenden Mitarbeiter sehr klein war.

Die Systeme und Geschäftsmodelle der Commerzbank AG waren ohne größere Veränderungen auszubauen, die Mitarbeiterkapazitäten in geeigneter Weise zu erweitern. In der Realität erforderte die festgelegte Vorgehensweise zur Zurückholung der ausgelagerten Prozesse vom Dienstleister für die verschiedenen Phasen allerdings jeweils unterschiedliche Herangehensweisen an das Thema „Change". Naturgemäß richteten sich die Maßnahmen gerade an die Mitarbeiter der Commerzbank, die auf erste Sicht davon ausgehen mussten, dass der Zusammenschluss durch das Fehlen von ZV-Mitarbeitern der Dresdner Bank AG nur wenig Änderung erfordern würde.

Drei Produktionslinien "3-Säulen-Modell"

In diesem Zusammenhang erlangt die vorangegangene Gründung von konzernzugehörigen Servicegesellschaften für standardisierte Abwicklungsleistungen im Jahr 2007 als Basis für eine effiziente, wettbewerbsfähige Produktion besondere Bedeutung. Man unterscheidet in der Commerzbank AG zwischen drei Produktionslinien, das sogenannte „3-Säulen-Modell", in denen je nach Anforderungen die verschiedenen Tätigkeiten bearbeitet werden. Die drei Produktionslinien bestehen aus der Bank selbst, den eigenen Servicegesellschaften (ComTS = Commerz TransactionServices GmbH) und Nearshoringtöchtern in Osteuropa. So standen die Servicegesellschaften im Rahmen des Re-Insourcings des „grünen" Zahlungsverkehrs für die Aufnahme von „einfachen" Zahlungsverkehrstätigkeiten sofort zur Verfügung. Mehr noch! Die einfachen administrativen Prozesse der Commerzbank AG im Zahlungsverkehr bilden mit einheitlichen Prozessen die Basis für Skaleneffekte innerhalb der Servicegesellschaften.

25.1.2 Unsere Herausforderungen

Die Menschen im viel gestaltigen Veränderungsprozess wertschätzend und motivierend mitzunehmen, war eine der anspruchvollsten Herausforderungen. Mitarbeiter und Führungskräfte waren teilweise gleichzeitig in Linien-, Projekt- sowie Stabsrollen unterwegs in eine anfänglich unbekannte Zielstruktur. „Wie sieht mein zukünftiger Arbeitsplatz aus?", „Wer sind meine neuen Kollegen?" und „Wer wird mein Chef sein?" waren bestimmende Fragen. Aufbruchstimmung und Widerstände sowie Ängste waren gleichermaßen präsent. Selbst kleinere kulturelle und sprachliche Unterschiede traten im Alltag irritierend zutage und waren bei Diskussionen rund um zukunftsträchtige Themen häufig präsent. Damit kam der Wunsch nach einem allgemein akzeptierten Geschäftsmodell sowie einem anerkannten, mobilisierenden Zielbild für Banking Operations auf.

Wunsch nach akzeptierten Geschäftsmodell und mobilisierendes Zielbild

Der durch die Kombination der beiden Zahlungsverkehrvolumen bedingte Aufstieg in die „höchste Liga" bei den Transaktionsmengen sowie die damit einhergehende Notwendigkeit zur Kosten-/Synergieoptimierung bei effektivstem Einsatz aller Ressourcen verlangten eine stärkere Wendung hin zur industriellen Produktion. Um einerseits eine qualitativ hochwertige Abwicklung sicherzustellen sowie andererseits Skaleneffekte zu heben, waren alle ZV-Prozesse und Arbeitsplätze zu standardisieren, die Steuerungsinstrumente zu entwickeln, die Tätigkeiten orientiert an den Erfahrungen und Kenntnissen (sowie der Vergütungsstruktur) der Mitarbeiter zu verteilen und die Mitarbeiter und Führungskräfte in mentaler und arbeitsmethodischer Hinsicht abzuholen beziehungsweise zu befähigen.

„Gelb" plus „Grün" ist nicht gleich „Gelb"

Zu guter Letzt war die Komplexität einer Neuausrichtung zweier unterschiedlich aufgestellter ZV-Abwicklungen in Kombination mit der Beschäftigung von stark wachsenden, konzerneigenen Servicegesellschaften beherrschbar zu machen: „Wann und wohin verschiebe ich welche Tätigkeit innerhalb des 3-Säulen-Modells?" „Welche Tätigkeiten fallen weg?" „Wann zieht wer in eine neue Lokation um?" „Wie gehe ich mit den Standortschließungen um?" „Wann werden die grünen IT-Syteme abgeschaltet?" „Wie befähige ich die Mitarbeiter, die bisher nur für die Commerzbank AG gearbeitet haben, für die Abwicklung der vom externen Dienstleister zurückgeholten ZV-Tätigkeiten der ehemaligen Dresdner Bank AG, die noch über längere Zeit parallel mit „grünen" Regeln und Usancen auszuführen sind?" Die einfache Folgerung daraus war: „Gelb" plus „Grün" ist nicht gleich „Gelb".

25.1.3 Unser Mittel zum Zweck: die Prämigration

Im Rahmen der Prämigration wurden die verschiedenen Zahlungsverkehrsprodukte sowohl auf der Zeitachse portionsweise als auch inhaltlich in der richtigen Reihenfolge in die ausgewählten Zielabwicklungseinheiten im 3-Säulen-Modell verschoben, um die operativen Risiken eines „Big Bangs" zu vermeiden. Durch diese kontinuierliche Überleitung konnten zum Beispiel Abwicklungsrisiken vermindert werden. Der dazugehörige Migrationsplan auf Prozess-/Standortebene schaffte für die Beteiligten sowie für Dritte eine hohe Transparenz und stellte letztendlich eine zielgerichtete Organisationsentwicklung sicher. Die aufnehmenden Einheiten konnten ihre Mitarbeiter und Führungskräfte ohne sofortigen Mengendruck sukzessive über Training on the Job für die neuen Tätigkeiten befähigen. Beispielhaft sind hier aus dem Inlandszahlungsverkehr einige Schritte der (Prä-)Migration und der Verlagerung aufgeführt:

- Verlagerung von der Bank an die ComTS (Beispiel: Unterschriftsprüfung beleghafter ZV)

- Re-Insourcing vom externen Dienstleister an die ComTS (Beispiel: Arbeitsvorbereitung, Belegaufbereitung und Verdatung (inklusive Korrektur), Überweisungsaufkommen); Re-Insourcing vom externen Dienstleister in die Bank (Beispiel: Begleitzettelbearbeitung DFÜ (Datenfernübertragung)

- Aufgabenüberleitung von grünen auf gelbe Prozesse (Beispiel: Anteil ZV-Themen aus den grünen Serviceeinheiten)

Die aus den vorherigen Ausführungen ableitbaren Bewegungen sowie die eigentliche Struktur des schon mehrfach erwähnten 3-Säulen-Modells können dem nachfolgenden Schaubild entnommen werden.

Abbildung 25-1   3-Säulenmodell von Banking Operations

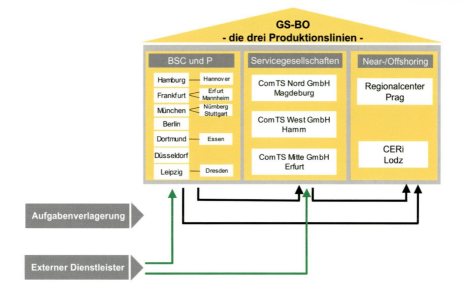

Quelle: Commerzbank AG

25.1.4 Kernmeilensteine und Geschäftsmodell

Wie sahen unsere Kernmeilensteine im Change aus?

- Die neuen zentralen Funktionen starteten am 1. November 2009.

- Die Mitarbeiter in der Fläche wurden bis zum 1. Juli 2010 ihren neuen Stellen, Teams und Führungskräften zugeordnet.

- Die ZV-Prozesse sind nach einer circa zweijährigen Prämigrationsphase vom externen Dienstleister am 31. Januar 2011 drei Monate vor der IT-Migration erfolgreich übernommen worden.

- Die letzte Tagesendverarbeitung der Dresdner Bank inklusive Konzeptionierung von Schwebeposten wurde am 21. April 2011 begleitet.

- Der Vertrag mit dem externen Dienstleister wurde mit Wirkung zum 30. April 2011 beendet.

- Das Projekt wurde am 31. Mai 2011 formal beendet und die verbliebenen Aufgaben wurden an die Linie übergeben.

Welches Geschäftsmodell wählten wir für den neuen Bereich Banking Operations?

Wir wollen ein verlässlicher Dienstleister für alle Marktsegmente im Sinne eines Shared-Service-Centers für alle konten- und zahlungsverkehrsrelevanten Prozesse sein. Unsere Prozesse setzen wir zentral modelliert, getestet und standortübergreifend einheitlich um. Wir trennen die Auftragsvorbereitung von der Auftragsbearbeitung und vergeben unser Auftragsvolumen nach dem Verhältnis von Aufgabenprofil zu Faktorkosten in die drei Produktionslinien.

Auf dieser Basis wurden allein 2010 rund 2,5 Milliarden Zahlungen abgewickelt.

Es ist unser Ziel, spätestens im Jahr 2012 durch die optimale Nutzung des 3-Säulen-Modells Benchmarkpreise im Dienstleistungssegment zu setzen und die Kosten- und Qualitätsführerschaft zu erreichen.

25.2 Praxisbeispiele – drei Blickwinkel, geschildert nach Erfahrungen unmittelbar Beteiligter

25.2.1 Re-Insourcing „Nachforschungen" vom externen Dienstleister in die AG (Individualzahlungsverkehr)

Wie erlebten die Mitarbeiter die Veränderung? Wie erlebten die Führungskräfte die Veränderung?

Sowohl auf Mitarbeiter als auch Führungskräfte der Commerzbank AG und der Dresdner Bank AG kam mit Bekanntwerden des Zusammenschlusses eine Vielzahl von Veränderungen zu. Dies begann mit der Umgestaltung der allgemeinen Grundstruktur, ging über Verlagerung beziehungsweise Wegfall von Tätigkeiten bis hin zu Schließungen von Standorten. Dazu kam die Einsicht, dass Arbeiten, die bislang von den Mitarbeitern selbst durchgeführt wurden, nunmehr mit der Definition „einfache administrative Tätigkeiten" aus der Bank heraus in eine konzernzugehörige Servicegesellschaft verlagert wurden.

Als eines der ersten Abwicklungsfelder stand der Themenkomplex „Nachforschung zu Zahlungsverkehrsvorgängen" zur Re-Integration an. Durch den Zusammenschluss von Commerzbank AG und Dresdner Bank AG musste die so vergrößerte „neue" Commerzbank AG gegenüber Dritten mit einer Stimme sprechen können; das galt natürlich auch für die in bestimmten Nachforschungsfällen zu führende Korrespondenz mit fremden Kreditinstituten. Außerdem wurde das Clearing des „grünen" Zahlungsverkehrs schrittweise auf die Zahlungswege und Konten der Commerzbank AG umgestellt. Somit war eine vollumfängliche Kenntnis aller Abwicklungsdetails eines Zahlungsauftrags nur noch in der Commerzbank vorhanden.

Dieses Vorgehen bedeutete für die Mitarbeiter in den Nachforschungsteams, sich – trotz der Entscheidung, in Zukunft ausschließlich die „gelben" Systeme zu nutzen – mit den wesentlichen organisatorischen Eigenheiten der „grünen" Zahlungssysteme auseinandersetzen zu müssen. Zahlungsverkehrsreferenzen, Leitwege, Buchungsschemata, Archivierungsregeln etc. waren kurzfristig zu erlernen.

Für die Mitarbeiter eine zunächst ungewohnte Change-Maßnahme, die aber ohne Zögern bereitwillig angenommen wurde. Förderlich für diese Haltung war unter anderem die dem Charakter von Nachforschungen eigene Anforderung, reklamierte Vorgänge zu analysieren und auf diese Weise fremde Abläufe und Systeme verstehen zu müssen.

Neben strukturellen Anpassungen existierten auch die rein persönlichen Betroffenheiten. Aus Sicht des Mitarbeiters im Zahlungsverkehr gab es zunächst die Hoffnung, dass durch das angekündigte Re-Insourcing des „grünen" Zahlungsverkehrs vom externen Dienstleister die eigenen Arbeitsplätze aufgrund des zusätzlichen Volumens keinen Veränderungen unterliegen würden. Durch Verteilung der verschieden Aufgaben auf die drei Produktionslinien gab es jedoch prozessuale Veränderungen, die sich auch auf die Mitarbeiter auswirkten. Dazu kamen in vielen Fällen Themen wie eine neue Führungskraft, die Zuordnung in eine bis dato unbekannte Zielstruktur, die gestiegene Komplexität durch eine „gelb-grüne" Gemengelage sowie das Gefühl, im Gegensatz zur jeweils anderen „Farbe" alles falsch gemacht zu haben. Es entstanden Unsicherheiten aufgrund der Abgabe von Tätigkeiten, ohne konkret zu wissen, was an neuer Arbeit hereinkommen würde, verbunden mit einem Gefühl des Misstrauens in die Fähigkeiten der Servicegesellschaften, die abgegebenen Tätigkeiten entsprechend durchzuführen.

Erschwerend kam hinzu, dass die Vielzahl von Veränderungen und die damit einhergehende Informationsflut viele Mitarbeiter kurzfristig überforderten, was die allgemeine Unsicherheit natürlich verstärkte. Es bestand die Gefahr einer „Blockadehaltung" gegenüber den neuen Strukturen.

Welche (Erfolgs-)Faktoren waren bestimmend?

Es mussten Impulse gesetzt werden, die Mitarbeiter abzuholen und auf den Weg der Integration mitzunehmen. Dazu war es von Bedeutung, die Chancen für die Mitarbeiter der Bank herauszustellen, die eine Verlagerung von einfachen administrativen Tätigkeiten in eine Servicegesellschaft mit sich bringt, und auf die Möglichkeit zu verweisen, dadurch höherwertige Arbeiten ausüben zu können. Ein regelmäßiger (Meinungs-)Austausch wurde durchgeführt sowie Informationen über Veränderungen und Auswirkungen weitergegeben, um das Informationslevel der Mitarbeiter auf ein höheres Niveau zu bringen und dort stabil zu halten.

Zur Sicherung der operativen Stabilität wurden zeitnah Führungskräfte eingesetzt, die über Know-how im Themengebiet verfügten. Die Qualifizierung sowohl der Bestandsmitarbeiter als auch der „Neuzugänge" wurde mithilfe detaillierter Qualifizierungspläne für jeden einzelnen Mitarbeiter festgelegt; neben rein theoretischen Steckbriefen wurde in erster Linie das Training on the Job – oder besser: Learning by Doing – in Zusammenarbeit mit der Führungskraft und einem versierten Paten praktiziert.

Statt einer En-bloc-Überleitung von Aufgaben des externen Dienstleisters auf die Bank wurde im Rahmen der Prämigration eine schrittweise Verlagerung von zum Beispiel Nachforschungen vorgenommen, die sich über einen längeren Zeitraum hinzog. Dadurch war es möglich, die aufzunehmenden Mengen valide einzuschätzen, Kenntnis über Kundenspezifika zu erlangen und aufkommende Reklamationen gezielt als „Lerneffekt" zur weiteren Qualifizierung wirksam zu nutzen.

Wesentlich für die erfolgreiche Umsetzung der Maßnahme waren zwei Faktoren: Zum einen das technische Umfeld der Nachforschungen, das ausreichend flexibel war, um eine schrittweise Übernahme bestimmter Nachforschungsfelder sicherzustellen. Komplexe, aber vorgangsarme Themen dienten der Pilotierung und dem Aufbau eines Kernteams, wohingegen einfache, aber vorgangsstarke Themen erst übernommen wurden, nachdem die Rekrutierung vorangeschritten und die Teamstrukturen ausreichend stabilisiert waren.

Zum anderen konnte die zahlenmäßig zwar unbedeutende, aber bankfachlich gut aufgestellte „Retained Organisation" der „grünen" Bank die Lernprozesse der „gelben" Nachforschungsmitarbeiter in jeder Phase ausreichend begleiten. Dabei waren die Erstellung von Lernmaterialien und von Ad-hoc-Anweisungen sowie die direkte Mitwirkung bei der Lösung komplexer Fälle zu meistern.

Was haben wir aus der Veränderung gelernt?

Uninformierte Mitarbeiter sind unsichere Mitarbeiter, die schwerlich qualitativ hochwertige Arbeiten leisten können. Die offene Kommunikation nicht nur innerhalb eines Projektteams, sondern auch und gerade in der Linie und vor allem mit ihr ist von ausschlaggebender Bedeutung. Hierzu gehört eine Informations- und Kommunikationskette von oben nach unten, die konsequent eingehalten werden muss.

Bei einer Zusammenführung von zwei unterschiedlichen Unternehmenskulturen ist es wichtig, weder die eine noch die andere als die „einzig wahre" herauszustellen; jegliche Darstellung, dass nur die eine oder die andere Sicht- und/oder Vorgehensweise die richtige sei, sollte unterlassen werden.

Stetige Qualifizierung ist eine sichere Methode, den Mitarbeiter auf dem Weg in eine neue Welt abzuholen, zu begleiten und für ein ungefährdetes Ankommen in der Zielstruktur zu sorgen.

Gegenüber externen Dienstleistern ist eine von Beginn an stringente Vertragsgestaltung, die auch den Fall eines Re-Insourcings zumindest in Grundzügen einschließt, von Vorteil; hier sollten Details zum Beispiel zu Rechten an Daten, Anwendungen, Prozessen etc. für unterschiedliche Stadien klar und eindeutig geregelt sein.

25.2.2 Re-Insourcing „Beleg-/Datenverarbeitung" vom externen Dienstleister in eine konzernzugehörige Servicegesellschaft (Massenzahlungsverkehr)

Wie erlebten die Mitarbeiter die Veränderung? Wie erlebten die Führungskräfte die Veränderung?

Die Gründung der Servicegesellschaften (ComTS GmbH) erfolgte 2007. Die Anzahl der Mitarbeiter zu Beginn der Integration im Jahr 2008 belief sich auf circa 400. Im Verlauf der auf den Zusammenschluss folgenden 18 Monate erhöhte sich die Größe des Unternehmens auf nahezu das Doppelte im Jahr 2011.

Die Gründe hierfür waren unter anderem die Übernahme von Aufträgen ehemaliger Dresdner-Bank-Kunden und von zusätzlichen Prozessen (insbesondere durch das Re-Insourcing des grünen Zahlungsverkehrs) sowie die vollständige Übernahme aller Mailservice-Aufgaben der neuen Commerzbank.

Bedingt durch die relativ kurze Historie der Servicegesellschaften und der damit noch nicht langfristig gewachsenen eigenen Unternehmenskultur verlief der Auf- und Ausbau der Teams problemlos. Es gab nur vereinzelt kulturelle Spannungen, dafür aber ein schnelles gemeinsames Verständnis. Dies erforderte von Mitarbeitern und Führungskräften natürlich ein hohes Maß an Flexibilität.

Welche (Erfolgs-) Faktoren waren bestimmend?

Durch die organisatorische Gestaltung in Richtung eines Competence-Center-Modells wurden die Arbeiten der Servicegesellschaften auf speziell zugeschnittene Kompetenzfelder ausgerichtet. Dazu kam der Ausbau der Führungsmannschaft unter Beibehaltung der flachen Führungsstrukturen. Zusätzlich wurden alle Prozesse auf Commerzbank-Standards vereinheitlich.

Es wurde deutlich, dass den Führungskräften in dieser Entwicklungsphase der Servicegesellschaft eine Schlüsselrolle zukam. Der Erfolg war stark abhängig von Auswahl und Ausbildung der Führungsmannschaft; insofern war es ein sinnvolles und wesentliches Asset, zum Beispiel in die Qualifizierung der Führungskräfte zu investieren.

Durch die Veränderungen in den Prozessen hin zu mehr Standardisierung war neben der Qualifizierung der neuen Mitarbeiter auch eine Aus- und Weiterbildung der Bestandsmitarbeiter erforderlich. Diese wurde durch die Vereinheitlichung der Prozesse vereinfacht. Durch die Ausbildung von Multiplikatoren zur Unterstützung bei der Übernahme neuer Aufgaben konnten diese wiederum gemeinsam mit den Führungskräften die Grundqualifizierung der Mitarbeiter übernehmen.

Was haben wir aus der Veränderung gelernt?

Prämigration als Weg zum Ziel. Durch den kontinuierlichen Ausbau von Mengen und Prozessen über den gesamten zur Verfügung stehenden Zeitraum konnte das Risiko minimiert werden. Es war möglich, sich ohne Zeit- und Mengendruck in neue Prozesse einzuarbeiten und mithilfe der Multiplikatoren die Kernteams vernünftig zu entwickeln und aufzustellen. Durch den Einsatz von Multiplikatoren konnte das Wachstumstempo nach anfänglich zurückhaltendem Beginn zunehmend gesteigert werden.

Das von uns mit Erfolg eingesetzte Multiplikatorenkonzept etablierte eine langfristige Grundlage für den stabilen Geschäftsbetrieb.

25.2.3 Verlagerung „Unterschriftsprüfung/Arbeitsvorbereitung" von der AG in die konzerneigene Servicegesellschaft

Wie erlebten die Mitarbeiter die Veränderung?

Um das zusätzlich hereinkommende Volumen bei nahezu gleichbleibender Mitarbeiterzahl aufnehmen und bearbeiten zu können, wurde eine Anpassung der Arbeitsmethodik erforderlich. Statt einer persönlichen Zuständigkeit der Mitarbeiter im Zahlungsverkehr ging der Weg hin zu einer stärkeren Industrialisierung. Das wurde in einigen Fällen als Reduktion der Aufgabenattraktivität empfunden. Die zunehmende

Standardisierung der Aufgaben und Arbeitsgebiete durch übergeordnete Prozesse bedingte, dass das ursprünglich vorhandene „Werkstattprinzip" wegfiel.

Die zunehmende konsequente Industrialisierung bedeutete eine verstärkte Steuerung durch die Stabseinheiten; hier entstand ein Spannungsverhältnis zwischen der Linie und dem Stab aufgrund von (durch die Linieneinheiten) gefühltem ausgeprägtem Dominanzverhalten der zentralen Steuerungseinheiten. Erschwerend kam die natürliche Angst vor dem Verlust des Arbeitsplatzes durch Verlagerungen von Aufgaben in die Servicegesellschaften hinzu.

Wie erlebten die Führungskräfte die Veränderung?

Viele der neuen und alten Führungskräfte wurden (zum Beispiel als Teilprojektleiter) in die projektbezogene Umsetzung eingebunden. Insofern waren sie maßgeblich an der Erarbeitung von Zielbildern und deren Umsetzung beteiligt. Die Akzeptanz neuer, im Rahmen der Projektarbeit entwickelter Maßnahmen und die Identifikation mit den Zielen wurden hierdurch gefördert. Die von Beginn an nach Möglichkeit konsequente Durchmischung der (Projekt-)Teams mit „gelben" und „grünen" Mitarbeitern förderte bereits in der Phase der projektbezogenen Entwicklung das gegenseitige Kennenlernen inklusive Ausbildung eines Vertrauensverhältnisses sowie auch die Installation eines „Wir-Gefühls".

Die in der Projektarbeit tätigen Führungskräfte mussten neben dieser auch ihre Linienfunktion „stemmen"; oft waren sie sogar in einer für sie neuen Funktion unterwegs und hatten neben Führungs- und Steuerungsaufgaben auch noch die eigene fachliche Qualifizierung für ihr neues Aufgabengebiet zu bewältigen. Diese Mehrfachbelastung war zum Teil erheblich und obwohl sie in den meisten Fällen gern und wie selbstverständlich erbracht wurde, führte sie in vielen Fällen auch zu einer spürbaren Belastung der Mitarbeiter.

Welche (Erfolgs-) Faktoren waren bestimmend?

Um der natürlichen Angst vor Verlust des Arbeitsplatzes entgegenzuwirken, wurde unter anderem auf proaktive Kommunikation gesetzt. Die Führungskräfte wurden als „Change Agents", also als aktive Begleiter der Umsetzungen und Veränderungen, unter anderem mit Präsentationen ausgestattet, die im Rahmen von Mitarbeiterinformationsveranstaltungen vorgestellt wurden. In diesen Folien wurden die Hintergründe für Entscheidungen (zum Beispiel warum Aufgaben in die Servicegesellschaften verlagert werden etc.) erläutert und den Mitarbeitern die Vorteile aufgezeigt, die eine Ausgliederung von „einfachen" Tätigkeiten in die Servicegesellschaften mit sich bringen würde; hier beispielhaft die Übernahme von neuen, verantwortungsvolleren, komplexeren Aufgaben.

Eine Informationskaskade sorgte dafür, dass die Kommunikation über alle Ebenen erfolgte und somit alle Mitarbeiter und Führungskräfte erreichte. Bundesweite Treffen der Führungskräfte im Inlandszahlungsverkehr unter anderem mit Workshops zu Problemfeldern (Stichwort Paradigmenwechsel) brachten die notwendige Transparenz in die Prozesse.

Der aktuelle Projektstand wurde durch regelmäßige Telefonkonferenzen ebenfalls von oben nach unten vermittelt; daneben fanden – soweit zeitlich möglich – turnusmäßige Besuche der Führungskraft bei ihren Einheiten statt, um den zugeordneten Gruppenleitern und Mitarbeitern in Teamrunden oder auch kleineren Gesprächskreisen Rede und Antwort zu stehen.

Um die Akzeptanz der erforderlich werdenden Industrialisierung in ausgewählten Produktionsprozessen bei den Mitarbeitern zu fördern, wurde ein gemeinsames Projekt mit Mitarbeitern der Bank und der Servicegesellschaften an einem Pilotstandort eingerichtet. Dieses Konzept war erfolgreich und wurde somit als Muster für weitere Standardisierungen in anderen Bereichen im Inlandszahlungsverkehr verwandt.

Ein weiterer Meilenstein auf dem Weg zur Industrialisierung war die Implementierung einer bundesweit einheitlichen Arbeitsorganisation in Richtung Standardisierung auf Gruppen-/Mitarbeiterebene. Im Rahmen eines Workshops wurde durch Führungskräfte aus allen Einzugsgebieten hierfür ein Konzept entwickelt. In der Anfangsphase ließ man bewusst kontroverse Sichtweisen zu und diskutierte die oftmals sehr unterschiedlichen Ansätze, um im Anschluss zu einem gemeinsamen Kompromiss zu gelangen. Das hier erarbeitete Konzept wurde regional weiter diskutiert und die Ergebnisse aus diesen Erwägungen wurden innerhalb des Projekts zur Verfeinerung des Grundkonzepts genutzt. So wurde als Endresultat aus vielen verschiedenen Ansätzen ein hochwertiges Konzept zum Aufbau eines „ZVS-Hauses".

Was haben wir aus der Veränderung gelernt?

Die ergriffenen Maßnahmen konnten zu einem großen Teil nur dadurch erfolgreich eingeführt werden, weil die Akzeptanz durch eigene Beiträge der Mitarbeiter und Zusammenarbeit der verschiedenen Farben und Zugehörigkeiten gewährleistet wurde. Eine frühzeitige Einbindung von Führungskräften und Mitarbeitern in Projektarbeiten und die regelmäßige, konstruktive Information über Meilensteine, Status, Erfolge sind für die Annahme und positive Begleitung von Veränderungen unerlässlich.

Ein von Beginn an aufgestelltes Qualifizierungskonzept erhöht die Transparenz neuer Strukturen und Prozesse und somit die Bereitschaft der Mitarbeiter, sich auf Neues einzulassen. Das Zusammenspiel von „alten" und „neuen" Mitarbeitern zum Beispiel in Patenmodellen erweist sich als effektiver Weg zum Wissenstransfer.

Zur regelmäßigen und zielgruppengerechten Information der Mitarbeiter hat sich auch hier die in anderen Bereichen installierte Kommunikationskaskade bewährt. Die zum Beispiel in Telefonkonferenzen der Führungskräfte erhaltenen Informationen wurden in Gesprächsrunden, per E-Mail oder – bei größeren räumlichen Entfernungen – ebenfalls in Telefonkonferenzen zielgerichtet an die Mitarbeiter weitergegeben.

25.3 Der Kommunikationsbaukasten für Linie und Projekt

25.3.1 Informations- und Dialogformate

Erfolgreiche Kommunikation in der industriellen Produktion findet in der Linie nah am Mitarbeiter und den Arbeitsplätzen sowie innerhalb der regelmäßigen (über-)regionalen Besprechungsformate im Wesentlichen unter Beteiligung der Führungsebenen 1 bis 4 statt. Der Vorstand und die Führungsebenen 1 und 2 gehen hierbei in verschiedenen Rollen, zum Beispiel als Vorbild und Gestalter, vorneweg. Die Vorerfahrungen der beteiligten Mitarbeiter und Führungskräfte haben wir durch viele Gespräche ermittelt und in der Folge durch die Entwicklung, Abstimmung sowie Veröffentlichung eines Mindeststandards in Frequenz und Ausprägung für Besprechungsformate als neue Basis zusammengeführt.

Darüber hinaus haben wir allen in der Linie verantwortlichen Führungskräften als Hilfsmittel zur Orientierung und Informationsweitergabe an die jeweils zugeordneten Gruppen- und Abteilungsleiter und damit letztlich die Mitarbeiter einen sogenannten Themenkalender für Führungskräfte an die Hand gegeben. Dieser bildete bankweite, bereichs- und themenspezifische Aktivitäten in der Vorschau auf das jeweils nächste Quartal ab und war somit Basis für eine einheitliche und annähernd gleich tiefe Information über Kommendes.

Unser erstes ergänzendes Informations- und Dialogformat in der Frühphase der Integration kam als Qualifizierungsmaßnahme bei den ehemaligen Mitarbeitern der Dresdner Bank AG an. In der Infoveranstaltung mit Grundlagenvermittlung zu Strukturen, Prozessen, Produkten sowie Systemen wurde von einem „farbgemischten" Referententeam eine Heranführung an das Neue mit sehr guter Resonanz gewagt. Über die Interaktion in den und um die Veranstaltungen herum erreichten wir einen starken Impuls für die gewünschte Veränderung.

Regelmäßige Informationsformate, wie zum Beispiel der im Dreimonatsrhythmus von Mitarbeitern für Mitarbeiter geschriebene bereichsinterne BO-Newsletter mit Vermittlung von Leitgedanken, Erfahrungen, Erfolgen, Lokalem und Persönlichem haben den roten Faden abgebildet. Bei den regelmäßigen Dialogformaten stechen sowohl die Standortbesuche der ersten Führungsebene hervor als auch die Führungskräftekonferenzen, die im halbjährlichen Turnus ausgewählte Führungskräfte aus allen Bereichen zu inhaltlichen Schwerpunkten zusammengebracht haben.

Im Rahmen der Standortbesuche wurden von ortsansässigen Mitarbeitern im Beisein von Bereichsvorstand, Bereichsleiter sowie einem Moderator positive und negative Erfahrungen zusammengetragen und lösungsorientiert aufbereitet. Die so erzielten Ergebnisse haben wir nach oben, zur Seite sowie in Richtung der Mitarbeiter kommuniziert und weiterbearbeitet. Durch eine am gleichen Tag stattfindende Führungskräfterunde sowie die intensive Betrachtung eines vorher ausgewählten und standortspezifischen thematischen Schwerpunktes unter Einbeziehung der bearbeitenden Mitarbeiter und Führungskräfte gelang ein praxisorientierter Dialog zwischen dem Bereichsvorstand und den Mitarbeitern vor Ort.

Den größten Wirkungshebel in der Zusammenführung von Menschen und Kulturen entfalteten die ergänzenden Mitarbeiterformate „Frühstücks- und Kaffeerunden", „Wir stellen uns vor" und „So arbeiten wir". Sie wurden von den Mitarbeitern als wertschätzende, arbeitsplatznahe und erkenntnisreiche Formate angenommen.

Abbildung 25-2 Informations- und Dialogformate

Linienkommunikation		Ergänzende Informations- und Dialogformate

Gestaltung durch Führungskraft
 	
› Gesprächsrunden, v. a.
    - BL-Runde
    - FK-Runde BL und FE 3
    - FK-Runde FE 3 und FE 4
    - Mitarbeiterrunden
    - Daily Meetings
› Einzelgespräche
› Weitergabe von Informationen im operativen Geschäft per Mail
 	
Hilfsmittel:
Themenkalender für Führungskräfte
	Regelmäßige Informationsformate
	
	› BO-Newsletter — alle 3 Monate
	› FK-Newsletter von KKI — alle 2 - 3 Monate
	› Change-Monitor, Puls Check, Integrationsmonitor
	› Zusammen-Wachsen-TV — 2-wöchentlich
	
	Ergänzende Informationsformate
	
	› Roadshow für Führungskräfte zu Fokusthema
	› Infoveranstaltungen für MA zu Fokusthema
	› Sonderausgabe Newsletter zu Fokusthema
	› BO-Comnet-Information zu Fokusthema
	› Comnet-TV oder Audiofile nur für BO
	› One-Pager
		Regelmäßige Dialogformate
		
		› Führungskräftekonferenz FE 1, FE 3 und FE 4
		› Standortbesuche der FE 1 oder FE 2
		
		Ergänzende Dialogformate
		
		› Frühstücks- und Kaffeerunden
		› Abendveranstaltungen
		› Wir stellen uns vor
		› So arbeiten wir
		› Telefonkonferenz Führung (Executive mit Führungskräften)
		› Lunch + Talk mit dem Chef (z. B. bei Standortbesuch)
		› (Regionale) Resonanzgruppe
		› Überkreuz-Besuche der FE 2

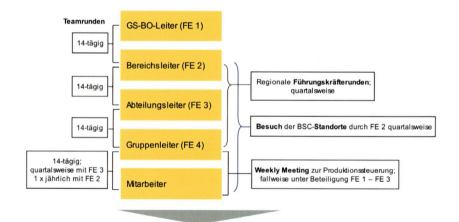

Die Besprechungsformate sollten je nach räumlicher Verteilung der Mitarbeiter und Themen als Telko bzw. Präsenzmeeting durchgeführt werden.

Quelle: Comerzbank AG

25.3.2 Unser Zielbild – erfahren und fortschrittlich

Das Zielbild, das unseren Bereich trägt und in die Zukunft führt, ist im Kern in einer Führungskräftekonferenz von Gruppen- und Abteilungsleitern entwickelt und in der Folge über diverse Feedbackschleifen mit Mitarbeitern und Führungskräften für die Breitenpublikation über einen One-Pager veredelt worden. Im Rahmen einer überregionalen Telefonkonferenz zu Quartalszahlen der Commerzbank AG hat der Bereichsvorstand allen Führungskräften sein Zielbildverständnis erläutert und damit auch noch einmal offiziell ein Arbeiten und Handeln in der betrieblichen Praxis und eine Weiterentwicklung angeregt. Seine mündlichen Ausführungen konnten die Mitarbeiter später in einem Audiofile über das Comnet nachhören.

Ein erfolgreiches Zielbild muss zu den Menschen und in diesem Fall zur industrialisierten Arbeit einer Einheit passen. So bildet die Ausrichtung auf Gegensätze wie „wertig und wirtschaftlich" sowie „solide und flexibel" Spannungsfelder ab, die sowohl im Kundeninteresse als auch verantwortlich gefüllt sein wollen. In einem großen arbeitsteilig gestalteten Produktionsteam können alle nur miteinander und füreinander arbeiten, um gemeinsam mehr zu erreichen. Gute Leistungen sind nicht nur heute, sondern auch morgen im Service zu erbringen, um einen Beitrag für die beste Bank Deutschlands zu leisten.

Das praxis- und arbeitsplatznahe Zielbild, das inzwischen in vielen Gesprächsrunden, zum Beispiel in Verbindung mit Formaten rund um unsere Change-Monitor-Ergebnisse, verinnerlicht wurde, stellt inzwischen eine gute Grundlage unserer Arbeit dar und wirkt über die Anwendung auf die täglichen Kleinigkeiten.

Lessons Learned – unsere 10 Topempfehlungen

1. Prämigration als Weg zum Ziel. Keine En-bloc-Verlagerungen von Aufgaben und Tätigkeiten, sondern eine auf der Zeitachse richtig portionierte Zuteilung, die eine Abnahme ohne Mengendruck möglich macht. Hierbei ist zu berücksichtigen, dass die Bedürfnisse einer bereits etablierten Struktur andere sind als die einer sich im Wachstum befindlichen.

2. Die neuen arbeitsteiligen Strukturen begünstigen und vereinfachen geplante Enabling-Maßnahmen, sind jedoch eine erhöhte Herausforderung unter kulturellen Gesichtspunkten; zum Beispiel wird der Weg zur Industrialisierung in der ersten Phase kritisch gesehen.

3. Die umfassende, offene Kommunikation in Linie und Projekt erfolgt unter Nutzung praxisnaher Hilfsmittel, die eine einheitliche und inhaltlich angeglichene Wissensweitergabe für alle Bereiche ermöglichen. Formalisierte Besprechungsformate im Mindeststandard wirken mobilisierend in der Veränderung. In diesem Rahmen ist die Publikation selbst von kleineren Erfolgen unter der Voraussetzung erwünscht, dass erreichbare operative Teamziele vorhanden sind.

4. Entscheidungen müssen für Mitarbeiter und Führungskräfte nach Möglichkeit transparent und nachvollziehbar sein; ebenso sind sowohl Mitarbeiter als auch Führungskräfte in die Gestaltung des Veränderungsprozesses einzubeziehen. Durch die Gelegenheit der Mitwirkung und durch Kommunikation in Verbindung mit zielgerichteter Motivation werden Ängste der Mitarbeiter sukzessive abgebaut.

5. Motivation ist von großer Bedeutung für Mitarbeiter und Führungskräfte im Zusammenhang mit der Mehrfachbelastung durch Projekt- und Linienarbeit. Durch die Übernahme der Funktion des „Change Agents" erhalten Führungskräfte die Aufgabe, sich aktiv in die Veränderung einzubringen und diese auch in geeigneter Form auf ihre Mitarbeiter zu übertragen. Dazu gehört es auch, neue Chancen im Zusammenhang mit dem 3-Säulen-Modell aufzuzeigen.

6. Der wertschätzende, kollegiale und ehrliche Umgang miteinander erfolgt ohne Berücksichtung der unterschiedlichen Herkunft und vor allem ohne Wertung der Historie (wer hat was besser/schlechter gemacht?).

7. Es werden mitarbeiter- und arbeitsplatznahe Kommunikations- und Informationsformate installiert, die eine aktive Mitwirkung des Mitarbeiters einfordern, zum Beispiel „So arbeiten wir", „Wir stellen uns vor", „Frühstücks- und Kaffeerunden" etc.

8. Bewährt hat sich die Durchführung von sogenannten Resonanzgruppen, in denen Mitarbeiter in moderierten Zusammenkünften mit dem Bereichsvorstand und dem jeweiligen Bereichsleiter reflektieren, was sie als positiv respektive negativ wahrgenommen haben. In diesen Runden werden echtes Feedback auf zurückliegende Veränderungsprozesse und daraus resultierend auch Impulse für künftige Planungen gegeben; daneben dienen sie als „Stimmungsbarometer" für die Organisation und die verantwortlichen Führungskräfte.

9. Die frühzeitige, umfassende Aus- und Weiterbildung von neuen und alten Mitarbeitern, zum Beispiel in einem bilateralen Patenmodell oder mithilfe eines/ mehrerer Multiplikatoren im Rahmen von Training-on-/Near-the-Job-Maßnahmen bildet die Grundlage für künftige operative Stabilität.

10. Bei Auslagerung von Aufgaben an externe Dienstleister sollte bereits von Beginn an die Vertragsgestaltung auch die Möglichkeit eines Re-Insourcings einschließen.

26. Change Management in Group Markets Operations – von der Bewegung und Begegnung zur Beziehung

UDO BRAUN, MANFRED ZINK

26.1 Einleitung

Die große Herausforderung im Konzernbereich Group Markets Operations, der zentralen Serviceeinheit für die Abwicklung von Wertpapieren und anderen handelbaren Finanzprodukten in der Commerzbank, bestand darin, das Zusammenwachsen von drei unterschiedlichen Kulturen, die in Group Markets Operations zusammengeführt wurden, erfolgreich zu gestalten. Mitarbeiter der ehemaligen Dresdner Bank, des Dresdner Kleinwort Investment Bankings (DKIB) und der Commerzbank kamen in dem neu gegründeten Bereich zusammen.

Die erfolgreiche Gestaltung des „Zusammen Wachsens" in Group Markets Operations setzte die Integration der Kulturen, Führungskräfte und Mitarbeiter sowie ein von allen geteiltes gemeinsames Verständnis zwischen den Bereichen, Abteilungen und Gruppen voraus. Dazu wurde bereits zu Beginn des Jahres 2009 ein Change-Management-Konzept für die Begleitung der Führungskräfte und Mitarbeiter in Group Markets Operations entwickelt, das auf den bankweiten Rahmenkonzepten aufbaute.

Abbildung 26-1   Struktur der Einflussgrößen

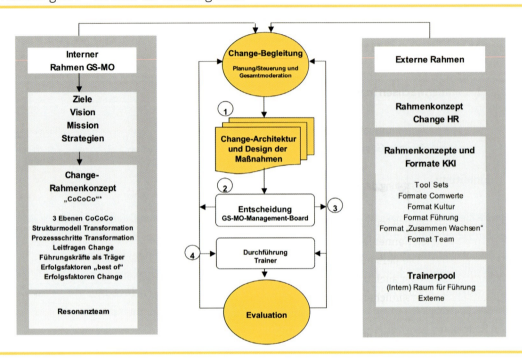

Quelle: Commerzbank AG

Drei zentrale Leitideen bildeten den Kern dieses Konzeptes:

1. die Identität des Bereichs: Selbstbild und Selbstverständnis seiner Bereiche, Abteilungen und Gruppen

2. die Interaktion: das Zusammenspiel, die Kommunikation und die Kooperation der Führungskräfte und Mitarbeiter – zum einen im „Innenverhältnis" zwischen den Bereichen, Abteilungen und Gruppen und zum anderen auch nach außen

3. **die Integration:** die gemeinsame Ausrichtung der Bereiche, Abteilungen und Gruppen auf Basis einer Mission, Vision und der Ziele sowie der daraus abgeleiteten Strategie des Bereichs

26.2 Zusammenwachsen in vier Schritten

Unter dem Motto „**Co**mmunication, **Co**operation und **Co**evolution" – „CoCoCo" – wurde das Zusammenwachsen in Group Markets Operations in vier Schritten geplant.

„CoCoCo"

1. Schritt: die erste Begegnung der Führungskräfte

Zum Auftakt fanden sich im Juli 2009 alle neuen Führungskräfte des GS-MO zu einem ersten gemeinsamen Kennenlernen zusammen. Dabei wurde nicht über Ziele und Strategien gesprochen. Die persönlichen Begegnungen und der offene Dialog kultureller Gemeinsamkeiten, aber auch Unterschiede standen im Vordergrund, mit entsprechend viel Raum für den persönlichen Austausch und zum Kennenlernen untereinander.

2. Schritt: der Bereichsvorstand und die Bereichsleiter im Dialog

Im Anschluss daran trafen sich wenige Tage später das Kernteam der Führungsmannschaft, der Bereichsvorstand und die Bereichsleiter auf der zweiten Führungsebene, um sich intensiv mit ihrem eigenen Rollenverständnis und den gegenseitigen Erwartungen auseinanderzusetzen. Hier wurde die Grundlage für einen vertrauensvollen, wertschätzenden Umgang untereinander und die einheitliche Ausrichtung der „Führung" in Group Markets Operations gelegt. Auf der Basis konkreter eigener Erfahrungen wurden im Wechsel zwischen Reflexion und Dialog zentrale Themen wie Kommunikation und Kooperation diskutiert und Regeln und Handlungsfelder für die gemeinsame Führungsarbeit der nächsten Jahre definiert. Eines der zentralen Ergebnisse dieses Dialogs war die Frage, mit welcher Mission und mit welcher Vision der Bereich das Integrationsprojekt „Zusammen Wachsen" begleiten sollte, um in den nächsten Jahren den Bereich erfolgreich zu gestalten.

Abbildung 26-2   Zusammenwachsen in vier Schritten

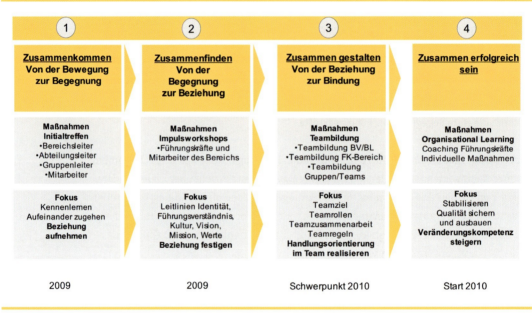

Quelle: Commerzbank AG

3. Schritt: Mission und Vision

„Unternehmen mit einer starken Kultur, die durch Werte im Unternehmen getrieben werden, haben ein viermal höheres Umsatzwachstum" – soweit die Ergebnisse der

Evergreen-Studie[1] von Joyce, Nohira und Robertson zu den Ursachen für Unternehmenserfolg. Gleichzeitig konnte S. R. Covey in einer Studie nachweisen, dass 60 Prozent von 23.000 befragten Mitarbeitern nicht genau verstanden, was ihr Unternehmen zu erreichen versuchte, und vor allem verstanden sie nicht, wozu die Organisationen das taten, was sie taten.

Mission und Vision beantworten genau diese beiden Fragen. Dem Kernteam wurde schnell klar, das Mission und Vision kein Luxus sind, sondern ganz im Gegenteil; dass das Zusammenwachsen der drei Kulturen in Markets Operations entscheidend davon abhing, inwieweit es gelang, die Werte sowie Mission und Vision im Bereich nachhaltig zu verankern.

In zwei aufeinanderfolgenden Treffen wurde Anfang August 2009 durch Begleitung eines externen Spezialisten zunächst die Mission der Markets Operations und anschließend die Vision für die nächsten Jahre entworfen. Dabei ging das Kernteam von folgenden Grundüberlegungen aus:

In der Mission, oft wird auch von einem „Mission Statement" gesprochen, wurde der zentrale Leitsatz des Konzernbereichs Group Markets Operations in verdichteter Form ausgedrückt. Die Mission ermöglicht erst die gemeinsame Ausrichtung der Menschen in einer Organisation, sie kanalisiert Energien und vor allem stiftet die Mission Sinn, indem sie die Frage „Wozu sind wir da?" klar beantwortet. Damit ist die Mission handlungsleitend für all das, was in einer Organisation geschieht – oder auch nicht geschieht. Was macht nun den Unterschied zwischen Mission und Vision aus? Im Gegensatz zur Vision ist die Mission verdichtet und von längerfristiger Natur. Aus ihr lassen sich (und sollten sich) alle nachfolgenden Ziele, Strategien und Aufgaben ableiten. Die

---

[1] 50 Hochschullehrer und Unternehmensberater führten im Zeitraum von 1986 bis 1996 eine umfangreiche Studie über den nachhaltigen Erfolg bei 160 Unternehmen durch. Dabei ergaben sich vier primäre (Strategie, operative Umsetzung Unternehmenskultur und Unternehmensstruktur) und vier sekundäre Erfolgsfaktoren (Talente, Innovationen, Führung und Fusionen und Partnerschaften). Nachhaltig erfolgreiche Unternehmen wiesen hohe Werte in allen vier primären und mindestens zwei der sekundären Managementdisziplinen auf.

Vision drückt das aus, was zukünftig auf der Basis der Mission erreicht werden soll – wesentlich präziser, als die Mission das tut. Eine Vision, mit einem Zeithorizont versehen, ist detaillierter beschrieben als die Mission und liefert die Grundlage für die Zielformulierung. Damit beschreibt eine Vision genau den Punkt, an dem eine Organisation in den nächsten Jahren stehen will. Damit hat die Vision auch eine kürzere Reichweite in der Dauer als die Mission. Erstere gilt unbefristet, während Letztere im Laufe der Zeit durchaus Änderungen unterworfen sein kann.

Mission Statement

Bereits zu Beginn des Prozesses wurde allen Beteiligten schnell deutlich, wie wichtig das Innehalten und die Reflexion in einem solchen Prozess sind. Glaubwürdig führen und Dinge vertreten kann nur, wer sich auch mit sich selbst auseinandersetzt. Deshalb diskutierten die Teilnehmer zu Beginn des Prozesses zunächst ihre eigenen Werte und die eigene Mission und Vision, um erst anschließend den Blick auf den Konzernbereich zu richten. Am Ende stand dann das aus allen Teilen verdichtete Mission Statement von Group Markets Operations:

- Im Markt überzeugen beschreibt die Sicht nach außen, mit guten Leistungen zu angemessenen Preisen im Markt überzeugen und von den Marktteilnehmern auch wahrgenommen werden.

- Qualität gestalten beschreibt im Wesentlichen das stete Bestreben, in der täglichen Arbeit hochwertige Prozesse zu entwickeln und Projekte erfolgreich zu bewältigen, um so „beste" Ergebnisse zu erzielen.

- Vertrauen schaffen bei Kunden und bei den Mitarbeitern ist die grundlegende Voraussetzung, um die ersten beiden Teile der Mission zu gewährleisten.

Für alle drei Mission Statements wurden jeweils acht Tätigkeitsfelder definiert und diesen wiederum jeweils sogenannte „Vision Statements" zugeordnet, die in der Summe den Zielzustand in Markets Operations für das Jahr 2013 beschrieben.

Dass dieses Ergebnis das Produkt aller Beteiligten war und keine von außen vorgegebene Buchweisheit, trug ganz wesentlich dazu bei, dass die Mission auch gelebt wurde und wird und zu einer Richtschnur der „Haltung und Handlung" in Group Markets Operations wurde.

4. Schritt: Führungskräfte setzen Impulse

Ein weiterer bedeutender Meilenstein war das erste große Arbeitstreffen – der „Impulsworkshop" – mit allen Führungskräften aus Group Markets Operations, der in Form einer Großgruppenveranstaltung Ende August 2009 im Collegium Glashütten stattfand.

Abbildung 26-3 Impulsworkshop Identität – von der Begegnung zur Beziehung

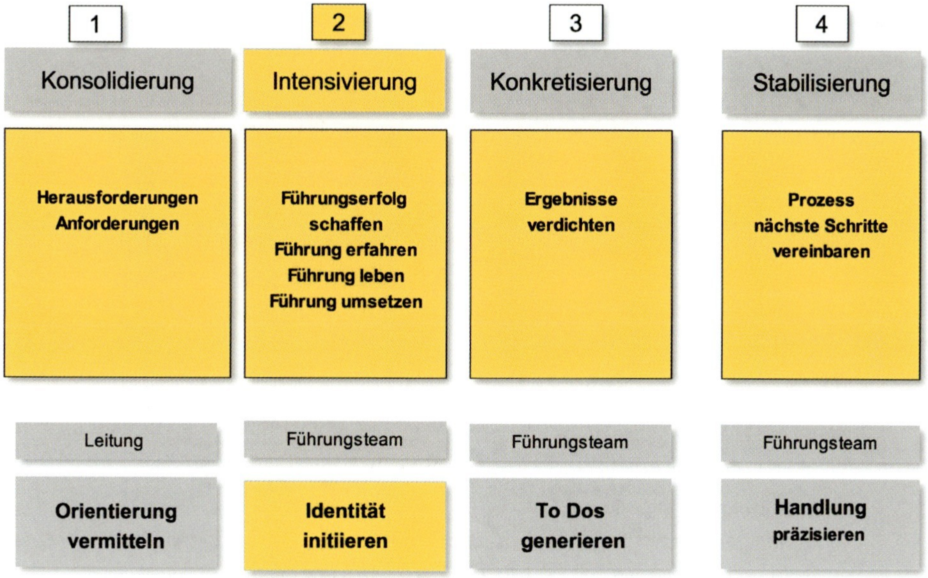

1 Konsolidierung	2 Intensivierung	3 Konkretisierung	4 Stabilisierung
Herausforderungen Anforderungen	Führungserfolg schaffen Führung erfahren Führung leben Führung umsetzen	Ergebnisse verdichten	Prozess nächste Schritte vereinbaren
Leitung	Führungsteam	Führungsteam	Führungsteam
Orientierung vermitteln	Identität initiieren	To Dos generieren	Handlung präzisieren

Quelle: Commerzbank AG

Im Impulsworkshop stand im Gegensatz zum ersten Kennenlerntreffen im Juli das gemeinsame Selbstverständnis der Führungskräfte, die Auseinandersetzung mit ihrer eigenen Rolle und das weitere Zusammenwachsen auf der Basis der ComWerte und der Leitsätze der ComWerte-basierten Führung als Team im Vordergrund. Gleichzeitig ging es auch darum, die Beziehungen als Fundament einer trägfähigen Kultur zu vertiefen. Im Anschluss daran wurden die neue Mission und die Vision Statements von Markets Operations im Dialog aufgegriffen und intensiv diskutiert. Damit war die Basis für die inhaltliche Arbeit der nächsten beiden Tage gelegt. Auf der Grundlage des Selbstverständnisses wurden die Themen in acht abteilungs- und bereichsübergreifenden Arbeitsgruppen verfeinert.

Abbildung 26-4 Impulsworkshop Identitätsbildung Führungskräfte in vier Schritten

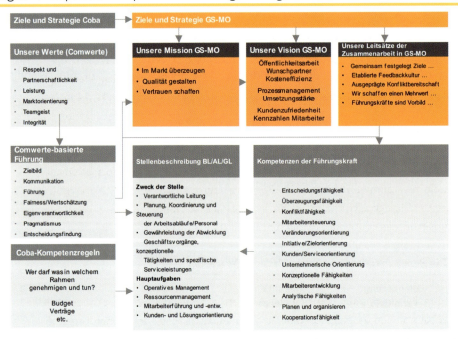

Quelle: Commerzbank AG

Die während des Impulsworkshops entwickelten Handlungsorientierungen bildeten das Fundament für die im Anschluss beginnenden einzelnen Bereichsworkshops. Unmittelbar danach starteten bereits die ersten von jeweils drei Bereichsworkshops in allen acht Bereichen der Markets Operations. Die im Impulsworkshop im August diskutierten und verfeinerten Ergebnisse wurden unter Berücksichtigung der bereichsspezifischen Gegebenheiten präzisiert und weiter konkretisiert und umgesetzt.

In weiteren „Offsites" der Führungskräfte in den Monaten danach wurden zentrale Ergebnisse aus den Gruppen und Abteilungen „bottom-up" zurückgespielt, aufgegriffen und in eine für alle verbindliche „Roadmap 2010" gegossen. Diese „Roadmap" bildete mit ihren Meilensteinen den Rahmen für alle notwendigen Change-Maßnahmen auf Bereichs- und insbesondere auf der Abteilungs- und Gruppenebene in Group Markets Operations, nicht nur für 2010, sondern auch darüber hinaus. In den Jahren 2010 und 2011 fanden darauf aufbauend im Anschluss an die Bereichsworkshops in den Gruppen mehr als 100 Teamentwicklungsworkshops statt. In ihnen wurden das „Selbstverständnis" von Group Markets Operations mit all seinen Facetten, die ComWerte der Bank, das Führungsverständnis, die Mission und Vision sowie die Ergebnisse, die in den Bereichsworkshops erarbeitet worden waren, auf die jeweilige konkrete Situation im Team übertragen.

Neben einer über die ganze Wegstrecke der Integration begleitenden Information und Kommunikation an die Mitarbeiter des Bereichs bildeten zwei weitere Elemente die Klammer der Change-Aktivitäten im Konzernbereich Markets Operations: die Resonanzgruppe und das Gruppencoaching für die Führungskräfte.

26.3 Die Resonanzgruppe in Group Markets Operation

Dieses Mitarbeitergremium traf sich von 2009 an ca. sechs- bis achtmal pro Jahr, um sein Feedback an den Bereichsvorstand zu geben und kritische Themen der Integration direkt und ungefiltert mit ihm zu diskutieren. Die Gruppe bestand und besteht noch heute aus rund 50 Teilnehmerinnen und Teilnehmern, die sowohl in Präsenztreffen als auch in Umfragen die Meinungen ihrer Teamkollegen repräsentieren. Sie sammeln vor den Treffen Stimmen und Stimmungen bei ihren Kolleginnen und Kollegen ein und spiegeln die Ergebnisse später an diese zurück. Die meisten Teilnehmer sahen in der Resonanzgruppe eine Möglichkeit, offen über die Fortschritte beim Zusammenwachsen zu sprechen und Probleme zu adressieren. Für das Management war es eine gute Gelegenheit, ehrliche und verlässliche Aussagen darüber zu bekommen, wie die Mitarbeiter sich während der Integration fühlten.

26.4 Gruppencoaching für die Führungskräfte

Um die Führungskräfte bei ihrer Aufgabe als Change-Agent zu unterstützen, wurde begleitend ab 2011 ein Gruppencoaching angeboten und durchgeführt. Gruppencoaching bedeutete, dass ca. sechs bis acht Führungskräfte, zumeist Gruppen- und Abteilungsleiter eines Bereichs, an gleichen oder ähnlichen Themen arbeiteten. Im Fokus stand dabei, deren Handlungskompetenzen im Change-Leadership zu stärken und das gemeinsam in den Offsites und Bereichsworkshops erarbeitete „Selbstverständnis" als Führungskraft in Group Markets Operations anhand konkreter Führungssituationen wirksam zu gestalten. Der Umgang mit besonderen Herausforderungen, die Reflexion der eigene Rolle, die Positionierung und das Selbstmanagement – die Führung der eigenen Person und der Umgang mit eigenen Ressourcen waren zentrale Themen, die im Dialog be- und erarbeitet wurden.

26.5 Rückblick und Ausblick

Es gibt keinen Weg, nur Schritte. Dass die Schritte, die wir im Konzernbereich Markets Operations gegangen sind, um die heterogenen Kulturen zu integrieren und damit die Grundlage für eine erfolgreiche Arbeit der nächsten Jahre zu legen, richtig sind, wurde uns unter anderem durch die im Jahre 2010 durchgeführte bankweite Befragung des Change-Monitors bestätigt. In den jährlich durchgeführten Erhebungen wurde uns durch die Mitarbeiter des Bereichs nach drei Jahren ein sehr positives und überdurchschnittlich gutes Feedback zurückgemeldet. Die Mitarbeiter fühlten sich – im

Vergleich zum Beginn des Zusammenwachsens – gut informiert und unterstützt. Die Führungskräfte wurden als glaubwürdig, engagiert und offen wahrgenommen. Die Bereitschaft der Führungskräfte, sich auf den Prozess einzulassen, von liebgewonnenen Routinen loszulassen, zwischenzeitlich immer wieder innezuhalten und zu reflektieren – und auch Widersprüche und Unsicherheit auszuhalten, waren neben der gemeinsamen Ausrichtung und dem integralen Vorgehen auf der Basis des Rahmenkonzepts die entscheidenden Erfolgsfaktoren.

TEIL V
Lessons Learned, Do´s and Don´ts und Fazit

Lessons Learned und Fazit

Am 16. Juni 2011 fand die Projektabschlussfeier nach 1000 Tagen Integration von Commerzbank und Dresdner Bank für alle Projektmitarbeiter in Frankfurt statt. Alle großen Meilensteine wurden erfolgreich erreicht und dies sogar zum Teil deutlich vor dem ursprünglich geplanten Termin. Die kulturelle Integration hat ein gutes Niveau erreicht. Heute arbeiten die Mitarbeiter aus den beiden ehemaligen Banken in neuen Teams Seite an Seite, und die Frage der Herkunft ist in den meisten Bereichen kein Thema mehr. Andererseits ist das kulturelle Zusammenwachsen aber ein Prozess, der auch mittelfristig noch andauern wird.

Rückblickend möchten wir an dieser Stelle ein Fazit ziehen und die „Magical Seven" der positiven Erfolgsfaktoren herausstellen:

1. **Die kulturelle Integration als Top-Priorität im Top-Management von Anfang an!**

    Das oberste Management hat dem Thema der kulturellen Integration von Anfang an größte Aufmerksamkeit gewidmet. Die Mitglieder des Vorstands sahen sich selbst in der Rolle des Change Leaders oder Change Agents und haben dies explizit als eine der wichtigsten Managementaufgaben im Rahmen der Integration postuliert und insbesondere auch selbst vorgelebt. Sponsorship, persönliches Commitment und volle Unterstützung des gesamten Vorstands waren in der Organisation deutlich sichtbar und spürbar. Dies hat maßgeblich dazu beigetragen, dass auch alle Führungskräfte auf den nachgeordneten Ebenen die Rolle als Change Agent angenommen und die Veränderung zu ihrer eigenen Sache gemacht haben.

2. Das Subsidiaritätsprinzip und das Prinzip Verbindlichkeit – zentrale Steuerung und dezentrale Umsetzungsverantwortung

Die Ausrichtung des Change-Programms hatte das Subsidiaritätsprinzip als wichtigen Orientierungsmaßstab. Auf der einen Seite wurde das Change-Programm zentral gesteuert. Es wurden ein klarer Rahmen in inhaltlicher Hinsicht und definierte Leitplanken vorgegeben. Ausgewählte Maßnahmen (Qualifizierung der Führungskräfte als Change Agent und Teambildungs-Workshops) mussten obligatorisch von allen Bereichen durchgeführt werden, um einen Qualitätsmindeststandard sicher zu stellen. Auf der anderen Seite waren jedoch für die Ausgestaltung und Umsetzung die jeweiligen Organisationeinheiten verantwortlich, die so ihre Change-Maßnahmen gemäß ihrer individuellen Situation gestalten konnten. Die Substitution von verbindlichen Maßnahmen durch maßgeschneiderte Konzepte in einzelnen Bereichen war jederzeit möglich.

3. Tempo, Tempo, Tempo

Schnelligkeit und klare Entscheidungen bei allen Aktivitäten im Rahmen des Integrationsmanagements haben eine enorme Bedeutung, um die Phase der Verunsicherung und Ängste bei allen Mitarbeitern so kurz wie möglich zu halten und dem gesamten Unternehmen rasch eine klare Orientierung zu geben. Beispiel dafür ist die frühzeitige Kommunikation der Ziele der Integration, der neuen Organisationsstruktur, der handelnden Führungskräfte auf den ersten beiden Ebenen unterhalb des Vorstands, der neuen Markenführung oder des IT-Systems.

4. Umfassende und integrierte Kommunikation

Die interne Kommunikation über diverse Medien und mit den unterschiedlichsten Formaten hat für eine maximale Transparenz gesorgt. Alle wichtigen Ereignisse (Meilensteine) mit Auswirkungen auf Mitarbeiter und Kunden wurden in einer eigenen Roadmap erfasst und durch adressatengerechte Kommunikation vorbereitet und begleitet. Ganz wesentlich war auch die integrierte Vorgehensweise zwischen der internen und der externen Kommunikation. Auf allen Kanälen wurden so konsistente und klare Kernbotschaften vermittelt.

5. Klare Governance und interdisziplinäre Projektarbeit

Mit Blick auf die Komplexität wurde de facto in allen Bereichen interdisziplinär und bereichsübergreifend gearbeitet. Dies betraf beispielsweise die Zusammenarbeit zwischen den Fachbereichen und der IT, explizit aber auch das Thema Change Management. Insbesondere hat die eng verzahnte Zusammenarbeit zwischen dem Projekt „Change Kommunikation" und dem Projekt „Change Management" sowie deren konsequente Einbettung in die Gesamtprojektarchitektur deren Wirkung deutlich gesteigert.

6. Permanentes Monitoring und regelmäßiges „Temperaturmessen"

Über den gesamten Integrationszeitraum hinweg wurden regelmäßig empirische Messungen durch Mitarbeiterbefragungen vorgenommen. Dies reichte methodisch vom Pulse Check, einer repräsentativen Kurzbefragung, bis zum Change Monitor, bei dem flächendeckend intensive Analysen über alle integrationsrelevanten Aspekte einschließlich der Messung des Integrations-Engagements vorgenommen wurden. Eine Vielzahl weiterer Formate diente der kontinuierlichen Fortschrittskontrolle, wie etwa die Integrations-Talks (Begegnung von Mitarbeitern mit Vertretern des Projektmanagements) und Chat-Plattformen.

7. Sounding, Dialog- und Workshop-Formate

Neben der Information haben Dialog- und Workshop-Formate für den interaktiven Austausch gesorgt. Die Möglichkeit, nachfragen zu können und auch die kritischen Themen offen anzusprechen, hat einen wesentlichen Beitrag zur Akzeptanz in der Breite gesorgt. Die bankweit etablierten Sounding Teams haben eine Plattform geschaffen, die den direkten Kontakt zwischen den Mitarbeitern an der Basis und Vertretern des Top-Managements möglich machten. Die erlebte Realität wurde so ungefiltert an die Verantwortlichen zurückgespiegelt. Wie ernst diese Rückkoppelungen seitens des Managements genommen wurden, zeigte sich darin, dass die Themen umgehend aufgegriffen und in die weitere Projektarbeit eingebracht wurden.

Neben den positiven Erfolgsfaktoren gab es natürlich auch Erfahrungen, aus denen man für die Zukunft lernen kann. An dieser Stelle wollen wir auf die drei wichtigsten Erkenntnisse für eine Modifikation Vorgehensweise eingehen:

1. **Die Projektorganisation und -Infrastruktur nach Projektende für einen Übergangszeitraum aufrecht erhalten**

In den ersten Wochen und Monaten nach Projektabschluss ergeben sich naturgemäß noch Baustellen, auf denen Nachbesserungen erforderlich sind und ein zentral gesteuertes Eingreifen hilfreich ist. Wenn die eingespielte Projektorganisation inklusive der relevanten Entscheidungsgremien und der Meeting-Struktur jedoch aufgelöst sind, fehlen die notwendige Systematik des Vorgehens, die notwendige Konsequenz bei der erforderlichen Gegensteuerung und die Umsetzungsdisziplin. Als Konsequenz empfiehlt sich also, die Projektorganisation noch sechs bis zwölf Wochen nach Abschluss des Projekts aktionsfähig zu halten.

2. **Die zeitlich unterschiedliche Auseinandersetzung mit den Veränderungen durch Management und Projektmitarbeiter einerseits und durch die Mitarbeiter im Alltag andererseits nicht unterschätzen!**

Projekte, die über einen längeren Zeitraum von der Idee bis zur Umsetzung laufen, implizieren ein spezifisches Phänomen. Die Themen und Herausforderungen werden am Beginn eines Projekts insbesondere im Top-Management und in der Projektleitung erkannt, analysiert und diskutiert. Darauf folgt die Entwicklung von Lösungen und Konzepten, die dann weiter operationalisiert werden und schlussendlich in den „Roll out" gehen. Bis diese an der Basis oder (insbesondere in einer Bank) im Vertrieb ankommen, können in einer Fusion bis zu zweieinhalb Jahre vergehen. Für die Verantwortlichen und die Treiber des Prozesses ist das Projekt subjektiv empfunden abgeschlossen und für einen Großteil der Belegschaft fängt es erst richtig an. Den Unterschied in Wahrnehmung und Betroffenheit gilt es zu bedenken. Eine geeignete Maßnahme sollte die noch frühere Einbindung von Mitarbeitern aus dem Vertrieb mit meinungsbildendem Potenzial sein. Dies würde die adressatengerechte Lösung von Problemen erleichtern und auch das Antizipieren von erwartbaren Reaktionen der Mitarbeiter in der späteren Anwendung deutlich verbessern.

3. Die „Farbenlehre" moderat steuern, um „Inseln" zu vermeiden

Ein dritter fusionstypischer Aspekt betrifft die „Farbenlehre". Beim Auswahl- und Besetzungsprozess der Führungspositionen waren die Kriterien Transparenz, Fairness und Chancengleichheit von elementarer Bedeutung. Besetzungsentscheidungen wurden ausschließlich unter dem Aspekt der besten Eignung getroffen und nicht nach „Herkunft". In den Mitarbeiterbefragungen wurde dies mit sehr guten Werten auch bestätigt. Dies führt allerdings auch dazu, dass durch Zufall oder historisch unterschiedlich geprägte Strukturen „Farbinseln" entstehen können. Diese werden dann auch als „Inseln" wahrgenommen. Hier empfiehlt sich, gegebenenfalls doch moderat steuernd einzugreifen, ohne gleich eine „Quote" festzulegen.

Abschließend bleibt als Fazit: Die Commerzbank hat den größten Veränderungsprozess ihrer Geschichte erfolgreich zu Ende gebracht.

Und dennoch bleibt insbesondere die kulturelle Integration ein noch einige Jahre andauernder Prozess. Darüber hinaus ist „nach dem Change vor dem Change!" Die erworbene Veränderungskompetenz im Gesamtunternehmen wird dringend benötigt, um auch die weitere Zukunft zu meistern. Während der Integration galt zugunsten der Geschwindigkeit die „80 / 20"-Regel; dies erfordert im Nachlauf nun qualitative Nachbesserungen und Rückkehr zu Innovationen. Gleichzeitig wird das Umfeld für Banken auf absehbare Zeit sehr herausfordernd bleiben. Change-Kompetenz als institutionelle und organisationale Kompetenz im gesamten Unternehmen wird daher auch in Zukunft von großer Bedeutung sein.

Die Herausgeber

Karl-Heinz Große Peclum ist Zentralbereichsleiter in Group Human Resources der Commerzbank AG. In dieser Funktion hat er die Umsetzung der personalwirtschaftlichen Integration und als Projektleiter das Gesamtbankprogramm Change/Enabling im Post Merger Integrationsprozess verantwortet. Vor seinem Eintritt in die Commerzbank war er fast 30 Jahre als Führungskraft in allen Feldern der Personalarbeit und als Linienmanager im Privat- und Geschäftskundenbereich in verschiedenen Kreditinstituten tätig. Er hat Sozialwissenschaften, Germanistik und Pädagogik studiert und vor seinem Eintritt ins Bankgeschäft die Jakob Kaiser-Stiftung für politische Erwachsenenbildung in Königswinter geleitet.

Dr. Markus Krebber arbeitet seit 2005 für die Commerzbank. Im Rahmen der Integration der Dresdner Bank hat er als Bereichsvorstand bankweit die Umsetzung der Integration geleitet. Begonnen hat er in der Commerzbank im Privatkundengeschäft, wo er in mehreren Managementfunktionen tätig war. Heute verantwortet Markus Krebber als Bereichsvorstand Group Finance konzernweit Rechnungslegung, Controlling, Steuern und regulatorisches Reporting. Nach seiner Banklehre und seinem Studium der Wirtschaftswissenschaften in Deutschland und den USA hat er fünf Jahre für die Beratungsfirma McKinsey & Co. gearbeitet. Während dieser Zeit promovierte er an der Humboldt-Universität in Berlin.

 **Richard Lips** arbeitet seit 2006 bei der Commerzbank und leitet als Bereichsvorstand die Konzernkommunikation. In seinen Verantwortungsbereich fiel damit auch die gesamte Change Kommunikation im Rahmen der Integration der Dresdner Bank. Nach einem Volontariat und der Ausbildung zum Zeitungsredakteur wechselte Lips 1993 als Pressereferent zur Bayerischen Vereinsbank. Ab 1999 arbeitete er für die Allianz-Gruppe, zuletzt als Leiter der Externen Kommunikation. Richard Lips hat Geschichte, Literatur- und Sprachwissenschaften in Tübingen und Rom studiert. Neben seinem Studium war er als freier Journalist für mehrere Tageszeitungen tätig.

Die Autorinnen und Autoren

Frank Annuscheit ist Mitglied des Vorstands der Commerzbank AG und Chief Operating Officer (COO) für die Bereiche Group Services (unter anderem IT, Organisation, Operations). Während der Integration der Dresdner Bank leitete Herr Annuscheit gemeinsam mit seinem Kollegen Ulrich Sieber die Gesamtintegration. Als COO war er für die Integration seiner Bereiche und insbesondere auch für die IT-Migration zuständig. Vor seinem Eintritt in die Commerzbank war der Diplom-Kaufmann 14 Jahre in verschiedenen Rollen und Aufgaben bei Beratungsgesellschaften und Finanzinstituten tätig.

Hans - Joachim Baldus arbeitet als Spezialist für unternehmenskulturelle Werte und Aktivitäten. Im Integrationsprozess hat er als Trainer und Moderator verschiedene Formate zur Qualifizierung der Mitarbeiter und Führungskräfte sowie zur Teambildung durchgeführt. Der gelernte Bankkaufmann hat seit seinem Eintritt in die Bank 1968 viele Jahre als Organisator mit verschiedenen Aufgabenstellungen Erfahrungen gesammelt.

Horst Basse ist seit über 20 Jahren als Fachspezialist, Trainer und Berater auf den Themenfeldern Personal- und Organisationsentwicklung, Change und Projektmanagement tätig. Im Integrationsprozess verantwortete er unter anderem die Entwicklung eines neuen Informationsmediums zum Thema „Führung in der Commerzbank". Seit zwei Jahren obliegt ihm die Konzeption und Steuerung der bankweiten Kommunikations- und Folgeprozesse im Rahmen von Mitarbeiterbefragungen.

Udo Braun ist Bereichsvorstand Group Markets Operations in der Commerzbank und verantwortlich für alle Operations Services der Financial Instruments. Im Integrationsprozess hat er drei Bereiche der Vorgängerinstitute in einer zentralen Serviceeinheit zusammengeführt. Der diplomierte Wirtschaftsingenieur trat nach seinem Studium 1988 in die Bank ein und hat in verschiedenen Funktionen im Kapitalmarktgeschäft im In- und Ausland gearbeitet.

Dr. Karin Brünnecke war in der Dresdner Bank in zahlreichen HR-Funktionen und -Projekten tätig und im Rahmen der Integration schwerpunktmäßig mit der Planung und Durchführung der Integrationsmessungen befasst. Die Spezialistin für Befragungen und Trendthemen betreut aktuell das Thema Mitarbeiterbefragungen in der Commerzbank.

Christof Bülskämper ist seit Juli 2009 in der Commerzbank Dortmund als Bereichsleiter für Banking Services tätig. Zuvor hat er in der Dresdner Bank langjährig Erfahrungen im Firmenkundengeschäft, in der Organisation sowie in Operations gesammelt. Im Rahmen von „Zusammen Wachsen" verantwortete er als Teilprojektleiter in und für Banking Operations schwerpunktmäßig Qualifizierung, Change Management und Kommunikation.

Marion Ewert-Braun hat bereits als Change Consultant und Managementtrainerin den Comwerte-Prozess begleitet. Verantwortlich war sie dort für die Moderatorenauswahl, -einweisung und Beratung der Führungskräfte im Rahmen der Umsetzung. Diese Erfahrung brachte sie in den kulturellen Integrationsprozess ein und konzipierte gemeinsam mit Erich Pfarr unterschiedlichste Formate der „Zusammen Wachsen"-Bausteine. Derzeit ist sie Spezialistin für unternehmenskulturelle Themen und Aktivitäten.

Stephan Gladbach leitet seit 2010 das Projekt Recruiting in der Commerzbank. Während der Integration war er für die Führungskräfteentwicklung und -beratung in der Dresdner Bank verantwortlich und hat die Konzeption und Einführung von Change-Formaten aktiv mitgestaltet. Der ausgebildete Management-/Team- und Prozessberater, Diplom-Bankbetriebswirt (BA) und Projektmanagementfachmann verfügt über viele Jahre Change- und Projekterfahrung in Banken.

Matthias Goldbeck leitet seit August 2006 den Bereich Interne Konzernkommunikation bei der Commerzbank. Er verantwortete sowohl die Kommunikation im Rahmen des Comwerte-Prozesses als auch bei der Integration der Dresdner Bank. Der Bankkaufmann und Diplom-Kaufmann verfügt über mehrere Jahre Change- und Kommunikationserfahrung in Banken und bei Professional-Services-Unternehmen.

Dr. Armin Guhl ist seit Januar 2007 Leiter des Bereichs Externe Konzernkommunikation bei der Commerzbank. Er verantwortete die Presse- und Medienarbeit im Rahmen der Integration der Dresdner Bank. Der promovierte Staatswissenschaftler hat mehrere Jahre als Journalist gearbeitet, bevor er 2003 in die Unternehmenskommunikation wechselte.

Uwe Hellmann leitet seit Dezember 2006 das Brand Management und Corporate Marketing der Commerzbank. Er verantwortete die Gestaltung der neuen Marke und die markengerechte Umsetzung aller Corporate-Design-Elemente während des gesamten Migrationsprozesses. Zuvor war er im Brand Management der RWE tätig und entwickelte davor in Agenturen unterschiedliche Marken im In- und Ausland.

Roland Holschuh ist in der Commerzbank seit 2009 als Bereichsleiter Corporate Real Estate weltweit für die Steuerung der Raumkosten verantwortlich. Im Rahmen der Integration verantwortet er zudem die Standortkonsolidierung inklusive der immobilienwirtschaftlichen Filialzusammenlegung sowie die Umstellung der Standorte auf die neue Corporate Identity. Vor seinem Eintritt in die Commerzbank war er bei The Boston Consulting Group als Principal in den Bereichen Financial Services und Real Estate tätig.

Michael Huvers leitet seit 2008 den Bereich Marketing/Kommunikation des Segments Mittelstandsbank. Er verantwortete das Change Management und die Change-Kommunikation der Mittelstandsbank bei der Integration der Dresdner Bank. Der Diplom-Kaufmann verfügt über mehrere Jahre Change- und Kommunikationserfahrung, unter anderem in Banken und der Pharmaindustrie.

Alexander Julino leitet das Projektmanagement des Konzernbereichs Group Human Resources. Als Projektleiter verantwortete er alle Aspekte der personalwirtschaftlichen Integration der Dresdner Bank. Er verfügt über umfangreiche Erfahrung in der Umsetzung personalwirtschaftlicher Projekte und in der praktischen Personalarbeit.

Dr. Peter Leukert ist Chief Information Officer der Commerzbank und verantwortet die gesamte Informationstechnologie. Während der Integration war er für die Migration von über 300.000 Positionen im Investmentbanking und der Daten von mehr als 5 Millionen Kunden verantwortlich. Vorher war er Partner bei McKinsey & Company. Herr Dr. Leukert hat Mathematik und Physik studiert und in Finanzmathematik promoviert.

Melanie Loriz hat als Spezialistin für Projekt- und Führungskräftekommunikation den Comwerte-Prozess im Unternehmen kommunikativ begleitet. 2009 wechselte sie von der Internen in die Externe Kommunikation und arbeitet seither als Pressesprecherin für Gruppen- und Finanzthemen.

Stephan Müller leitet seit Januar 2009 den Bereich Group Banking Operations bei der Commerzbank. Er verantwortete die Integration der Back-Office-Einheiten der beiden Banken sowie das Re-Insourcing des Zahlungsverkehrs der ehemaligen Dresdner Bank. Der Bankkaufmann und Diplom-Betriebswirt verfügt über mehrere Jahre Erfahrung im Firmenkundengeschäft, in der IT und in Operations.

Oliver Nyul arbeitet seit 2000 für die Interne Kommunikation der Commerzbank und leitet dort seit 2007 die Redaktionsabteilung. Er verantwortet unter anderem das Mitarbeitermagazin „Commerzbanker", den Bereich Unternehmens-TV und die Intranet- sowie Internetkommunikation. Nach seinem Studium der Germanistik und Skandinavistik arbeitete er für verschiedene Agenturen und Banken als Redakteur.

Erich Pfarr hat als Konzeptionist und Managementtrainer den Comwerte-Prozess begleitet. Er war gemeinsam mit Marion Ewert-Braun konzeptionell maßgeblich an der

Überführung in den kulturellen Integrationsprozess beteiligt. Er konzipiert und begleitet als Change-Spezialist das Thema Kultur in der Commerzbank auch weiterhin.

Bernd Pompetzki leitet aktuell die Abteilung Personnel & Organisational Development im Segment Corporates & Markets. Er ist seit 2005 bei der Commerzbank tätig, leitete von Februar 2007 bis Januar 2010 den Bereich Personalentwicklung & Qualifizierung und integrierte während des Mergers die Personalentwicklung der Dresdner Bank in den Bereich der Commerzbank. Vor Übernahme der aktuellen Funktion war er in London als Leiter Talent Management London/International tätig.

Albert Reicherzer ist seit dem 1. Juli 2009 Bereichsvorstand Group Human Resources der neuen Commerzbank. Davor war er als Bereichsvorstand Transaction Banking für den Konzernbereich TXB Banking Services verantwortlich. Bei der Integration der Dresdner Bank steuerte der gelernte Bankkaufmann die Aktivitäten der beiden genannten Bereiche (jeweils im Rahmen seiner zeitlichen Zuständigkeit).

Ulrich Sieber ist Mitglied des Vorstands der Commerzbank AG und verantwortet die Bereiche Central & Eastern Europe sowie Human Resources. Während der Integration der Dresdner Bank leitete Herr Sieber als zuständiger Vorstand gemeinsam mit seinem Kollegen Frank Annuscheit die Gesamtintegration. Als Fachvorstand für Personal war er zusätzlich für die personalwirtschaftliche Umsetzung im Bereich Human Resources und der Gesamtbank zuständig. Darüber hinaus steuerte er als Arbeitsdirektor die Gremienverhandlungen. Vor seinem Eintritt in die Commerzbank war Ulrich Sieber bereits 20 Jahre in den Bereichen Kredit, Personal, Investment- und Corporate Banking bei verschiedenen Finanzinstituten tätig.

Juliane Siepmann leitet seit November 2009 die Abteilung Projekt- und Führungskräftekommunikation der Commerzbank. Sie war in die Kommunikation zur Übernahme der Dresdner Bank eingebunden und mitverantwortlich für die bankweite Integrationskommunikation. Die Bankkauffrau und Diplom-Kauffrau ist seit vielen Jahren auf Unternehmens- und Agenturseite mit dem Schwerpunkt interne Kommunikation tätig.

Brigitte Schmitt ist Spezialistin in HR für Befragungen und Trendthemen und betreut aktuell das Thema Mitarbeiterbefragungen in der Commerzbank. Während der Integration war sie mitverantwortlich für die Planung und Durchführung der Integrationsmessungen. Die Diplom-Psychologin trat 2001 in die Bank ein und hat vor der Integration schwerpunktmäßig in den Bereichen Personalforschung sowie Compensation & Benefits gearbeitet.

Carsten Schmitt ist Chief Operating Officer (COO) für das Geschäftsfeld Corporates & Markets in New York. Während der Integration hat er die globalen Change-Management-Aktivitäten in diesem Geschäftsfeld gesteuert und verantwortet. Der gelernte Bankkaufmann und Diplom-Betriebswirt hat vor seinem Wechsel als Assistent des Kapitalmarktvorstands und Mitarbeiter im COO-Bereich lange Jahre Erfahrungen im Handelsbereich sammeln können.

Dirk Wilhelm Schuh leitet den Bereich Group Credit Risk Management und ist zugleich Chief Operating Officer für die Risikofunktion der Bank. In dieser Eigenschaft hat er die Integration für den Bereich Risikomanagement verantwortet.

Anja Stolz leitet den Bereich Marketing und Kommunikation im Privatkundensegment der Commerzbank. Im Integrationsprozess verantwortete sie hier das Change Management sowie die Kunden- und Mitarbeiterkommunikation. Die Publizistin sammelte unter anderem mehrere Jahre Erfahrungen als selbstständige Beraterin für Change Management und strategische Kommunikation in der Beratung internationaler Unternehmen.

Dirk Stölting verantwortete in 27 Jahren bei der Dresdner Bank und Commerzbank verschiedene Filialen im Vertrieb und Bereiche in Human Resources. Der Diplom-Bankbetriebswirt und qualifizierte Change-Berater und Coach wirkte während der Integration verantwortlich im Projekt Change/Enabling mit. Seit Juni 2011 ist er Head of Human Resources der Commerzbank in London.

Arno Walter war als Bereichsvorstand Group Organisation unter anderem für Corporate Real Estate Management, Konzerneinkauf sowie Infrastrukturdienstleistungen zuständig. Nach Ausbildung und Stationen in der Dresdner Bank ist er seit 2002 bei der Commerzbank, unter anderem als Bereichsleiter in der Mittelstandsbank. Seit Juni 2011 verantwortet er nun als Bereichsvorstand den Vertrieb Privat- und Geschäftskunden in Süd- und Westdeutschland.

Utta Wiese leitet seit Januar 2011 die Abteilung Segmentkommunikation im Privatkundensegment der Commerzbank. Seit 2009 beriet sie diese während des Integrationsprozesses zu Change-Management- und Kommunikationsfragen im Privatkundengeschäft. Die Diplom-Volkswirtin hat als Manager bei Batten & Company vielfältige Projekte im Bereich Marketing sowie Kommunikation und Change Management begleitet.

Manfred Zink hat als Senior Advisor seit 2009 die Führungskräfte in Group Markets Operations beim Change-Prozess begleitet. Der studierte Diplom-Pädagoge verfügt über umfangreiche Erfahrungen im Change Management, in der Führungskräfteentwicklung und in der Erwachsenenbildung. Er ist Vorsitzender der Deutschen Gesellschaft für Systemische Organisationsberatung e. V.

Literaturverzeichnis

BECKER, H./ LANGOSCH, I. (1984)
Produktivität und Menschlichkeit. Organisationsentwicklung und ihre Anwendung in der Praxis, Stuttgart

C4 CONSULTING/TECHNISCHE UNIVERSITÄT MÜNCHEN (2007)
Veränderungen erfolgreich gestalten. Wissenschaftliche Studie von Houben, A./Frigge, C./Trinczek, R./Pongratz, H. J., München

COHEN, DAN S./ KOTTER, JOHN P. (2005)
The Heart of Change Field Guide: Tools and Tactics for Leading Change in Your Organization, Boston, Massachusetts.

COVEY, S. R (2005)
Die 7 Wege zur Effektivität: Prinzipien für persönlichen und beruflichen Erfolg, Offenbach.

DECODE MARKETINGBERATUNG GMBH (2008)
Studie: Neuropsychologie in der (Marken-)Führung, Hamburg

DEUTSCHE GESELLSCHAFT FÜR MANAGEMENTFORSCHUNG/DELOITTE (2008)
Auf Erfolgskurs – M&A in Deutschland. Trends – Aktivitäten – Zielsetzungen – Strategien – Erfolgsfaktoren, München.

DOPPLER, K./ LAUTERBURG C. (2008)
Change Management: Den Unternehmenswandel gestalten, Frankfurt am Main (10. Auflage)

ERNST&YOUNG (2006)
Handeln wider besseres Wissen. Warum viele Transaktionen scheitern, ohne es zu müssen, Stuttgart

FELDMANN, M./SPRATT, M.F. (2000)	Creating a High Performance Organisation, Darmstadt und Zollikon
FRENCH, W. L./ BELL, C. H. (1982)	Organisationsentwicklung. Sozialwissenschaftliche Strategien der Organisationsentwicklung, Bern (2. Auflage)
FREY, D./ GERKHARDT, M./ FISCHER, P. (2008)	Erfolgsfaktoren und Stolpersteine bei Veränderungen, aus: Fisch, R./Müller, A./Beck, D. (Hrsg.): Veränderungen in Organisationen, Wiesbaden
FREY, D./GERKHARDT, M./FISCHER, P./PEUS, C./ TRAUT-MATTAUSCH, E. (2009)	Change Management in Organisationen. Widerstände und Erfolgsfaktoren der Umsetzung, aus: Rosenstiel, L. v./ Regnet, E./Domsch, M.: Führung von Mitarbeitern – Handbuch für erfolgreiches Personalmanagement, Stuttgart.
GANZ, W./GRAF, N. (2009)	Performanz-Leitbilder entwickeln – Unternehmenswerte leben! Betriebliche Umsetzungsbeispiele und Handlungsempfehlungen, Stuttgart.
GERKHARDT, M./ FREY, D. (2006)	Change Management: Erfolgsfaktoren und psychologische Hintergründe in Veränderungsprozessen, aus: Organisationsentwicklung. Zeitschrift für Unternehmensentwicklung und Change Management (ZOE), 4/2006, Düsseldorf
GERKHARDT, M./ FREY, D./FISCHER, P. (2008)	The Human Factor in Change Processes – Success Factors from a Socio-Psychological Point of View, aus: Klewes, J./Langen, R. (Hrsg.): Change 2.0. Beyond Organisational Transformation, Berlin

GREIF, S./RUNDE, B./ SEEBERG, I. (2004)	Erfolge und Misserfolge beim Change Management, Göttingen
GUT-VILLA, C. (1997)	Human Resource Management bei Mergers & Acquisitions, Bern/Stuttgart/Wien
HAGER, B. (2003)	Keine Fusion ohne Emotion, aus: Trigon-Themen 4/2003, WWW
HECKER, N. (2009)	Werte entfalten und Unternehmenskultur prozessual entwickeln. Eine Fallstudie in einem internationalen Unternehmen in Deutschland, Indien und den USA, Hamburg
HEITGER, B./DOUJAK, A. (2002)	Harte Schnitte, neues Wachstum : die Logik der Gefühle und die Macht der Zahlen im Changemanagement, Frankfurt/Wien
HERBST, D. (2009)	Corporate Identity. Aufbau einer einzigartigen Unternehmensidentität. Leitbild und Unternehmenskultur. Image messen, gestalten und überprüfen. 4. Auflage, Berlin
HRON, J./LÄSSIG, A./FREY, D.(2005)	Change Management – Gestaltung von Veränderungsprozessen, aus: Frey, D./Rosenstiel, L. v./Hoyos, C. (Hrsg.): Wirtschaftspsychologie, Weinheim und Basel
HUY, N. H. (2002)	Emotional Balancing of Organizational Continuity and Radical Change: The Contribution of Middle Management, aus: Administrative Science Quarterly, Band 47, Nr. 1, Ithaca, New York

IBM (2008)	Making Change Work. Eine Studie der IBM Global Business Services Strategy & Change
JANSEN, S. A./ KÖRNER, K. (2000)	Fusionsmanagement in Deutschland. Eine empirische Analyse von 103 Zusammenschlüssen mit deutscher Beteiligung zwischen 1994 und 1998, Witten/Herdecke
JOYCE, W./NOHIRA, N./ ROBERTSON, B. (2005)	Wie erfolgreiche Unternehmen arbeiten. Die 4+2-Formel für nachhaltigen Erfolg, Stuttgart
KESTEL, C. (2011)	Den Wandel besser erklären, „Harvard Business Manager", Jg. 33, 2011, Heft 1, S. 18–19
KOTTER, J. (1996)	Leading Change, New York
KOTTER, J. P./ COHEN, D. S. (2002)	The Heart of Change. Real-Life Stories of How People Change Their Organizations, Boston, Massachusetts
KOTTER, J. P. (1995)	Leading Change. Why Transformation Efforts Fail, aus: Harvard Business Review, März/April
KÜBLER-ROSS, E. (2009)	Interviews mit Sterbenden, Freiburg; Titel der Originalausgabe (1969): „On Death and Dying." Deutsche Übersetzung (1971), Stuttgart
LEWIN, K. (1958)	Group Decisions and Social Change, aus: Maccoby, E. E./Newcomb, T. M./Hartley, E. L. (Hrsg.): Readings in Social Psychology, 3. Auflage, New York

LOEBBERT, M. (2008)	The Art of Change – Von der Kunst, Veränderungen in Unternehmen und Organisation zu führen, Leonberg
NÖLTING, A./ PAPENDICK, U. (2008)	Chinesen buhlen in München und Berlin, „Manager-Magazin" Online, 28. August 2008
PHILIPPEIT, T. (2009)	Stuck in the Middle, aus: Organisatonsentwicklung, Zeitschrift für Unternehmensentwicklung und Change Management (ZOE), Heft 2/2009, Basel
RINGEIS, B. (2007)	Unternehmenswerte und ihre Konsequenzen. Corporate social responsibility als werteorientiertes Handeln im Unternehmen, Saarbrücken
SADOWSKI, K. A./ SANDSTEDE, M./ WEYAND, C. (2010)	Kommunikation als Erfolgsfaktor bei M&A- und Integrationsprozessen, aus: Mueller-Stewens, G/Kunisch, S./Binder, A. (Hrsg.): Mergers & Acquisitions, Stuttgart
SCHÄFER, D./ THEURER, M. (2008)	Gedankenspiele über eine Dreierallianz, „Frankfurter Allgemeine Zeitung", Ausgabe vom 28. März 2008
SCHEIN, E. (2010)	Organizational Culture and Leadership, 4. Auflage, San Francisco
SCHEIN, E. H. (1995)	Unternehmenskultur: ein Handbuch für Führungskräfte, Frankfurt

SCHOLZ, C./ EISENBEIS, U. (2009)	Unternehmenskultur und Unternehmenserfolg. Bericht zum Projekt „Betriebsvergleich Unternehmenskultur", Saarbrücken. Schönborn, G./Peetz, S./Herrmann, A. (2004): Studie: Wertekultur und Unternehmenserfolg. Viel arbeiten ist üblich – gerne arbeiten ist erfolgreich. Pressemitteilung unter www.deep-white.com/
SENGE, PETER M. (1998)	The Fifth Discipline. The Art and Practice of the Learning Organization, New York
STOLLA, C./DONJAK, A./ HEITGER, B/ KARBOUL, A./ MOELLER, M. (2007)	Neuwaldegger Top-Management Survey 2006 Change Management, www.neuwaldegg.at/beratergruppe/presse uploads/media/PM_Viel_arbeiten_gern_arbeiten_10_05_2004.pdf [23.07.2011]
WILKOSZEWSKI, A. (2001)	Kundenbeziehungen als zentrale Unternehmenswerte. Implikationen für ein wertorientiertes Customer-Relationship-Management